Roland van Vliet

»Wer,
denken die Menschen,
bin Ich?«

Roland van Vliet

»Wer, denken die Menschen, bin Ich?«

Eine Christologie der Liebe

Ein moderner Einweihungsweg als Synthese
der Geistimpulse von Buddha, Mani,
Christian Rosenkreuz und Rudolf Steiner

 Verlag Urachhaus

Aus dem Niederländischen von Marianne Holberg

Die niederländische Originalausgabe erschien 2005
unter dem Titel *Wie denken de mensen dat Ik Ben? Christologie van de liefde*
im Verlag Uitgeverij Christofoor, Zeist / Niederlande.

ISBN 978-3-8251-7626-6

Erschienen 2016 im Verlag Urachhaus
www.urachhaus.com

Inhalt

Anhang

Vorwort

>»Ein Lehrer reicht bis an die Ewigkeit
und weiß nie, wo sein Einfluss enden wird.«

Dieser Ausspruch im Sinne des Konfuzius kann sicher auf den zu jung gestorbenen Roland van Vliet (1960 – 2016) angewendet werden.

Er war Philosoph, promovierte an der Freien Universität in Amsterdam über den Manichäismus und publizierte das Buch: *Der Manichäismus – Geschichte und Zukunft einer frühchristlichen Kirche.*

Es war ihm ein starkes Anliegen, sich mit Hilfe der Liebe des Christus – die nicht nur die Menschheit, sondern auch die ganze Erde umfasst – mit dem Bösen zu verbinden, um mit dieser Liebe das Böse umzuformen. Dazu entwickelte er die manichäische Christus-Meditation, die ausführlich in diesem Buch beschrieben wird.

Er gründete ein eigenes Philosophisches Institut: die »Akademie für persönliche Meisterschaft und soziale Kunst«, in der er selbst unterrichtete. Viele Menschen aus den Niederlanden, Belgien, Frankreich, Deutschland, der Schweiz, Österreich, Polen und Schweden kamen dorthin, und sie erlebten sein großes Wissen über die geistigen Strömungen des Ostens, Westens, Nordens und Südens. Auf eine ihm besondere Weise war er in der Lage, diese Strömungen im Lichte der Erden- und Menschheitsentwicklung miteinander in Verbindung bringen.

Seine Reisen führten ihn nach Deutschland, England, Schottland, Irland, Nordspanien, Südfrankreich, Griechenland, Jordanien, Israel, und nach China (die Seidenstraße), wo er an den Orten des Geschehens seine lebendigen Vorträge hielt. Er ließ seine Reisegenossen vier verschiedene Formen des Denkens üben, er ließ sie in ungeteilter Andacht wahrnehmen, sokratische Gespräche führen und selber dichterisch aktiv werden. Hiermit wurde die äußerlich physische Reise zu einem innerlichen Weg, was dazu führte, dass alle Teilnehmer verändert und vor allem innerlich lebendiger und reicher nach Hause gingen.

In seinen vielen Begegnungen lebte eine große Herzenswärme. Wer ihm einmal begegnete, konnte ihn nicht mehr vergessen. An welchem Punkt ihres Lebens die Menschen auch standen, mit seiner charismatischen Persönlichkeit konnte er sie immer wieder inspirieren.

Sein großes Thema war die »ungeteilte Andacht« oder die »Geistesgegenwart«, über die er oft und gerne sprach. Für ihn war dies die Grundhaltung, mit der er im täglichen Leben stehen wollte.

Roland van Vliet gibt in diesem Buch Anleitungen, um zu dieser Grundhaltung zu gelangen. Dies ermöglicht auch eine Arbeit am Ich, denn im Ich liegt die wahre Freiheit. Sein Motto lautete: »Nur aus der Freiheit heraus kann die Liebe entstehen.«

Viele Themen, über die er in seinem Institut Manisola und in seinen Vorträgen sprach, werden in diesem Buch ausführlich beschrieben.

Es hat einige Zeit gedauert, bis diese deutsche Ausgabe zustande kommen konnte. Aber nun ist es gelungen, eine gegenüber der niederländischen Originalausgabe aus dem Jahr 2005 stark verbesserte Ausgabe herauszugeben. Sie ist erweitert durch später entstandene Texte, die tiefer auf einige Themen eingehen, und es wurden Fußnoten und Abbildungen hinzugefügt.

Roland van Vliet sprach von diesem Buch als von seinem *Magnum opus*. Möge es für den Leser so inspirierend sein, dass er es viele Male in seine Hände nehmen wird.

Marja Pel-Adema
Vorsitzende Stichting Gedachtegoed
Roland van Vliet en Manicheïsme

Einleitung

Das Anliegen dieses Buches ist es, das Leben des Christus Jesus aus den Quellen des Manichäismus und der Geisteswissenschaft Rudolf Steiners zu beschreiben. Der Manichäismus wird dabei als zweiter Hauptstrom des Christentums betrachtet, wie ich es in meinem Buch *Der Manichäismus, Geschichte und Zukunft einer früh-christlichen Kirche* dargelegt habe.

Dem Theologen und Antroposophen Wim Schuwirth verdanke ich den Hinweis darauf, dass Rudolf Steiner vom Christusimpuls im Menschen als einer Wirkung des Heiligen Geistes spricht. Dabei bezog Schuwirth sich auf einen Brief Steiners, in dem es heißt, die Formel »Christus in uns« entspräche dem, was in der konfessionellen Theologie »Heiliger Geist« genannt werde.[1] Bei mir selbst war es bis dahin eine mehr intuitive Idee, dass der Christusimpuls zweifach im Menschen wirksam ist: im Herzen und im Kopf. Das versuche ich in diesem Buch zu untermauern. Ich will deutlich machen, wie dadurch, dass Christus sich bei der Jordantaufe in Jesus inkarniert hat, die Buddha-Natur und die Zarathustra-Natur im Menschen Jesus als Christusimpuls weiterwirken konnten, und zwar sowohl im individuellen Menschen als auch in den esoterischen Strömungen des Christentums. Aus dieser Perspektive beschreibe ich die Einweihungswege von Zarathustra, Buddha, Jesus, Parzival, Christian Rosenkreuz und Rudolf Steiner. Am Schluss entwickle ich aus den einander ergänzenden Qualitäten dieser Einweihungswege einen modernen Einweihungsweg, der es dem Menschen ermöglicht, gleich einem Gralssucher durch ungeteilte Achtsamkeit den zweifachen Christusimpuls aus Liebe zur leidenden Welt und zur Menschheit aufzunehmen. Diesem modernen Einweihungsweg verdankt das Buch seinen Untertitel *Eine Christologie der Liebe;* in einiger Zeit soll ihm eine *Philosophie der Liebe* folgen.

Das Buch basiert dort, wo es um die Beschreibung des Lebens des Christus Jesus geht, auf Vorträgen, die ich im Anschluss an eine als Reiseleiter unternommene Fahrt nach Israel und Jordanien hielt. Trotz der Bearbeitung dieser Passagen wurde der Vortragsduktus bewusst nicht vollständig eliminiert, um die ursprüngliche Lebendigkeit des Textes zu behalten. Und so kommen manche Themen mehrmals vor.

Mein Dank gilt meiner Frau Jacquem, die mich immer und in allem mit so viel Liebe unterstützt hat. Er gilt Toon Schmeink, meinem Reisegefährten zum See Genezareth, der mir anbot, bei diesem Buch mitzuhelfen, und dessen bedingungslose Hilfe das Entstehen in vielfacher Hinsicht erst ermöglicht hat, sowie den Freunden Ytsen und Hansje Kooistra. Ytsen hat meine Vorträge damals aufgeschrieben, das ganze Projekt mit viel Andacht begleitet und schließlich auch mitfinanziert. Sehr großen Dank schulde ich dem großen Freund Wim Schuwirth, Verfasser eines Buches über die Beziehung zwischen dem christlichen Glauben und den Erkenntnissen Rudolf Steiners.[2] Ihm sind viele inhaltliche Verbesserungen zu verdanken, und er hat auch die Anmerkungen zusammengestellt. Wie kein anderer beherrscht er die Kunst, auf eine freundschaftliche, warme und ehrliche Weise zwischen den Intentionen des Autors und den Ansprüchen potenzieller Leser zu vermitteln. Es war unglaublich, mitzuerleben, wie viel Zeit er für dieses Buch geopfert hat.

Auch danke ich Frank Berger, der in seiner Freizeit nicht nur die Übersetzung, sondern auch den Text selbst fürsorglich und auf ganz besondere Weise überarbeitet hat, sowie Waltraud Wolf, die behütend und integer an der Übersetzung beteiligt war.

Ferner danke ich Peter Altmeyer, der den Anstoß zur Übersetzung ins Deutsche gab und bei der Finanzierung geholfen hat. Jörg Kunze für seine großartigen Bemühungen um die weitere Finanzierung, für die sich auch Marja Pel-Adema eingesetzt hat. Ihr danke ich zudem dafür, dass sie mir im Kollegium des Manisola-Instituts immer mit Rat und Tat zur Seite steht. Michael Dackweiler aus dem Kollegium sei gedankt für sein Vertrauen und für das Vorwort dieses Buches und Annemarie Thimm dafür, dass sie mich zusammen mit ihrem Mann Jörg und mit Fiona Jaffke vom Quellhof immer beraten hat, wie die Inhalte und praktischen Übungen dieses Buches vermittelt werden können.

Zuletzt gilt mein Dank den vielen Seminarteilnehmern und dem Kollegium der *Akademie für Persönliche Meisterschaft und Soziale Kunst*[3] in den Niederlanden und in Deutschland, die die Inhalte dieses Buches auf so innige und menschliche Weise in ihr Leben aufgenommen haben und ihm schon dadurch eine Seele gegeben haben.

Kapitel 1

Die Menschheitsentwicklung vom Gesichtspunkt der Liebe aus betrachtet

In unserer Zeit ist es von größter Bedeutung, ein neues, gegenwartsbezogenes Verhältnis zum lebendigen Christus und dem Wesen der Liebe zu bekommen. Da bei uns das intellektuelle Denken und die wissenschaftliche Methode tonangebend sind, müssen wir auch das Leben des Christus Jesus vom Denken her begreifen. In der heutigen Zeit entsteht die Verbindung zu Christus gerade durch ein vergeistigtes Denken. Deshalb will ich versuchen, das Leben des Christus Jesus anknüpfend an die Forschung Rudolf Steiners aus einer esoterischen bzw. geisteswissenschaftlichen Perspektive zu beschreiben. Den Anfang wird dabei die Geburt Jesu, das Ende das Pfingstfest machen.

Zuerst werden folgende Fragen gestellt: Wer war Jesus? Was geschah wirklich während der Taufe im Jordan? und: Welche tiefere Bedeutung haben die Versuchungen in der Wüste? Als Nächstes wird über die Auferweckungen vom Tode durch Christus Jesus, seinen Tod und seine Auferstehung, seine Himmelfahrt und das aus ihm entstandene Pfingstgeschehen gesprochen. Von da ausgehend wird die Frage gestellt: Wie kann in unserer Zeit der Christus in Geist, Seele und Leib des Menschen aufgenommen werden?

Im Frühjahr 2001 bot sich mir die Möglichkeit, eine Reisegruppe nach Israel zu begleiten. So kam ich als Reiseleiter in die glückliche Lage, die Bilder dieses Landes in mich aufzunehmen. Als wir in Israel ankamen, wütete dort ein heftiger Sturm. Die Fenster unseres Hotels waren zerstört, sodass wir in ein anderes Hotel ausweichen mussten. Man hatte das Gefühl, die Spannungen in der ganzen Welt und auch in diesem Land selbst führten zu einem Kampf gegen den, der in diesem Land seinen Weg der Barmherzigkeit gegangen war.

Am nächsten Tag reisten wir zum Karmelgebirge, wo einst Elias die Baalspropheten herausgefordert hat. Elias bat Jahve um ein Zeichen seiner Allmacht. Und in dem Augenblick fiel das Feuer des Herrn herab auf den Holzstoß, den Elias errichtet hatte, und die Baalspropheten, die vor Staunen verstummten, waren besiegt.[4] Elias hatte wieder ein Band zwischen dem Volk Israel und Jahve – oder Jehova – geknüpft.

Steht man heute an dem Ort, an dem Elias damals stand, so schaut man über eine weite grüne Ebene. Betrachtet man dieses Panorama im Gedanken an die Ankunft Christi auf der Erde, dann zeigt es sich zugleich als ein Panorama der Menschheitsentwicklung. Diese Ebene wird auch *Harmagedon* genannt, Ort der Entscheidungsschlacht.[5]

Blickt man über diesen Kampfplatz, diesen Harmagedon – ein Bild des Kampfes überall in der Welt – hinweg, so sieht man in der Ferne den Berg Tabor. Ein Berg in Form eines kraftausstrahlenden Helms.

Dieser Berg wiederum wird in Verbindung gebracht mit dem, was die Transfiguration, die Verklärung Christi, genannt wird. Johannes, Petrus und Jakobus stiegen zusammen mit Christus Jesus auf den Berg Tabor.[6] Dort offenbarte der Christus Jesus sich in seinem wahren Wesen. Dort strahlte er als geistige Sonne. Und außer dem Christus konnten die Jünger sowohl Elias als auch Moses wahrnehmen, die großen Propheten des Alten Testaments. In der Mitte aber Christus, den Inaugurator eines neuen Himmels und einer neuen Erde, der auf neue Weise das Wesen der Liebe in Worte gekleidet hat. Denn Christus Jesus hat wie kein anderer die Worte ausgesprochen: »Liebe deinen Nächsten wie dich selbst.« Auch im Alten Testament finden wir diese Worte, wenn Jahve sagt: »Du sollst deinen Nächsten lieben wie dich selbst.«[7] Dort ist jedoch gemeint: deinen Nächsten innerhalb deines Volkes. Und darin manifestiert sich der grundlegende Unterschied zwischen dem Liebesbegriff des Alten Testaments und dem des Neuen Testaments. Denn aus dem Gleichnis vom barmherzigen Samariter geht hervor, wie die folgenden Worte aufzufassen sind: »Lieben sollst du den Herrn, deinen Gott, aus deinem ganzen Herzen und mit deiner ganzen Seele und mit deiner ganzen Willenskraft und mit all deinen Gedanken und deinen Nächsten wie dich selbst.«[8] Diese Aussage soll nicht mehr nur auf die eigenen Verwandten bezogen werden, sondern auf alle, auf die ganze Menschheit. Auch in der Bergpredigt wird dies deutlich, wenn es heißt: »Wenn ihr die liebt, die euch lieben, welchen Lohn habt ihr da? Handeln nicht die Zöllner ebenso? Und wenn ihr nur eure Brüder willkommen heißt, was tut ihr damit Besonderes?«[9] Die Liebe zum Nächsten war zunächst also die Liebe zu einem Menschen aus dem eigenen Volk.

Am Beispiel des barmherzigen Samariters aber wird gezeigt, dass ein Mensch mit einem anderen Glauben als dem jüdischen hilft, gerade ohne einen Unterschied zwischen Glauben oder Volk zu machen. Der Christus Jesus bringt hier zum Ausdruck, dass das Liebesgebot des Alten Testaments universalisiert werden muss. Und wenn man das wirklich universell verstehen will? Dann müssen doch beispielsweise auch die Natur, die Erde als Ganzes einbezogen werden, wie es die Manichäer, die Katharer und die Franziskaner wollten. Sogar seine Feinde lieben zu können, das bedeutet wirklich eine große Revolution der Liebe. Wenn wir das Leben des Christus Jesus beschreiben, sehen wir, wie gerade er diese Liebesvorstellung in die Welt gebracht hat.

Wenn man sich im Karmelgebirge in Elia, den Wegbereiter des Christus, hineinversetzt und über den Harmagedon hinüber zum Berg Tabor schaut, wo Christus als geistige Sonne der Nächstenliebe – der wirklichen Liebe – erscheint, dann entfaltet sich vor dem inneren Auge das Bild der gesamten Menschheitsentwicklung. Man könnte sagen: Elia, der mit der schöpferischen Kraft seines Glaubens die Verbindung zur göttlichen Welt wiederhergestellt hat und in seiner nächsten Inkarnation als Johannes der Täufer dem, der nach ihm kommt, den Weg bereitet, blickt aus der Vergangenheit in die Zukunft der Menschheitsentwicklung. Christus Jesus selbst sagte über Johannes: »Er ist Elias, der kommen soll.«[10] Johannes der Täufer redet mit dem Feuer der Wahrheit von der *Metanoia*, der Umkehr, und fasst damit die Bedingungen in Worte, den universellen Geist der Liebe empfangen zu können.

Blicken wir über diese Ebene, dann taucht in uns die Frage auf: Sind wir in der Lage, die Liebe des Christus zu verwirklichen? Gelingt uns das nicht, dann wird das Bild des Harmagedon, des Kampfes aller gegen alle, Wirklichkeit. Und gerade in der heutigen Zeit erleben wir im Nahen Osten rund um diesen Ort die Zerrissenheit der Völker untereinander. Die obige Frage ist also hochaktuell.

Unsere Reise führte uns auch nach Galiläa zum See Genezareth. Das Boot, mit dem wir den See überquerten, war einem Modell aus der Zeit Jesu nachgebaut. Es war ein ergreifendes Erlebnis. Als wir über den See fuhren, herrschte ein diffuses Licht. Die Sonne schien durch eine dünne Wolkenschicht. Das silberne Blau des Sees ging in das dunklere Silberlicht der Landschaft über, dort, wo Christus Jesus die Bergpredigt gehalten hat, und von da in das hellere Silberblau des Himmels. Man hatte das Gefühl, durch einen unendlichen Raum zu fahren. Unirdisch, als käme man in einen geisterfüllten Traumzustand, als würde man in den Tiefen seiner Seele angesprochen werden. Es war, als könne man in einem solchen Traumzustand Christus Jesus über das Wasser herankommen sehen.[11]

Im esoterischen Christentum geht man davon aus, dass Christus Jesus nicht physisch über das Wasser des Sees gewandelt ist. Hierzu hat Rudolf Steiner ausgeführt, dass die Jünger nachts wieder das Bild vom See Genezareth, auf dem sie jahrelang fast jeden Tag gewesen waren, in sich heraufbeschworen. In der Imagination, die nachts träumend auftreten kann, haben die Jünger Christus in seiner göttlichen Gestalt auf sich zukommen sehen und konnten so ein Gespräch mit ihm führen.[12] Ich meine, es ist noch immer möglich, am und auf dem See Genezareth in ein tieferes Traumbewusstsein zu gelangen, in dem Christus zu einem kommen kann.

Gerade hier stellt sich die Frage, wie wir in der heutigen Zeit, in der nicht mehr ein bildhaftes, sondern ein intellektuelles Denken wirksam ist, ein neues Verhältnis zu Christus finden können.

Seit Jahrhunderten haben wir das kirchliche Christentum erleben können. Die Kraft dieses kirchlichen Christentums nimmt ab. Durch eine Erneuerung des Christentums aber kann das christliche Erleben zunehmen.

Zur Zeit der Jünger Christi wurden die Menschen besonders in ihrem Fühlen angesprochen. In der heutigen Zeit werden wir mehr durch das Denken angesprochen. Die Möglichkeit, heutzutage Christus zu begegnen, müssen wir also ebenfalls vor allem im Denken suchen.

Als ein Vorgriff auf das, was in unserer Zeit stattfinden könnte, lässt sich das Emmauserlebnis verstehen. Nach den Ereignissen von Golgatha wandern zwei der Jünger nach Emmaus. Sie sprechen über die dramatischen Ereignisse, die sich zugetragen haben. Christus Jesus wurde ans Kreuz geschlagen. Sie rufen sich alles, was geschehen ist, noch einmal in Erinnerung und sprechen über dessen Bedeutung. Sie versuchen, das Geschehene mit ihrem Begriffsvermögen zu durchdringen. Auf einmal gesellt sich eine dritte Person zu ihnen, nimmt an ihrem Gespräch teil und offenbart ihnen die Schrift. In Emmaus angekommen, sehen sie, wie Er das Brot bricht. Sie sind zutiefst erschüttert, denn sie erkennen, dass es der Auferstandene ist; er bricht das Brot, wie er es auch beim Abendmahl getan hat. Und ihre Herzen brennen.[13]

In der heutigen Zeit zeigt uns dieses Bild auch, wie wichtig es ist, uns wieder an die Bedeutung des Lebens des Christus Jesus zu erinnern. Erinnerungsbilder entstehen zu lassen und uns in das, was damals auf Golgatha geschehen ist, hineinzuversetzen, das schenkt der Geistseele des Menschen die Möglichkeit, gleich den Jüngern auf ihrem Weg nach Emmaus zu erleben, dass Christus uns als Auferstandener begleitet. Unser Bemühen, uns die Bedeutung aller Taten des Christus Jesus wieder ins Gedächtnis zu rufen, ist also wichtig. Wenn wir versuchen, mit unserem Denken dorthin vorzudringen, erwächst die Möglichkeit, Christus bereits jetzt als Geistesfeuer im Denken zu begegnen.

Kapitel 2

Zarathustra und Jesus

Wir wollen versuchen, die Ereignisse im Leben des Christus Jesus zu verstehen. Wir fangen bei der Geburt an.

Wo ist Jesus geboren? In Bethlehem? Und woher stammte der Vater Jesu? Aus Bethlehem, wie Matthäus sagt? Oder aus Nazareth, wie Lukas uns mitteilt?

Da entdecken wir Unterschiede und werden also eine Antwort auf die Frage finden müssen, wer Jesus eigentlich ist. Bei dem Versuch, die Evangelien richtig zu deuten, stoßen wir auf Schwierigkeiten. Es besteht – das hat bereits der Manichäer Faustus bemerkt – eine Diskrepanz zwischen dem Geschlechtsregister bei Lukas und der Genealogie des Matthäus, wie in der Übersicht auf den folgenden Seiten gut zu erkennen ist. Lukas beginnt beim Menschen Jesus, geht dann zurück zu Joseph und weiter, bis er, vierzig Generationen früher, zu Nathan kommt, dem Sohn Davids. Zwischen David und Abraham werden vierzehn Generationen genannt. Von Abraham bis zu Gottes Sohn zwanzig Generationen.[14] Diese Reihenfolge deutet darauf hin, dass Lukas aus innerer *Selbst*-Erkenntnis beim Menschen Jesus beginnt. Lukas versucht, von innen her, von seinem eigenen Menschsein aus, zu dem Wesen vorzudringen, das der ursprüngliche Vorfahr des Jesus war. Schließlich gelangt er zu Adam, dem Sohn Gottes.

Matthäus beginnt nicht beim Menschen Jesus, sondern bei Abraham und folgt der historischen Chronologie. Die ersten zwanzig Generationen, die bei Lukas genannt werden, tauchen bei Matthäus nicht auf. Von Abraham bis zu David wird dieselbe Stammlinie beschrieben wie bei Lukas. Matthäus setzt die Reihe dann nicht mit Nathan als dem Sohn Davids fort, sondern mit Salomo. Er beschreibt von Salomo bis Jakob nicht vierzig, sondern fünfundzwanzig Generationen, die bis auf zwei Ausnahmen nicht mit der Stammlinie des Lukas übereinstimmen.[15] Matthäus geht von der *Geschichte* aus, aus *Welt*-Erkenntnis. Bei Abraham beginnend, kommt er schließlich zu Joseph. Das sind bedeutsame Unterschiede. Aber nicht nur in den Geschlechtsregistern gibt es Unterschiede. Im Matthäusevangelium wird vom Kindermord berichtet und von der Flucht Marias und Josephs nach Ägypten. Im Lukasevangelium hören wir nichts von diesen Ereignissen.

Matthäus	Lukas	
	(Gott)	
	1 Adam	
	2 Seth	
	3 Enos	
	4 Kenan	
	5 Mahalaleël	
	6 Jared	
	7 Henoch	
	8 Methusalem	
	9 Lamech	zwanzig
	10 Noa	Geschlechter,
	11 Sem	die nur bei Lukas
	12 Arphaxad	vorkommen
	13 Kainam	
	14 Sala	
	15 Eber	
	16 Pelek	
	17 Regu	
	18 Seruk	
	19 Nahor	
	20 Thara	
1 Abraham	21 Abraham	
2 Isaak	22 Isaak	
3 Jakob	23 Jakob	
4 Juda	24 Juda	
5 Perez	25 Perez	
6 Hezron	26 Hesrom	
	[Arni]	etwa vierzehn
7 Ram	27 Admin	übereinstimmende
8 Amminadab	28 Amminadab	Geschlechter
9 Nachschon	29 Nachschon	
10 Salmon	30 Sala	
11 Boas	31 Boas	
12 Obed	32 Obed	
13 Isai	33 Isai	
14 David	34 David	

Matthäus	Lukas	
15 *Salomo*	35 *Nathan*	
16 Rehabeam	36 Mattatha	
	37 Menna	
17 Abija	38 Melea	
18 Asa	39 Eliakim	
19 Joschafat	40 Jonam	
20 Joram	41 Joseph	
21 Usija	42 Juda	
22 Jotam	43 Simeon	
	44 Levi	
23 Ahas	45 Matthat	
24 Hiskia	46 Jorim	
25 Manasse	47 Eliezer	
	48 Jesus	
	49 Er	
26 Amon	50 Elmadan	
	51 Kosam	
27 Josia	52 Addi	fünfundzwanzig
28 Joachin	53 Melchi	bzw. vierzig
	54 Neri	nicht übereinstimmende
29 Salathiel	55 Salathiel	Geschlechter
30 Serubabel	56 Zorobabel	
31 Abihud	57 Resa	
	58 Joannan	
32 Eljakim	59 Joda	
33 Asor	60 Josech	
34 Sadok	61 Semein	
	62 Mattathias	
	63 Maath	
35 Achim	64 Naggai	
	65 Hesli	
36 Elihud	66 Nahum	
	67 Amos	
37 Eleasar	68 Mattathias	
	69 Joseph	
	70 Jannai	
38 Matthan	71 Melchi	
	72 Levi	
	73 Matthat	
39 Jakob	74 Eli	
40 Joseph	75 Joseph	übereinstimmender
41 Jesus	76 Jesus	Schluss[16]

Wie ist diese Diskrepanz zu erklären? In der heutigen Theologie geht man davon aus, dass es sich um Erzählungen handelt, die man nicht als Tatsachen betrachten soll. Doch fragt sich, ob sie wirklich so abstrakt verstanden werden wollen. Im esoterischen Christentum – wir folgen hier der Darstellung Rudolf Steiners[17] – wird auf die Tatsache hingewiesen, dass von zwei verschiedenen Jesus-Individualitäten die Rede ist. Das von Lukas beschriebene Jesus-Kind wird von Rudolf Steiner als der »nathanische Jesus« bezeichnet: ein Nachkomme aus der priesterlichen Linie Davids. Das von Matthäus beschriebene Jesus-Kind nennt er den »salomonischen Jesus«: ein Nachkomme des königlichen Sohnes von David. Erst später wurden diese beiden Individualitäten miteinander verschmolzen.

Rudolf Steiner berichtet, dass der Jesus-Knabe, den er den salomonischen Jesus nennt, im Alter von zwölf Jahren starb. Sein Ich ging dann in den nathanischen Jesus über. Erst von da an handelte es sich um den Menschen Jesus, wie wir ihn kennen.

Im zwölften Jahr hat also ein sehr wichtiges Ereignis stattgefunden. Darauf müssen wir näher eingehen, um es wirklich begreifen zu können.

Wir beginnen mit dem Kind, das wir bei Matthäus kennenlernen, und wir werden sehen, dass in diesem Evangelium nicht ohne Grund der Besuch der drei Könige aus dem Osten beschrieben wird, die dem Jesuskind ihre Geschenke darbringen.

Wer die geistige Welt schauen kann, erkennt, so Rudolf Steiner, dass das Ich, das in diesem Jesus-Menschen wirksam ist, schon durch viele Inkarnationen gegangen ist. Dieses Ich ist das Ich des Zarathustra, des großen persischen Lehrers. Wir müssen herausfinden, ob dafür auch in anderen Quellen als denen der Geisteswissenschaft Belege zu finden sind.

Wer war Zarathustra und in welchem Verhältnis steht er zum Christentum? Wie ist es zu erklären, dass in dem Menschen Jesus das Ich des Zarathustra wirksam war?

Jakob Böhme (1575–1624) meinte, es sei schwieriger zu begreifen, wer Jesus sei, als wer Christus, der Sohn Gottes, ist.

Wer war Zarathustra?

Das meiste, was wir über Zarathustra wissen, ist uns in dem *Avesta* überliefert. Das *Avesta* enthält das von den Persern im 3. Jahrhundert schriftlich niedergelegte, zuvor über viele Jahrhunderte mündlich tradierte Wissen über Zarathustra. Das wurde vor allem dadurch ausgelöst, dass Mani das manichäische Christentum nach Persien brachte. Mani hat sieben Bücher verfasst – eines davon gemalt, um zu gewährleisten, dass seine Vorstellungen nicht entstellt werden. Er behauptete, Zarathustra sei ein Lichtapostel des Christus gewesen. Wir wissen, dass die Manichäer Ahura Mazda übersetzt haben mit Christus. Dadurch war indirekt auch die Auffassung möglich, dass die persische Prophezeiung, Ahura Mazda werde einst Mensch, sich in Christus Jesus erfüllt hat. Das nun wurde von den zoroastrischen Priestern als konkurrierend zu ihren eigenen Auffassungen angesehen. Und so begannen sie, ihre mündlichen Traditionen aufzuschreiben. Mani aber (über den in Kapitel 10 ausführlicher die Rede sein wird) wurde später von Kaiser Bahrem I., der in der Hand dieser Priester war, zum Tode verurteilt. Im Manichäismus lebte die Auffassung fort, dass Zarathustra ein Prophet des Christentums gewesen sei.

Zarathustra ist in Persien vermutlich um 6347 vor Christus, also noch vor den jüdischen Propheten, in Erscheinung getreten. Von Plinius (23–79 n. Chr.) wissen wir nämlich, dass Eudoxus, ein Schüler Platons, gesagt hat, Zarathustra müsse 6000 Jahre vor dem Tode Platons (347 v. Chr.) gelebt haben, in einer Zeit vor Beginn der Schriftkultur im heutigen Sinne. Und nach den Ausführungen Plutarchs (46–119 n. Chr.) in seinem Buch über Isis und Osiris muss Zarathustra 5000 Jahre vor dem Trojanischen Krieg gelebt haben.

Es heißt, Zarathustra habe im Gebiet des heutigen Afghanistan gelebt, in der Landschaft, durch die der Oxus (heute Amudarja) floss. Dort gibt es weite Steppen, im Hintergrund hohe Berge und darüber einen tiefblauen Himmel. Zarathustra wuchs also in einer Gegend auf, in der ein typisches Landklima herrschte, mit strengen Wintern und sehr warmen Sommern. Im *Avesta* wird von Zarathustras Mutter Dugdhova berichtet, dass sie in ihrem fünfzehnten Lebensjahr ein »Sonnenlebenskleid« empfing: eine Seele, gewebt aus geistigem Sonnenlicht. Daraufhin wurde sie sofort von Dämonen bedrängt, doch die Familie der Spitamas beschützte sie. Später heiratete Dugdhova Orasta, einen Sohn der Spitamas. Orasta ist der Vater des Zarathustra.

Es wird erzählt, dass das Sonnenkleid der Dugdhova von der geistigen Sonne selber stammte. Während Dugdhova mit Zarathustra schwanger war, hatte sie eine seltsame Imagination. Sie sah einen Berg, auf dem ein Jüngling erschien, strahlend im goldenen Licht der Sonne. Er hielt einen Stab in der einen und ein Buch in der anderen Hand. Als er den Stab hob, flüchteten die Dämonen.

Ich bin der Meinung, dass Zarathustra, als er heranwuchs, wie ein Bodhisattva gesprochen hat. Ein Bodhisattva ist ein Eingeweihter, der die eigene höchste Erleuchtung aus Liebe zur leidenden Menschheit aufgeschoben hat. Man weiß, dass ein Bodhisattva schon bei seiner Geburt ausspricht, was sein Lebensauftrag ist. Zarathustra muss in früheren Inkarnationen die Fähigkeit erworben haben, sich bewusst zu inkarnieren. Er kam nicht in einer Art Schlafzustand aus der geistigen Welt in einen menschlichen Körper, sondern inkarnierte im Wachbewusstsein. Dies drückt auch die Legende aus, Zarathustra habe bei seiner Geburt – geistig – seinen Lebensauftrag ausgesprochen. Er sagte, er wolle sich ganz in den Dienst des Kampfes stellen, den das Vohu Manah, das gute Denken, mit Ahriman, dem Geist der Finsternis, führt.

Zarathustra wurde von König Duranserun, einem Schwarzmagier, bedroht. In einer Legende wird erzählt, dass dieser König Zarathustra mit einem Messer erstechen wollte, seine Hand aber zurückgehalten wurde. Als er das Kind ins Feuer werfen wollte, erloschen die Flammen. Er ließ das Kind auf der Erde liegen und trieb eine Herde wilder Rinder über das Kind, aber das erste Rind stellte sich schützend über es, und die anderen Tiere liefen um es herum. Diese Darstellungen zeigen, dass Zarathustra eine wichtige Stellung im Kampf zwischen Gut und Böse einnimmt. Charakteristisch für ihn ist, dass er das kosmisch Gute und das kosmisch Böse geschaut hat. Es hat sicher auch seinen Grund, dass Friedrich Nietzsche (1844–1900) in seinem Buch *Also sprach Zarathustra* diesen als den ersten Lehrer sah, der Gut und Böse einander gegenüberstellte. Für Zarathustra war das Böse sehr viel elementarer und grundsätzlicher als für die Eingeweihten im alten Indien. Sie sahen das Böse eher als eine Art Illusion an.

Zarathustra war ein Sohn des Königs der Iranier. Sein Volk wurde von den Turaniern unterdrückt, die aus der Mongolei und aus Russland stammten. Von Sohak, einem turanischen König, weiß man, dass er sich zum schwarzmagischen Kultus des Ahriman bekannte: Er gewann seine geistigen Kräfte aus der Finsternis.

Zarathustra sollte der neue Führer seines Volkes werden, ein Priesterkönig; König und zugleich Eingeweihter, verantwortlich für die Religion des Volkes.

Zarathustra wird von Vivanghvat eingeweiht. Wer ist dieser Vivanghvat? Er ist vergleichbar mit Manu, wie er im Hinduismus beschrieben wird als ein »Lehrer der Lehrer« oder als der Lehrer der sieben Rishis. Für Zarathustra ist Vivanghvat der große Eingeweihte, der Vohu Manah oder den göttlichen Geist des Guten in sich wirksam sieht. Edouard Schuré skizziert die Biografie Zarathustras und beschreibt eindrucksvoll, dass Arduisur, die Lichtquelle, während ihrer Begegnung mit Zarathustra Augenkontakt mit ihm hatte und eine tiefe Seelenverbundenheit spürbar wurde.[18] (Esoterisch gesehen steht Arduisur sowohl für die eigene Seele des Zarathustra als auch für die seines Volkes und darüber hinaus der gesamten Menschheit.) Als Zarathustra später in seine Heimatstadt zurückkehrt, wird er von dem schwarzmagischen König Sohak gezwungen, einer Zusammenkunft beizuwohnen, während der Sohak von allen lokalen Führern fordert, dass sie seinem Willen dienen. In diesem Augenblick wird Arduisur als Gefangene hereingebracht. Sohak verkündet, dass derjenige, der sich dazu bekennt, ein Diener des Ahriman zu sein, Arduisur zur Sklavin bekomme. Zarathustra ist zutiefst empört. Er löst sich aus der Menge und will Arduisur retten. Seine Freunde halten ihn zurück. Andernfalls wäre er mit Sicherheit getötet worden. Weiter wird erzählt, dass Zarathustra in das Tal zurückkehrt, in dem er Arduisur begegnet war, und dass er dort in Verbindung mit Vivanghvat kommt. Dieser sagt ihm, dass er sich hoch oben in den Bergen, dort, wo die Adler fliegen, in eine Höhle zurückziehen müsse, wenn er sein Volk retten wolle. Zarathustra geht ins Gebirge und betet täglich zur Seele der Sonne, zu Ahura Mazda.

In dem *Avesta* kann man eine Äußerung Zarathustras finden, in jener Zeit seien alle Menschen noch hellsichtig gewesen. Sie konnten also wahrnehmen, dass jeder Mensch eine Aura hat. Auch die ganz besondere Aura der Sonne konnten sie wahrnehmen: Ahura Mazda. Er ist der, der im vierten Evangelium der »Logos« genannt wird. Der Logos – Christus – wird in Jesus Mensch. Der Erlöser im Zoroastrismus trägt dieselbe Signatur wie der Logos. Zarathustra soll auch prophezeit haben, dass Ahura Mazda einst Mensch werden würde.

Nach Ansicht der platonischen Schule muss Zarathustra sieben Jahre in der Höhle gelebt haben. Schuré beschreibt weiter, er habe dort jeden Tag zu Ahura Mazda (oder der Seele der Sonne) gebetet, und jede Nacht sei er von Dämonen bedrängt worden. Mitten unter ihnen habe er eine Gestalt wahrgenommen. Je mehr sich Zarathustra in seinem meditativen Beten zu Ahura Mazda vervollkommnete, desto heller und heller wurde diese Gestalt. Nach einigen Jahren kam er zu der Erkenntnis, dass diese Gestalt die Seele Arduisurs war, sie also gestorben sein musste. Das erschütterte ihn so sehr, dass er an dem Sinn all seines Tuns zu zweifeln begann. In dieser Seelenkrise erschien ihm Ahura Mazda selbst. So weit die Darstellung Edouard Schurés. Ahura Mazda offenbarte sich Zarathustra und lehrte ihn, seine Reinigung zu vervollständigen. Dann erst könne er sich in den Dienst Ahura Mazdas stellen und so dessen moralische Eigenschaften in sich verwirklichen und die diesen entgegengesetzten sieben Eigenschaften Ahrimans überwinden. Ahura Mazda war nämlich von sechs weiteren geistigen Wesen umgeben – Geister, welche die wichtigsten Eigenschaften Ahura Mazdas repräsentierten, Amesha Spenta genannt. Gemeinsam bildeten sie das, was man den »heiligen Siebengeist« nennen kann: die sieben Planetengenien. Unter ihnen ist Ahura Mazda der Geist der Sonne (im Zoroastrismus abwechselnd einer der sieben und derjenige, der über der Siebenheit steht). Ahriman oder der Geist der Finsternis, der Tod und Verfall entstehen lässt, ist ebenfalls von sechs geistigen Wesen umgeben. Beide, Ahura Mazda und Ahriman, sind Söhne (in der geteilten oder begrenzten Zeit) von Zeruane Akarene, der ungeteilten oder unbegrenzten Zeit (siehe Anhang 8).

Die sieben Planetengenien und ihre Eigenschaften im Menschen sind:

1 Asha oder Arata (der Weltenrhythmus)

Asha kann der Mensch als Eigenschaft in sich selbst verwirklichen, indem er in allem nach Wahrheit strebt und sein Leben auf die Wahrheit ausrichtet.

Es ist der Geist *Saturns*.

Die entgegengesetzte Eigenschaft bei Ahriman ist: Raserei.

2 Vohu Manah (das gute Denken)

Vohu Manah ist eine Form des Denkens, um die universellen moralischen Ideen zu finden, die man im eigenen Willen individualisiert.

Es ist der Geist *Jupiters*.

Die entgegengesetzte Eigenschaft bei Ahriman ist: Gewalt.

3 Vairya (die Herrschaft durch Sprache)

Das schöpferische Vermögen des Sprechens, durch das alles seine Ordnung bekommt und der innere Mensch sich mit dem äußeren verbinden kann.

Es ist der Geist des *Mars*.

Die entgegengesetzte Eigenschaft bei Ahriman ist: Grausamkeit.

4 Ahura Mazda (Herr des Lichtes)

Die Harmonie aller Eigenschaften. Man könnte Ahura Mazda auch das Wesen der Liebe nennen.

Es ist der Geist der *Sonne*.

Die entgegengesetzte Eigenschaft bei Ahriman ist: Lüge.

5 Haurvatat (Gesundheit)

Haurvatat ist jenes Denken, bei dem das eine in einem fließenden Zusammenhang mit dem anderen gebracht wird. Dies ist auch die erneuernde Kraft der Metamorphose und der Heilung. Es ist Gesundheit für Körper, Seele und Geist.

Es ist der Geist des *Merkur*.

Die entgegengesetzte Eigenschaft bei Ahriman ist: Übermut.

6 Ameretat (Unsterblichkeit)

Ameretat ist der Geist des unsterblichen Ursprungs aller Erscheinungen. Das Denken, das diesen Ursprung sucht und aus einer Verbindung mit ihm lebt, wird dadurch selbst unsterblich.

Es ist der Geist der *Venus*.

Die entgegengesetzte Eigenschaft bei Ahriman ist: Grobheit.

7 Armaiti (Weisheit)

Armaiti ist jene Weisheit, die mit der Fruchtbarkeit in Verbindung steht. Sie wird auch Wohltätige Gesinnung genannt.

Dies ist der Geist des *Mondes*.

Die entgegengesetzte Eigenschaft bei Ahriman ist: Erstarrung.

Zarathustra schaute also den »heiligen Siebengeist«. Dies muss nachdrücklich betont werden, weil wir noch sehen werden, wie das zoroastrische Denken das jüdische Denken beeinflusst hat. Die Siebenheit findet man auch im Judentum. Im ersten Buch des Alten Testaments, der Genesis, steht gleich zu Beginn des hebräischen Texts: »be-re'schît bârâ' ‚älohîm ‚et hasch-schâmajim we-'et hâ-'âräz – Am Anfang schuf Elohim den Himmel und die Erde.« Das Subjekt »Elohim« ist eine hebräische Mehrzahl; das Verb aber, »bara«, steht in der Einzahl: schuf. Aus dem Buch über die Hierarchien im apokryphen *Testament Adams* geht hervor, dass es sieben Elohim gab. In der jüdischen esoterischen Lehre, der Kabbala, findet man diese Siebenheit wieder.

Auch Basilides, ein christlicher Denker aus dem 2. Jahrhundert, spricht von sieben Elohim in Verbindung mit den sieben Planeten.[19] Der mittlere dieser Elohim, der Eloah der Sonne, ist seiner Ansicht nach herabgestiegen zur Erde und während der Jordantaufe in Jesus Mensch geworden. Das stimmt mit der Messiaserwartung des Zarathustra überein. – In der Apokalypse ist von den sieben Geistern vor dem Thron Gottes die Rede.[20]

Auch in der Literatur der Rosenkreuzer ist die Zahl Sieben von Bedeutung: In *Die Chymische Hochzeit des Christian Rosenkreutz* ist die Rede von sieben Tagen der Offenbarung in Übereinstimmung mit den sieben Planeten. Christian Rosenkreuz wird mit sieben Schiffen zum Turm des Olymps gebracht, wo die Einweihung stattfinden soll. Diese sieben Schiffe sind als die sieben Elohim zu verstehen.

Die Idee des heiligen Siebengeistes ist eine grundlegende religiöse Vorstellung sowohl des Zoroastrismus, des Judentums und des Christentums als auch des Manichäismus.

Als Ahura Mazda Zarathustra erscheint, teilt er diesem mit, dass er noch drei Inkarnationen haben werde. Bei seiner dritten Inkarnation werde Ahura Mazda als Erlöser Mensch werden, um den Tod und den zersetzenden Einfluss Ahrimans zu überwinden.

»Die mächtige, die königliche, Verheißung tragende Sonnen-Äther-Aura, die Gottgeschaffene verehren wir im Gebet, die übergehen soll auf den segens-

reichsten der Heilande und auf andere, seine Apostel, die die Welt voranbrin-
gen, die Alter und Tod, Auflösung und Verfall überwinden wird, die sie zu ewi-
gem Leben bringen soll, zum freien Willen, wenn die Toten wieder auferweckt
werden, wenn der lebende Todesbesieger kommt und durch seinen Willen die
Welt erneuert wird.«[21]

Die Inkarnationen, in denen Zarathustra wieder als ein Saoshiant (Heiland) auftreten soll, werden folgendermaßen beschrieben:

Uxsyat Asta:	die Weltenordnung wird wachsen;
Uxsyat Nemah:	die Vereinigung wird wachsen;
Astvarta Arta:	der Weltenrhythmus, der bis in die Gebeine wirkt.

Uxsyat Nemah ist eine historische Gestalt, die wir als Nazaratos (599–522 v. Chr.)
kennen. Rudolf Steiner zufolge ist Nazaratos eine Inkarnation des Zarathustra. Er
war der Lehrer des Pythagoras und hat in Persien prophezeit, dass es nicht mehr
lange dauere, bis Ahura Mazda Mensch werde. Er wies darauf hin, dass die Magier – die Priester des Zoroastrismus – auf einen Stern achten sollten, der mit seinem
Erscheinen zur Zeit des Mittwinters die Menschwerdung Ahura Mazdas ankündigen
werde.[22] Damit aktualisierte Nazaratos die Messiaserwartung des Ur-Zarathustras.

In diesem Zusammenhang ist es wichtig zu wissen, dass König Kyros, mit dem
persischen Namen Ahura Data, die Juden in diesem Umschwung der Zeiten aus dem
babylonischen Exil befreite. Ein Traum hatte ihm offenbart, er solle den Juden sagen,
sie müssten dem *Herrn* in Jerusalem einen Tempel bauen.[23] Der *Herr* – das war der
Herr sowohl für König Kyros und das persische Volk als auch für das jüdische Volk.
Dieser König und der Geist, der sich ihm offenbarte, sahen keine Diskrepanz zwischen der Gottheit der Perser und der Gottheit der Juden. Der weise Berater des Königs Kyros war der erwähnte Nazaratos. Zur Zeit der Babylonischen Gefangenschaft
lebten auch die jüdischen Propheten Ezechiel und Daniel sowie derjenige, der in der
Theologie als Deutero-Jesaja bekannt ist. Charakteristisch für diese jüdischen Propheten ist, dass sie eine Messiaserwartung hatten und ihnen diese in einem Traum
offenbart wurde. Das wirft Fragen auf. Denn ist es nicht eigenartig, dass Nazaratos
mit seiner Messiaserwartung in Bezug auf Ahura Mazda vertraulichen Umgang
pflegte mit Juden, die ebenfalls eine Messiaserwartung hatten? Hat Nazaratos die
jüdischen Propheten beeinflusst?

Rudolf Steiner meinte, Nazaratos sei tatsächlich ein Mysterienlehrer gewesen,
der seinen Schülern, den jüdischen Propheten, die Möglichkeit gegeben habe, sich
zu entwickeln und aufnahmefähig für eine Imagination oder Messiaserwartung zu

werden, in der sie den Sohn des Menschen würden schauen können.[24] Das heißt also, dass man Zarathustra als einen bedeutenden Lehrer für das ganze jüdische Denken und damit für die Vorbereitung des Christentums ansehen muss.

Es ist bekannt, dass der Pentateuch, die fünf Bücher Mose im Alten Testament, während der Babylonischen Gefangenschaft geschrieben wurden. In ihnen wirkt meiner Ansicht nach ganz unmittelbar die Idee des Siebengeistes fort, der von Zarathustra geschaut und als die sieben Amesha Spenta bezeichnet wurde. Oder anders ausgedrückt: als Ahura Mazda mit sechs Amesha Spenta.

Es gibt weitere historische Untersuchungen, die das bestätigen, beispielsweise die *Chronik von Zuqnin*. Diese Chronik beschreibt, wie die Prophezeiung des Zarathustra sich in dem Augenblick erfüllt, als der Stern von Bethlehem sichtbar wird. Sie berichtet von einer Offenbarung, die zoroastrischen Magiern zuteilwurde. Drei Magier, Mysterienschüler, die sich auf ihre Einweihung vorbereiteten, lebten in der Erwartung des Sterns, der als Zeichen der Menschwerdung des Ahura Mazda erscheinen sollte. Jedes Jahr bestiegen sie dazu den Siegesberg. Einmal sahen sie plötzlich, noch bevor sie den Berg bestiegen, eine mächtige Lichtsäule aufsteigen. In dieser Lichtsäule erkannten sie den Stern des Zarathustra (Zarathustra bedeutet wörtlich: der Goldglanz des Sterns): das Wesen, die Daena des Zarathustra, getragen auf Engelhänden. Die Magier bekamen ein Zeichen, dass sie auf den Berg hinaufsteigen sollten. Oben wurde die Lichtsäule aufs Neue sichtbar, und in der Säule hatten sie dann die Imagination einer Kinderhand. Diese Säule, und darin der Stern, ging vor ihnen her und wies ihnen den Weg nach Bethlehem, wo das Kind geboren war.[25]

Man muss bei dieser Gotteserscheinung, Epiphanie, also von einer Zweiheit sprechen: der Lichtsäule und dem Stern. Das stimmt mit dem überein, was implizit im *Avesta* beschrieben wird: Bei der letzten Inkarnation Zarathustras inkarniert sich Ahura Mazda. Die Lichtsäule ist die Seele der Sonne oder Ahura Mazda. Der Stern oder Zarathustra ist der Träger dieses Ahura Mazda. Mani zufolge, dem Inaugurator der zweiten Hauptströmung des Christentums, ist Ahura Mazda identisch mit Christus und ist Zarathustra ein Lichtapostel des Christus. Aus den Aussagen der *Chronik von Zuqnin* folgt: Zarathustra ist der Mensch Jesus, wie er von Matthäus beschrieben wird. In diesem Jesus hatte sich das Ich des Zarathustra inkarniert. Die *Chronik von Zuqnin* ist eine historische Quelle, die rechtfertigt, das persische Denken in Übereinstimmung mit dem christlichen Denken zu sehen. Im Matthäusevangelium wird von den drei Königen erzählt: Sie sind die drei Magier aus dem Osten.[26] Rudolf Steiner interpretierte den Stern, dem die drei Magier folgten, als ein geistiges Bild, das sie schauen konnten. Sie seien Schüler Zarathustras gewesen.[27] Sie wussten, dass ihr Lehrer sich inkarniert hatte und dass er der Träger von Ahura Mazda war.

Ein anderer historischer Beleg dafür, dass in dem Menschen Jesus das Ich des Zarathustra inkarniert war, findet sich bei Emil Bock. Im 13. Jahrhundert gab es Philosophen, die aufgrund der Überlieferung noch eine Erinnerung an das bewahrt hatten, was Nazaratos im 6. Jahrhundert v. Chr. ausgesprochen hatte. So zitiert Mar Salomon in seinem Buch *Die Biene* Nazaratos, wenn er schreibt: »Am Ende wird der Erlöser am Kreuz hängen, und er, Nazaratos, wird eins sein mit dem Erlöser. Er in mir und ich in ihm.«[28] Das ist eine Prophezeiung aus der Zeit der zweiten Inkarnation Zarathustras, die sich in seiner dritten Inkarnation erfüllen sollte, als Ahura Mazda in ihm Mensch wurde.

Ahura Mazda ist nicht identisch mit Zarathustra – das ist im gesamten Zoroastrismus eindeutig. Die dritte Inkarnation Zarathustras muss auf zweierlei Art gelesen werden. Während Zarathustras dritter Inkarnation wird *auch* Ahura Mazda Mensch; dann nämlich, wenn das »Astvarta Arta«, der Weltenrhythmus sich durchsetzt bis in den Knochenbau.

Wir haben also eine historische Bestätigung gefunden für das, was Rudolf Steiner geisteswissenschaftlich erforschen konnte: In dem von Matthäus beschriebenen Menschen Jesus wirkt das Ich Zarathustras. Diese Tatsache wird durch das *Avesta*, durch die *Chronik von Zuqnin* und die Naturphilosophen des 13. Jahrhunderts untermauert.

Sie wird aber auch durch aktuelle Funde bestätigt. So wurde bei Nag Hammadi ein Text entdeckt, der als *Apokalypse des Adam* bezeichnet wird und in dem die dreizehn Inkarnationen Zarathustras beschrieben sind, darunter auch seine letzte Inkarnation als Erlöser. Die Kosmologie der Essener, die im Zeichen des Lichtes und der Finsternis steht, ist auf die Kosmologie von Zarathustra zurückzuführen – Licht: Ahura Mazda, Finsternis: Ahriman.[29] Auch darin, dass die Israeliten in der Wüste das »Manna« erhielten, kann man die direkte Fortwirkung Zarathustras vermuten; er sprach von dem Vohu Manah.

Man könnte sagen, dass Zarathustra durch verschiedene Inkarnationen hindurch, angefangen in Persien, das gesamte jüdische Denken inspiriert hat, bis hin zu dem Augenblick, da nicht nur sein Denken in das jüdische Volk eingeflossen ist, sondern er sich letztlich selbst in diesem jüdischen Volk inkarniert hat. Dann war Zarathustra der Träger von Ahura Mazda, der Träger des Christus. Und daher kann man Zarathustra wahrlich den ersten Propheten des Christentums nennen.

Auch Mani bezeichnete Zarathustra als Apostel des Christus. Mani hat aus geistiger Schau sichtbar gemacht, dass die Offenbarungen in den unterschiedlichen Religionen verschiedener Völker aus einer einzigen Quelle stammen. Der präexistente Christus sandte Hermes nach Ägypten, Laotse nach China, Buddha nach Indien und Zarathustra nach Persien. Zarathustra ist somit der Licht-Apostel des Christus. Wie gesagt, man kann auch den manichäischen Übersetzungen entnehmen, dass Ahura Mazda identisch ist mit Christus. Ahura Mazda wird dort als »Ur-Mensch« übersetzt, als Manifestation des Christus. Dem persischen Kaiser überreichte Mani sein erstes Buch, den *Shaburaghan*. Es geht darin um Christus. Indirekt wird deutlich, dass Mani die Menschwerdung Christi als Erfüllung der Prophezeiung Zarathustras im Zoroastrismus hat bekannt machen wollen. Für Mani war es somit klar, dass Zarathustra als Prophet des Christentums bezeichnet werden kann.

Historisch-wissenschaftlich lässt sich mit dem *Avesta* belegen, dass Zarathustra die erste Messiaserwartung gebracht hat. Es wäre wichtig, dass diese Tatsache in den theologischen Fakultäten gelehrt würde, denn dadurch könnte das kosmische Christentum gerettet und Jesus als der große Sonnengeist erkannt werden, der sich in Christus inkarniert hat.

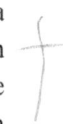

Zarathustra kann auch als der messianische Lehrer des Westens angesehen werden. Denn das Persien der vorchristlichen Zeit war von Indien aus gesehen »der Westen«. Das Denken – er nennt es das Manah – muss Zarathustra zufolge so entwickelt werden, dass es von dem Vohu Manah oder dem Guten Geist inspiriert werden kann. Gerade in unserer Zeit ist ein solches inspiriertes Denken von Bedeutung. Jesus, als die Inkarnation Zarathustras, kann dem meditierenden Menschen dabei helfen, eine Beziehung zu Christus zu finden.

Kapitel 3

Buddha und Jesus

Im vorigen Kapitel haben wir gesehen, dass im Matthäusevangelium vom Zarathustra-Ich die Rede ist, das in dem Menschen Jesus inkarniert war. Im Lukasevangelium dagegen wird nach Aussage Rudolf Steiners der Mensch Jesus mit Buddha in Verbindung gebracht.

Wer war Buddha?

Im 6. Jahrhundert v. Chr. wurde einer der größten Lehrer der Menschheit geboren: Siddharta Gautama. Siddharta bedeutet: Er, der sein Ziel erreicht. Siddharta Gautama wurde in Kapilavastu geboren, einem kleinen Städtchen im Nordosten Indiens am Rande des Himalaja (heute zu Nepal gehörend). Siddharta inkarnierte sich dort bei dem Fürsten Shuddhodana. Bei seiner Geburt hatte seine Mutter, Königin Maya, einen prophetischen Traum. Sie sah einen Berg, und auf diesem Berg einen goldenen Palast. Auch einen weißen Elefanten gab es in diesem Traum, der in seinem Rüssel eine weiße Lotusblüte trug und dreimal um sie herum ging. Shuddhodana berief einen Rat, der diesen Traum deuten sollte. Der Rat bestand aus 64 Brahmanen. Die Brahmanen pflegten die uralte indische Tradition des Veda. Zu den Veden gehören vor allem die Aufzeichnungen von den Weisheiten der Rishis, der sieben großen indischen Lehrer. Die Brahmanen waren zu der Erkenntnis gekommen, dass sich tief im Menschen »die Knospe einer Lotusblüte« befindet: der Atman der Seele. Atman ist der reine göttliche Geist.

Die Brahmanen strebten danach, Atman in ihrer Seele zum Erblühen zu bringen. Da Atman reiner Geist ist, sucht der Mensch in seinem Bewusstsein die Übereinstimmung mit dem reinen Geist. Dazu muss er sich vom rein körperlichen Begehren und sogar von den Formen des Denkens, die körperliche Vorstellungen in sich tragen, lösen. Man kann sich nun fragen, ob es möglich ist, ein völlig leeres Bewusstsein zu erreichen, so leer, dass kein alltäglicher Gedanke mehr darin ist. Denn nur dann kann sich das Bewusstsein in wahrhaft innerer Stille auf Atman richten.

Wir sind es gewohnt, zu sehen, zu hören, zu fühlen, zu schmecken und in einer Welt körperlicher Vorstellungen zu leben. Dadurch leben wir in der Welt der Erscheinungsformen und haben kein Bewusstsein von der Welt des Wesentlichen.

Natürlich ist es notwendig, dass wir unsere Sinnesorgane gebrauchen, aber wäre es nicht auch zugleich möglich, die Göttlichkeit in der Seele zum Blühen zu bringen? Wenn wir das erreichen wollen, dürfen wir den Orientierungspunkt unseres Bewusstseins nicht in die Welt der Sinne legen, sondern ins Innerste der Seele. Dann können wir über die Straße gehen, alles sehen und hören, ohne dass unser innerer Orientierungspunkt verloren geht. Mit unserem Bewusstsein bleiben wir bei Atman in unserer Seele.

In dem Wort »Atman« steckt auch das Wort »Atem«. Man könnte die gesamte brahmanische Geisteshaltung – die sich auch auf die Yogakultur erstreckt – in folgender Meditation zusammenfassen:

1. Erlebe beim Einatmen den Gedanken, dass Brahma als der *Allumfassende Geist* Geist, Seele und Leib vollkommen durchdringt.
2. Erlebe beim Ausatmen den Gedanken, dass du alle beschränkten, menschlichen Vorstellungen preisgibst.
3. Letztlich opferst du beim Ausatmen dein ganzes Menschsein. Hierdurch schaffst du wieder neuen Raum für das Einatmen.

So weckst du Atman in deiner Seele. Dann zeigt sich, dass dein wahres Menschsein erst möglich ist, wenn du in vollkommener Harmonie mit dem Weltall bist. Im isolierten Egoismus, wenn du alle Dinge nach eigenem Gutdünken regelst, verlierst du die Welt. Wahres Menschsein heißt, dass du dich dem Weltall hingibst, sodass du das Weltall vollkommen in dich aufnehmen kannst. Das bedeutet geistige Selbstständigkeit. Denn so bleibst du verbunden mit dem Weltall, und das ist eine viel realere Selbstständigkeit als die des Egoismus. Egoismus ist der Schein von Selbstständigkeit, denn im Egoismus bist du abhängig von der Bestätigung durch andere.

Die vier Brahmanen erklärten Shuddhodana, der Traum bedeute, sein Sohn würde entweder ein großer Herrscher und Nachfolger seines Vaters oder ein Lehrer der Menschheit werden, denn der weiße Elefant sei kein anderer als Ganesh, der Sohn Shivas. Shiva ist der »Heilige Geist«, der sowohl zerstört als auch erneuert. Ganesh ist der Gott der Wissenschaft, der Schriftsteller und der heiligen Erkenntnis. Wenn Ganesh in diesem Traum die Lotusblüte trage, bedeute es, dass Gautama ein Lehrer werden könne, der die Menschheit durch seine Weisheit lehre, Atman oder die Lotusblüte in der Seele zum Erblühen zu bringen.

Ursachen des Leidens

Gautamas Vater wollte, dass der Sohn sein Nachfolger würde. Er begriff aber, dass er dazu seinen Sohn im Schutze der sicheren Palastmauern halten musste, damit er nichts vom Leid der Welt erführe. Er sollte von Freude, Fröhlichkeit und weltlichen Genüssen umgeben sein. Dann würde der Wunsch, ein Lehrer zu sein und die Unwissenheit der Menschen zu beseitigen, nicht in ihm aufkommen. Shuddhodana hatte intuitiv ganz richtig erkannt, dass die Begegnung mit dem Leiden das Verlangen nach Weisheit weckt.

Aber Gautama hatte eine tiefe Seele. Als er eines Tages beobachtete, wie ein Adler eine Schlange tötete, und er den Angstschrei der Schlange hörte, hinterließ das einen tiefen Eindruck. Außerdem wuchs seine Sehnsucht, die Welt jenseits der Palastmauern kennenzulernen. In der Legende wird erzählt, dass Gautama viermal den Palast verlässt und zu einer bestimmten Erkenntnis kommt, was mit Hilfe der vier Stadttore versinnbildlicht wird. Zuerst geht er durch das östliche Tor hinaus. Was er dort erlebt, hat der König inszeniert: Der geliebte Königssohn wird umjubelt. Doch Gautama sieht, dass ganz hinten in der Menschenmenge jemand steht und völlig in sich gekehrt ist. Gautama tritt zu ihm und sieht, dass sein Gesicht von Runzeln durchfurcht ist, sodass er kaum sehen kann und in Resignation gefangen ist. Er erfährt von seinem Freund, dem Wagenlenker, dass jeder Mensch sich in einem Prozess des Alterns befindet. Das berührt seine Seele so sehr, dass er sich die Frage stellt: *Was ist die Ursache des Alters und was ist die Ursache des Leidens, das im Alter zum Ausdruck kommt?*

Etwas später geht er durchs südliche Tor, wo sich ihm ein ähnliches Schauspiel bietet: eine jubelnde Menschenmenge und wieder ganz hinten jemand, auf den Gautamas Auge fällt. Als er zu ihm herantritt, spürt er intensiv die Schmerzen dieses Mannes. Von seinem Wagenlenker erfährt Gautama, dass es ein Kranker ist. Er stellt sich jetzt die Frage: *Was ist die Ursache des Leidens, das in der Krankheit zum Ausdruck kommt?* Gautama stellt also, so scheint es, immer eine philosophische, existenzielle Frage, die sich aus dem ergibt, was ihn im Leben wirklich erschüttert. Eine Frage, die so sehr in das Wesen des Menschen dringt, die so tief geht, dass man nicht ohne Weiteres eine Antwort findet. Das ganze eigene Wesen wird dann von einem Suchen erfasst, wird zu einem Suchen nach Wahrheit.

Beim dritten Mal geht Gautama durchs westliche Tor hinaus und sieht hinter der Menschenmenge jemanden, der auf einer Bahre davongetragen wird. Als er das Laken zurückschlägt, erblickt er die gebrochenen Augen. Er erfährt von seinem Wagenlenker: Es ist der Tod, der den Menschen ereilt hat, und das geschieht irgendwann jedem Menschen. Gautama fragt sich: *Was ist es in der Existenz des Menschen, das* ihn schließlich sterben lässt? Weshalb kann ein Mensch sterben? Was ist die (metaphysische) Ursache dafür, dass der Tod das Leben beendet? Was ist die Ursache des Leidens, dessen Ausdruck der Tod ist?

Schließlich geht Gautama durch das vierte Tor und sieht einen Mönch mit dem Lächeln der Weisheit auf dem Gesicht. Er beschließt, dass auch er den Weg eines Mönchs gehen will, und teilt dies seinem Vater mit. Der aber hat dies schon erwartet und sorgt dafür, dass die Tore der Stadt von nun an geschlossen bleiben.

Bodhisattvas

Die Legende erzählt, die Götter – Devas oder Wesen, die die Menschheit begleiten – hätten gewusst, dass Gautama ein Bodhisattva war. Ein Bodhisattva ist bereits in einem früheren Leben zur Erleuchtung gekommen und hat alle Unwissenheit überwunden: Er ist eigentlich vollkommen eins geworden mit dem Weltall. Ein Bodhisattva will nach seinem Tod jedoch nicht in das ewige Reich von Brahma aufgenommen werden und dann als Tropfen in den Ozean zurückkehren, sondern verspürt gerade jetzt, da die Erleuchtung erreicht ist, den Wunsch, sich mit aller Erkenntnis und Opferkraft in den Dienst der leidenden Menschheit zu stellen. Die Frage stellt sich, ob überhaupt Erleuchtung möglich ist ohne den aus der Liebe geborenen Wunsch, sich in der nächsten Inkarnation für die Mitmenschen einzusetzen.

In der Weltentwicklung, wie Rudolf Steiner sie schaute, sind zwölf Erzengelwesen oder Bodhisattvas um Christus als Liebessubstanz herum.[30] Jedes ist ganz in dieses Wesen der Liebe vertieft und bringt dies durch Weisheit zum Ausdruck. – Auch Mani schaute zwölf Lichtjungfrauen um Christus herum. In Bezeklik in China ist an der Rückwand eines weißen manichäischen Tempels dieses Fresko zu sehen (siehe Abbildung auf S. 32).

Rudolf Steiner zufolge sind die Bodhisattvas verantwortlich für die großen Kulturepochen: einer für die sieben Atlantischen Epochen und einer für jede der sieben nach-atlantischen Kulturepochen. Ein Erzengelwesen aus der Sphäre des Heiligen Geistes kann einen Eingeweihten, wenn er dreißig Jahre alt geworden ist, durchdringen.

Ein solcher Mensch wird ab dem Moment dieser Inkorporation ein Bodhisattva genannt. Bodhisattvas haben schon von allem Anfang an den Auftrag, die Menschheit un* unterbrochen zu begleiten. Sie sind die großen Weltlehrer der Menschheit, wie Moses in Palästina, Hermes Trismegistos in Ägypten, Laotse in China, Zarathustra in Persien, Buddha in Indien und Orpheus in Griechenland. – Auch Mani sprach von diesen – wie er sie nannte – Lichtaposteln.

Mani und die zwölf Lichtjungfrauen

Buddha hatte sich bereits in mehreren Inkarnationen in den Dienst der leidenden Menschheit gestellt. Nach Rudolf Steiner war eine dieser Inkarnationen Odin oder Wotan.[31] In der *Edda* wird beschrieben, wie Odin seine Einweihung empfangen hat: Er hing neun Tage am Runenbaum. Odin verlieh den nordischen Völkern die Fähigkeit, das Wort zu gebrauchen, das Wort zu sprechen. Also war Odin eine der Inkarnationen dieses Bodhisattvas, der sich später als Gautama inkarnieren sollte. Die Götter wussten, dass eine abschließende Inkarnation stattfinden würde, dass er eine letzte Inkarnation erleben würde: Dieser Bodhisattva würde ein Buddha werden.[32]

Ein Bodhisattva zu sein bedeutet geisteswissenschaftlich, dass der göttliche Geist in der Form eines Erzengels zu einem Teil im Menschen tätig ist bis in die Seele, während ein anderer Teil in der göttlichen Welt bleibt.[33] Der Bodhisattva ist als Mensch wie eine Schale, die die göttliche Inspiration aufnimmt. Hierdurch ist ein solcher Träger des heiligen, göttlichen Geistes oft der Stifter einer großen Religion. Wenn ein Bodhisattva eine letzte, abschließende Inkarnation erlebt, zieht der Geist schließlich nach innen bis in den Ätherleib, der den physischen Leib durchdringt. Indem der göttliche Geist nun konzentrisch mit dem Leib Gautamas verbunden war, wurde gerade sein Denkvermögen als Ausdruck des Geistes angesprochen. Die hellseherischen Inspirationen vorangegangener Inkarnationen konnten jetzt, in seiner Buddhaschaft, in irdische Begriffe gefasst werden, die jeder mitdenken konnte. Die Erleuchtung wirkte so tief in diese Persönlichkeit hinein, dass die himmlische Inspiration zu weltlicher Philosophie wurde, und zwar so, dass Gautama als Bodhisattva fähig war, die größtmögliche Klarheit früheren Hellsehens in Begriffe zu fassen. Dadurch kann jeder Mensch sie nicht nur verstehen, sondern auch mitdenken. In früheren Zeiten hätte man die religiösen Bilder dieses Bodhisattvas *glauben* müssen, nun aber kann man sie auch *denken*, und dadurch ist eigenes Lehrersein gefordert. In seiner letzten Inkarnation hat Buddha der Menschheit als eine letzte und größte Frucht die Frucht aller vorhergegangenen Inkarnationen, in denen er die himmlischen Inspirationen empfangen hat, geschenkt. Wir werden sehen, dass diese Frucht in kristallklaren philosophischen Begriffen ausgedrückt das zwölffältige Rad von Geburt und Tod und der achtgliedrige Pfad ist.

Der Weg der Mitte

Die Götter wussten, dass Gautama ein Buddha werden sollte, und hofften, er werde seinen inneren Auftrag erkennen. Denn es muss sich immer erst zeigen, wie vollständig ein inkarnierter Bodhisattva sich an seinen inneren Auftrag erinnert. Die Götter halfen Gautama bereits, indem sie ihm die beschriebenen Erlebnisse des Leidens gaben. Und nun ließen sie die Torwächter und eigentlich alle Menschen im und um den Palast in eine Art Schlaf fallen, sodass Gautama den Palast des Nachts auf seinem Pferd verlassen konnte.

Er begab sich in den Urwald zu den Einsiedlern, dorthin, wo die Brahmanen ihre Schulen hatten. Schließlich landete er in einer Schule, in der Atman auf dem Wege der Askese gesucht wurde. Die Brahmanen vertraten die Auffassung, dass sie ihren Körper knechten müssten, um *Atman* zu finden, weil Atman nicht körperlich war. Sie sagten: »Wir müssen Herr über unseren Körper werden, indem wir ihm nicht das geben, wonach er verlangt, sondern selbst bestimmen, was wir ihm geben wollen.« Sie unterdrückten Hunger und Durst, und so lebte Gautama, an einem Fluss sitzend, schließlich von nur einem Reiskorn pro Tag. Sein Haar wurde immer länger, denn weshalb sollte er sich um den eigenen Körper kümmern? Der Körper war gerade das, was vergessen werden musste.

Er befand sich in einer Art Hypnose, seine Sinne waren vollständig taub geworden. Jedoch veränderte sich etwas bei Gautama. Seine Mutter war inzwischen gestorben, doch war sie in der geistigen Welt beunruhigt über den erbärmlichen Zustand, in dem Gautama sich befand, der immer die Kraft eines Löwen gehabt hatte. Vielleicht war es ihre Erkenntnis, die endlich dazu führte, dass Gautama sich auf dem falschen Weg wusste. Diese Erkenntnis ließ Gautama später einen Geiger aussprechen, den er fragte, ob er seiner Geige denn auch Musik entlocken könne, wenn die Saiten ungenügend gespannt seien. Das verneinte der Geiger. Danach fragte er ihn, ob er Musik machen könne, wenn die Saiten allzu straff gespannt seien. Wiederum verneinte der Geiger. Die Antwort führte Gautama zu der Erkenntnis, den Weg der Mitte zu beschreiten: Keine Zügellosigkeit, aber auch keine Knechtung des Körpers. Denn der Körper gehört zum Weltall, genau wie die Bäume, die Tiere, die Pflanzen und die ganze Atmosphäre. Kein Dualismus von Geist und Materie, denn dann wäre die Einheit nicht erlebbar.

Vier heilige Wahrheiten

Gautama ging seinen eigenen Weg. Er saß unter dem Bodhibaum, berührte mit seiner Hand die Erde und sagte dann, er würde den Platz nicht verlassen, bevor er erkannt habe, was die Ursachen des Leidens sind, dieses allumfassenden Leidens, von dem die ganze Schöpfung durchdrungen ist. Es ist charakteristisch für Buddha, dass er nicht für sich selbst in der Erleuchtung zur Einheit kommen wollte, sondern selbstlos die erleuchtete Antwort suchte auf eine Frage, die die ganze Menschheit betrifft: Was sind die Ursachen des Leidens? Die Erleuchtungserkenntnis kam nach vier Tagen und Nächten.[34] Durch die Meditationen tagsüber hatte er so viel Geisteskraft in sich geweckt, dass er Kontinuität des Bewusstseins erlangte. Tag und Nacht waren miteinander verbunden. Was geschieht, wenn man sein Bewusstsein mitnimmt ins Schlaferleben? Man wird hellsehend. – »Nacht« ist dann: intuitive Schau; »Tag«: die Bearbeitung dieser intuitiven Schau mit dem wachen Denken. – So schaute Gautama in der ersten Nacht die Sphäre, in der der Mensch sich nach dem Tode befindet. Er schaute die Sphäre, die in Indien das Kamaloka genannt wird: Ort der Begierden. Was er sah, erschütterte ihn. In dieser Sphäre geht etwas vor sich, was die Seelen lehrt, dass die nach dem Verlassen des Leibes noch übrig gebliebenen Begierden sinnlos sind. Wenn man beispielsweise während seines irdischen Lebens die Begierde nach Wein stark kultiviert hat, merkt man, dass diese nun nicht mehr befriedigt werden kann. Sie bleibt jedoch als Begierde bestehen, wodurch ein nicht zu stillender Durst entsteht. Der Durst hält so lange an, bis der Mensch gelernt hat, sich an die neuen Umstände anzupassen und sich dessen bewusst wird, dass diese Begierden in der Welt des Geistes nicht mehr nötig sind. In dieser Kamalokasphäre wird nichts von dem, was man leidenschaftlich begehrt, befriedigt, es wird vielmehr von einem ferngehalten. Was man dagegen am meisten hasst – eigentlich ja auch eine Form der Begierde, aber im umgekehrten, abstoßenden Sinn –, ist fortwährend in der Nähe. Gautama sah das schreckliche Leiden der Menschen, die gestorben waren und sich nicht lösen konnten aus der Gefangenschaft der Begierden, in der ihnen die innere Würde verloren ging. Das erschütterte ihn so sehr, dass er nach dem Erwachen aus dem hellsehenden Bewusstseinszustand seine Hand auf das neben ihm liegende Reh legte, die Nase des Tieres als warm empfand und daran merkte, wie klamm seine eigene Hand war. Gautama kam zu der heiligen Wahrheit: Begierde ist die Ursache des Leidens, die Ursache von Krankheit und Alter und letzten Endes die Ursache dafür, dass der Mensch durch den Tod gehen muss.

Durch eine zu starke Bindung der Seele an den Körper aufgrund der Begierden sind Krankheit, Alter und Tod möglich geworden.

In der folgenden Nacht drang Gautama in eine höhere Sphäre der geistigen Welt ein, die in Indien das *Devachan* genannt wird. In dieser Sphäre stieß er auf die Seelen der Menschen, die auf der Erde in Liebe und Freundschaft mit ihren Mitmenschen gelebt hatten. Dort erlebte Gautama eine vollkommen friedliche Situation, bis er merkte, dass auch dieses Bild sich verdunkelte. Tief drinnen gab es noch Formen eines subtilen Egozentrismus. Durch ihren Durst nach Dasein sind die Seelen gezwungen, sich zu inkarnieren. Gautama schaute das Große Rad von Geburt und Tod, das alle Seelen zur Reinkarnation führt.

In der dritten Nacht konnte er in eine noch höhere Sphäre schauen: in die Sphäre der niederen Götter. Gautama sah, dass bestimmte Devas oder Götter, welche die Menschheit begleitet haben, selbst abhängig geworden sind von den Leidenschaften, die die Menschheit erzeugt hat. Mehr noch, sie fachen diese Leidenschaften bei den Menschen sogar an. Denn sie leben inzwischen von dem geistigen Feuer dieser Leidenschaften. Hierdurch sind sie zu Gefängniswärtern der menschlichen Gefangenen geworden. In der anthroposophischen Geisteswissenschaft werden sie die luziferischen Engel genannt. Gautama lehrte, dass sogar diese Götter sich noch inkarnieren müssen. Nur dann können sie das Denkvermögen erwerben, durch das sie zur Erkenntnis gelangen, um innerlich frei zu werden.

Gautama hat also erkannt, dass bestimmte göttliche Wesen – die niederen Götter, die gefallenen Engelwesen – sich in einen menschlichen Körper inkarnieren müssen, um zur Erkenntnis ihrer eigenen Gefangenschaft zu gelangen. Dies ist ein höchst bemerkenswerter Gedanke im Buddhismus.

Gautama sah, dass die Menschheit in dem fortwährenden Rad von Geburt und Tod gefangen ist. Der Mensch muss sich immer wieder inkarnieren, weil er an seine Leidenschaften gebunden bleibt. Buddha stellte sich die grundlegende Frage: Wie kann der Mensch sich aus dem Rad befreien, das die Ursache allen Leidens aufrechterhält?

In der vierten Nacht kam Gautama im Bewusstseinszustand des Nirwana zur Erleuchtung. Nirwana bedeutet: die Flamme der Begierde, die gelöscht ist. Im Nirwana gelangt man in die Mitte der Radachse und erlebt, dass man eins ist mit dem gesamten Universum. Als Gautama, der sich jetzt Buddha, der Erleuchtete, nannte, in diesem Zustand der Erleuchtung aufstand, hatte er die Pfeile Maras, des Versuchers, überwunden, der ihm immer wieder das falsche Spiegelbild vorhielt (so gaukelte ihm Mara einmal vor, dass er schon erleuchtet sei). Nach einer gewissen Zeit, in der er seine Erkenntnisse verarbeitete, ging er an den Ort Benares und verkündete dort seine erste Botschaft.

Als Antwort auf die Frage nach den Ursachen des Leidens war Buddha während seiner Erleuchtung zu den vier heiligen Wahrheiten gelangt:

Die erste heilige Wahrheit ist die Frage nach den Ursachen des Leidens. Es ist bemerkenswert, dass bereits die Frage selbst, durch die man sich öffnet, als eine heilige Wahrheit angesehen wird.

Die zweite Wahrheit ist die Intuition, dass Begierden die Ursachen des Leidens sind.

Die dritte Wahrheit ist, dass durch das Überwinden der Begierden das Leiden aufgehoben werden kann. Dies ist eine Erkenntnis durch Denken und Folgern; eine Verarbeitung der Intuition.

Die vierte Wahrheit ist, dass die Begierden durch das Befolgen des achtgliedrigen Pfads überwunden werden können.

Immer wenn Buddha sprach, beschrieb er das Bild des Rades von Geburt und Tod, in dem der Mensch auf ewig gefangen zu sein scheint: gefangen von der Notwendigkeit, sich inkarnieren zu müssen, weil er an die Folgen seines egoistischen Handelns gebunden ist und sich nicht wie ein Bodhisattva aus freien Stücken inkarnieren kann, um den Mitmenschen in ihrem Leiden zu helfen. Danach sprach er von der Möglichkeit, durch den achtgliedrigen Pfad frei zu werden.

Das Rad von Geburt und Tod, an das jeder Mensch gebunden ist, haben die Schüler Buddhas auf der Grundlage seiner Erkenntnisse zusammengefasst zum zwölfgliedrigen Rad des Entstehens.

Das zwölfgliedrige Rad des abhängigen Entstehens

1 Unwissenheit

Noch bevor sich die Seele inkarniert, hat sie schon einen ganz bestimmten Seinszustand. Da gibt es Abstufungen der Unwissenheit bezüglich der Ursachen des Leidens. Der Bewusstseinszustand ist ein Seelenzustand.

2 Durst nach Dasein

Wenn man die Ursachen des Leidens nicht kennt, entsteht Durst nach Dasein; Durst nach Befriedigung der Begierden. Der Durst nach dem Dasein ist der Zustand der Seele vor der Empfängnis.

3 Unbewusste Seele

Nach der Empfängnis, während der embryonalen Entwicklung des Menschen, verbindet die Seele sich mit dem Körper. Jedoch befindet die Seele sich in einem unbewussten Zustand. Bei einem Bodhisattva ist das anders, weil er zur Erleuchtung gelangt ist und sich dadurch bewusst inkarnieren kann. Die eine Seele inkarniert sich bewusster als die andere, je nachdem, wie weit entwickelt die Erkenntnis der Ursachen des Leidens ist. Der unbewusste Zustand der Seele ist daher meiner Ansicht nach ein gradueller Begriff.

4 Form und Name

Es entstehen schon während der embryonalen Entwicklung, wie Buddha es nennt, Form und Name. Das bedeutet eigentlich, dass die Seele im Vorgeburtlichen mehr oder weniger mit den Seelen anderer Menschen eins war, sodass man nicht von einem abgegrenzten individuellen Bewusstsein sprechen kann. Erst wenn die Seele in den Körper kommt, wird man zum Individuum mit einer bestimmten Form, der man einen Namen geben kann. Man könnte sich sogar fragen, ob das nicht der Sinn einer Inkarnation ist: ein Individuum zu werden. Auf jeden Fall sagt Buddha, dass das individuelle Dasein oder die Persönlichkeit notwendig ist, um zu einem freien Denken und einem freien Willen kommen zu können. Durch Name und Form entsteht der Abstand zwischen dem eigenen Ich und dem anderer Menschen bzw. zwischen dem Ich und dem Objekt. In der Philosophie wird dies als die Subjekt-Objekt-Spaltung bezeichnet, zum Beispiel bei Sören Kierkegaard (1813–1855). Es besteht ein dauerhafter Abstand zwischen Ich und Welt. Dadurch kommt man zu Selbstbewusstsein und freiem Willen. Gleichzeitig gelangt man zu dem Bewusstsein, dass man von der Welt, die einen umgibt, getrennt ist. Durch die Trennung entstehen Einsamkeit und Entfremdung. Buddhas große Frage war es, wie man, modern gesagt, die Spaltung zwischen Subjekt und Objekt wieder aufheben kann, um ein Bewusstsein der Einheit zu erreichen.

5   Sechs Sinnesorgane

Es entstehen sechs Sinnesorgane, deren einer der Verstand ist. Bei Buddha wie auch etwa zur selben Zeit in Griechenland bei Platon ist der Verstand das Wahrnehmungs- oder Sinnesorgan für die Gedanken. Die Gedanken sind schon im geistigen Raum vorhanden; sie müssen vom Verstand gesucht und gesehen werden.

6   Berührung

Nach der Geburt werden die sechs Sinne geöffnet. Zuerst entwickelt sich der Tastsinn. Durch ihn lernt man, in Kontakt mit dem Anderen, mit der Welt zu kommen. Indem man die Mutter berührt, ist für einen Augenblick die Spaltung zwischen Subjekt und Objekt überwunden. Mit der Berührung wird zum ersten Mal eine Brücke zur Überwindung der Subjekt-Objekt-Spaltung geschlagen, die mit der Geburt so real und spürbar geworden ist.

7   Wahrnehmung

Anschließend werden auch die anderen Wahrnehmungsorgane angesprochen, geöffnet und in Gebrauch genommen. Buddha sagt jedoch, dass dabei keine reine Wahrnehmung möglich sei. Die Wahrnehmung ist getrübt. Buddha spricht von Samskara. Es ist das noch nicht ausgeglichene Karma. Er meint damit die Wirkungen unbewusster Taten aus einem vorigen Leben. Die Neigungen, welche die Seele in einem vorigen Leben hatte (und auch der unbewusste Drang, diese Neigungen zu überwinden), werden zum Erbe der Seele in dieser Inkarnation. Das Samskara findet man in der Linga-Sharira oder in der Akasha in sich selbst. Das nicht ausgeglichene Karma wirkt mit anderen Worten im Ätherleib oder Lebensleib bzw. Energiekörper oder – psychologisch gesprochen – bis hinein ins Unbewusste. Durch fehlende Selbsterkenntnis verfärbt und verzeichnet man unbewusst die Wahrnehmung. Samskara kann man auch als subjektive Zuneigung oder Abneigung in der Wahrnehmung verstehen. Sie sorgt dafür, dass man keine reine, keine objektive Wahrnehmung hat, sondern – unbewusst –, ausgehend von einem egozentrischen Punkt, eine persönliche Wertung einfließen lässt. Wenn man beispielsweise seine eigenen Fehler unterdrückt, begegnet man einem Menschen, der denselben Fehler hat, mit mehr Abneigung, als man es täte, wenn man selbst diesen unterdrückten Fehler nicht hätte. Die Wahrnehmung ist also nicht objektiv. Hier sieht Buddha die existenzielle Schwierigkeit des Menschen: Er besitzt keine reine Wahrnehmung und kann dadurch auch die Einheit mit dem Weltenkosmos nicht erleben.

8 Die Begierde

So entsteht aus der Wahrnehmung die Begierde. Hätten wir eine vollkommen reine Wahrnehmung, könnte die Spaltung zwischen Subjekt und Objekt überwunden werden, weil das Wahrgenommene mit dem Wahrnehmen übereinstimmte: Der Weltinhalt wäre dann Seeleninhalt. Die vollkommene Einheit wäre bewusst erlebbar. Ist die Wahrnehmung jedoch unrein, egozentrisch, voller Zuneigung oder Abneigung, so verzeichnet man die Wirklichkeit und macht sie zur Maya oder Scheinwirklichkeit. Damit tut man dem anderen Unrecht. Das Samskara, das als Saat im Ätherleib eingeschlossen war, kommt jetzt als Begierde in der Seele – oder anders gesagt: im Astralleib – zur Blüte. Die persönliche Zuneigung und Abneigung in der Wahrnehmung wird zur Begierde. Meiner Meinung nach muss man zwei Arten von Begierden unterscheiden: sympathische und antipathische Begierden. Bei den sympathischen Begierden folgt man in der Befriedigung seiner Begierden den persönlichen Vorlieben. Unter Begierden versteht Buddha hier eigentlich nichts anderes als die mit raffiniertem Verstand kultivierte Genusssucht und Habsucht. Bei den antipathischen Begierden folgt man seinen persönlichen Abneigungen, indem man gerade begehrt, etwas *nicht* zu erlangen, beispielsweise bei der Angst: Man will *nicht* in diesen Zustand und die damit verbundene Gefahr kommen, oder beim Hass: Man will ausdrücklich *nicht* mit jemandem zusammen sein.

Meiner Meinung nach gibt es einen bestimmten Grund, weshalb Buddha so eindringlich über die Unfreiheit der Begierde spricht. Das hängt mit der Frage zusammen, ob es möglich ist, Mitleid zu haben. Man könnte den Begriff der Begierde ersetzen oder erklären, indem man sie als eine unbewusste Triebfeder betrachtet, aus der heraus man nicht handelt, sondern vielmehr zum Handeln getrieben wird.

Ich möchte zeigen, wie subtil Begierden arbeiten, und zwar am Beispiel der Denkart Jiddu Krishnamurtis (1895–1986), der das Denken Buddhas in eine moderne Form philosophischer Untersuchung brachte. Er stellt folgende Überlegung an: Du siehst einen wunderschönen Sonnenuntergang, der dich in einen Zustand von Zeitlosigkeit versetzt. Die Schönheit ist so ergreifend, dass du dich selbst vollkommen vergisst und durch die Begegnung mit dem Sonnenuntergang wirklich zu einem tiefen Erleben von geistiger Seligkeit kommst. Es verschafft dir unermessliche Freude, so tief mit der Wirklichkeit verbunden zu sein.

Was aber geschieht jetzt durch das, was Krishnamurti das »mechanische Denken« nennt? Das mechanische Denken will dieses ursprüngliche Erleben von Neuem erleben. Das mechanische Denken macht aus der ursprünglichen Freude eine wiederholbare Befriedigung. Für Krishnamurti ist der Begriff Befriedigung dasselbe wie Begierde. Was geschieht also weiter? Am nächsten Tag gehst du zurück an den Strand und hoffst, dieselbe Erfahrung zu machen. Der Wind saust dir um die Ohren und ein silberner Regenvorhang vermittelt dir lediglich ein Gefühl der Enttäuschung. An dieser Enttäuschung merkst du, dass keine Befriedigung entstanden ist. Starke Erwartungen sind unerfüllte Verlangen, durch die kein Erleben der Einheit mit dem Sein entstehen kann.

Wenn man darüber nachdenkt, was Krishnamurti sagt, fallen zwei Dinge auf. Erstens handelt es sich um eine Verschiebung von der Freude der Begegnung zur Selbstsucht der Befriedigung. Wenn man eine zeitlose Erfahrung hat, kann das Bedürfnis entstehen, diese Erfahrung von Zeitlosigkeit noch einmal zu machen. Das Besondere an der ersten Erfahrung war, dass man Verwunderung empfand über die Wirklichkeit, der man begegnete. Das mechanische Denken lässt daraus den Wunsch entstehen, die zeitlose Erfahrung noch einmal zu erleben, aber der Wunsch wird dabei zur Selbstsucht. Es geht jetzt nicht mehr um die unvoreingenommene Begegnung mit der Wirklichkeit, sondern um ein höheres Lichterleben, ein tiefes Ergriffensein, ein tiefes Gefühl. Man ist nicht mehr frei, der Wirklichkeit zu begegnen, weil eine Befriedigung gesucht wird. Der Wille, die ursprüngliche Freude des zeitlosen Erlebens zu wiederholen, ist fixiert auf eine Befriedigung, die eigentlich nichts anderes ist als eine Art höherer Wolllust. Es geht nicht mehr um ein geistig-moralisches Verhältnis zur Wirklichkeit, sondern um das selbstsüchtige Wollen, ein höheres Erlebnis zu wiederholen.

Das Zweite, was an dem Beispiel des Stranderlebnisses auffällt, ist Folgendes: Als du am zweiten Abend wiederum an den Strand gingst und deine Füße den Sand spürten, als du wahrnahmst, wie die weißen Schaumkronen der Wellen sich stark kontrastierend gegen den Regen abhoben, warum begegnetest du da nicht der Wirklichkeit dieses Augenblicks? Warum wolltest du etwas anderes erleben? Daran sieht man, dass Begierden eine selektive Wirkung haben. Man will ein bestimmtes Erlebnis an diesem bestimmten Ort haben und will kein anderes Erlebnis statt dessen. Ist es überhaupt möglich, die Schönheit jedes Augenblicks der Wirklichkeit zu erleben? Ist es möglich, aufgrund einer reinen Wahrnehmung sogar das Hässliche und Chaotische als tatsächliche Einheit der Wirklichkeit oder des Seins zu erleben? Wenn man dies aus einem Blickwinkel der Liebe betrachtet, aus der Möglichkeit heraus, der Wirklichkeit in diesem Augenblick tatsächlich zu begegnen, dann könnte man die Frage stellen: Ist es möglich, in jedem Augenblick die sich wandelnde Wirklichkeit ohne selektive Begierden vollkommen und ungeteilt zu erleben?

Ist es nicht charakteristisch für die Liebe selbst, dass sie keinen Unterschied macht, dass sie ungeteilt ist, dass sie nicht unterscheidet zwischen Freund und Feind? Liebe hat viele Ausdrucksformen, aber ihr Wesen ist: sich selbst ungetrennt und selbstlos den anderen zu schenken – ohne die eigene Individualität zu verlieren. Liebe ist ein vollkommenes Mittragen der gesamten Umgebung, das von einem Augenblick zum nächsten eine andere Form annimmt und uns immer andere Menschen sehen lässt.

Das ist meiner Meinung nach der Grund dafür, dass Buddha so viel von der Begierde spricht. Nicht nur, weil man durch die Begierde unfrei ist, sondern weil man dadurch auch nicht zur richtigen Liebe, zum Mitleid, fähig ist. Mitleid entsteht, wenn die Begierde besiegt wird. Die selbstsüchtige Zuneigung oder Abneigung, das fortwährende Selektieren dessen, was man will oder nicht will, kann in der Liebe überwunden werden. Natürlich kann man mit dem Denken immer Willensentscheidungen treffen und zu Entschlüssen kommen. Kann man aber gleichzeitig die Wirklichkeit eines jeden Augenblicks aus einem ungeteilten Fühlen umfassen? Die Überwindung der persönlichen Zuneigung und Abneigung ist der Kernpunkt Buddhas, denn erst dadurch kann das Mitleid im Menschen geboren werden. Buddha ist der große Lehrer der Liebe.

9 Bindung

Aus der Begierde kann eine Bindung an das entstehen, was man begehrt. Man kann an seine Begierden gebunden sein, an das Objekt der Begierden, beispielsweise an das, was man sich in seinem Leben als Status, Ruhm, Besitz, äußeres Wissen und Fertigkeiten erworben hat. Das Ich wird dann bestimmt von dem Objekt der Begierde. Es hat sich gleichgesetzt, identifiziert sich mit dem Objekt der Begierde. Ich selbst bin dann dieser Status, dieser Reichtum, dieses Potenzial an Meinungen. Wenn meine Meinung angegriffen wird, fühle ich mich persönlich angegriffen. Aber auch in der Angst habe ich mich mit der möglichen Gefahr identifiziert, in die ich geraten bin und die ich nicht will. In der Wut habe ich mich mit dem mir direkt oder indirekt angetanen Unrecht identifiziert, das ich meine, bekämpfen zu müssen. Dadurch, dass sich das Ich an die Begierden bindet oder sich mit den Objekten der Begierden identifiziert, ist es vollkommen unfrei geworden. Wenn man zum Beispiel andere verletzt, ist das Ich gebunden an dieses unfreie Handlungsmuster – und es entsteht Karma. Die stärkste Form der Bindung ist die Identifizierung mit seinem Selbstbild oder seiner Persönlichkeit und mit seinem Körper. Das bedeutet völlige Identifizierung mit sich selbst oder dem Objekt des Egozentrismus aus Egoismus oder Begierde. Ist es überhaupt möglich, aus innerer Freiheit zu leben?

10 Karma

Wenn man sich an die Objekte der Begierden gebunden hat, dann, sagt Buddha, hat man sich in hohem Maße selbst eingeschränkt. Als Mensch ist man – im Selbst als tiefstem Wesen – eigentlich das gesamte Universum. Wenn sich Atman nämlich – in der brahmanischen Terminologie, die sich im Traum der Vorbestimmung Buddhas ausgedrückt hatte: der weiße Elefant mit der Lotusblüte –, wenn sich Atman zur Blüte entfaltet und sich mit Brahma oder dem Urgrund in Erleuchtung vereint, ist man eins geworden mit dem Universum. Mit dieser auf sich bezogenen Begierde aber hat man sich selbst so verkleinert – eigentlich erniedrigt –, dass man nicht mehr aus dem heraus handelt, der man eigentlich ist. Buddha zufolge ist das Karma das einzige Gnadengesetz des Universums. Es gibt dem Menschen die Möglichkeit, sich aus der Bindung zu befreien. Das Karma ist die Spiegelung des Schicksals in einem nächsten Leben. Durch das Karma werden die unbewussten Begierdekräfte der Seele in einem nächsten Leben als vergleichbare Umgebungsfaktoren sichtbar. Aggressivität kann sich beispielsweise als karmische Spiegelung in einem nächsten Leben darin zeigen, dass man mit Aggression von außen konfrontiert wird (obwohl Letzteres natürlich nicht zwingend Ersteres zur Ursache haben muss). Wenn ein Mensch nicht zur Selbstreflexion fähig war, um in bewusster Freiheit des Denkens zu einer freien oder nicht gebundenen Handlung zu kommen, bringt das Schicksal in einem folgenden Leben eine äußere Spiegelung zustande, sodass er die Gelegenheit bekommt, sich noch im Nachhinein des Charakters seines früheren unbewussten und gebundenen Handelns bewusst zu werden. Ohne das Leid, welches das Karma bringt, würde der Mensch völlig in seinen Bindungen verhärten, und letztlich gingen damit auch das freie Denken und der freie Wille verloren. Ebenso haben Handlungen, die einen Aspekt von Weisheit und Mitleiden in sich tragen, ihre karmische Wirkung in günstigen Lebensumständen, die in einem folgenden Leben eintreten können. Durch die Bereitschaft, aus der Spiegelung des Schicksals etwas über sich selbst zu lernen, ist es durch die aufeinanderfolgenden Inkarnationen möglich, die Unwissenheit über die Ursachen des Leidens immer mehr zu überwinden.

Karma wird als das Gesetz von Ursache und Wirkung bezeichnet. Dem kann man zustimmen, wenn man zwei Randbemerkungen hinzufügt. Erstens, dass Karma eine Handlung mit einer Ursache oder einem Motiv in der Seele ist, die eine Folge oder ein Resultat in der Welt zeitigt, das auf den Handelnden wie ein Bumerang »zurückschlägt«. Jede Handlung mit Intention und Resultat ist kausal. Karma ist eine solche kausale Handlung, die auf einen selbst zurückwirkt. Wenn man beispielsweise als Lehrer seine Kinder zu stark zum Stillsein zwingt, kann diese Handlungsweise zurückschlagen, indem man mit Mitteilungen von Kollegen konfrontiert wird, dass diese Kinder in der Pause in zügellose Prügeleien geraten sind. Die zweite Randbemerkung zum Verständnis des Karma ist, dass dieses Zurückschlagen einer bestimmten Handlung nicht, wie in obigem Beispiel, in diesem Leben, sondern in einem nächsten stattfindet. Der Karmabegriff wird in Kapitel 17 in der Beziehung zu den Angeloi in der fünften heiligen Nacht weiter ausgearbeitet.

11 Geburt

Durch das Karma entsteht dem Menschen die Notwendigkeit, wiedergeboren zu werden.

12 Tod

Die Frage ist, ob der Mensch in seinem nächsten Leben aus dem Karma lernt. Wenn das nicht der Fall ist und die Begierden aufs Neue auflodern, entsteht wieder Bindung. Dann setzt der Kreislauf von Geburt und Tod ein. Der Tod dann *nicht* als die Befreiung aus dem Rad von Geburt und Tod in der Erleuchtung, sondern der Tod, der wieder eine neue Geburt notwendig macht. So entsteht ein fortwährender Kreislauf, den man erst dann Entwicklung nennen kann, wenn man in seinen Leben immer mehr zur Erkenntnis vordringt, sodass man sich von der Gefangenschaft lösen kann und innerlich immer freier wird. Das geht so lange weiter, bis es – nach Ansicht Buddhas – zu einer Inkarnation kommt, in der man in der Mitte oder auf der Achse des zwölfgliedrigen Rades des abhängigen Entstehens den achtgliedrigen Pfad gehen und zur Erleuchtung gelangen kann.

Der achtgliedrige Pfad

Der achtgliedrige Pfad des Buddha besteht aus den hier aufgelisteten Stufen oder Teilen:

1 Die rechte Einsicht
2 Der rechte Entschluss
3 Das rechte Sprechen
4 Das rechte Handeln
5 Der rechte Standpunkt
6 Das rechte Verlangen
7 Die rechte Achtsamkeit
8 Die rechte Kontemplation

Im Folgenden will ich versuchen, den achtgliedrigen Pfad Buddhas im Einzelnen zu erläutern.

1 Die rechte Einsicht

Die rechte Einsicht ist bei Buddha in deutliche Beziehung zur Selbsterkenntnis und nicht, wie bei Zarathustra, zur kosmischen Welterkenntnis gesetzt. Für Buddha bedeutet die rechte Erkenntnis die rechte Intelligenz, fortwährend sein eigenes Bewusstsein zu beobachten, um sehen zu können, aus welchen Motiven man handelt, welches die eigentlichen Triebfedern sind, die die eigene Unfreiheit konstituieren.

Wenn man aus Begierde handelt, ist man sich seiner selbst nicht vollkommen bewusst. Wenn man aus seinem Charakter heraus handelt, hat man oft schon gehandelt, bevor man selbst erkennend hat bestimmen können, ob man etwas tun oder nicht tun will. Auch das Handeln aus Gewohnheit oder das Handeln aufgrund von Traumata oder Kränkungen sind Handlungen, die man nicht wirklich aus seinem eigenen Selbst heraus bestimmt.

Wenn man sich beispielsweise zu sehr mit einer Situation identifiziert, so bedeutet das einen Verlust des wahren Selbstbewusstseins. Wenn man völlig eintaucht in das Geschehen, kann es sein, dass Umstände außerhalb des eigenen Bewusstseins das Handeln bestimmen. Unfrei ist man zum Beispiel bei körperlichen Trieben, die man direkt befriedigen will, bei egoistischen Handlungen und wenn man seine Handlungen, Erfahrungen, Emotionen und Denkmuster nicht reflektiert.

Für Buddha ist die Frage wichtig, wie der Mensch wirklich frei werden kann. Der Mensch muss in jedem Augenblick erkennen können, wo die Unfreiheit liegt. Das reine Bewusstsein ist entscheidend dafür, wie der Geist funktioniert und in der Seele tätig ist. Die rechte Erkenntnis ist erwachte Intelligenz, die uns Selbsterkenntnis ermöglicht.

2 Der rechte Entschluss

Wenn man die eigenen Beschränkungen erkennt, kann man sich vornehmen, sie zu überwinden. Wenn man erkennt, dass Angst, psychische Angst, eigentlich Abhängigkeit vom Unvorhersehbaren der Zukunft ist, kann man versuchen, sich nicht länger von dieser Unsicherheit abhängig zu machen. Man kann dann die Angst bezwingen, indem man durch richtige Erkenntnis den Gedanken entkräftet, von dem diese Angst abhängt. Allen Formen psychischer Angst liegt nämlich ein bestimmter Gedanke zugrunde.

Ein Beispiel: Ich habe Angst, meinen Status zu verlieren. Ein Gedanke, den man selbst entwickelt hat und den man durch einen anderen Gedanken, beispielsweise den der Unabhängigkeit vom jeweiligen Status, ersetzen kann. Der Entschluss ist die Kraft des Geistes. Als Buddha dem richtigen Entschluss seinen Platz zwischen Erkenntnis und Handeln zuwies, muss er von der Persönlichkeit als Träger des freien Willens ausgegangen sein. Somit kann das, was so oft behauptet wird: Buddha habe die Persönlichkeit durch das Einheitserlebnis im Universum auflösen wollen, nicht richtig sein. Die Persönlichkeit bestimmt die Bereitschaft, eine geistige Erkenntnis ins Handeln umzusetzen. Gerade dadurch hat der Mensch die Freiheit zum Handeln und kann dann frei von Selbstsucht werden. Frei sein von Selbstsucht ohne die Möglichkeit, dies in Freiheit selbst zu bestimmen, ist dagegen der Geist der Sekten und der blinden Autoritätsgefolgschaft. Man wird dann ein geistiger Automat.

3 Das rechte Sprechen

Das rechte Sprechen hat meiner Meinung nach zwei Komponenten:

1. die innerlich gesprochene Sprache des Denkens (das in Worte gefasste oder benennende Denken; das auseinandersetzende Denken);
2. die äußerlich gesprochene Sprache.

Das innerlich benennende Denken ist ein sprachliches Denken, eines, das Worte wählt, das erklärt. Aristoteles (384–322 v. Chr.) bezeichnet es als den *nous patetikos,* den »passiven Geist«.) Die rechte *Einsicht* dagegen, wie Buddha sie beschreibt, ist meiner Meinung nach intuitiv und wortlos. Sie ist ein Begreifen-Können, ohne dass man innerlich spricht. (Aristoteles bezeichnet dies als den *nous poetikos,* den »aktiven Geist«.) Wenn ich mit meiner Erkenntnisfähigkeit zum Beispiel das Wesen der Angst wirklich erkennen kann, brauche ich es nicht notwendigerweise auch noch zu benennen. Ich kann aus der unmittelbaren Wahrnehmung der Angst heraus diese intuitiv und wortlos denken. Der Geist kann durch reine Empfindung die Art der Angst direkt erkennen, ohne eine Sprache zu sprechen. Wohl ist das benennende Denken nötig, um die Frage zu stellen: Was ist Angst? – und um diese Erkenntnis mit Worten zu erklären. Durch das benennende Denken mache ich mir die ursprüngliche Intuition stärker bewusst. Die schnell entstehende und wieder vergehende Intuition wird so im Bewusstsein festgehalten. Gerade durch das benennende Denken wird diese Erkenntnis so in meinen Geist aufgenommen, dass mein Geist bei einer nächsten Begegnung mit der Angst das Wesen der Angst begreift, ohne dieses in Worte gefasste Denken noch zu benötigen. So wird wahre Geistesgegenwart möglich. Ich kann unmittelbar und intuitiv handeln, ohne alles in diesem Augenblick zu durchdenken.

Das benennende oder sprachliche Denken ist auch das logische oder auseinandersetzende Denken. Man kann mit diesem Denken alles beweisen (Sophismus). Das Denken bekommt einen Wirklichkeitsgrund entweder von der Wahrnehmung (Erfahrung) oder von der Intuition des Geistes. Von der Intuition her gesehen ist das sprachliche Denken Werkzeug der wortlosen Intelligenz oder intuitiven Erkenntnis. Für die menschliche Entwicklung ist es meiner Meinung nach von größter Bedeutung, dass das intuitive Denken oder die wortlose Intelligenz die Führung über das wortbildende oder sprachliche Denken übernehmen kann. Im intuitiven Denken ruhen auch die moralischen Intuitionen.

Meistens verläuft es jedoch gerade umgekehrt: Das sprachliche Denken unterdrückt die intuitive Erkenntnis oder wortlose Intelligenz. Dadurch kann ein raffinierter unfreier Egoismus entstehen. Denn was ist das Sprachliche für sich genommen? Im sprachlichen Denken arbeitet das Selbstbild des Menschen, das Bild der Persönlichkeit. Und das ist ein raum-zeitliches Bild, wie eine Spiegelung des Ich im astralischen Leib mit den unfreien Triebkräften. Mein intuitives Denken ist unabhängig vom Selbstbild; es gehört einer zeitlosen Ordnung an. Es vermag direkt mit der Wahrheit in Verbindung zu stehen. Zum Selbstbild gehört, dass ich bestimmte Gedanken und Emotionen aus meinen eigenen Interessen heraus habe. Ich interpretiere mich selbst. Ich habe eine bestimmte Vorstellung davon, wer ich bin. Wenn ich beispielsweise unsicher bin, so ist das ein Gedankenbild, das ich in Worte gefasst habe.

Wenn das wortbildende Denken führend ist und wichtiger wird als das intuitive Denken, dann habe ich nicht mehr die Möglichkeit, über mich selbst hinauszuwachsen. Mit meinem intuitiven Denken kann ich jedoch erkennen, ob ein Selbstbild aus der Vergangenheit stammt und wie ich selbst von meiner Vergangenheit bestimmt werde. Wenn der Mensch keine innere Stille kennt und das sprachliche Denken den Ton angibt, ist auch kein freies intuitives Denken möglich. Deshalb ist eine meditative Haltung wichtig, um aus innerer Stille heraus zur intuitiven Erkenntnis zu gelangen. Das Bestmögliche ist demnach eine meditative Haltung, die den ganzen Tag über aufs Handeln ausgerichtet ist, eine Haltung, die ins alltägliche Leben aufgenommen ist. Ist es möglich, unmittelbar, ohne Bilder, im dem eigenen wahren Selbst anwesend zu sein? Das rechte innere Sprechen meint die Fähigkeit, in Stille zu verweilen, zu schweigen und die intuitive Erkenntnis nur in Worte zu fassen, wo es notwendig ist.

Das rechte Sprechen nach außen bedeutet, dass meine Worte in Harmonie sind mit dem, was ich denke, was meine rechte Erkenntnis ist. Es bedeutet, dass ich mich nicht abhängig mache von den Erwartungsbildern anderer, mich ihnen nicht anpasse, indem ich beispielsweise von den anderen bestätigt werden möchte. Es bedeutet die Überwindung selbst der subtilsten Form von Unwahrheit und Lügenhaftigkeit. Eine reine Liebe zur Wahrheit schenkt Wahrhaftigkeit im Sprechen. So kann mein Geist eins werden mit der göttlich-geistigen Welt, die ganz und gar Wahrheit ist.

Deshalb ist es auch wichtig, dass ich ein wahrhaftiges Leben führen und meine psychischen Abhängigkeiten hinter mir lassen kann. Das rechte Sprechen nach außen meint nicht, dass ich alles aussprechen muss, was ich denke, denn es kann moralische Gründe geben, das nicht zu tun. Jedoch bedeutet es, dass ich beim Sprechen erst dann authentisch bin, wenn mein Sprechen mit meinem Denken, meiner Erkenntnis, meiner Intuition übereinstimmt. Das weckt in der Umgebung auch Vertrauen, zeigt, dass ich glaubwürdig bin, dass ich mit mir selber in Einklang bin. Dieses Sprechen steht in enger Beziehung zur Selbsterkenntnis, zur Wahrhaftigkeit, zur inneren Freiheit.

4 Das rechte Handeln

Wenn ich aus intuitiver Erkenntnis wahrnehme und begreife, wenn ich beschlossen habe – um in dem bisherigen Beispiel zu bleiben –, auf die Strategie der Angst verzichten zu wollen, ist der nächste Schritt, dies auch in die Tat umzusetzen, sodass ich zum Beispiel in dem Augenblick, in dem Angst auftaucht, sie nicht mit weiteren Gedanken nähre, sondern sie sofort sterben lasse. Um ein freier Mensch zu sein, muss eine Korrespondenz bestehen zwischen dem, was ich sage (äußerlicher und innerlicher Entschluss), und dem, was ich tue, wie auch zwischen dem, was ich denke, und dem, was ich sage (wie oben unter 3. beschrieben).

Buddha spricht den Menschen auf seine Möglichkeit hin an, ein Mensch »aus einem Stück«, ein ungeteiltes Individuum zu werden (*In-dividuum*: ungeteilt). Indem ich tue, was ich sage, werde ich in Arbeitsbeziehungen glaubwürdig, und dann zeigt sich, dass auch mein Sprechen gerade dadurch Überzeugungskraft gewinnt.

5 Der rechte Standpunkt

Mit dem »rechten Standpunkt« ist gemeint, dass man aus bestimmten Ereignissen im Leben, die einem als Schicksal zustoßen, lernen kann. Das bedeutet, dass diese Umstände – seien es eine Krankheit oder eine unterbrochene Reise – etwas über die Beschaffenheit der eigenen Seele aus einem vorigen Leben aussagen können, da diese in gewissem Sinne bis in das Schicksal hinein weiterwirken kann, das jetzt um einen herum wirksam wird. Die Ereignisse bilden so etwas wie einen Spiegel, in dem die Wirkungen aufscheinen von Ursachen, die in einem anderen Leben liegen.

Den rechten Standpunkt einnehmen bedeutet: Was mir das Leben auch bringen mag, selbst wenn es nicht die Folge meines heutigen freien Willens ist, es ist etwas, woraus ich lernen kann. Das Leben hat mir etwas Wesentliches zu sagen und es lehrt mich, dass eine Harmonie besteht zwischen dem, was um mich herum geschieht, und mir selber. Die Geschehnisse um mich herum können mir sogar, insofern es für mich dramatische Ereignisse sind, durch eine entsprechende Signatur offenbaren, was meine Mentalität, mein Charakter, meine Handlungsweise in einem vorherigen Leben waren. Die Seele aus einem vorigen Leben breitet sich vor mir aus, ist jetzt zur Gesamtheit der Umgebungsfaktoren meines Lebens geworden. Durch dieses Karma kann ich zu einer tieferen Erkenntnis dessen kommen, was in meinem Unbewussten unausgeglichen geblieben ist. Auch wenn kein Karma sich offenbart, gibt der rechte Standpunkt mir die Möglichkeit, zu reiner Selbsterkenntnis zu kommen. Handle ich frei oder unfrei? Kann ich so handeln, dass ich meine geistigen Werte gestaltend einbringe in die immer wechselnden und verschiedenen Situationen? Viel lerne ich über mich selber in meiner Beziehung zu anderen. Mehr noch in zurückgezogener Einsamkeit. Das alltägliche Leben ist Einweihungsweg.

6 Das rechte Verlangen nach innerer Freiheit

Das rechte Verlangen nach innerer Freiheit ist letztlich die Motivation des Einzelnen, den achtgliedrigen Pfad zu beschreiten. Mit »recht« meint Buddha immer das, was zur Aufhebung der Ursachen des Leidens führt. Deswegen ist das rechte Verlangen das Verlangen, frei zu werden von unfreien Kräften. Diese Motivation entsteht oft durch den rechten Standpunkt. Danach lernt man, die Leiden des Schicksals zu durchschreiten. Durch Krisen kann der Wunsch, das Verlangen nach innerer Freiheit entstehen. Diese Begierde ist notwendig, um die anderen Begierden zu überwinden. Einzig diese Begierde trägt den Geist der rechten Erkenntnis in sich und vermag dadurch die anderen Begierden umzuwandeln. Dieses Verlangen als ein rein im Fühlen waltendes Begehren oder »Heimweh des Herzens« wird meiner Meinung nach im Zusammenwirken mit der rechten Achtsamkeit noch weiter entwickelt, umgewandelt in Anteilnahme, in Mitgefühl – es wird zum Mitleid.

7 Die rechte Achtsamkeit

Buddhas letzte Worte waren: »Alles ist vergänglich. Strebet ohne Unterlass.« Was genau ist vergänglich? Vergänglich ist alles, was man um sich herum sieht, hört, fühlt, riecht, schmeckt, aber auch, was man denkt, fühlt und will. Die ganze Welt ist aus Dharmas aufgebaut. Dharmas sind gewisse unbeseelte, geistig-physische Einheiten. Diese Einheiten sind sterblich. Auch in meinem Bewusstsein habe ich eine ganze Reihe von Dharmas. Meine Gefühle sind ein Aufgehen und Absterben. Meine Gedanken haben einen noch kürzeren Lebensbogen. Auch meine Willensimpulse sterben im Nu, obgleich ich vielleicht mein ganzes Leben hindurch einem ganz bestimmten Willensimpuls folge.

Buddha sagt jedoch, dass es möglich ist, das Bewusstsein des wahren Selbst jenseits des Vergänglichen zu finden. Das aber ist dann nichts anderes als Formlosigkeit. Die eigentliche Kraft und Natur meines Bewusstseins ist Formlosigkeit. Dadurch erst kann ich Form in mich aufnehmen, kann ich einen bestimmten Gedanken haben, kann ich Gefühle haben; doch bleibt die eigentliche Kraft meines Bewusstseins Formlosigkeit. Oder wie Jean Paul Sartre (1905–1980) es ausdrückt: Das Bewusstsein ist ein Nichts an Sein; dadurch kann man mit dem Bewusstsein des Seins Körper und Charakter transzendieren oder begrifflich verstehen und verändern. Buddha wiederum sagt, dass der Mensch sich nicht mit der Form identifizieren soll, mit seinen Gedanken, seinen Gefühlen, seinen Willensimpulsen, seinem Selbstbild oder dem, was er in die Welt projiziert als seinen Beruf, als seine Sicherheit oder seine konfliktgeladene Verbindung mit anderen Menschen. Der Mensch kann seine tiefste Individualität erst in der Formlosigkeit erleben, denn da ist er eins mit dem Universum.

Die Frage ist dann: Wie kann man die reine Formlosigkeit des Bewusstseins erleben? Formloses Bewusstsein ist meiner Meinung nach nur in der reinen Wahrnehmung möglich. Denn im Denken, in den Emotionen und im Willen wirken immer

Formen oder geformte Bewusstseinsinhalte. Im Denken gibt es Gedankenformen. In den Emotionen wirken die auf mich selber bezogenen Gedankenformen (so habe ich in der Wut eine Vorstellung von dem Unrecht, das mir angetan wurde und auf das ich negativ reagiere). Im Willen habe ich als Gedankenform die Vorstellung, was ich erreichen will. Das formlose Bewusstsein dagegen ist nichts anderes als die reine Achtsamkeit: Wahrnehmen, was da ist, ohne unmittelbar ein Urteil zu fällen, ohne es zu interpretieren. Das heißt, dass man unbefangen wahrnimmt aus dem inneren Zuschauer heraus; es ist also etwas, das innerlich geschieht und dann, wenn nötig, mittels des Denkens auf einen inneren Begriff gebracht wird. Denken als innere Selbsterkundung ist ein Denken aus der reinen Wahrnehmung. Das ist die Phänomenologie des Bewusstseins und bedeutet ein ruhiges, vorurteilsfreies Gewahrwerden oder eine Haltung des Staunens, in der man unablässig aufnimmt. Dann entsteht ein Erleben, das man nicht anders denn als »lebendige Stille« bezeichnen kann.

Achtsamkeit ist Stille. Stille ist Achtsamkeit. Reine Achtsamkeit ist reine Formlosigkeit des Bewusstseins. Lebendige Stille ist gelebte Achtsamkeit gegenüber allem, was sich in der Gegenwart abspielt. Die Achtsamkeit kann bis ins Fühlen hinein reichen, sodass ich meinen Körper und die Wirklichkeit um mich herum spüre. Sodass ich mich durch eine stärkere Verinnerlichung, bei der ich wirklich wahrnehme, was in der eigenen Seele geschieht, vollkommen eins fühle mit der gesamten mich umgebenden und durchdringenden Wirklichkeit. Dann entsteht Anteilnahme, Einssein, Liebe. Wenn ich aus der Stille oder Achtsamkeit heraus zum Denken komme, entsteht Kontemplation, Meditation des Denkens selbst. Indem ich aus der Stille heraus denke, steigere ich das intuitive Denken zur geistigen Erkenntnis.

Die rechte Achtsamkeit wird auch die »rechte Erinnerung« genannt. Das ist kein Gegensatz zum vorher Gesagten, denn in der rechten Achtsamkeit wirkt die Intelligenz. Wenn ich mit vollkommener Achtsamkeit beispielsweise Ärger wahrnehme, begebe ich mich in eine Begegnung mit dem Wesen des Ärgers, und erst dann kann ich mit der Intelligenz den Ärger auch wirklich begreifen. Vollkommene Achtsamkeit geht selbst aus der Intelligenz hervor, sonst handelte es sich um eine naive und unbewusste Achtsamkeit. – Die rechte Erkenntnis wird durch die rechte Achtsamkeit und die rechte Kontemplation verstärkt, wodurch eine zyklische Bewegung im achtgliedrigen Pfad sichtbar wird. Die ersten vier Schritte des Pfads sind unmittelbar aufeinander bezogen in der Bewegung des Freiwerdens. Der fünfte und sechste handeln vom Karma; es geht um die Beziehung von der Umgebung und zu der Umgebung, die Beziehung zu sich selbst also. Der siebte und achte Schritt bringen Vollständigkeit und Vollkommenheit, die wieder auf die anderen sechs zurückwirken.

In dem Augenblick, da die Intelligenz aus rechter Achtsamkeit zusammen mit dem sprachlichen Denken zur Erkenntnis über das Wesen etwa des Ärgers gekommen ist, trägt die Intelligenz diese Erkenntnis als die rechte Erinnerung in sich. In dem Augenblick, in dem aufs Neue Ärger entsteht, kann die wortlose Intelligenz aus rechter Achtsamkeit unmittelbar aus der bereits erworbenen, bewusst gewordenen Einsicht darauf reagieren – und der Ärger verschwindet. So kann die rechte Erinnerung Geistesgegenwart hervorbringen.

8 Die rechte Kontemplation

Kontemplation ist die Meditation des Denkens oder das Denken aus konzentrierter Achtsamkeit. Die »rechte Kontemplation« ist der achte Schritt des achtgliedrigen Pfads.

Kontemplation kann folgendermaßen entstehen. Man stellt eine Frage: Was ist die Seele? Dann versucht man mit konzentrierter Achtsamkeit des Bewusstseins, aus der Stille heraus denkend, eine Antwort zu finden, wobei man nicht nur früher erworbene Erkenntnisse reproduziert, sondern wirklich offen ist für neue Einsichten. Man denkt aus der inneren Stille und völligen Achtsamkeit heraus. Wenn man so etwa eine halbe Stunde denkt, erlebt man, dass man nicht nur mit dem Kopf, sondern aus dem ganzen Menschsein heraus denkt. Die Kraft der Kontemplation gibt geistige Wärme und kann die Seele vergeistigen.

Rudolf Steiner sagt in Bezug auf den achtgliedrigen Pfad des Buddha, Buddha sei der große Lehrer des Mitleids und somit ein Wegbereiter des Christus. Christus kommt dann nicht an erster Stelle als Lehrer, wie Buddha es war, sondern er kommt, um sich in einem großen, alles umfassenden Liebesopfer mit der ganzen Erde zu verbinden. Christus ist die Inkarnation der kosmischen Liebe selbst.[35] Der achtgliedrige Pfad ist ein moderner Weg und wird sicher noch bis ins vierte Jahrtausend für die Menschen von Bedeutung sein. Wenn nämlich der Maitreya Buddha, der Nachfolger Buddhas,[36] seine letzte Inkarnation durchleben und den Menschen die Gabe des schöpferischen Wortes, das Kriyashakti,[37] bringen wird, so muss er, nach einer Aussage Rudolf Steiners, genügend Menschen vorfinden, die den achtgliedrigen Pfad Buddhas gegangen sind.[38] – Dies ist auch verständlich weil das Chakra, das verbunden ist mit dem Sprechen, das Kehlkopfchakra, zur Blüte kommt, wenn man den achtgliedrigen Pfad beschreitet.[39]

Die Polarität von Buddha und Zarathustra

Im Folgenden sollen das Denken Buddhas und Zarathustras miteinander verglichen werden, um sich auf diesem Weg einem Verständnis Jesu anzunähern.

In der kulturellen Ordnung der vorchristlichen Zeit war Persien der »Westen« und

Indien der »Osten«. Dem indisch-östlichen Denken liegt ein anderer Gegensatz zugrunde als dem westlichen Denken Persiens. In Indien finden wir nicht Manah (das menschliche Denken) und Vohu Manah (das kosmische Denken), sondern Atman und Mahatman. Atman ist der göttliche Geist in der Seele und Mahatman der göttliche Geist des Kosmos. Hier sehen wir den deutlichen Unterschied zum »Westen«. Im indischen Denken geht es darum, zu einer völligen Verinnerlichung zu gelangen, durch Bewusstwerdung der Atmung mit den tiefsten Seelengefühlen zum eigenen inneren Kern, zum Atman, zu kommen. Wenn einem diese Verinnerlichung gelingt und man sich von allen leiblichen Vorstellungen löst, kann der göttliche Kern zum Erblühen gebracht werden. Durch die Verinnerlichung entsteht eine neue Kraft der Seele, dargestellt im Bild der aufblühenden Lotusblume. Die Substanz der Lotusblüte offenbart sich in der Seele, und durch diese Reinigung, diese Intensivierung und Erhöhung der Seele kann Mahatman sich in uns einsenken und Erleuchtung bringen. Das ist ein *mystischer* Weg im Gegensatz zu dem Weg des Zarathustra, in dem das Denken so entwickelt werden muss, dass es zu einem *schauenden Denken* wird. Mit dem schauenden Denken lässt sich der schaffende Geist, der in der Natur tätig ist, hellsehend wahrnehmen und begrifflich fassen. Im geistigen Denken tritt man in gewisser Weise aus seinem Körper heraus. In der Mystik dagegen zieht man sich in sein tiefstes Inneres zurück und verbindet sich dadurch stärker mit dem eigenen Körper. Zarathustra weist einen Weg des geistigen Schauens oder des Hellsehens. Dadurch kann der heilige Siebengeist im Kosmos geschaut werden. Und aus dieser Erkenntnis heraus entsteht, wie bereits gezeigt, die Möglichkeit, die sieben guten Eigenschaften in sich selbst zu verwirklichen. Der Mensch wird vom Kosmos her verstanden: Selbsterkenntnis aus geistiger Welterkenntnis.

Buddha dagegen betont den Kosmos weit weniger; er spricht intensiv über die Notwendigkeit einer wirklichen Stille der Seele: die lebendige Stille als Achtsamkeit, durch die die tiefste göttliche Keimkraft zum Erblühen gebracht wird.

Es handelt sich hier um zwei verschiedene Einweihungswege. Ich denke, dass man den westlichen Weg des Zarathustra als das »Ewig-Männliche« in jedem Mann und jeder Frau bezeichnen kann. Es ist eine aktive Form des schöpferischen geistigen Denkens, das auch den Willen befeuert. Der östlich-meditative Weg des Buddha kann als der bezeichnet werden, der das »Ewig-Weibliche« in jedem Menschen zur Entwicklung bringt, die völlige Unbefangenheit und Empfänglichkeit in Bezug auf den umfassenden Kosmos. Wenn die Beschränkungen der eigenen Persönlichkeit in uns fallen, kann die Wirklichkeit um uns vollständig erlebt werden. Darin liegt eine Urpolarität zwischen dem Denken des Zarathustra und dem Denken des Buddha.

Der nathanische Jesus

Aus der Perspektive des esoterischen Christentums darf meines Erachtens gesagt werden, dass die innere Verbindung zwischen Buddha und Christus, die im Menschen Gestalt annehmen kann, zu den tieferen Bedeutungen des Grals gehört. So kann der Mensch zur Gralsschale werden. Das bedeutet, in völliger Unbefangenheit, in der kraftvollen Offenheit der inneren Stille, ohne von körperlichen Vorstellungen beeinflusst zu werden, in kontemplativer Stimmung Christus als geistiger Sonne innerlich zu begegnen: »Nicht ich, sondern der Christus in mir«. Das wird später noch näher ausgeführt werden. Deshalb konnte Mani, der Ost und West verbunden hat und Inaugurator eines »Gralschristentums« als zweiter Hauptströmung des Urchristentums war, auch sagen, dass Buddha ein Lichtapostel, ein Gesandter des Christus gewesen ist.

Buddha ist der Lehrer, der das Samskara oder die Trübungen in der Wahrnehmung der Seele, das nicht ausgeglichene Karma oder die unbewussten Begierde-Impulse, welche die Wahrnehmung verzerren, reinigen will. Er will die Begierden, die Leid verursachen, überwinden. Er will den Menschen auf bewusstem Weg zur paradiesischen Unschuld der reinen Wahrnehmung und des reinen Denkens zurückführen.

Wenn wir Buddha in Beziehung zum Menschen Jesus setzen wollen, kann uns Rudolf Steiners Darstellung des Menschen Jesus, wie er im Lukasevangelium beschrieben wird, helfen.

Lukas beginnt seinen Bericht bei Joseph, dem Vater des Jesus, aus menschlicher und subjektiver Perspektive. Von da aus geht er zurück zu Adam als dem Sohn Gottes. Lukas blickt also aus einer inneren Perspektive auf die äußere Geschichte. So setzte Buddha auf Selbsterkenntnis und Mystik als Verinnerlichung des Menschen.

Zarathustra dagegen geht von der Welterkenntnis und dem Nachdenken über die Entstehung des Kosmos aus und gelangt durch Hellsichtigkeit zur Erkenntnis der sieben kosmischen Eigenschaften, die er in sich selbst verwirklichen will. Dem entspricht das Matthäusevangelium, das bei Abraham beginnt und entlang des objektiven Ablaufs der Geschichte schließlich bei Joseph, dem Vater Jesu, landet. Matthäus nimmt die Perspektive dessen ein, der den Geist in der Außenwelt sucht.

Der Jesus des Lukasevangeliums ist der Jesus, zu dem die Hirten kommen. Sie haben ein offenes Gemüt und weniger jenes stark entwickelte Denken der Magier aus dem Osten. Der Ton des Lukasevangeliums gehorcht einer Schlichtheit des Herzens. Ein schönes Beispiel hierfür ist die Geschichte vom Scherflein der Witwe.[40] In diesem Gleichnis wird beschrieben, wie aus der Schlichtheit des Herzens die Reinheit der Liebe geboren werden kann – fromm, in sich gekehrt, auch den einfachsten Menschen begreiflich.

Rudolf Steiner sagt über den Jesus des Lukasevangeliums, dass hier ein Ich wirksam sei, das nicht durch Inkarnationen gegangen ist, im Gegensatz zu dem Jesus, der im Matthäusevangelium beschrieben wird. Dort wird der edelste Spross der Menschheit beschrieben: ein Mensch, der sich in vielen Inkarnationen die Reife erworben hat, zum Träger des Christus zu werden.

Der Jesus des Lukasevangeliums trägt ein Ich in sich, das nicht durch Inkarnationen hindurchgegangen ist. Dieser Mensch trägt – wie Rudolf Steiner ausführt – das höhere Wesen Adams in sich, das in der göttlichen Welt zurückgeblieben war, das höhere Selbst Adams. Dieses Wesen ist vollkommen unschuldig; es hat kein Karma aufgebaut und braucht nichts auszugleichen. Dieses Wesen ist nichts anderes als paradiesische Unschuld.[41]

Rudolf Steiner bringt die Seele des lukanischen Jesus, dieses höhere Wesen Adams, in Verbindung mit einem Engelwesen.[42] Später spricht er sogar von einem Erzengelwesen.[43] Damit will er sagen, dass sich in diesem Menschen Jesus nicht das Ich eines Menschen, sondern ein (erz)engelartiges Wesen inkarniert hat.

Es ist bemerkenswert, dass diese Aussage Rudolf Steiners weitgehend mit der Lehre des Origenes (185–254 n. Chr.) übereinstimmt. Origenes sagte, dass sich im vorgeburtlichen Leben Seelen aufhielten, die durch den Sündenfall hindurchgegangen seien. Eine einzige Seele jedoch sei nicht durch den Sündenfall hindurchgegangen. Diese Seele sei ganz und gar vom Logos durchdrungen, und sie sei im Menschen Jesus zur Verkörperung gelangt. Origenes bezeichnete diesen Menschen als die Anima Candida, die reine, lautere Seele.[44]

Rudolf Steiner sagt über dieses Erzengelwesen, dass es in der geistigen Welt bereits vor seiner Menschwerdung im Laufe der gesamten Menschheitsentwicklung dreimal ein Opfer gebracht hat.[45] Das erste Mal in dem Augenblick, als sich in einem sehr frühen Stadium der Menschheitsentwicklung, in der sogenannten lemurischen Zeit, die Sinnesorgane zu entwickeln begannen. Die Widersachermächte wirkten damals so stark auf die Entwicklung der Sinnesorgane ein, dass der Mensch, sobald er etwas sah, das er schön fand, unmittelbar dorthin gezogen wurde. Wenn er etwas sah, das hässlich war, reagierte er sinnlich durch eine instinktive Abwehrreaktion. Es war also nicht möglich, in den Sinnesorganen zur Gelassenheit zu kommen, wie sie Buddha so wichtig ist. Damals schlüpfte jenes Erzengelwesen in die Haut des Drachen – des Drachen als Wesen des Bösen, das dieses Verhalten bei der Erschaffung des Menschen verursacht hatte. Es ist ein unfassbares Liebesopfer, ein manichäisches Liebesopfer, in dem dieses Wesen sich mit dem Bösen verband, um es verwandeln zu können. Das Wesensmotiv des Manichäismus ist diese Liebe, die sich mit dem

Bösen verbindet, um es dadurch zu überwinden und zu verwandeln. Indem dieses Erzengelwesen den kosmischen Drachen durchdrungen hat, konnte es vom Logos selbst überstrahlt werden. Dieses Erzengelwesen könnte man selbst als den »kosmischen Gral« bezeichnen.

Zum zweiten Mal hat dieses Engelwesen in der frühen atlantischen Zeit ein Opfer gebracht, und zwar in dem Augenblick, da sich in der Menschheitsentwicklung die Lebensorgane und der Stoffwechsel herausbildeten. Die Widersachermächte hatten bewirkt, dass sich beim Anblick von etwas, das die Sinne anregte, sofort das ganze Triebleben darauf ausrichtete. Wenn der Mensch dagegen etwas Ekelerregendes sah, zogen sich die Lebenskräfte ganz nach innen zurück. Auch hier war der Mensch also nicht in der Lage, sein inneres Gleichgewicht aufrechtzuerhalten. Noch einmal hat das Engelwesen hier ein manichäisches Liebesopfer gebracht, indem es in die Haut des kosmischen Drachen schlüpfte, wodurch es vom Logos überstrahlt werden konnte.

Am Ende der atlantischen Zeit geschah es, dass Denken, Fühlen und Wollen des Menschen von den Widersachermächten durcheinandergebracht und vermischt wurden. So war es beispielsweise nicht möglich, unabhängig vom Wollen und Fühlen zu denken, oder nur zu fühlen und das Denken im Hintergrund zu halten. Die Seelenkräfte wirkten so chaotisch durcheinander, dass der Mensch nicht zu einem Selbstbewusstsein kommen konnte, das es dem Ich erlaubt hätte, die einzelnen Fähigkeiten zu leiten und zu veredeln. Ein moralischer Umgang mit diesen Fähigkeiten wäre unmöglich gewesen. Denn die Begierden führten den Verstand, und nur was gefühlt wurde, wurde als wahr erlebt.

Zum dritten Mal nahm das Wesen es mit den Widersachermächten auf, und noch einmal wurden diese vom Logos überstrahlt. So wurde das Böse, das sich in der Menschheitsentwicklung gebildet hatte, ein jedes Mal umgewandelt. Rudolf Steiner schaute, dass die Griechen den Erzengel, der auf diese Weise Denken, Fühlen und Wollen im Liebesopfer harmonisierte, erlebten als Apollo, der auf seiner Leier spielt. Steiner teilte dann auch die entsprechende Imagination mit, wie sie in der christlichen Tradition weiterlebte: Sankt Georg mit dem Drachen. Steiner setzte Apollo dem heiligen Georg oder dem Erzengel Michael gleich, die beide den Drachen besiegen.[46] Michael war ebenfalls ein Erzengel, und Apollo wurde in den manichäischen Übersetzungen mit dem persischen Gott Mithras gleichgesetzt.[47] Steiner nennt das Wesen nicht nur Apollo oder Michael, sondern auch Krishna.[48] Und als die »Schwesterseele des Adam« hat Steiner das hohe Erzengelwesen, das wir auf diese Weise mit Michael in Verbindung bringen dürfen, bezeichnet.[49] Die Adamseele hat sich nach der Darstellung von Rudolf Steiner in dem Menschen Jesus inkarniert, den Lukas darstellt. Das Liebesopfer geht so weit, dass das Erzengelwesen sich auch hier mit dem Drachen verbindet: mit den Todeskräften im Körper. Die höhere Adamseele wird so noch ein viertes Mal vom Logos überstrahlt: bei der Taufe im Jordan. Der Logos überstrahlt nun nicht nur das Engelwesen, vielmehr inkarniert sich das Ich des Logos in diesem Wesen bis hin zu einer Wesensvereinigung. Nicht ohne Grund wird Christus daher auch als der zweite oder letzte Adam bezeichnet.[50] Man könnte auch sagen, dass jenes Erzengelwesen von paradiesischer Unschuld ist und eine unsagbar große Liebeskraft besitzt, die das Böse umformen will.

Wer waren eigentlich jene Heerscharen des Lichts, die die Hirten auf dem Felde wahrgenommen haben, als ihnen die Geburt des Jesus verkündet wurde? Es war nicht der Stern Zarathustras, sondern das Geisteslicht des Buddha, das sie erblickten! Die Hirten waren Verkörperungen der früheren Schüler Buddhas. Rudolf Steiner konnte schauen, dass dieses Licht, das die Hirten schauten, das Nirmanakaya Buddhas war. Nirmanakaya bedeutet »der sich offenbarende Geistleib«. Dieses Friedenslicht des Buddha wirkte bis in die Seele des Jesuskindes hinein, in die »Schwesterseele des Adam«.[51] Man kann also sagen, dass die Seele des von Lukas beschriebenen Jesus in gewissem Sinne die Seele Buddhas ist. Das hohe Selbst Adams ist ein rein paradiesisches Wesen, das noch keine Inkarnationen durchgemacht hat. Es ist durchaus begreiflich, dass gerade Buddhas Seele sich mit diesem hohen Selbst Adams verbunden hat, denn wie wir gesehen haben, war es Buddha, der die Menschen mit Hilfe des achtgliedrigen Pfades lehrte, im eigenen Inneren bewusst zu einer solchen paradiesischen Unschuld zu gelangen. Die Kräfte der Liebe werden frei, wenn wir Abstand nehmen von der Vergangenheit, wenn wir uns nicht binden, sondern zu echtem Mitleid gelangen, wenn wir uns selbst in jedem Augenblick der sich ständig verändernden Wirklichkeit für das Heute öffnen können. Buddha, der Lehrer der paradiesischen Unschuld, verband sich mit dem Wesen der paradiesischen Unschuld. Im Licht dieses Erzengelwesens hat Christus sich dann bei Damaskus Paulus offenbart.[52]

Meiner Ansicht nach war es dieses Erzengelwesen, dieser kosmische Gral, der Mani im dritten Jahrhundert als Paraklet oder Heiliger Geist zum Manichäismus als einem Christentum des Liebesopfers inspirierte. Dieses Liebesopfer bedeutete bei Mani, sich mit dem Drachen zu verbinden, um ihn durch Liebe überwinden und sogar verwandeln zu können (siehe Kapitel 10). Das findet sich in den manichäischen Texten und Übersetzungen wieder, in denen der Paraklet, der Mani inspirierte, als der »lebendige Geist« bezeichnet und als »Mithras« oder »Apollo« übersetzt wurde. Mani wurde darum auch als Gralsträger abgebildet, der die Christussonne trägt: Er ist einer der Väter des Gralschristentums; eines Christentums, das die Schale der Weisheit schenkt, durch die die Liebe des Christus in der Welt verstanden und aufgenommen werden und aufblühen kann. Als Gralsträger ist Mani auch vom kosmischen Gral oder der höheren Adamseele / Michael / Apollo / Mithras / dem Paraklet inspiriert. Das Wesen, das selbst vier Mal das manichäische Liebesprinzip zum Ausdruck brachte, hat Mani diese Einsicht eingegeben, um sie als Prinzip im Manichäismus in die Welt zu tragen.

Kapitel 4

Die zwei Jesusknaben

Der zu Beginn des Lukasevangeliums beschriebene Jesus wird, wie wir gesehen haben, als der *nathanische Jesus* bezeichnet, weil die Geschlechtsregister von Matthäus und Lukas bei den Söhnen Davids voneinander abweichen und hier der Priester Nathan als der Sohn Davids genannt wird.

Der Jesus, der am Anfang des Matthäusevangeliums beschrieben wird, wird als der *salomonische Jesus* bezeichnet, da in seiner Stammlinie König Salomon als Sohn Davids aufgeführt wird.

Interessant ist, dass es im Judentum die Erwartung eines priesterlichen und eines königlichen Messias gab: Aus den Schriftrollen vom Toten Meer geht hervor, dass die Essener diese zweifache Erwartung kannten.[53] Dies spricht für das Ergebnis der geisteswissenschaftlichen Forschung Rudolf Steiners.

Der Vater des im Matthäusevangelium geschilderten Jesus wurde – das wissen wir aus dem Protevangelium des Jakobus – im hohen Alter dazu auserwählt, eine Tempeljungfrau zu heiraten, die Maria hieß. Derjenige unter den Witwern Judäas, dessen Stab blühen werde, so lautete der Aufruf, solle Maria heiraten. Das geschah bei einem alten Mann mit dem Namen Joseph. Die Priester hofften, das Kind, das durch Joseph und Maria zur Welt käme, wäre der *königliche* Messias.[54]

In der Beschreibung des salomonischen Jesus wird auch vom Kindermord berichtet, der stattfand, weil die Weisen aus dem Orient König Herodes den Großen in seinem Palast in Bethlehem gefragt hatten, wo der Königssohn geboren sei. Herodes fühlte sich durch diese Frage in seiner Macht bedroht und ließ deshalb alle Kinder in Bethlehem ermorden.[55]

Dieser Kindermord steht nicht zusammenhangslos da. So wies Emil Bock darauf hin, dass derselbe Herodes in schwarzmagischer Praxis rituell Kinder tötete.[56] Das geschah in einer Grotte in Bethlehem, in der bislang Adonis-Mysterien gefeiert worden waren,[57] doch waren diese Mysterien dekadent geworden. Hier taucht also dasselbe Motiv auf wie bei Zarathustra, der schon bei seiner Geburt den Kampf mit dem Bösen aufnehmen musste.

Bevor der Befehl zum Kindermord ausgeführt wurde, erhielt Joseph vom Erzengel

Gabriel in einem Traum die Botschaft, er solle nach Ägypten fliehen. Gabriel ist es auch, der im Lukasevangelium Maria offenbart, dass sie ein Kind gebären werde.[58]

Joseph und Maria ziehen mit ihrem Kind nach Ägypten. Wohin gehen sie? Wer eine Stadtführung durch Kairo mitmacht, erfährt bei einer koptischen Kirche, dort seien Joseph und Maria mit dem Jesuskind gewesen. Emil Bock gibt außerdem die große ägyptische Mysterienstätte Heliopolis als Ort an, an dem sich die Heilige Familie aufgehalten habe. Heliopolis ist ein besonderer Ort, dort hat beispielsweise Platon dreizehn Jahre lang gelebt. Moses war dort, als er vom Pharao erzogen wurde, und für Echnaton, der den Ägyptern den Monotheismus brachte, war Heliopolis der Ort der Sonnenmysterien, wo Ra angebetet wurde.[59]

Und nun führte das Schicksal Jesus dorthin. Heliopolis war für das Karma des Jesus der angemessene Ort, denn dort konnte er sich an das erinnern, was er in früheren Inkarnationen erlebt hatte. Die ursprünglichen Erinnerungen, die in der Seele mitgetragen werden, können durch bestimmte Ereignisse im Menschen geweckt werden. Dadurch kommen sie ins Bewusstsein oder ins Halbbewusstsein. Jesus wurde durch die Umgebung von Heliopolis auf die potenzielle Sonnenweisheit verwiesen, die er durch das Zarathustra-Ich in sich trug. Steiner zufolge trug Hermes-Thoth, der Inaugurator des ägyptischen *Sonnenkultes*, den Astralleib Zarathustras in sich, so wie Moses den Ätherleib Zarathustras trug.[60]

Nach einiger Zeit hat Joseph noch einmal einen Traum. Gabriel teilt ihm darin mit, es sei wieder sicher in Palästina und sie sollten nach Nazareth gehen. Nazareth war gegründet worden von Nezer, einem Schüler von Jeshu ben Pandira, dem Führer der Essener. Dieser Nezer hatte eine essenische Kolonie namens Nazareth gegründet, in der auch Eugenik eine Rolle spielte: Sorge zu tragen für den zukünftigen Leib des Messias.[61]

Jeshu ben Pandira, der Steiner zufolge als Bodhisattva der Maitreya Buddha, der Nachfolger des Buddha, war,[62] war ganz auf die Messiaserwartung hin orientiert. Wie erwähnt, geht aus den Qumranrollen hervor, dass die Essener zwei Messiaserwartungen kannten: eine königliche und eine priesterliche. Dies stimmt überein mit den Stammlinien, die wir für die zwei Jesusknaben ausmachen konnten: eine salomonisch-königliche Linie, die zur Inkarnation des Zarathustra-Ich führt, und eine nathanisch-priesterliche Linie, die zur Inkarnation des Erzengelwesens führt.

Die Familie von Joseph und Maria geht also in eine Essener-Kolonie. Dort trifft der salomonische Jesus den fast gleichaltrigen nathanischen Jesus, der von Anfang an dort gelebt hatte.

Nach Auffassung der anthroposophischen Geisteswissenschaft war die Mutter des nathanischen Jesusknaben eine sehr junge essenische Frau, die auf besondere Weise (wie das ursprüngliche Wesen Evas) die Sophia oder die kosmische Weisheit ausstrahlte. Sein Vater war der essenische Zimmermann Joseph. Dieses Paar bekam nur ein Kind: eben den nathanischen Jesus.

Gemäß der Geisteswissenschaft muss sich Folgendes abgespielt haben: Trotz ihrer sehr unterschiedlichen Natur wurden die beiden Jesusknaben ungefähr gleichen Alters Freunde. Der salomonische Jesus hatte einen scharfen Verstand und eine rasche Auffassungsgabe sowie die Fähigkeit, zu argumentieren. Bereits als Kind besaß er außergewöhnliche Kenntnisse. Der nathanische Jesus hatte all dies nicht. Er war lediglich im Sein anwesend und besaß eine große Liebesfähigkeit. Auch nahm er gefühlsmäßig tief Anteil, sodass er bis ins Innerste seiner Seele mit der leidenden Weltenseele mitfühlen konnte. Er sah in jedem Tier, in jeder Pflanze und in jedem Stein eine Offenbarung des schöpferischen Geistes der Natur. In den apokryphen Legenden wird betont, dass von ihm eine unmittelbar heilende Kraft ausging. Er konnte wilde Tiere zähmen, und es traten Spontanheilungen bei Menschen auf, die in seine Nähe kamen. Der nathanische Jesus war ein Mensch mit ganz reinen Lebenskräften, mit unendlich tiefem Mitgefühl, das sich nicht in einer bestimmten Form manifestierte, sondern jemand, der rein durch sein Dasein eine intensive Liebe ausströmte.[63]

Rudolf Steiner konnte schauen, dass die Seelenhülle, durch die der nathanische Jesusknabe mit seiner Mutter verbunden war, ungefähr im zwölften Jahr (wie bei jedem Menschen) in die geistige Welt überging, um die Selbstständigkeit der Seele des Knaben zu ermöglichen. Die Qualität dieser Hülle bewirkte dann aus der geistigen Welt heraus eine »Verjüngung« der Wirkung Buddhas auf der Erde.[64] Es muss einem klar sein, dass Buddha sich in der geistigen Welt weiterentwickelt und in den Dienst der Menschwerdung des Christus gestellt hat. Daher gibt es in der geistigen Welt keine Diskrepanz zwischen dem Wesen des Buddhismus und dem Wesen des Christentums.[65] Buddha wurde aus der geistigen Welt heraus ein lebendiger Lehrer des esoterischen Christentums und hat in dieser Eigenschaft später beispielsweise Franziskus von Assisi inspiriert.[66]

Das Zarathustra-Ich im salomonischen Jesus begegnete im nathanischen Jesus der kosmischen Sonnennatur eines paradiesischen Engelwesens, einer Sonnennatur, die es in der Tiefe seines Geistes intuitiv aus früheren Leben kannte. Denn als Zarathustra war dieses Ich der große Lehrer der Sonnenweisheit im Schauen des Ahura Mazda oder der Seele der Sonne gewesen. Und gleichfalls aus der Himmelssphäre, durch die die geistige Sonne hindurchschien, kam das Erzengelwesen oder das hohe Adamwesen, das sich im nathanischen Jesus inkarniert hatte.

Dann geschah etwas ganz Besonderes: Die beiden Familien begaben sich am Passahfest nach Jerusalem. Dort war der zwölfjährige nathanische Jesus plötzlich verschwunden. Seine Eltern fanden ihn schließlich im Tempel und wunderten sich, dass ihr Sohn in so brillanter Weise mit den Schriftgelehrten disputierte.[67]

Rudolf Steiner sagt, geistig gesehen sei Folgendes geschehen: Das Ich des Zarathustra, also sein Wesen, seine *Daena,* habe sich für seinen Freund, der die geistige Sonne in sich trug, geopfert und sei aus seinem Leib herausgetreten, um in den nathanischen Jesus überzugehen, der ein solches, durch mehrere Leben geformtes Ich-Wesen nicht besaß.[68]

Meines Erachtens kam es hier zu der höchsten Synthese, die überhaupt in einem Menschen stattfinden kann. Es wurde damals die grandiose und weltgeschichtlich einmalige Synthese von kosmischer Weisheit und tief gefühlter Liebe realisiert. Die Strömung der *Liebe,* von Buddha inauguriert, wurde verbunden mit der Strömung der schaffenden *Weisheit* des Zarathustra. Das ewig Weibliche und das ewig schaffende Männliche waren jetzt in dem jungen Jesus ganz miteinander vereint. Nur so war es möglich, dass der Logos, das schaffende Wort des Makrokosmos, Mensch wurde. Jahrhunderte der Vorbereitung waren dem vorausgegangen. Es ist ein Entwicklungsgesetz, dass, um zu höchster Synthese zu verschmelzen, die beiden Pole sich erst einzeln für sich entwickeln müssen. Der Pol der Selbsterkenntnis und Liebe und der Pol der Welterkenntnis und Weisheit wurden zunächst unabhängig voneinander zur Entfaltung gebracht, um dann im zwölfjährigen Jesus als zukünftigem Träger des Logos vereinigt zu werden.

In der Ambrosiuskirche in Mailand hängt ein Gemälde von Ambrogio Borgognone (ca. 1450–1523), auf dem zwei Jesusknaben zu sehen sind. Zwei gleichalte Knaben finden wir auch auf anderen Gemälden, doch müssen wir darauf achten, ob das andere Kind nicht vielleicht Johannes der Täufer ist. In Borgognones Darstellung hat das Kind, das mit den Schriftgelehrten redet, eine rote Stola umgelegt. Ein anderes Kind, das sich anschickt, den Tempel zu verlassen, trägt eine blaue Stola. Auch ist der Gesichtsausdruck der beiden Kinder unterschiedlich. Offenbar wussten bestimmte Maler intuitiv von diesen zwei Jesusknaben. Als das Gemälde später restauriert wurde, hat man den Stolen der Kinder dieselbe Farbe gegeben. Man dachte wohl, es handele sich um dasselbe Kind zu verschiedenen Augenblicken. Ein anderes Beispiel ist ein Gemälde von Raffael (1483–1520), die sogenannte Madonna Terranuova in der Berliner Gemäldegalerie, auf dem deutlich drei Kinder abgebildet sind.

Nicht lange nach diesem Ereignis im Tempel starb der salomonische Jesus, weil er kein Wesen, keine *Daena,* mehr hatte. Wie war es nun mit dem nathanischen Jesus, bevor sich das Ich-Wesen des Zarathustra in ihn hineinsenkte? Wie konnte er ohne Ich-Wesen am Leben bleiben? Hier muss man meiner Meinung nach beachten, dass sich in dem nathanischen Jesus das höhere Selbst des Adam inkarniert hatte. Jeder Mensch verfügt normalerweise über ein höheres Selbst und über das Ich-Wesen der »Persönlichkeit«. Der nathanische Jesus aber war deshalb so rein, weil in ihm nur ein göttliches Selbst und kein persönliches Ich-Wesen wirksam war, das eine freie Entwicklung möglich gemacht hätte. Im zwölften Lebensjahr inkarnierte sich dann im nathanischen Jesus das weit entwickelte und selbstlos gewordene persönliche Ich-Wesen Zarathustras und vereinigte sich so mit dem höheren Selbst des Adam. Steiner äußerte, dass das höhere Selbst eines Menschen das Engelwesen ist, und dass dieses Engelwesen sein geistiger Lehrer sein kann.[69]

Für die Priester in Bethlehem bedeutete der Tod des salomonischen Jesus eine große Enttäuschung, denn sie hatten gehofft, dieses Kind wäre der königliche Messias, und sie wussten nicht, dass sein Ich jetzt in dem anderen, so stillen und schweigsamen Kind Obdach gefunden hatte.

Binnen Kurzem starben sowohl der alte Joseph aus Bethlehem, der Vater des salomonischen Jesus, als auch die junge Maria, die Mutter des nathanischen Jesus. Die beiden Familien waren miteinander befreundet. Das mag sich alles eigenartig anhören, doch es offenbart sich darin eine aus der göttlichen Welt gebildete Komposition. Joseph, der Zimmermann, der Vater des nathanischen Jesus, heiratete Maria, die Mutter des salomonischen Jesus. Sie hatte außer Jesus noch vier Söhne und zwei Töchter.[70] So vereinigten sich zwei Familien. Von da an erst kann man von den uns bekannten Gestalten des Joseph und der Maria sprechen.

Kapitel 5

Das fünfte Evangelium

Wenn wir die Lebensgeschichte Jesu weiterverfolgen, sehen wir, dass er in die Fuß-spuren seines Vaters trat. Er übte das Zimmermannshandwerk aus, und zwar nicht nur in Nazareth, sondern immer mehr auch außerhalb des Ortes.

Aus der Geistesschau Rudolf Steiners, deren Ergebnisse in Vorträgen über »Das fünfte Evangelium« dargestellt wurden,[71] können einige charakteristische Bilder aus den »unbekannten Jahren« Jesu zwischen seinem zwölften und seinem dreißigsten Jahr mitgeteilt werden.

Was dem Jesus von Nazareth in der Diskussion mit den Pharisäern als Erstes auf-fiel, war, dass die Fähigkeit, durch eigenes Denken den Geist zu finden, dramatisch abgenommen hatte. Das Denken war abstrakt geworden, kalt und intellektuell. Es war kein Denken mehr aus den tiefsten Seelenkräften, das aus einer Haltung des Staunens heraus zu den Weltgeheimnissen vordringt, sondern es war zunehmend eine Art von Anstrengung, die man als »abgeschlossenes Denken« bezeichnen könnte. Bei einer solchen Art zu denken ist bereits von vornherein festgelegt, in welchem Rahmen die Antwort auf eine bestimmte Frage gegeben werden muss. Dadurch schwindet nach und nach die Möglichkeit, durch selbstständiges Prüfen zum Wesen des Lebens vorzudringen. Jesus von Nazareth muss geschaut haben, dass hinter diesen Formen des Denkens die ahrimanischen Geister der Finsternis tätig waren, die den Menschen daran hindern wollten, dem Geist im Erkennen wirklich zu begegnen. Diese Geister der Finsternis hatte er auch in seiner Inkarnation als Zarathustra geschaut. Jesus von Nazareth muss unendlich darunter gelitten haben, dass in einer solchen Art über Gott gesprochen wurde, die keine Möglichkeit mehr ließ, sich mittels eines vergeistigten Denkens in der Welt Gottes, im Reich der Himmel, zu orientieren.

Auf den Reisen, die Jesus von Nazareth unternahm, identifizierte er sich immer mehr mit dem, was der nathanische Jesus schon so stark in sich getragen hatte: einem selbstverständlichen Schweigen.

Das Ich des Zarathustra wirkte offenbar in dem nathanischen Jesus so weiter, dass er seine innerste Natur, die wirkliche Liebe, ganz mit Bewusstsein und geisti-ger Erkenntnis durchdringen konnte. Dank diesem Weisheitsbewusstsein konnte er verstehen, worin die Tragik der Menschheitsentwicklung liegt: Er konnte begreifen, dass der Mensch immer tiefer und tiefer in den Sündenfall geraten war und die Möglichkeit verloren hatte, sich wirklich mit der göttlichen Welt zu verbinden. Ein zunehmend isolierender Egozentrismus war entstanden, der als Finsternis das Licht fernhielt.

Das Besondere war, dass von diesem Jesus eine Gefühlsstimmung schenkender Liebe ausging. Allen Menschen war er sympathisch. Wenn der Zimmermann Jesus bei Leuten gearbeitet hatte, spürten sie abends oder nachts das Bild Jesu, das bei ihnen zurückgeblieben war. Es blieb ein Bild zurück wie ein Nachhall der Liebe. Dieses Bild personifizierter Liebe lebte in den Seelen der Menschen als Erinnerung fort.

Von seinem achtzehnten Jahr an lernte Jesus bisweilen auch Heiligtümer sogenannter heidnischer, also nicht-jüdischer Mysterien kennen. Darunter vor allem die Adonismysterien, eine Abwandlung der zoroastrischen Mithrasmysterien.

An einem solchen Ort, an dem ehemals höhere Geistwesen den Priestern dieser Mysterien göttliche Substanzen geschenkt hatten, machte er die Entdeckung, dass diese Geistwesen nicht mehr in den Heiligtümern wirkten. Der Mensch besaß nicht mehr die Integrität, um mit diesen Wesen zu leben. Erschüttert musste er erleben, dass anstelle der Geistwesen Dämonen eingezogen waren, die sogar Steine statt Brot gaben, das Gegenteil dessen, worum die Menschen baten.

In seinem vierundzwanzigsten Jahr geschah es Jesus von Nazareth an einem solchen Ort, dass er gewissermaßen aus seinem Körper heraustrat. Da hörte er im Weltenkosmos das, was man »das umgekehrte Vaterunser« nennen könnte. Aus der göttlich-geistigen Welt waren die dramatischen Worte zu hören, dass die Menschen einander zu Schuldnern geworden, dass sie die Welt des Vaters verloren hatten und das Reich nicht mehr kannten:

AUM, Amen!
Es walten die Übel,
Zeugen sich lösender Ichheit,
Von andern erschuldete Selbstheitsschuld,
Erlebet im täglichen Brote,
In dem nicht waltet der Himmel Wille,
Da der Mensch sich schied von Eurem Reich
Und vergaß Euren Namen,
Ihr Väter in den Himmeln.[72]

Die völlige Loslösung der Menschheit von der göttlichen Welt ertönte im Weltenkosmos mit dramatischem Ernst. Es war die verwandelte Stimme von Bath Kol, die das jüdische Volk inspirierte und Jesus schon früher offenbart hatte, dass die Mysterien des Alten Testaments nicht mehr fortgesetzt werden könnten.

Später, als Christus sich in ihn herabsenkte, sollte Jesus das, was er in der geistigen Welt als Anklage gegen die Menschheit gehört hatte, umformen zu deren Heilung und die Worte des Vaterunsers sprechen, wie wir es heute kennen. Denn durch die Menschwerdung des Christus ist jedem Menschen die Möglichkeit gegeben, in sich selbst das Reich des Vaters wiederzufinden.

Als Jesus in seinen Körper zurückkehrte, waren Menschen aus dem Volk um ihn herum. Aus einer Art instinktiven Hellsehens heraus spürten sie, dass dieser Mensch wirklich ihr geistiger Lehrer sein konnte. Ihn wollten sie, so fühlten sie, als Führer ihres Volkes, als ihren König anbeten. Das musste Jesus ablehnen, denn er sollte ein König der Wahrheit sein; auch war seine Zeit noch nicht gekommen.

Diese Menschen besaßen offenbar noch ein instinktives Hellsehen, das noch nicht von dem Ichbewusstsein berührt war, das in dieser Zeit wirksam werden sollte, und das daher eigentlich einen luziferischen Charakter hatte. Denn Luzifer bringt, was gut war in der Vergangenheit, zur falschen Zeit, wodurch es zum Bösen wird. So sahen die Menschen in Jesus die Antwort auf all ihre Fragen, was aber ein Ersatz für all das war, was sie selbst hätten schaffen sollen. Jesus wurde als Heilmittel betrachtet, doch auf luziferische Weise, sodass es nicht verbunden war mit dem, was durch eigene Verwirklichung erreicht werden sollte, aus der echten Freiheit des Ichbewusstseins.

Nach der Begegnung mit den Pharisäern und den Heiden kam Jesus von Nazareth immer mehr in Kontakt mit den führenden Persönlichkeiten der Essener und führte Gespräche mit ihnen. Vermutlich hatte er auch Kontakte zur essenischen Gemeinde in Qumran. Diese Menschen hatten eine hohe Form der Spiritualität ausgebildet, die bis in den Willen hinein wirkte. Sie versuchten, so zu leben, dass sie sich von allem Weltlichen lösten. Durch eine strenge äußere Reinheitsethik wollten sie sich für ein inneres, meditatives Leben freimachen.

In ihren Meditationen versuchten sie sich durch ein tief-seelisches Erleben des Blutes, das in ihnen strömte, daran zu erinnern, wer ihre Vorfahren waren. In diesen Meditationen beschworen sie Bilder ihrer Väter, Großväter, Urgroßväter usw. herauf. Bilder, die immer weiter zurückreichten, bis hin zu Sem, Noah und Adam, »dem Sohn Gottes«. Wer all diese Bilder in sich selbst gereinigt hatte, gelangte schließlich zu Gott, der dann als die tiefste Natur im Menschen gefunden werden konnte. Wahrscheinlich ist das Geschlechtsregister bei Lukas ein Ergebnis dessen, was die Essener meditativ erlebten.

Emil Bock zufolge war der Saal, in dem das letzte Abendmahl gefeiert wurde,[73] das Coenaculum auf dem Zionsberg, wo einstmals Melchisedek Abraham begegnet war, ein essenischer Raum. Das kann man daraus folgern, dass die Apostel einen Mann ansprechen sollten, der einen Wasserkrug auf dem Kopf trüge; in dessen Haus sollte das letzte Abendmahl stattfinden. Es ist bekannt, dass bei den Essenern nur die Männer Wasser trugen, weil sie keine Form von abhängiger Dienstbarkeit kannten, also auch nicht die der Frauen.[74]

Als Jesus von Nazareth sich in die Gewohnheiten und Vorstellungen der Essener vertiefte, schaute er Buddha. Rudolf Steiner zufolge muss Buddha Jesus von Nazareth übermittelt haben, dass das Wirken der Essener mit dem vergleichbar sei, was er einst in die Welt gebracht hatte: die Praxis, sich so weit in sich selbst zu versenken, dass man zum göttlichen Kern kommt. Die Lehre vom Mitleiden, die er, Buddha, gab, sei für die Menschen bestimmt gewesen, die sich bereits weit entwickelt hätten. Er muss auch gesagt haben, dass seine Lehre keine Volks- oder Weltreligion werden sollte, auch wenn der Buddhismus diese Absicht habe.

Man könnte auch so sagen: Was Buddha gab, war eine Vorbereitung auf das, was Christus dann in universeller Form der ganzen Menschheit geben konnte. Christus, der sich ja später in den Menschen Jesus einsenkte, kann die lebendige Haltung Buddhas auf eine solche Weise in die Menschheitssphäre bringen, dass jeder Mensch sie, wo auch immer auf der Welt, in sich verwirklichen kann.

Einmal schaute Jesus an den Toren der Essener die gefallenen Engelwesen, die Rudolf Steiner später als Luzifer und Ahriman beschrieb. Luzifer, der den geistigen Hochmut, und Ahriman, der die Dunkelheit des Materialismus bringt. Diese Wesen flüchteten. Die geistigen Kräfte der Essener waren so stark, dass die Kräfte des Bösen keinen Einfluss auf sie hatten.

Jesus lebte damals lange mit der Frage: Wohin sind die Wesen geflüchtet? Hier wird die Tragik der vorchristlichen Welt deutlich. Denn er erkannte, dass diese Wesen des Bösen durch ihre Flucht von den Essenern das Volk umso stärker angreifen konnten. Ihre Macht verstärkte sich, da sie bei den Essenern nicht wirken und so von diesen auch geistig nicht umgewandelt werden konnten. Das Böse wurde nicht umgewandelt, sondern nach unten verdrängt, so wie Mithras den Stier nach unten gestoßen hat, was in gewisser Weise bis heute einen Ausdruck in den spanischen Stierkämpfen findet. Darin liegt die Dialektik des Dualismus: Indem man das Böse vom Guten absondert und verbannt, wird es verstärkt. Zugleich wird die Möglichkeit des Guten, mit dem Bösen umzugehen, geschwächt. Konkret heißt das, dass es bei den Essenern – und eigentlich in der gesamten vorchristlichen Mysterienkultur – eine ganze Reihe von Menschen gab, die sich so weit entwickelt hatten, dass sie die Welt des Geistes finden konnten. Dies ging jedoch auf Kosten der allgemeinen Entwicklung der übrigen Menschheit. Hier finden wir etwas, das ich als *spiritualistischen Elitegeist* bezeichnen würde. Dieser Elitegeist war in der vorchristlichen

Zeit eine Art notwendiges Übel. Es war notwendig, dass es Menschen gab, die als Eingeweihte zu einer Weisheit vordrangen, die befruchtend auf die Kultur wirkte. Gleichzeitig bürdete dies dem Volk aber auch eine schwere Last auf, weil ihm unverhältnismäßig viel an Entwicklungskräften genommen wurde, gerade weil es mit dem Bösen umgehen musste. Äußere Gebote mussten dann die frei gewordenen Kräfte des Bösen regulieren. Es ist bezeichnend, dass der Christus Jesus später in der Bergpredigt die Zehn Gebote Mose aus dem Geist der Liebe verinnerlichen und individualisieren wird. Doch dazu später.

Am Beispiel der Essener wurde deutlich, dass Luzifer und Ahriman nicht durch den Geist zum Guten gewandelt, sondern fortgeschickt wurden. Die Essener wollten nichts von allem Weltlichen wissen und schickten daher die Wesen des Bösen umso vehementer in die Welt. Ein sich verstärkender Dualismus, wie wir sahen. An einem Ort wird der Geist stärker, an einem anderen intensiviert sich dadurch die Bindung an das Materielle.

Das Essenertum war, gerade weil es nach Reinheit strebte, gleichermaßen ein Unheil, das das Volk traf. Wenn man hierüber weiter nachdenkt, muss man sich ernsthaft fragen: Wie gehen wir heute damit um? Noch immer gibt es Gruppierungen, die auf Essener-Art alles Weltliche von sich fernhalten, die nach dem höchsten, erhabenen Geist streben, aber die Kraft des Bösen nicht umwandeln und auch ihre Geisteskräfte nicht wirklich in die Kulturwelt einfließen lassen. Noch immer gibt es Elitedenken. Seit dem Kommen Christi ist das jedoch nicht mehr gerechtfertigt. Das vorbereitende essenische Denken, das aus der äußeren Reinheit heraus den Geist suchte, muss nach der Menschwerdung Christi in ein manichäisches Denken überführt werden, das – wie wir noch sehen werden – in der inneren Reinheit der Liebe den Geist dazu befähigt, das Böse umzuwandeln.

Jesus von Nazareth litt unendlich, als er sah, dass eine Anzahl von Essenern tatsächlich die Fähigkeiten hatte, die Welt des Geistes zu finden – jedoch auf Kosten des Volkes. Jesus erkannte, dass es nicht anders möglich war, fragte aber zugleich: Wie kann dies anders werden?

Jesus von Nazareth trug das Versprechen einer Antwort auf diese Frage in sich. In tiefem Mitleiden mit der ganzen Menschheit sprach er in seinem dreißigsten Jahr mit Maria, jener Maria, die nicht seine leibliche Mutter war, sondern seine zweite Mutter. Das Ich, das in Jesus von Nazareth wirkte, konnte diese Maria aber durchaus als seine eigene Mutter anerkennen. Jesus empfand ein so starkes Mitgefühl mit der gesamten Menschheit, dass er Maria gegenüber all die Erfahrungen aussprach, die er mit den Pharisäern, mit dem heidnischen Mysterienkult, mit den Essenern gemacht hatte. Erfahrungen, die er wie ein Kompendium seines Bewusstseins in Worte fasste, in denen er die gegenüber der göttlichen Welt zerbrochene Realität der Menschheit zum Ausdruck brachte. Indem er sein tiefstes Ich-Erleben umfassend aussprach, trat sein Ich so aus ihm heraus, wie es im zwölften Lebensjahr in ihn eingezogen war.

Wohin ist das Ich da gegangen? Dieses Ich, das Ich des Zarathustra, verband sich in der geistigen Welt mit der Seele des salomonischen Jesus, die nach dem Sterben des zwölfjährigen Jesusknaben dorthin gelangt war. Dieses Ich war das eigentliche Bewusstsein des salomonischen Jesus, auch im Leben nach dem Tod. Es ging dann auf seiner Himmelsreise weiter.

Wenn wir uns nach dem Tod in der geistigen Welt weiterentwickeln wollen, wenn wir durch die geistigen Himmelssphären des Mondes, des Merkur, der Venus, der Sonne, des Mars, Jupiter und Saturn und die mit ihnen verbundenen Engelwesen gehen wollen, muss das Ich sogar die Seele zurücklassen. Zuerst legen wir auf der Erde den Körper ab. Schon bald nach dem Tod löst sich der Äther- oder Lebensleib im allgemeinen Weltenäther auf. Nach dem Aufenthalt in der Himmelssphäre des Mondes oder dem Kamaloka (mit einem Extrakt der Seele) wird der Seelenleib zurückgelassen, sodass wir mit dem eigentlichen Ich-Wesen oder dem menschlichen Bewusstsein eine »Reise« unternehmen können, die zu den höchsten Himmelssphären führt. Steigen wir wieder in eine Verkörperung hinab, dann verbinden wir uns aufs Neue mit dem, was in der Seele oder dem Lebensleib vergeistigt ist, ziehen neue Seelen- und Lebenskräfte heran und inkarnieren uns in einem neuen Körper.[75]

Das Ich des Jesus von Nazareth ging also als das Ich des Zarathustra in das Gebiet der geistigen Welt, wo auch seine Seele nicht mehr bleiben konnte. Von Rudolf Steiner wissen wir, dass das Ich des Zarathustra, das sich geopfert hatte, damit der Jesus von Nazareth erwachsen werden und von dem hier beschriebenen Augenblick seiner Exkarnation an Christus in sich aufnehmen konnte, in seinen folgenden Inkarnationen im esoterischen Christentum als »Meister Jesus« bezeichnet wird.[76]

Der Meister Jesus kann den Menschen, der Christus in der Seele erleben will, auf verschiedene Arten, aus der geistigen Welt, aber auch in einer physischen Inkarnation, dazu inspirieren, so an sich selbst zu arbeiten, dass ihm dies gelingt. Er wird zum Begleiter der Menschen, die in der *Imitatio (Nachfolge) Christi* den siebenstufigen christlich-gnostischen Einweihungsweg gehen wollen, den wir in einem späteren Kapitel behandeln werden.

Die erste der von Steiner angedeuteten Inkarnationen war Lukian von Antiochia (250–312), der Lehrer des Arius.[77] Die Trinitätsauffassung des Arius wurde auf dem Konzil von Nicäa (325) abgelehnt. Das nordspanische Gralschristentum und der Katharismus in Südfrankreich sind auf arianischem Boden gewachsen. Der Meister Jesus ist auch der Lehrer des Mystikers Johannes Tauler (1300–1361) gewesen. Es wird berichtet, dass eines Tages, nachdem Tauler voller Begeisterung zu einer großen Menschenmenge gesprochen hatte, ein Mann zu ihm kam und sagte: »Es war sehr inspirierend, was du da gesagt hast, aber weshalb wolltest du die Frau in der ersten Reihe beeindrucken?« Der Mann brachte so zum Ausdruck, dass Johannes Tauler nicht voll wirklicher Hingabe von Christus sprach, sondern seine eigene Persönlichkeit in den Vordergrund stellte; er hatte die insgeheimen Motive Taulers erkannt. Dieser Mann, der »der Gottesfreund vom Oberland« genannt wurde und aus der Schweiz stammte, nahm Tauler dann als seinen Schüler an und brachte ihn zur wahrhaften Verinnerlichung und Läuterung seiner Seele. Die Folge war, dass Tauler, als er wieder vor vielen Menschen auf der Kanzel stand und sprechen wollte, nicht anders konnte, als seinen Tränen freien Lauf zu lassen. Es gelang ihm nicht, Worte zu finden, die aus einer wahrhaftigen Verbindung mit dem Logos kamen. Die Menschen blieben weg. Doch als er lernte, aus einer inneren Glaubwürdigkeit des Geistes, aus den tiefsten Seelenbestrebungen heraus zu sprechen, kamen die Menschen, die dies suchten, zu ihm zurück. Nach Rudolf Steiners Angaben war im Gottesfreund vom Oberland der Meister Jesus oder Zarathustra inkarniert.[78] Der Meister Jesus inkarniert sich regelmäßig. Es lägen, so Steiner, zuweilen nur zwölf Jahre zwischen der einen und der nächsten Inkarnation.[79] Wenn man dem Meister Jesus begegnen wolle, so könne das um Ostern herum in Jerusalem geschehen.[80] Es käme dann vor, dass er in geistiger Gestalt oder als menschliche Persönlichkeit die Begegnung suche. Übrigens berichtete Steiner auch, dass er mit dem Meister Jesus, der damals in den Karpaten lebte, in geistiger Verbindung stehe.[81]

Von dem Augenblick an, als Jesus nicht mehr das Ich des Zarathustra in sich trug, lebte er in einer Art Traumzustand. Wenn man kein Ich mehr hat, verliert man seinen wachen Geist. Zwar ist man noch zu Handlungen fähig, aber man handelt ebenso unfrei, wie ein Tier aus sich heraus handelt. In diesem Zustand wanderte Jesus von Nazareth in seinem dreißigsten Jahr an den Jordan, in die unmittelbare Nähe des Toten Meeres. Er gelangte an den Ort, an dem Elias einst in seinem Feuerwagen gen Himmel gefahren war[82] und an dem er jetzt, in seiner folgenden Verkörperung, als Johannes der Täufer zum Wegbereiter des Christus werden sollte.

Kapitel 6

Die Taufe im Jordan

Der Mensch Jesus wollte sich im Jordan von Johannes taufen lassen, den er schon von den Essenern her kannte,[83] denn auch Johannes war, wie Jesus, ein Freund der Essener. Im Jahr 2002 hat ein armenischer Archäologe, ganz in der Nähe des Toten Meeres eine byzantinische Kirche aus dem 6. Jahrhundert freigelegt, dazu einen steinernen Weg, der bis an den einstigen Uferverlauf des Jordan führte; sehr wahrscheinlich, wie wissenschaftliche Untersuchungen untermauern, an denselben Platz, an dem im ersten Jahrhundert Johannes getauft hat. So war der Taufplatz also hier, in der Nähe des Toten Meeres, und nicht am See Genezareth. Dies schien sich mir zu bestätigen, als ich (im jordanischen Madaba) eine weitere byzantinische Kirche aus derselben Zeit entdeckte, auf deren Bodenmosaiken dieser Taufplatz inmitten einer Karte der damaligen Welt abgebildet ist.

Als Jesus Johannes den Täufer aufforderte, ihn zu taufen, weigerte sich Johannes, weil er die Größe dessen erkannte, den er vor sich sah. Erst als Jesus ihm klarmachen konnte, dass diese Taufe von essenzieller Bedeutung war, wurde er ins Wasser des Jordan getaucht.[84]

Worauf beruhte die Taufpraxis Johannes des Täufers? Die Menschen wurden untergetaucht ins Wasser des Flusses. Johannes der Täufer konnte mit seinem hellsehenden Bewusstsein jeden Menschen so lange unter Wasser halten, bis eine Nahtod-Erfahrung eintrat, es aber nicht zum Tod kam. Bei einer Nahtod-Erfahrung tritt nicht nur die Seele aus dem Körper heraus, sondern auch der Äther- oder Lebensleib, der dem Körper geistige Form und Leben gibt. Es geschieht dasselbe, was auch beim Tod geschieht: Der Ätherleib löst sich vom physischen Leib. Im Ätherleib sind die Erinnerungen des gesamten Lebens aufbewahrt, und diese stehen beim Tod als räumliches Bild vor dem Menschen. Die Zeit wird Raum; das ist der erste Übergang in die Ewigkeit.

Dadurch bekommt der Mensch ein Bild von der Entwicklung, die das eigene Ich-Wesen im Laufe des Lebens durchgemacht hat. Das heißt also, dass die Menschen durch die Einweihung Johannes des Täufers zu einem wirklichen Bewusstsein dessen kommen, was nach dem Tod geschieht, und gleichzeitig zu einem Bewusstsein der Wirksamkeit des eigenen geistigen Ich-Wesens in der Biografie. Johannes der Täufer ließ die Menschen erleben, dass »das Reich kommen wird«.[85]

Doch bei der Taufe im Jordan geschah noch etwas ganz anderes, etwas überaus Besonderes, von großem Gewicht für den Fortgang der ganzen weiteren Weltentwicklung. Das Bild der Landschaft ist wie ein Spiegel dieses Geschehens: Wir haben eine weitgehend flache, tote und bizarre Wüstenlandschaft vor uns, den tiefsten Punkt der Erde, 400 Meter unter dem Meeresspiegel, in der Ferne das Gebirge mit dem Berg Nebo, auf dem Moses stand, als er das Gelobte Land erblickte;[86] auf der anderen Seite in der Ferne die Berge, bei denen Jericho liegt. Wir haben hier, verkürzt gesagt, das landschaftliche Abbild des Grals mit dem Nadir des Irdischen und der schenkenden Sonne am Himmel, der das Ganze überwölbt.

Christus stieg aus der Sonnensphäre durch die Himmelssphären zur Erde hinab. Mit der Jordantaufe inkarniert sich dann Christus im Menschen Jesus. Anders gesagt: Das Christus-Ich nahm den Platz des Zarathustra-Ich ein und wirkte nun bis hinein in die Seele, den Ätherleib und die Leiblichkeit des Menschen Jesus.[87]

Theologen gehen davon aus, dass der Sohn Gottes bereits mit der Geburt Jesu auf Erden Sohn Gottes war. Daher war es ihnen auch so wichtig, Maria zu vergöttlichen.

Aber war dies auch die Auffassung der Evangelisten und des Urchristentums? In meiner Dissertationsarbeit über den Manichäismus als zweiter Hauptströmung des Urchristentums konnte ich Argumente anführen, die eine ganz andere Auffassung belegen: Bereits Mani muss gelehrt haben, dass Christus, der Sonnengeist, sich erst bei der Jordantaufe im Menschen Jesus inkarnierte. Er sagte, der Sohn der Maria sei nicht der Sohn Gottes. Die Manichäer haben auch angeführt, das Licht der Welt könne nicht neun Monate lang, während der embryonalen Entwicklung, verdunkelt gewesen sein. Das Licht der Welt war so erhaben, so allumfassend, dass es nicht durch eine normale Geburtsprozedur auf die Erde kommen konnte. Nur in einen erwachsenen Menschen konnte sich der Logos hinabsenken und inkarnieren.[88]

Das bedeutet, dass zumindest ab dem 3. Jahrhundert ein großer Teil der Christenheit dachte, dass Christus erst bei der Jordantaufe zu Christus Jesus wurde.

Augustinus (354–430), der neun Jahre lang Manichäer war, hat den Gedanken, Gottes Sohn sei nicht der Sohn Marias, so aufgefasst, als behauptete Mani, Christus sei überhaupt nicht Mensch geworden, sondern den Jüngern gleichsam als eine Art Geist erschienen. Augustinus ging bei seinem Zeitgenossen Ambrosius in die Lehre, der als einer der bedeutendsten platonischen Denker des katholischen Christentums betrachtet werden kann. Ambrosius lehrte unter anderem, der Sohn der Maria sei auch der Sohn Gottes. Nach meinen Erkenntnissen hat Augustinus Mani falsch verstanden, denn Mani hat die Electi – zu denen Augustinus nicht gehörte – die Inkarnation des Christus bei der Taufe im Jordan gelehrt.[89]

Haben auch die Evangelisten es so gesehen wie Augustinus und Ambrosius? Ich vermute, dass das nicht so war. Es kommt mir vor, als wären sie, wie Mani, von einer Inkarnation des Christus in Jesus bei der Jordantaufe ausgegangen. Markus spricht überhaupt nicht vom Leben Jesu vor der Jordantaufe. Sein Evangelium beginnt erst mit der Taufe. Auch im Johannesevangelium wird das Leben Jesu vor der Taufe nicht beschrieben; es beginnt mit der Kosmogonie: »Und das Wort war bei Gott, und ein Gott war das Wort. [...] In ihm war das Leben, und das Leben war das Licht der Menschen.« Als Nächstes wird die Jordantaufe beschrieben, als der Moment, in dem der Logos Fleisch (oder »Erdenmensch« in der Wiedergabe von Heinrich Ogilvie) geworden ist.[90]

Im Lukasevangelium heißt es in einer Variante des Textes: »und aus dem Himmel ertönte ein Ruf: Mein Sohn bist du, Ich habe dich heute *gezeugt*«.[91] Der Theologe Wim Schuwirth wies mich darauf hin, dass in den letzten Jahrzehnten mehrere Theologen zu der Ansicht kamen, dies sei die Originalfassung des Textes.[92] – Steiner zufolge ist mit der »Zeugung« die eigentliche Empfängnis bzw. die Geburt des Christus im Menschen Jesus gemeint.[93]

Auch im Matthäusevangelium finden wir Passagen, die darauf hindeuten, wer der Christus eigentlich ist. In der letzten Tagen des Lebens Jesu, als heftig disputiert und argumentiert wird, fragt Jesus die Pharisäer, wer ihrer Meinung nach der Christus sei. Als sie antworten: »Davids Sohn«, sagt Christus Jesus: »Wenn also David ihn seinen Herrn nennt, wie kann er dann sein Sohn sein?«[94]

Hier spricht Christus nicht aus seiner Jesus-Natur, nicht aus der Umhüllung des Sohnes Davids, in dem er als göttliches Wesen wohnt. Hier spricht er aus seinem Ich-Wesen heraus; und das ist dasselbe wie der Herr Davids oder, genauer, wie der Eloah der Sonne, der in einer Siebenheit mit dem Jahwe des Mondes verbunden ist, der der Herr Davids ist. Hier handelt es sich also um eine Zweiheit: Christus als der Herr und der Mensch Jesus als der Sohn Davids. Christus identifiziert sich nicht mit dem Sohn Davids, denn sein Ich ist von einer anderen Welt.

Bei Matthäus, Markus und Lukas wird auch die Transfiguration, die Verklärung Christi, beschrieben. Sie geschieht, als Jesus seinen Jünger Jakobus, dessen Bruder Johannes und Petrus zum Berg Tabor mitnimmt.[95] Hier offenbart sich Christus in seiner wahren Gestalt, leuchtend als geistige Sonne. Gleich darauf sehen die Jünger nurmehr Jesus. Die göttliche Natur Christi wirkt in dem Menschen Jesus, was dadurch sichtbar wird, dass sie für kurze Zeit sozusagen aus dessen Körper heraustrat.[96]

Meines Erachtens kann man aufgrund dieser Belege annehmen, dass bereits die Evangelisten gelehrt haben, dass Christus erst bei der Jordantaufe Mensch geworden ist. Das war auch Manis und – in unserer Zeit – Rudolf Steiners Auffassung.

Kapitel 7

Christus im Verhältnis zu den Hierarchien

Jetzt kann man sich fragen: Wer ist denn Christus als göttliches Wesen, das sich im Menschen Jesus inkarniert hat? Was erfahren wir darüber im esoterischen Christentum? »Esoterisches Christentum« soll hier für unsere Arbeit heißen: die Sophia des Mani, die Geisteswissenschaft Rudolf Steiners und im Grunde genommen auch die Kosmologie Zarathustras. Dabei stellen die Begriffe ›esoterisch‹ und ›Christentum‹ eigentlich einen Widerspruch dar, da Christus gerade die esoterische Mysterienweisheit an die Öffentlichkeit gebracht hat.

Das Ganze ist außerordentlich komplex. Der Manichäismus hat bereits eine Christologie, in der wir 24 Christusgestalten finden. So wird denn auch vom Manichäismus behauptet, er sei eine Art Polytheismus gewesen. Ich halte diese Auffassung nicht für zutreffend. Vielmehr offenbart sich im Manichäismus der eine Christus in einer Vielheit verschiedener Engelsgestalten. Warum kann im Manichäismus der eine Christus so viele Gestalten annehmen?

Meiner Meinung nach lässt sich die Frage, wer der Christus ist, nicht eindeutig beantworten. Rudolf Steiner hat gesagt, dass Christus so eine gewaltige Wesenheit ist, dass, wie hoch sich der Initiierte auch erheben mag, er nur einen geringen Teil von ihm begreift.[97] So kann man sagen, dass wir bis ans Ende der Weltentwicklung brauchen werden, um das Mysterium von Golgatha und die Frage, wer Christus Jesus ist, zu verstehen. Dennoch hat Steiner uns hierzu bestimmte Erkenntnisse vermittelt, die ich im Folgenden versuchsweise miteinander in Einklang bringen will. Aufgrund dieser Erkenntnisse kann man unterscheiden zwischen Christus als hierarchischem Wesen, als Engelwesen und als dem Logos, d. h. der zweiten Person der Trinität.

Sowohl Rudolf Steiner als auch Dionysius Areopagita, Schüler des Paulus, dessen Lehren im 5. Jahrhundert in dem Buch *Peri tes ouranias hierarchias* (*Die himmlische Hierarchie)*, einem der bedeutendsten Bücher des Mittelalters, niedergeschrieben wurden, gehen von neun Engelhierarchien aus, aufgeteilt in drei Gruppen:

Die Trinität

Throne, Cherubim, Seraphim (die Sphäre des Vaters);
Exusiai, Dynamis, Kyriotetes (die Sphäre des Sohnes);
Angeloi, Archangeloi, Archai (die Sphäre des Heiligen Geistes).

Die Angeloi werden von Steiner auch Söhne der Dämmerung genannt. Sie sind die begleitenden Geister der inneren Entwicklung des Menschen und wirken aus der Mondensphäre. Die Archangeloi, von Steiner Feuergeister genannt, als Volksgeister oder Geister der Gemeinschaften, wirken aus der Merkursphäre. Die Dritten sind die Archai, von Steiner Geister der Persönlichkeit genannt, oder die Zeitgeister der großen Kulturepochen. Sie wirken aus der Venussphäre. Zusammen bilden sie nach Dionysos die Engelhierarchien der Himmelssphäre des *Heiligen Geistes*.

Die Exusiai, auch Elohim oder – von Steiner – Geister der Form genannt, die dem Menschen das Ich geschenkt haben, wirken aus der Sonnen-, Jupiter- und Saturnsphäre. Die Dynamis, von Steiner Geister der Bewegung genannt, wirken aus der Marssphäre. Die dritte Gruppe sind die Kyriotetes, die den Ätherleib geformt haben. Sie werden von Steiner Geister der Weisheit genannt und wirken aus der Jupitersphäre. Zusammen bilden sie nach Dionysos die Engelhierarchien der Himmelssphäre des *Sohnes*.

Die Throne, von Steiner Geister des Willens genannt, wirken aus der Saturnsphäre. Die Cherubim, von Steiner Geister der Harmonie genannt, wirken auch aus der Sphäre des Tierkreises. Die Seraphim, von Steiner Geister der Liebe genannt, wirken aus der Sphäre des Tierkreises. Zusammen bilden sie nach Dionysos die Engelhierarchien der Himmelssphäre des *Vaters*.

Über diesen neun Engelhierarchien, die in Kapitel 17 ausführlicher besprochen werden, befindet sich die erhabene Sphäre der Trinität, die gleichsam ein Abbild in diesen drei Arten Engelhierarchien hat.[98] Der Logos *(der Sohn)* ist also noch oberhalb der Engelhierarchien anzusiedeln. Der Logos ist die zweite Person der Trinität.

Johannes sagt, dass der Logos oder das Wort Fleisch geworden ist bzw. Erdenmensch.

Bei den Manichäern heißt es, dass der Logos in dem Augenblick, als er zur Erde herabstieg, eine kosmische Gestalt angenommen hat. Als Christus herabstieg in die Sphären der Engelhierarchien, »adoptierte« er, bevor er wirklich Mensch wurde, einen kosmischen Leib.

Man kann also sagen, dass Christus, der der Logos ist, sich auf dem Weg durch die verschiedenen hierarchischen Himmelssphären hindurch in geistigen Gestalten immer stärker verdichtet hat, sodass er schließlich Mensch hat werden können.

Christus verband sich, während er zur Erde hinabstieg, in jeder Himmelssphäre mit einem zu ihm gehörigen Wesen, das dort wohnte. Ich denke, man kann sagen, dass so viele hierarchische Engelwesen in den Menschen Jesus, in dem sich der Christus inkarniert hat, hineinwirken konnten. Diese allmähliche Verdichtung war notwendig, damit der Logos Mensch werden konnte.

Man könnte sich fragen, wodurch diese große Komplexität entsteht. In der geistigen Welt ist es so, dass man nicht abwechselnd die eine oder andere Individualität vor sich hat. Wenn man dort einen verstorbenen Menschen trifft, wirken von oben herab eine Anzahl von Engelwesen durch ihn hindurch. Und durch diese Engelwesen wirken von oben herab auch eine Anzahl von Erzengelwesen und sogar noch höhere Wesen hindurch. Das bedeutet, dass man als Mensch durch mehrere hierarchische Engelwesen mit dem Allerhöchsten in Verbindung stehen kann.

In der geistigen Welt finden wir eine himmlische »soziale Interaktion«, sowohl vertikal als auch horizontal; es besteht eine Verbindung zu allen anderen Wesenheiten. Wir hören die Resonanz der Ewigkeit. Das Individuelle steht dort in einem beständigen Zusammenhang und in brüderlicher Verbindung mit allem anderen. Das Höhere wirkt immer in das Niederere hinein: Das höhere Bewusstsein eines Wesens ist das hierarchisch höhere andere Wesen.

Das sieht man auch bei Christus, als er hinabstieg und in die Sphäre der Kyriotetes kam. Die Kyriotetes, die Geister der Weisheit, wohnen in der geistigen Jupitersphäre und bilden auch das »Unterbewusstsein« der Planeten. Aufgrund Aussagen Rudolf Steiners kann man sagen, dass das höchste Bild von Christus als hierarchisches Wesen, also nicht als Logos, das eines der Geister der Weisheit ist.[99] Ich denke, es ist Christus als »Kyrios«, wie er ja auch in den Evangelien als der »Herr« bezeichnet wird. Die Kyriotetes bilden die höchste Engelhierarchie in der Sphäre des Sohnes. Christus ist hier das höchste hierarchische Sohneswesen oder die zweite Person der »hierarchischen Trinität«.

In einem anderen Zusammenhang gibt Rudolf Steiner ein Bild von Christus als Sonnenwesen. Christus wird auch als die Gesamtheit, Fülle (griech.: *Pleroma*) der Elohim bezeichnet.[100] Es sind sechs Exusiai oder Elohim, die mit der geistigen Sonne verbunden sind. Das eigentliche hierarchische Sohneswesen ist einer der Kyriotetes, und um dieses herum befinden sich sechs weitere Elohim als Sonnengeister. Jahwe ist der siebente der Elohim, er ist im Gegensatz zu den anderen sechs mit dem Mond verbunden. Jahwe bereitete als Geist des Alten Testaments das Kommen des Christus auf der Erde vor und gab der Menschheit im Nachtleben einen unbewussten Liebesimpuls, wodurch später Christus als Geist der Liebe bewusst und dadurch aus freien Stücken ins Tagesleben aufgenommen werden konnte. Die sieben Elohim haben im

Urbeginn in einträchtigem Zusammenwirken die Möglichkeit empfangen, den Logos – als den »Geist«, der über den Wassern schwebte[101] – in sich aufzunehmen.[102] Hierdurch konnten sie die Erde »in sieben Tagen« erschaffen. Im hebräischen Text der Genesis steht daher im ersten Satz: »*Elohim* schuf Himmel und Erde.«

Rudolf Steiner gibt an anderer Stelle noch ein weiteres Bild von Christus. Er sagt, Christus sei der Führer der Feuergeister oder der Erzengel. Das Ich dieses Feuergeistes ist Christus, der sich im Menschen Jesus inkarniert. Dieser Führer der Feuergeister, dieses erhabene Erzengelwesen hatte bereits in einer früheren kosmischen Epoche, im Sonnenzeitalter, die zwölf kosmischen Kräfte der geistigen Tierkreissphären in sich aufgenommen.[103] Man könnte also sagen, dass dieser Führer der Feuergeister – dann als Dreizehnter – ein Kompendium der zwölf geistigen Kräfte des Makrokosmos war. Dieses Ichwesen inkarnierte sich im Menschen Jesus.

Sieben kosmische Zeitalter

Das Sonnenzeitalter ist eine bestimmte Entwicklungsphase der Erde. In der anthroposophischen Geisteswissenschaft wird von drei kosmischen Phasen ausgegangen, bevor die eigentliche Erschaffung der Erde begann.[104] In der Saturnphase der Erdenevolution, in der die Archai die Menschheit formten, schufen die Throne den physischen (Wärme-)Leib des Menschen und dessen göttlichen Kern (Atman oder Geistesmensch). Mani nannte dies den »Ersten Tag« (s. Anhang 7: Die Kosmologie Manis), an dem zwölf göttliche Wesen das Lob Gottes sangen, wodurch in ihrer Mitte das lebendige Wort geformt wurde. Johannes sagt im Prolog seines Evangeliums: »Im Uranfange war [Vergangenheitsform] das Wort.«[105] In der Sonnenphase, in der die Archangeloi oder die Erzengel die Menschheit formten, schufen die Kyriotetes den Lebens- oder Ätherleib des Menschen und die Cherubim dessen göttlichen Kern (Buddhi oder Lebensgeist). Mani nannte dies den »Zweiten Tag«, in dem der Christus sich aufhält, der in der Zukunft das Leben entstehen lassen wird. Johannes sagt in seinem Evangelium: »In ihm [dem Wort] war [Vergangenheitsform] das Leben.«[106] In der Mondenphase, in der die Angeloi oder Engel die Menschheit formten, schufen die Dynamis den Seelenleib des Menschen und die Seraphim dessen göttlichen Kern (Manas oder Geistselbst). Mani nannte dies den »Dritten Tag«, in dem sich der Urmensch aufhält, der zukünftig die Seele des Menschen formen soll. Johannes sagt: »Und das Leben war [Vergangenheitsform] das Licht der Menschen.«[107] Dann wird unser Erdenzeitalter geformt, in dem wir die Menschheit bilden, die einen freien Willen entwickelt. Und das ist möglich, weil die Elohim uns das Ich in einem vollständig ausgebildeten physischen Leib geschenkt haben. Mani nannte dies den »Vierten Tag«, an dem der Christus Mensch werden sollte. Hierüber sagt Johannes in seinem Evangelium: »Und das Licht scheint [das Verb hier erstmals im Präsens!] in die Finsternis«.[108] Und dann heißt es im vierten Evangelium: »Und das Wort wurde Fleisch.«[109]

Wenn wir darüber nachdenken, was Rudolf Steiner mit seiner Aussage von einem Erzengel aus dem Sonnenzeitalter, der der Christus ist, gemeint hat, müssen wir dies vermutlich im Sinne der Evolution von Engelwesen zu noch höheren Wesen verstehen, wie sie Steiner ebenfalls beschrieben hat. So ist Michael in unserer Zeit vom Erzengel zu einem Archai oder Zeitgeist erhöht worden.[110] Und von einem kosmischen Zeitalter zum nächsten gelangen im Prinzip alle Wesen auf eine höhere Entwicklungsstufe. Im Jupiterzeitalter, das dem Erdenzeitalter folgt, dem »Fünften Tag« oder dem »Neuen Jerusalem« der Apokalypse,[111] wird die Menschheit zu einer »Engelmenschheit« oder *Hierarchie der Freiheit und Liebe*. Dann wird in der Erdenentwicklung die Freiheit entstanden sein, sich entweder zum Guten oder zum Bösen zu entwickeln, die innere Freiheit und die Liebe, die nichts anderes bedeutet, als das Gute aus persönlicher Freiheit heraus zu tun. In diesem Jupiterzeitalter wird aus innerer Freiheit heraus die Weisheit (Geistselbst) zu voller Blüte gebracht. – Am Sechsten Tag oder im Venuszeitalter wird die Liebe (Lebensgeist) zu voller Blüte gebracht werden; am Siebten Tag wird die geistige Tatkraft oder Stärke (Geistesmensch) zur Blüte gebracht werden.

Wir können also sagen, dass der Christus als Führer der Feuergeister im Sonnenzeitalter im darauffolgenden Mondzeitalter zu einem Führer der Archai aufgestiegen ist und in dem wiederum darauffolgenden Erdenzeitalter zum Führer der (heute wirksamen) Elohim. Also inkarniert sich einer der Elohim, der in einer früheren Entwicklungsepoche der Führer der Feuergeister genannt wurde, als das höhere Ich im Menschen Jesus.

Das ist besser zu begreifen, als wenn man sagte, das Ich eines Erzengels habe sich bei der Jordantaufe in die Seele des Jesus inkarniert, der im Prinzip ebenfalls ein Erzengel ist, wie wir gesehen haben. Das Ich des Führers der Elohim inkarniert sich in der Seele und im Leib des Jesus. Obwohl alle sechs Elohim bereits mit der Sonne verbunden sind, sind sie aus der Himmelssphäre der Sonne heraus gleichzeitig noch mit den anderen himmlischen Planetensphären verbunden.[112] Mit Basilides (ca. 85–ca. 145) kann man sagen, dass Christus der eigentliche Eloah der Sonne ist, der die Wirksamkeit der anderen Elohim gewissermaßen in einer höheren Oktave harmonisiert. Weiter schrieb Basilides, dass Christus als der Eloah der Sonne bei der Jordantaufe in Jesus Mensch geworden ist.[113]

Das deckt sich mit der Aussage Rudolf Steiners, dass Christus bei seiner Inkarnation in dem Menschen Jesus seinen Geistleib (Atman oder Geistesmensch) auf der geistigen Sonne zurückgelassen hat und in der Erdenatmosphäre kurz vor seiner Inkarnation während der Jordantaufe auch seinen Lebensleib (Buddhi oder Lebensgeist) hat zurücklassen müssen, um sich dann mit seinem höheren Ich (Manas oder Geistselbst) in dem Menschen Jesus inkarnieren zu können.[114]

Alle geistigen Wesen – unter ihnen auch der Mensch – haben sieben Wesensglieder. Der Mensch besteht aus:
– physischem Leib (hier ist der Mensch gleich dem Gestein),
– Lebensleib (hier ist der Mensch wie eine Pflanze),
– Astralleib (hier ist der Mensch gleich dem Tier),
– Ich (hier ist der Mensch wirklich Mensch),
– Manas oder Geistselbst (die göttliche Weisheit im Menschen),
– Buddhi oder Lebensgeist (die göttliche Liebe im Menschen),
– Atman oder Geistesmensch (die göttlich-moralische Kraft im Menschen).

Dies wird in Kapitel 16 weiter betrachtet werden. Auch ein Engel hat sieben Wesensglieder. Ein Engel hat jedoch keinen physischen Leib, sondern über dem Atman »das Gefährt des Heiligen Geistes«. Das unterste Wesensglied eines Engels ist also der Lebensleib. Ein Erzengel braucht auch keinen Lebensleib, sondern hat über dem Gefährt des Heiligen Geistes noch »das Gefährt des Sohnes«. Das unterste Wesensglied eines Erzengels ist also der Astralleib. Ein Zeitgeist oder Archai hat keinen Astralleib, sondern besitzt noch über dem Gefährt des Sohnes: »das Gefährt des Vaters«. Das unterste Wesensglied eines Archai ist das Ich. Das unterste Wesensglied des Christus ist das höhere Ich oder Manas.

Da also das unterste Wesensglied eines Erzengels nicht das höhere Ich, sondern der Astralleib ist und da das unterste Wesensglied eines Eloah das höhere Ich oder Manas ist, ist auch dies eine Bestätigung unserer Erkenntnis, dass das Christus-Ich das Ich eines Eloah und nicht nur das eines Erzengels ist. (Siehe hierzu das Schema: »Der siebenfache Aufbau der geistigen Wesen« auf der nächsten Seite.)

Zusammenfassend kann man sagen: Einer der Elohim, der Eloah der Sonne, inkarnierte sich mit seinem höheren Ich oder Geistselbst im Menschen Jesus. Zugleich wirkte die Ganzheit der Elohim durch dieses Ich hindurch, weil der Eloah der Sonne die Wirksamkeit der anderen Elohim, die ihrerseits mit anderen Planeten verbunden waren, in harmonischen Einklang brachte. In einer zweiten, höheren Oktave wirkte – aus der göttlichen Perspektive der Himmelssphäre Jupiters betrachtet – der Kyrios der Sonne hindurch: der höchste der Kyriotetes als das hierarchische Sohneswesen. Die Kyriotetes bilden die höchste Engelhierarchie in der Himmelssphäre des Sohnes,

Der siebenfache Aufbau der geistigen Wesen

MENSCH

Geistesmensch
Lebensgeist
Geistselbst
Ich
Astralleib
Ätherleib
Physischer Leib

ENGEL

Der Heilige Geist als
Wesensglied
Geistesmensch
Lebensgeist
Geistselbst
Ich
Astralleib
Ätherleib

ERZENGEL

Der Sohn als Wesensglied
Der Heilige Geist als
Wesensglied
Geistesmensch
Lebensgeist
Geistselbst
Ich
Astralleib

ARCHAI

Der Vater als Wesensglied
Der Sohn als Wesensglied
Der Heilige Geist als
Wesensglied
Geistesmensch
Lebensgeist
Geistselbst
Ich

ELOAH

Siebtes, höchstes Wesensglied
Der Vater als Wesensglied
Der Sohn als Wesensglied
Der Heilige Geist als
Wesensglied
Geistesmensch
Lebensgeist
Geistselbst

wie bereits Dionysos Areopagita feststellte. Und in einer dritten und höchsten Oktave wirkte der Logos hindurch, der eigentliche Christus oder die zweite Person der Trinität oberhalb der Engelhierarchien.

Da das Christus-Ich oder der Eloah der Sonne bereits im Sonnenzeitalter das Wort bzw. die zwölf makrokosmischen Weisheitskräfte des Tierkreises aufgenommen hatte, konnte dieses Christus-Ich später zum Träger des Logos werden.

Rudolf Steiner äußerte, dass der Christusimpuls, die Wirksamkeit des auferstandenen Christus in der Weltentwicklung, noch weitere Kräfte der Exusiai oder der Elohim in der Zukunft der Menschheitsgeschichte freisetzte.[115] Heute ist der Eloah des *Denkens* – aus dem Christus als dem Siebengeist[116] – im Christusimpuls wirksam. Ist das der Eloah, der von der Sonne aus mit dem Jupiter verbunden ist? Man kann auf jeden Fall auch so sagen: Heute können wir durch das Denken mit dem Christus als dem Siebengeist in Verbindung treten.

Der Christus als der Kyrios oder das höchste Wesen aus der zweiten Hierarchie der Exusiai, Dynamis und Kyriotetes ist eigentlich die zweite Person der Trinität unseres Sonnensystems oder der *Sohn.* Entsprechend spricht Rudolf Steiner vom höchsten Engelwesen aus der ersten Hierarchie der Throne, Cherubim und Seraphim als der ersten Person der Trinität unseres Sonnensystems oder auch als der *Vater.* Sehr wahrscheinlich ist er der Führer der Seraphim. Das höchste Wesen aus der dritten Hierarchie der Angeloi, Erzengel und Archai bezeichnet er als die dritte Person der Trinität unseres Sonnensystems oder den *Heiligen Geist.*[117] Sehr wahrscheinlich ist das ein Archai-Wesen. Man könnte dabei an Michael denken, der heute ein Archai-Wesen geworden ist, Rudolf Steiner zufolge »der Sendbote« oder »das Antlitz Christi«.[118]

Über das Firmament mit seinen Myriaden von Sternen sagt Rudolf Steiner, es sei Ausdruck einer großen Anzahl hierarchischer Trinitäten. Doch gibt es oberhalb all dieser hierarchischen Trinitäten eine Ur-Trinität. Eine große Besonderheit unseres Sonnensystems ist es, dass die zweite Person der Ur-Trinität – der Logos – sich mit der zweiten Person der hierarchischen Trinität unseres Sonnensystems verbunden hat, hier auf der Erde Mensch geworden und durch die Pforte des Todes gegangen ist. Laut Rudolf Steiner ist die erste Hierarchie durch dieses gewaltige und allumfassende Liebesopfer auf eine höhere Entwicklungsebene gelangt.[119] Möglicherweise ist dies auch bei der Trinität der Fall, nicht nur bei der hierarchischen Trinität, sondern vor allem bei der Ur-Trinität. Denn Steiner sagte: »Die Trinität liegt eigentlich über den Hierarchien. Aber dazu ist sie erst im Laufe der Entwickelung gekommen. Entwickelung findet überall statt.«[120] Dass Christus als die zweite Person der Trinität Mensch geworden ist, weist auf die äußerst wichtige Fuktion unserer Erde innerhalb des gesamten Universums hin.

Man kann sich fragen, weshalb dies alles so kompliziert ist. Und man hat Verständnis dafür, dass Kirchenväter wie Augustinus und Titus von Bostra (rund 380 n. Chr.) die komplexe Christologie Manis bekämpften und im Laufe der Dogmenentwicklung nach einer einfacheren Antwort auf die Frage gesucht wurde, wer der Christus ist. In unserer Zeit des wissenschaftlichen Denkens ist es aber notwendig, den Mut aufzubringen, die Christologie in all ihrer Komplexität zu ergründen. Die Individualitätsentwicklung fordert, dass wir – wie es schon bei Nietzsche hieß – sagen: »Was ich nicht bin, das ist mir Gott und Tugend!«[121] Das gilt auch für das Erkennen. Da müssten wir sagen: »Ich will alles wissen, was ich noch nicht erkenne.« Sodass nicht die Psyche aus Selbsterhaltungstrieb nach Sicherheit verlangt, sondern der Geist in aller Klarheit nach Entwicklung strebt, indem er den Zustand der Unwissenheit erträgt und überdies als Antrieb nimmt, denkend in die Weltgeheimnisse vorzudringen. Der Wille zu lernen schafft letztlich eine größere Sicherheit als der Zwang, das Bekannte im erworbenen Wissen erhalten zu müssen. Die Naturwissenschaft möchte die christliche Religion als Kinderglauben abtun. Deshalb müssen wir uns der Wirklichkeit des Geistes mit naturwissenschaftlicher Präzision nähern. Gerade durch das Denken kann der Christusimpuls in unserer Zeit aufgenommen werden.

Wenn man genauer darüber nachdenkt, ist es gar nicht so einfach, eine Antwort zu finden auf die Frage: Wie soll sich der Logos, der Johannes zufolge die Welt erschaffen hat, inkarnieren? Schon wenn wir den menschlichen Träger, den Menschen Jesus, betrachten, ist die Frage, wer er ist, schwer zu beantworten. Denn wir haben ja gesehen, auf welch komplexe Art und Weise – mit zwei Jesuskindern – die Strömung der Weisheit und die Strömung der Liebe eins geworden sind. Wenn sich der allumfassende Logos im Menschen Jesus inkarnieren will, müssen verschiedene hierarchische Wesen das Logoswesen tragen, bevor es in einen Menschen hineinwirken kann. Wie sonst könnte der Logos, der schaffende Logos, der das ganze Sonnensystem, das ganze Universum erschaffen hat, bis in einen Menschen hineinwirken? Er muss von all den Wesen getragen werden, die – aus Sicht der Engelhierarchien – immer näher an den Menschen herankommen. Dann kann wie durch einen »Trichter« all dieser hierarchischen Wesen der Logos in einen Menschen hineinwirken. So könnte man die Erkenntnisse Rudolf Steiners in einem einzigen Bild zusammenfassen. Ich tat das für mich wie folgt: Der Mensch Jesus ist die Gralsschale für das Christus-Ich als Führer der Elohim. Dieses ist wiederum die Gralsschale für die Fülle der Elohim oder das Pleroma. Diese sind wiederum die Gralsschale für das höchste Wesen aus der Engelhierarchie der Kyriotetes, und das ist wiederum die Gralsschale für den Logos als zweite Person der Trinität. Durch die Vermittlung der Engelhierarchien inkarniert sich der Logos schließlich im Menschen, wie in dieser Grafik wiedergegeben:

Wer inkarniert sich im Menschen Jesus?

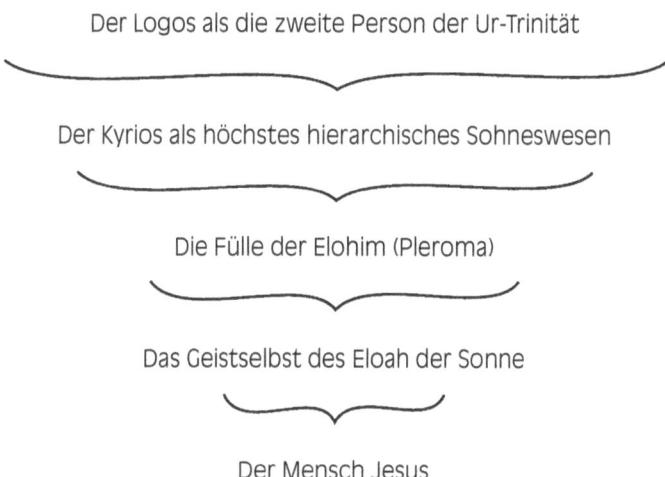

Der Logos als die zweite Person der Ur-Trinität

Der Kyrios als höchstes hierarchisches Sohneswesen

Die Fülle der Elohim (Pleroma)

Das Geistselbst des Eloah der Sonne

Der Mensch Jesus

Wie die Elohim bei der Schöpfung der Welt eine Schale für den Logos gewesen sind und dadurch unsere Welt erschaffen konnten, so ist dieser Geist, der über den Wassern schwebte,[122] derselbe Geist, der sich bei der Jordantaufe[123] mit Hilfe der Schale der Elohim in den Menschen Jesus hinabsenkte. Und die Welt ist durch das Wort erschaffen, und das Wort ist Fleisch geworden, wie es im Prolog des Johannesevangeliums heißt.

Rudolf Steiner sagt, der Logos als die zweite Person der Ur-Trinität habe sich in der Saturn-, Sonnen- und Mondenphase der Weltentwicklung mit dem hierarchischen Vater unseres Sonnensystems verbunden. Der Logos jedoch ist bei der Erschaffung unserer Erde – die Mani den »Vierten Tag« nannte – vom hierarchischen Vater auf den hierarchischen Sohn übergegangen: den Kyrios.[124] Das bedeutet eigentlich, dass wir den Logos, der als Christus Jesus Mensch geworden ist, noch über den hierarchischen Vater unseres Sonnensystems (und des zodiakalen Systems) stellen müssen. Wahrscheinlich liegt das Geheimnis, dass durch Christus ein »neuer Himmel« und eine »neue Erde«[125] entstehen, darin begründet, dass die Welt des hierarchischen Vaters im Absterben war; seine Schöpfung hat sich in die vergängliche Welt des physischen Universums auskristallisiert. Selbst die schaffenden Wesen in der geistig-göttlichen Welt, die an der Schöpfung teilhatten, waren an einen Endpunkt der

Entwicklung gelangt. Es gab also einen hierarchischen Vater der Urvergangenheit; der Mensch gewordene Logos ist dagegen der Vater der Zukunft, der die ganze geistig-göttliche Welt mit seinem Liebesopfer erneuert hat, bei dem das höchste Wesen Tod und Auferstehung erfuhr.[126] Als Christusimpuls wirkt er in die Menschheit hinein, die sich dadurch zur zukünftigen Hierarchie der Freiheit und Liebe im »neuen Himmel« und der »neuen Erde« entwickeln kann. Das ist die zukünftige Entwicklung des fünften, sechsten und siebenten Tages, die Mani geschaut hat. Rudolf Steiner bezeichnet sie als das Jupiter-, Venus- und Vulkanzeitalter.

Es ist auffallend, wie sehr bei näherer Betrachtung die Kosmologie Zarathustras mit der Christologie Rudolf Steiners übereinstimmt. Zarathustra nennt den Kyrios bzw. eines der Wesen der Kyriotetes: Ahura Mazda. Die sechs Elohim der Sonne bezeichnet er als die sechs Amshaspands. Zarathustra hat sogar von dem Geist der Sonne oder dem eigentlichen Logos gesprochen: Honover – Rudolf Steiner wies darauf hin.[127] Der *Geist* der Sonne ist Honover, und die *Seele* der Sonne ist Ahura Mazda mit seinen wichtigen Seeleneigenschaften, den sechs Amshaspands. Der *Leib* der Sonne ist die Sonne selbst. Wenn Ahura Mazda als der künftige Erlöser in der Weltgeschichte Mensch wird, so wird er das Astvarta Arta genannt werden, was bedeutet: »der Weltenrhythmus, der bis in den Knochenbau hineinwirken wird«. Der Erlöser wird durch das Hineinwirken des Logos oder Honover die Todeskräfte Ahrimans im Skelett des Menschen überwinden. Das Wort Asta, das in diesem Namen enthalten ist, bezieht sich nach Geo Widengren auf einen der sechs Amshaspands, Asta oder Aša genannt, der zugleich von der Fülle der Siebenheit getragen wird.[128] Nicht Ahura Mazda selbst, in den noch Honover einwirkt, wird Mensch werden, sondern einer der Amshaspands, der die Fülle der Siebenheit – Ahura Mazda und die Amshaspands – repräsentiert, wird sich inkarnieren. Zarathustra nennt den Führer der Elohim, den Eloah der Sonne, der das Wirken der anderen Elohim harmonisiert, »Asta, der bis in den Knochenbau hineinwirken wird« – Astvarta Arta.

Was Rudolf Steiner zur Menschwerdung des Christus geschaut hat, ist völlig in Übereinstimmung mit dem, was Zarathustra geschaut hat: Honover oder der Logos wirkt hinein in Ahura Mazda oder den Kyrios, und dieser wirkt hinein in Asta oder den Führer der Elohim, der sich aus der Fülle der Amshaspands oder der Elohim in den Menschen Jesus inkarniert und den Platz des Zarathustra-Ich einnimmt. Rudolf Steiner hat also die Christologie und die Kosmologie Zarathustras oder des Meisters Jesus selbstständig schauen und in seiner Geisteswissenschaft für unsere Zeit aktualisieren können. Das Mysterium der Menschwerdung Christi muss aus der Sonnenweisheit heraus verstanden werden, die das Ich des Zarathustra in den Menschen Jesus als Träger des Christus hineintrug.

Ganz in Übereinstimmung mit dieser Christologie Zarathustras und Rudolf Steiners können wir die Christologie Manis sehen.[129] Dort ist der Logos der makrokosmische Christus. Es ist jedoch »Jesus der Sonnenglanz« (der auch in Verbindung zu dem Siebengeist steht), der sich bei der Jordantaufe als Christus in den historischen Menschen Jesus inkarniert. In diese Christuswesenheit wirkt der makrokosmische Christus hinein.

In drei verschiedenen geistigen Strömungen – dem Zoroastrismus, dem Manichäismus und dem geisteswissenschaftlichen Denken Rudolf Steiners – kann man also eine vergleichbare Antwort auf die Frage nach dem Wesen des Christus finden, die Frage, die Christus Jesus selbst so stellte: »Wer, sagen die Menschen, bin ich?«[130]

Der Christus ist als Gott Mensch geworden, sodass die Menschheit zur Gottmenschheit werden kann, wie der russische Philosoph Wladimir Solowjew (1853–1900) bereits in seinen *Vorlesungen über das Gottmenschentum* in St. Petersburg sagte. Wenn man über den Christus als den Logos spricht, der in einem allumfassenden Liebesopfer Mensch geworden ist, um Welt und Menschheit die Entwicklungskräfte der geistigen Liebe zu schenken, taucht zugleich die Frage auf, ob wir diesen Christusimpuls in unser Leben aufnehmen wollen. Wir können uns mit dem Wesen des Christus vereinen, indem wir in unserer Seele das Erstaunen und die Verwunderung zum Ausdruck bringen, in unserem Lebensleib die Tiefe des Mitleids mit dem Weltenleid tragen und in unserem physischen Leib die geistige Erkenntnis oder das Gewissen mit unseren Handlungen umsetzen.[131] Die Christussonne bekommt ihre Strahlkraft dann durch die Menschen, die diese geistige Sonnenkraft in sich selbst verwirklichen wollen.

Wenn der Mensch sein höheres Ich als das »Nicht ich, sondern der Christus in mir« erleben kann, verstärkt er die Wirkung der Christussonne auf der Erde. Das Ich des Menschen ist in dieser geistigen Ausrichtung dann ein Teil der Christussonne auf der Erde geworden. Rudolf Steiner, wie vor ihm auch Paulus,[132] sprach von der Menschheit als dem »Leib des Christus«: Durch alle Kräfte des Erstaunens und der Verwunderung bildet die Menschheit den Astralleib des Christus; durch alle Kräfte der Liebe und des Mitleids bildet die Menschheit den Lebensleib des Christus und durch alle Handlungen aufgrund des Gewissens bildet der Mensch den physischen Leib des Christus.[133] Die Menschheit schafft in der Verwirklichung des Christusimpulses einen neuen Himmel und eine neue Erde.

Kapitel 8

Christus als Menschenbruder

Christus als der große Lebensgeist der Liebe wollte von den Menschen in Freiheit angenommen werden. Er wollte nicht als eine Art wundertätiger Magier angesehen werden. Wenn man sich in diese Sicht vertieft, gelangt man zu einem ganz neuen Verständnis der Versuchungen in der Wüste.[134] Diese Versuchungen fanden wahrscheinlich im Gebirge nördlich von Jericho statt. Christus Jesus zieht sich für vierzig Tage in die Wüste zurück. Eigentlich lässt sich gar nicht begreifen, dass ein Wesen wie Christus Jesus vom Teufel oder Satan versucht werden kann. Es ist nicht zu begreifen, dass Christus Jesus die Neigung verspüren sollte, ein mächtiges Reich zu gründen, oder den Hochmut, von den Zinnen des Tempels hinabzuspringen oder als eine Art Zauberer aus Steinen Brot zu machen. Es ist doch eigenartig, dass diese Versuchungen stattgefunden haben. Für den unvollkommenen Menschen gilt, dass er durch Versuchungen geprüft werden muss, aber Christus ist doch die unendliche Liebe selbst? Emil Bock hat meiner Meinung nach recht, wenn er sagt, dass man die Versuchungen anders interpretieren muss.[135]

Rudolf Steiner beschreibt die Versuchungen, wie er sie in der geistigen Welt oder der Akasha-Chronik (dem Weltgedächtnis) schaute, und zwar in einer anderen Reihenfolge als Matthäus: nicht Brot, Zinnen und Reich, sondern Reich, Zinnen und Brot.[136]

Zuerst kommt Luzifer, der Geist des Hochmuts und des Egoismus, zu Christus Jesus. Er sagt ihm, er könne das ganze Erdenreich erben. Natürlich konnte er das, er war doch der Logos selbst! Aber er wollte gerade das nicht tun, was er bereits in seiner Jesus-Hülle kennengelernt hatte als Erinnerung daran, wie er beim Orakel der Heiden gewesen war und das Volk ihn auf luziferische Weise zum großen König ausgerufen hatte. Dieser Umstand sollte noch weiterwirken bis hin zu seiner Begegnung mit Pilatus, dem er als »König der Juden« vorgestellt wird.[137] Christus Jesus sagt, dass sein Königreich nicht von dieser Welt sei und dass er auf die Erde gekommen sei, um für die Wahrheit zu zeugen. Natürlich hätte der Christus Jesus die Macht gehabt, das gesamte Erdenreich zu erben, aber die Zurückweisung hat »didaktische« Gründe und bedeutet den Verzicht darauf, die ihm eigene göttliche Potenzialität zum Ausdruck zu bringen. Das geschieht um der Freiheit des Menschen willen, der dadurch zur Wahrheit gelangen kann, dass Jesus der Christus ist.

Die zweite Versuchung besteht darin, dass Luzifer und Ahriman Jesus gemeinsam auffordern, sich auf die Zinne des Tempels zu stellen, um sich hinabzuwerfen und zu zeigen, dass er durch die Kraft der Levitation vor dem Tod bewahrt würde. Ahrimans Beitrag ist die Angst vor dem Sturz und der Beitrag Luzifers die Suggestion, dass man die Körperlichkeit aufheben könne. In Christus konnte eine Erinnerung daran auftauchen, wie er in seiner Seelenumhüllung durch den Menschen Jesus bei den Essenern eine geistige Entwicklung kennengelernt hatte, die in gewisser Weise einem vergleichbaren Okkultismus verpflichtet war. Natürlich hätte Christus Jesus zur Levitation gelangen können: Alle großen Okkultisten, unter ihnen die Fakire in Indien, kennen verschiedene Techniken, um die Schwerkraft des Körpers zu neutralisieren. Christus Jesus weist dies zurück, weil er seine Macht nicht auf okkulte Weise zum Ausdruck bringen will. Denn dann könnte der Mensch nicht aus eigener Kraft sein unendliches Liebeswesen kennenlernen.

Bei der dritten Versuchung kommt Ahriman, der Geist der materialistischen Finsternis, zu Christus Jesus und fragt ihn, ob er Steine in Brot verwandeln könne. Auch das Wesen dieser Versuchung hatte Christus in der Seelenumhüllung des Menschen Jesus als Erinnerung kennengelernt. Denn hatte Jesus von Nazareth nicht erleben müssen, dass die Pharisäer mit dem materialistisch gewordenen Denken, das nicht mehr die Nahrung des Geistes aufnehmen konnte, Steine statt Brot gaben? Natürlich hätte der Christus Jesus Steine zu Brot machen beziehungsweise Geist in Materie verwandeln können. Mit der göttlichen Vollmacht, die die ersten Christen das »Pleroma« (die Fülle der Elohim) nannten, hätte er das zweifellos gekonnt. Er wollte es jedoch nicht. Er sah es als eine Versuchung an, weil die Menschen dadurch nicht in Freiheit ihr Verhältnis zum Christus hätten finden können, sondern von den göttlichen Attributen des Geistes oder, wie es der Inder ausdrückt, von den Siddhis des Geistes überwältigt worden wären bzw. würden. Er widerstand auch dieser Versuchung, das nach außen zu tragen, was innerlich und verborgen bleiben musste. Durch die Zurschaustellung seiner göttlichen Kräfte hätte er die Menschen gezwungen, zu glauben.

Vierzig Tage lang war Christus Jesus in der Einsamkeit der Wüste, um sich immer tiefer zu inkarnieren, damit die ganze Peripherie seines Wesens, das Pleroma, das von ihm ausströmte, die Menschen nicht überwältigte. Es ist bezeichnend, dass Christus Jesus nicht als Guru angesehen werden wollte, der Wunder verrichtet, sondern dass er von Mensch zu Mensch wirken wollte, als der nächste Bruder, als Mitbruder der Menschheit. Gerade dadurch ist seine Liebe selbstlos und vollkommen.

Kapitel 9

Christus als Erwecker vom Tode

Christus hat sich in dem Menschen Jesus inkarniert, in dem sowohl das Ich des Zarathustra als auch das Nirmanakaya oder das Geisteslicht des Buddha nachwirkte.

Wir haben bereits gesehen, dass sich im Menschen Jesus eine mächtige Synthese des Weisheitsstroms Zarathustras und des Liebesstroms Buddhas ausmachen lässt. Auch, dass im Menschen Jesus das Ewig-Weibliche und das Ewig-Männliche zusammenkommen: das Ewig-Weibliche in der vollkommenen Achtsamkeit, der ungeteilten Liebe, und das Ewig-Männliche in der schöpferischen Geisteskraft des von Weisheit gesteuerten Willens. Aus dieser »Ehe« zwischen dem Ewig-Weiblichen und dem Ewig-Männlichen heraus kann man den Menschen Jesus begreifen.

Der Logos, der durch die Engelhierarchien hindurch zur Erde hinabgestiegen war und sich mit dem Christus-Ich in den Menschen Jesus gesenkt hatte, hat diese Synthese des Ewig-Männlichen, des Weisheitsstroms, und des Ewig-Weiblichen, des Liebesstroms, so verstärkt, dass er als Christusimpuls durch die ganze Menschheit und die ganze Erde weiterwirken konnte. Indem der Logos diese Synthese zutiefst durchchristet hat, kann dieser Impuls in jeder Menschenseele als Weisheit des Geistes und Liebe des Herzens frei werden. In Kapitel 12 wird ein zweifacher Christusimpuls zur Sprache kommen: ein buddhistischer und ein zoroastrischer Christusimpuls in Herz und Haupt.

Der Christus-Geist sollte sich in den drei auf diese Inkarnation folgenden Jahren immer tiefer mit der Leiblichkeit des Menschen Jesus verbinden:

Zu Beginn seines Wirkens ist die Fülle, das Pleroma, noch sehr deutlich zu spüren. So zum Beispiel bei der Speisung der Fünftausend am See Genezareth: Die fünf Brote und die zwei Fische wurden derart vermehrt, dass alle gespeist werden konnten.[138] Man sollte diesen Vorgang nicht wörtlich auffassen, gemeint ist eigentlich, dass die Menschen durch die Anwesenheit des Christus Jesus in ihrer Seele gespeist wurden.[139] Und das wirkte bis in den physischen Leib hinein. Man spürte keinen Hunger und keinen Durst mehr, weil die Fülle des Christus Jesus aufgenommen wurde.

Ein anderes Beispiel ist die Hochzeit zu Kana.[140] Hier verwandelte, transformierte Christus Wasser zu Wein. Auch hier fand ein Hineinwirken des Christusgeistes statt, allerdings auf besondere Weise, vor allem durch das Gespräch des Christus Jesus mit Maria. In der traditionellen Bibelübersetzung heißt es: »Weib, was habe ich mit dir zu schaffen?« Dies führt jedoch nach Aussage Rudolf Steiners zu einer falschen Interpretation. Und so lesen wir in einer neueren Übersetzung von Heinrich Ogilvie: »Was waltet zwischen mir und dir, o Frau?« Die Verbundenheit des Menschen Jesus mit seiner Mutter war, Rudolf Steiner zufolge, so beschaffen, dass ihre Wirksamkeit auch auf andere Menschen überging, sodass eine Verwandtschaft mit allen Menschen entstehen konnte. Und auch durch den Christus-Geist, der hier hineinwirkte, trat eine Empfindung auf, die die Anwesenden das Wasser, das auf der Hochzeit ausgeschenkt wurde, als Wein erleben ließ. Es hatte dieselbe Wirkung, weil eine Gemeinsamkeit entstand, die von Christus Jesus und seiner Mutter initiiert war und die sich auf alle Anwesenden übertrug.[141]

In den Evangelien wird ferner beschrieben, dass Christus Jesus auf dem Wasser wandelte.[142] Sicher kann man sagen, dass der Christus Jesus auch ein göttlicher Meister war, und es ist bekannt, dass ein Meister sich aus seinem Körper lösen und an einem anderen Ort manifestieren kann. Rudolf Steiner interpretiert dies auf vergleichbare Weise. Die Jünger konnten tagsüber, wenn sie auf dem Wasser waren, die immensen Lebenskräfte des Sees von Genezareth in sich aufnehmen. Noch heute kann man auf diesem See eindringlich die Geburtskräfte der Natur erleben – Gefühle, wie sie eine Mutter während der Schwangerschaft hat. Die Jünger haben diese überwältigenden Lebenskräfte, die man übersinnlich wahrnehmen und fühlen kann, in ihre Seelen aufgenommen. Es ist bekannt, dass man beim Träumen Elemente aus dem Tagesleben entlehnt. Für die Jünger muss es so gewesen sein, dass sie den See Genezareth wie in einem Traum gesehen und darin das imaginative Bild des Christus Jesus geschaut haben. In seiner geistigen Gestalt kam Christus Jesus in der Nacht zu seinen Jüngern und erteilte ihnen Unterweisungen.[143]

So kann man auch das Gespräch des Christus Jesus mit Nikodemus[144] auffassen. Nikodemus war ein Eingeweihter und sprach nachts in einem höheren, schauenden Bewusstseinszustand mit dem Christus Jesus in seiner geistigen Gestalt.[145]

Über die drei Jahre, in denen Christus Jesus sich unter den Menschen aufhielt, wäre noch viel mehr zu berichten. Ich will mich auf drei weitere Ereignisse beschränken:

1. die Auferweckung des Jünglings von Nain,[146]
2. die Auferweckung des Lazarus[147] und
3. die Auferweckung der Tochter des Jaïrus.[148]

Die Auferweckung dieser drei Individualitäten hängt auf besondere Weise zusammen mit der von Christus Jesus selbst initiierten Entwicklung des verinnerlichten

Christentums bis in die ferne Zukunft hinein. Wir werden noch sehen, wie die Zweiheit der Buddha- und der Zarathustra-Natur im Jesus-Menschen hineinwirkte in den Christusimpuls: die Wirkung im Weltenkosmos, die durch die Menschwerdung des Christus im Menschen Jesus entstanden ist. Dieselbe Zweiheit wirkte auch bis in das verinnerlichte (in diesem Sinne also »esoterische«) Christentum hinein, um sowohl im individuellen Menschen als auch in der Kultur insgesamt die zweifache Wirkung des Christusimpulses vollständig zur Entfaltung zu bringen. Namentlich sind dabei die geistigen Strömungen von Mani und Christian Rosenkreuz gemeint.

Die Auferweckung des Jünglings zu Nain

In dem südwestlich vom See Genezareth gelegenen Städtchen Nain steht eine kleine Kirche, die Ende des 19. Jahrhunderts von den Franziskanern gebaut wurde. Der Boden der Kirche besteht aus schwarzen und weißen Ziegeln. Ist dies vielleicht ein unabsichtlicher Hinweis darauf, dass derjenige, den der Christus Jesus in Nain auferweckt hat, in enger Verbindung zu einer Kosmologie des Lichts und der Finsternis stand?

An diesem Ort begegnete Christus Jesus in Begleitung seiner Jünger einer Mutter, die von tiefer Trauer um ihren Sohn erfüllt war, der durch die Pforte des Todes gegangen war oder sich zumindest in einem todähnlichen Zustand befand. Christus Jesus hatte Mitleid mit dieser Mutter, die Rudolf Steiner in einen Zusammenhang mit Isis bringt, und begab sich zu dem Jüngling. Dort angekommen, forderte er ihn auf, aufzustehen.[149] Als das Volk oder, wie Rudolf Steiner sagt: die wiedergeborenen ägyptischen Eingeweihten hörten, dass der Jüngling zu Nain vom Tode auferstanden sei, sagten sie, mit diesem Jüngling zu Nain sei ein großer Prophet auferstanden. Nach seiner Auferstehung gehörte der Jüngling zu Nain zu dem Kreis der 72 Jünger, die Christus Jesus aussandte, wie auch Lukas uns berichtet.[150]

Die Auferweckung des Lazarus

Jesus und seine Jünger hörten, dass Lazarus, der Bruder Marthas, schwer krank war. Jesus wurde gebeten, zu ihm zu gehen. Jesus antwortete, diese Krankheit würde nicht zum Tode führen. Erst nach drei Tagen ging er ans Grab des Lazarus und erweckte ihn aus dem Tode.

Worin besteht die geisteswissenschaftliche Bedeutung dieses Ereignisses, das unmittelbar vor der Karwoche stattfand?

Steiner beschreibt, wie die ägyptischen Tempelschüler von den Hierophanten für dreieinhalb Tage in eine Art Todesschlaf versetzt wurden. Während dieser dreieinhalb Tage verließen nicht nur Seele und Geist den Körper, was sich auf natürliche Weise jede Nacht im Schlaf ereignet, sondern auch der Lebens- oder Ätherleib verließ ihn, was normalerweise nur beim Sterben geschieht. Wenn der Mensch schläft, befindet er sich eigentlich in einem pflanzenartigen Zustand. Der Mensch lebt dann wie eine Pflanze. Denn der Lebensleib, den Aristoteles im zweiten Buch seines Werkes *De anima* die »vegetative Seele« nennt, ist noch mit dem Körper verbunden. Im Lebensleib liegt die Fähigkeit des Erinnerns und Vergessens. Nachts sind wir immer in der geistig-göttlichen Welt, doch beim Erwachen haben wir daran normalerweise keine Erinnerung mehr. Durch die Einweihung sollte erreicht werden, dass nicht nur die Seele und der Geist aus dem Körper traten, sondern auch ein wesentlicher Teil der vegetativen Seele, des Lebens- oder Ätherleibs. Der Hierophant und zwölf Helfer mussten allerdings darauf achten, dass sie den Einzuweihenden, dessen Lebenskräfte ja ausströmten, nicht sterben ließen. Nun konnte der Neophyt Osiris, den Sonnengeist, nicht nur schauen, sondern auch eine Erinnerung daran behalten. Kam er wieder in seinen Körper zurück, trug er die Bilder dessen, was er geschaut hatte, als Erinnerungsbilder in seinem Lebensleib. Es kam zu einem Erleuchtungserlebnis. So blieb die Menschheit mit der göttlichen Welt in Verbindung. Obwohl die Eingeweihten – um eine Profanierung zu vermeiden – nicht unmittelbar von ihren übersinnlichen Erlebnissen sprechen durften, waren sie doch diejenigen, die die ägyptische Kultur lebendig erhielten.[151]

Für uns ist es wichtig zu wissen, dass Christus Jesus bei der Auferweckung des Lazarus selbst als Hierophant auftrat. In allen alten Mysterien – auch in Palästina – geschah die Einweihung durch ein Heraustreten aus dem Körper, und dieses vollbrachte der Christus Jesus an Lazarus. Nach dreieinhalb Tagen rief er die Geistseele des Lazarus, die mit dem Ätherleib verbunden war, in seinen Körper zurück. Christus Jesus war der Hierophant, der die Einweihung an Lazarus vollzog.

Rudolf Steiner sagt, das Einzigartige dieser Einweihung war, dass Christus Jesus sie vor den Augen der Welt vollzog, um so offenbar zu machen, was sonst in der Verborgenheit der Mysterien stattfand. In den Augen der Hohepriester, die die Mysterien hüteten, war dieses Öffentlichmachen eine Todsünde. Es ist der eigentliche Grund dafür, dass Christus Jesus schließlich ans Kreuz genagelt wurde.[152]

Durch seine Menschwerdung trug der Christus Jesus dazu bei, dass die verborgenen Mysterien sich in jedem Menschen offenbaren können. Aber Christus Jesus musste selbst durch die Pforte des Todes gehen, musste dieses Liebesopfer für die Menschheit vollbringen, damit nach seiner Auferstehung jeder Mensch, wo auch immer auf der Welt, tief in seinem Herzen die göttliche Welt, das Königreich Gottes finden konnte, ohne aus sich herauszutreten. Das ist der »Christus in Euch«. Das ist die christliche Einweihung, bei der es keiner Spaltung der Persönlichkeit bedarf. Der Mensch Jesus hatte bei den Essenern tief und eindringlich das Leid durchlebt, das in der Einseitigkeit der Mysterien lag. Mit dem Gang zum Jordan, um dort vom Christus durchdrungen zu werden, beantwortete er seine Frage, ob es möglich wäre, dass der Inhalt der Mysterien als Frucht einer Verbindung mit der göttlichen Welt nicht nur einer Elite, sondern der ganzen Menschheit zugute komme. In der Auferweckung des Lazarus kommt die Offenlegung und dadurch die Erneuerung der Mysterien durch Christus Jesus explizit zum Ausdruck.[153]

Die Auferweckung der Tochter des Jaïrus

Als Drittes hat Christus Jesus die Tochter des Jaïrus vom Tode auferweckt. Der Auferweckung ging die Heilung einer Frau voraus, die zwölf Jahre lang am Blutfluss litt. Erst nach dieser Heilung wurde das zwölfjährige Mädchen auferweckt.

Man kann sich fragen, welche Verbindung zwischen der Frau, die der Christus Jesus zuerst heilte, und dem Mädchen bestand. Die anthroposophische Geisteswissenschaft spricht von einer karmischen Beziehung zwischen der Frau und dem Kind. Im Laufe dieser karmischen Beziehung war nun die Zeit gekommen, dass das Karma durch Christus aufgehoben werden konnte. Indem die Frau geheilt wurde, wurde der Weg für die Heilung des Mädchens gebahnt.[154] In dieser Tat kündigte sich meiner Ansicht nach an, dass Christus vom Ende des 20. Jahrhunderts an der »Herr des Karma« sein würde. Christus will (nach Rudolf Steiner) so den Ausgleich des individuellen Karmas in den Dienst der ganzen Menschheitsentwicklung stellen.[155]

Im alten Indien ist das Karmadenken tief in der Kultur verwurzelt und hat letztlich auch zur Herausbildung des Kastensystems geführt. Durch den Christusimpuls kann der hierarchische Unterschied, der im Karma abgearbeitet werden muss, aus der Liebe des einen Menschen zum anderen ausgeglichen werden – so beispielsweise all das, was in der alten indischen Kulturepoche (7227–5067 v. Chr.) die Geburt in den verschiedenen Kasten bestimmt hatte, in der – Steiner unterscheidet ja sieben nachatlantische Kulturepochen[156] – diese Epoche spiegelnden siebten amerikanischen Kulturepoche (5733–7893 n. Chr.). Man könnte auch sagen: Kein elitärer Unterschied mehr zwischen »Brahmanen« und »Parias«, sondern wahre Menschenliebe im Zeichen dessen, was Christus Jesus ausgesprochen hat – »Was ihr einem dieser meiner geringsten Brüder getan habt, das habt ihr mir getan«.[157]

Christus Jesus hat drei Individualitäten auferweckt, die, wie in den Kapiteln 10, 11 und 12 beschrieben wird, in einer späteren Kulturepoche die Lehrer des verinnerlichten (oder – in diesem Sinne – esoterischen) Christentums werden sollten:

– den Jüngling zu Nain – als Lehrer der fünften nachatlantischen Kulturepoche, in der wir leben (1413–3573 n. Chr.);
– Lazarus – als Lehrer der sechsten, zukünftigen Kulturepoche in Russland (3573–5733 n. Chr.);
– die Tochter des Jaïrus, die einst in der siebten nachatlantischen Kulturepoche, der amerikanischen, Lehrer sein wird (5733–7893 n. Chr.).

Kapitel 10

Der Jüngling zu Nain und der Auftrag Manis und Parzivals

Die Geisteswissenschaft bezeichnet die Auferweckung des Jünglings von Nain auch als Einweihung. Nach Aussage Rudolf Steiners kamen die Kräfte der Einweihung, die der Christus Jesus diesem Jüngling gegeben hat, nicht unmittelbar, sondern erst in einem nächsten Leben zum Tragen. In der nächsten Inkarnation wurde diese Individualität ein großer Lehrer des esoterischen Christentums, der die Idee der Reinkarnation mit dem Christentum verband. Im dritten Jahrhundert war er Mani,[158] der sich selbst den »Apostel Christi« nannte.

Mani

Wir wissen, dass Mani (216–276 n. Chr.) in seinem zwölften und in seinem vierundzwanzigsten Lebensjahr eine Offenbarung seines Syzygos, seiner Zwillingsseele oder himmlischen Ich-Wesens, empfangen hat. Aus den aufgefundenen manichäischen Texten geht hervor, dass dieser Syzygos des Mani mehr als nur sein Schutzengel war und mit keinem Geringeren in Verbindung gebracht werden muss als mit dem Parakleten, dem Tröster.

Mani hat vom Parakleten eine Offenbarung empfangen. Diese Offenbarung war bereits im Johannesevangelium angekündigt worden, als Christus Jesus vor seiner Himmelfahrt sagte, er werde von seinen Jüngern fortgehen, ihnen aber einen Tröster senden: einen *parakleitos*.[159] Wir wissen, dass sich diese Prophezeiung erfüllte, als das Pfingstfeuer die Apostel inspirierte.[160] Dieses Pfingstfeuer ist die Wirkungskraft des Parakleten.

In den manichäischen Texten finden wir den Parakleten jedoch als Engelwesen, das in einer direkten Verbindung zu Mani stand. Nicht als Geistesfeuer wirkend, sondern sich Mani in direkter, intuitiver Begegnung mitteilend. Wissenschaftliche Forschung hat ergeben, dass der Paraklet Mani die Bilder der kosmischen Weltentwicklung in der Gestalt von sieben großen Tagen und vier großen Nächten wiedergab.[161] Mani sagte, er habe geistig vernommen, dass es Christus war, der ihm den

Parakleten sandte. Daher bezeichnete Mani sich auch als »Apostel des Christus«. Dem Manichäismus obliegt der Auftrag, den Liebesgeist des Christus wirklich zum Blühen zu bringen, und zwar in jedem Individuum, im Verhältnis zu seinem Nächsten und im Verhältnis zur Natur; im Grunde in Beziehung zur ganzen leidenden Weltenseele, dem »Jesus Patibilis«.

Der Paraklet wirkte also ganz persönlich und intim in Mani hinein, und wir erkennen die besondere Persönlichkeit Manis. So wird uns auch verständlich, dass Rudolf Steiner Mani als den schauen konnte, der in seinem vorigen Leben der Jüngling von Nain war, jener Jüngling, den der Christus Jesus selbst als Hierophant aus dem Tode auferweckt und eingeweiht hatte. Rudolf Steiner nennt Mani einen »hohe[n] Sendbote[n] des Christus«[162] im Dienste eines Christentums der Zukunft.

Mani hat in der Polarität von Licht und Finsternis eine große Chance für die Entwicklung des Menschen gesehen. Das Dunkle und das Böse sind in der Weltentwicklung zugelassen worden, damit der Mensch zwischen Gut und Böse wählen kann. Dadurch erst ist dem Menschen der freie Wille gegeben. Die eigentliche Entwicklung besteht nun darin, dass wir uns in Freiheit auf das Licht, auf das Gute ausrichten und dadurch die Liebe entsteht. Diese Liebe ist dann selbst dazu in der Lage, das Dunkle und das Böse umzuformen. Aus der Perspektive der göttlichen Vorsehung wurde der Mensch in der Polarität zwischen Gut und Böse, Licht und Dunkel geschaffen, damit unter den Menschen die Liebe entstehen konnte. Deshalb ist der schwarz-weiß ausgelegte Boden der Kirche in Naïn, obwohl vermutlich unbewusst, ein so sinnig gewähltes Bild.

Mani als Lehrer unserer Zeit

Aus dem esoterischen Christentum heraus könnte Mani führend sein in der Kulturepoche, in der wir jetzt leben. Die Einteilung der Kulturepochen orientiert sich am Präzessionszyklus der Erdachse. Eine Kulturepoche fällt zusammen mit der Verschiebung des Frühlingspunkts um ein Tierkreiszeichen und erstreckt sich jeweils über einen Zeitraum von 2160 Jahren. Jede Kulturepoche steht also unter einem bestimmten zodiakalen Einfluss. Zwölf dieser Zeiträume bilden das platonische Weltenjahr von 25920 Jahren.[163] Sieben von ihnen bilden die sogenannte nachatlantische Zeit. Die griechisch-lateinische Kulturepoche, die sich von 721 v. Chr. bis 1413 n. Chr. erstreckte, stand im Zeichen des Widders. Die Sonne ging damals am 21. März im Zeichen des Widders auf. Deshalb wird Christus in der Apokalypse auch als das Lamm bezeichnet.

Rudolf Steiner nannte diese griechisch-lateinische Kulturepoche einen Wendepunkt.[164] Von ihm aus gesehen spiegeln sich die vorangegangenen drei Kulturepochen in den drei darauffolgenden. Wir leben heute in der fünften Kulturepoche (1413–3573 n. Chr.). In dieser Epoche wird in der Menschheitsentwicklung besonders die Bewusstseinsseele ausgebildet. Diese moderne Seelenentwicklung schenkt uns ein Bewusstsein von den Motiven und Idealen des Ich: In der Bewusstseinsseele erlangt der Mensch Freiheit und Selbstständigkeit. Unsere Kulturepoche ist jedoch auch die Wiederholung der ägyptischen Kulturepoche (2709–747 v. Chr.) auf einer höheren Ebene.[165] Jener Epoche, in der die Göttergestalten auf so grandiose Weise in der Kunst dargestellt und die Körper der Verstorbenen einbalsamiert wurden. Das Einbalsamieren der Materie, des menschlichen Körpers war im Grunde ein Vorbote unseres materialistischen Zeitalters. Unser Zeitalter wiederum ist die Spiegelung der ägyptischen Kulturepoche, in der Kunst, Religion und Wissenschaft noch miteinander verbunden waren. Es ist die Frage, ob wir aus dem Christusimpuls heraus, der in der vierten, der griechisch-lateinischen Kulturepoche geboren wurde, in unserer fünften Kulturepoche die dritte (ägyptische) Kulturepoche vergeistigen, verchristlichen können. Und es ist die Frage, ob wir aus der Freiheit der Bewusstseinsseele heraus selbstständig zu geistiger Weisheit – als einer neuen Isis – gelangen können, die dann die ganze Kultur durchdringt.

Das ist jedenfalls die Aufgabe, die sich die Geisteswissenschaft gestellt hat. Rudolf Steiner wollte durch die Fähigkeit objektiver geistiger Schau, gestützt auf eine moderne philosophisch-wissenschaftliche Basis, geistige Erkenntnisse in allen Bereichen der menschlichen Kultur – Medizin, Kunst, Geistesleben, Erziehung und Landwirtschaft – fruchtbar werden lassen. Kunst, Religion und Wissenschaft haben sich zunehmend stärker voneinander isoliert, müssen aber aus der freien Individualität und ihren geistigen Impulsen wieder miteinander verbunden werden. Der Zeitgeist Michael als das ›Antlitz Christi‹ ist in unserer Zeitepoche der Inspirator, wenn es darum geht, den Materialismus zu besiegen und auf der Grundlage des freien Menschseins eine Kultur des Geistes aufzubauen.

In unserer Kulturepoche könnte Mani die Umwandlung der materialistischen Kultur in eine spirituelle anleiten. Steiner sagte einmal, dass Mani sich zu Beginn des dritten Jahrtausends inkarnieren würde, vorausgesetzt, er fände einen geeigneten Körper. Er wird dann »in der Kraft der Gralsmysterien handeln«, um Kunst und Religion einen neuen Impuls zu geben und sie miteinander zu verbinden. Jeder Mensch wird dann aufgerufen sein, »selbst über Gut und Böse zu entscheiden«.[166] Es ist bezeichnend, dass Mani in unserer Zeit die altägyptische Kultur verchristlichen will. Dies muss auch vor dem Hintergrund der Tatsache verstanden werden, dass, wie Rudolf Steiner es schauen konnte, die vorige Inkarnation des Jünglings von Nain der Jüngling zu Sais in Ägypten war. Der Jüngling zu Sais musste sterben, weil er unvorbereitet den Schleier der Isis gelüftet hatte.[167]

Aus der Erkenntnis, dass Mani in unserer Zeit noch eine besondere Rolle spielen wird, können wir auch folgern, dass das manichäische Christentum jetzt in einer modernen Form zur Entwicklung gebracht werden muss. Das manichäische Christentum ist ein Christentum, das die moderne Vorstellung der Reinkarnation der Seele und die Idee der Selbstverwirklichung miteinbezieht. Das augustinische Christentum, das – und zwar sowohl im Katholizismus als auch im Protestantismus – dem Prinzip folgt: »Das Gute ist einzig und allein göttliche Gnade«, bedarf keiner Initiativkraft des Individuums für die Vergeistigung. Doch ist nicht die Gnade allein maßgeblich, der Mensch wird auch selbst lernen müssen, im moralischen Handeln Liebeskräfte freizusetzen. Bereits im 3. Jahrhundert sagte Mani, auf unsere Zeit vorausgreifend, dass aus der lebendigen Erkenntnis des Denkens Geduld, Demut, Meisterung der Begierden, Vollkommenheit, Liebe und Weisheit verwirklicht würden. Jetzt ist die Zeit gekommen, in der der Mensch zur Gralsschale wird, in die sich die ewige Substanz Christi senken kann. Jetzt ist es an der Zeit, mit dieser Form der Selbstverwirklichung zu beginnen, die im Bezug steht zu dem lebendigen Christus, der sich in der Ätherwelt offenbart, wie wir noch sehen werden. Mani appelliert an die moderne Bewusstseinsseele gerade in ihrer Beziehung zur Liebe und zur Weisheit des Christus.

Mani als der menschliche Manu

Rudolf Steiner zufolge wird Mani nicht nur Lehrer unserer Kulturepoche sein, er hat noch einen anderen Auftrag. Steiner spricht davon, dass das Amt der »Manuschaft« – der Manu ist ein göttliches Wesen in einer menschlichen Erscheinungsform, ein Lehrer der Lehrer – an einen »Menschenbruder« übergeben werden soll. Obwohl er nicht ausdrücklich die Verbindung herstellt, kann mit diesem »Menschenbruder«, der zum menschlichen Manu wird, doch niemand anders als Mani selbst gemeint sein. Als »menschlicher Manu« hat Mani innerhalb der Entwicklung der christlichen Liebe den Auftrag, das Böse wieder in die Welt des Guten aufzunehmen und zu absorbieren.[168]

Steiner sprach davon in einem Vortrag, den er am 11. November 1904 in Berlin hielt. Zwei Wochen später fanden Wissenschaftler des Berliner Museums für Völkerkunde in Turfan völlig unerwartet manichäische Texte und Bildfragmente!

Der Paraklet, dem Mani selbst begegnete, war ja höchstwahrscheinlich das erwähnte Erzengelwesen, das in vorchristlicher Zeit dreimal ein Liebesopfer dargebracht hatte, in die Haut des Drachen geschlüpft war und dadurch als höchstes Gralswesen vom Logos überstrahlt wurde.[169] Die Lehre Manis ist der Ausdruck dieses Liebesopfers, das das Erzengelwesen vollbrachte, bevor es sich in dem Menschen Jesus inkarnierte. – Dieser Jesus und auch der Jüngling zu Nain sind nur von Lukas beschrieben worden. Dass dieses Erzengelwesen in Beziehung zu Sankt Georg oder dem Erzengel Michael gebracht werden darf, haben wir bereits festgestellt,[170] und auch, dass die Manichäer sagten, der Paraklet sei Apollo oder Mithras als der lebendige Geist. Da dieses Wesen, das wir Michael nennen, in einem Liebesopfer dreimal in die Haut des Drachen schlüpfte, um ihn zu überwinden, stimmt das Bild des Erzengels, der den Drachen auf essenische Art von sich weg und nach unten stößt, nicht. Eher müsste man hier an ein Bild denken, wie es in Glastonbury in Südengland zu finden ist: Michael, der den Drachen manichäisch gen Himmel stößt, sodass dieser von Christus selbst in Liebe umgewandelt wird.

Es lassen sich noch weitere Bezüge finden. Rudolf Steiner sagte über das Erzengelwesen mit der michaelischen Signatur, es habe als der »göttliche Manu« oder der »Lehrer aller Lehrer« durch Krishna gewirkt.[171]

Steiner sagte, das Amt der Manuschaft, das immer von einem göttlichen Wesen repräsentiert worden ist, werde im Laufe der Menschheitsentwicklung einem Menschen übertragen, der dann der »menschliche Manu« genannt werden müsse.[172] Der göttliche Manu, der große atlantische Eingeweihte, habe eine menschliche Erscheinung angenommen[173] – in Melchisedek. So bezeichnete Steiner Mani dann als Menschenbruder, als den menschlichen Manu. Manu und Mani bedeuten etymologisch dasselbe: »Schale für den lebendigen Geist«. Bezieht man das vorher Ausgeführte mit ein, so dürfen wir sagen, dass der göttliche Manu in einer starken Verbindung zu Michael zu sehen ist.

Dass Mani der menschliche Manu ist, ergibt sich auch aus der wissenschaftlichen Forschung: Mani bezeichnet sich selbst als denjenigen, der das Denken des Zarathustra, des Buddha und des historischen Jesus (nicht des Christus im Menschen Jesus!) zur Vollendung bringt. Er nennt sich selbst: »ein alleiniger Manichaios« – das ist ein geistiges Amt. In all diesen Lehrern der Menschheit wirkt ein geistiges Wesen, eine Emanation des Heiligen Geistes. In Mani wirkt jedoch der Heilige Geist oder der Paraklet. Dadurch kann Mani auch die Weisheit aller Weisheiten bringen. Im Manichäismus findet man ferner den Hinweis darauf, dass der Heilige Geist in einem Menschen *inkorporiert* ist, und zwar in Noah. Noah wird im altindischen Denken »der Manu« oder der »Lehrer aller Lehrer« genannt. Das bedeutet, dass im Manichäismus der Paraklet (oder der Heilige Geist) und Manu gleichzusetzen sind. Daraus wiederum kann gefolgert werden, dass Mani vom göttlichen Manu als seinem Zwillingswesen inspiriert war.[174] Also hat während der Inkarnation Manis der göttliche Manu dem menschlichen Manu das Amt der Manuschaft, des Lehrers aller Lehrer, übertragen – Mani selbst. Das Erzengelwesen, das selbst dreimal ein manichäisches

Liebesopfer volbracht hat, um das Böse in die Kraft des Logos zu verwandeln, war der Inspirator Manis im Weisheitssystem des Manichäismus, dessen Wesensmotiv daher die Kraft des Liebesopfers ist, das das Böse zu verwandeln vermag.

Die ganz besondere und intime Beziehung Manis zum göttlichen Manu wird auch sichtbar, wenn man sich mit einer hier noch nicht angesprochenen weiteren Inkarnation dieser Individualität befasst. Auf die Frage, welches die wichtigste Inkarnation dieser Individualität noch vor der Inkarnation des Jünglings von Sais war, würde ich antworten, dass es der sogenannte indische »Christus-Eingeweihte« war, dem der göttliche Manu oder Christus-Eingeweihte nach dem Untergang von Atlantis die Weisheit des Sonnenorakels von Atlantis übertragen hat. Er besaß jedoch damals noch nicht die Fähigkeit, diese Weisheit in menschlichen Bildern oder Begriffen aus-zudrücken. Über diesen Christus-Eingeweihten ist in der *Geheimwissenschaft im Umriss*[175] die Rede oder, wie Steiner in Bezug auf dieses Buch auch sagte: auf dem Weg zur »Wissenschaft vom Gral«.[176]

Aufgrund dieser Argumente meine ich, dass Bernard Lievegoed (1905–1992) in seinem – von mir außerordentlich geschätzten – Buch *Über die Rettung der Seele: Das Zusammenwirken dreier großer Menschheitsführer* nicht recht hat, wenn er sagt, Mani sei eine *Inkarnation* des göttlichen Manu.[177] Nach den manichäischen Texten wirkte der göttliche Manu als *Inspirator* im menschlichen Manu.

Die Aufträge des menschlichen Manu

Die Inkarnation Manis lässt zwei wichtige Impulse des »menschlichen Manu« erken-nen.[178] Erstens: Durch eine Synthese von Begriffen aus den großen Religionen und der übersinnlichen Forschung will der menschliche Manu eine Weisheit bringen, durch die die Religionen so verstanden werden können, dass sie aus demselben geis-tigen Wesen stammen: Christus als Vater der Lichtapostel, wie Laotse, Zarathustra, Buddha und Jesus es waren.

Zweitens will Mani als der menschliche Manu das Böse in der Weltentwicklung be-greifen und dieses Böse durch christliche Liebe verwandeln. Im manichäischen Chris-tentum wird vom Ersten Tag gesprochen, der die All-Einheit des Vaters der Größe ist (siehe Anhang 7). Danach findet eine Spaltung dieser All-Einheit in die Zweiheit von Gut und Böse statt, oder in den Zweiten Tag des Christus und die Erste Nacht des Chaos. Die Erste Nacht ist der Schatten des Ersten Tages. Es ist die Welt der finsteren Elemente. Das potenziell Böse ist hier das Gute am falschen Ort (nämlich nicht in der Höhe, sondern in der Tiefe) und zur falschen Zeit (nämlich ein Zeitalter später).

Das stimmt mit der Forschung Rudolf Steiners überein, der schauen konnte, dass der Vater am Ende der ersten Entwicklungsphase der Erde (dem sogenannten Alten Saturn), bevor das Sonnenzeitalter begann, einige der Cherubim gebeten hatte, das Liebesopfer göttlicher Willenskraft einer Reihe von Thronen oder Geistern des Willens nicht anzunehmen.[179] Indem dieses Opfer nicht angenommen wurde, fiel diese Substanz in die Schwere und ließ schließlich die vier Elemente Feuer, Luft, Wasser und Erde entstehen. Die Materie, die wir kennen, ist nichts anderes als die gefallene Substanz gewordene Willenskraft der Throne. Die Throne und auch die anderen Wesen der unteren Engelhierarchien, die in einer späteren Phase von diesem Fall mitgenommen wurden, wurden hierdurch – ungewollt, denn die Engel haben nicht den freien Willen des Menschen – Wesen des Bösen. Dadurch erst konnte der freie Wille der Menschen entstehen, denn nun konnten sie wählen zwischen Gut und Böse, wie wir es ja auch bei Mani finden. Wenn man das auf sich wirken lässt, spürt man, dass die Wesen des Bösen ein unendlich großes Liebesopfer vollbracht haben, indem sie als getreue und gute Wesen im Dienste der Menschheitsentwicklung das Böse in sich selbst schufen. Diese »Liebe gegenüber dem Bösen«, im Wissen, dass die Wesen des Bösen eigentlich Brüder sind, wie auch Zarathustra Ahura Mazda und Ahriman als Brüder bezeichnete, hat Rudolf Steiner in seiner großen Holzplastik des Menschheitsrepräsentanten zum Ausdruck gebracht. Hier sieht man das Mitleiden des Christus Jesus, das Luzifer in seiner Weltflucht und Ahriman in seiner Erdensucht zuströmt, wodurch diese Wesen gleichsam in ihrer innersten Wesenheit erkannt werden, zur Ruhe kommen und in gewisser Weise ihre Wirkkraft gelähmt wird. Diese Liebe des Christus Jesus gegenüber dem Bösen ist im Grunde der einzig richtige Umgang mit dem Bösen. Das ist auch der Kerngedanke des Manichäismus.

In den manichäischen Schriften wird beschrieben, wie Ahriman, der in der Zweiten Nacht als gefallenes Engelwesen tätig wurde, am Dritten Großen Tag die Lichterde angegriffen hat. Das stimmt mit der geisteswissenschaftlichen Forschung Rudolf Steiners überein, der geschildert hat, wie während der Mondenentwicklung unserer Erde die gefallenen Dynamis des damaligen Mondes gegen die mit Christus verbundenen Engelwesen auf der damaligen Sonne rebellierten.[180] Bei Mani heißt es weiter, dass der Urmensch, als die Seele des makrokosmischen Christus, ein Liebesopfer vollbrachte, um das Böse zu wenden: Er stieg hinab zu Ahriman in die Zweite Große Nacht, der seine Lichtseele verschlang und ihn so scheinbar besiegte. Licht vermischte sich mit Finsternis. Doch durch dieses Liebesopfer wurde das Böse vorübergehend gemäßigt und schließlich sogar eingefügt in die Menschheitsentwicklung. Dies ist das manichäische Prinzip der Liebe: sich in Liebe (und ohne das Wesen der Liebe zu verlieren) mit dem Bösen zu verbinden oder zu vermischen, sodass das Böse in Gutes umgewandelt werden kann.

Bemerkenswert ist, dass die manichäische Kosmologie nicht nur mit der Geisteswissenschaft Rudolf Steiners übereinstimmt, sondern auch mit dem Prolog des Johannes, wie wir im Bezug auf die ersten Drei Tage der Kosmologie Manis bereits gesehen haben, die den Worten entsprachen: »Im Uranfange war das Wort ... In ihm war das Leben, und das Leben war das Licht der Menschen«. Zu meiner Überraschung stellte ich fest, dass die manichäische Beschreibung des Liebesopfers der Seele, kurz bevor unsere Erde geschaffen wird (bei Mani: der Vierte Tag), mit der Apokalypse des Johannes übereinstimmt.[181] In der Apokalypse wird beschrieben, dass das Lamm sich für die Erschaffung der Erde opfern muss, um den Beginn der Welt- und Menschheitsentwicklung zu bewirken – ausgedrückt in der Imagination des weißen, des roten, des schwarzen und des fahlen Pferdes als dem göttlichen, blutsgebundenen, wirtschaftsorientierten und verdunkelnden materialistischen Denken. Mani kam also, inspiriert vom Parakleten, durch seine geistige Schau zu einer kosmischen Interpretation der in nur schwer erklärlichen Worten verdichteten Äußerung des Johannes, die ebenfalls aus geistigem Schauen herrührte. Der Manichäismus ist in dieser Hinsicht eine kosmische Erklärung der Offenbarung. Die bei der Jordantaufe sich vollziehende Menschwerdung Christi im Menschen Jesus wird im Manichäismus dann als das zweite Liebesopfer des Christuswesens verstanden.

Dieser zweite Impuls Manis, des menschlichen Manu, das Böse aus Liebe heraus umzuwandeln, wird der Menschheit in ihrer Entwicklung bis in die ferne Zukunft hinein noch sehr viel abverlangen: Zum einen betrifft das das Bewusstsein des individuellen Menschen, die eigenen Emotionen nicht zu unterdrücken, sondern sich voll Liebe der Angst und Verunsicherung zuzuwenden und sie mit dieser Liebe zu umhüllen, sodass die Angst und Verunsicherung von innen heraus mit dem Licht des Denkens vollständig erfasst und erkannt werden können. So kann ihre eingeschränkte Seelenenergie übergehen in die ungeteilte Seelenenergie der christlichen Liebe.

Zum anderen liegt es in der Absicht Manis, der Manichäer und all derjenigen, die von Mani aus der geistigen Welt dazu inspiriert wurden – wie die Waldenser, die Katharer, die Rosenkreuzer[182] und meiner Ansicht nach auch die Bogumilen und die Templer –, moralische Kräfte freizusetzen, um denen, die dem Bösen verfallen sind, durch verschiedene Formen des Liebesopfers auch zukünftig eine Chance zu geben, die Kräfte des Guten aufzunehmen. Das kann beispielsweise dadurch geschehen, dass eine auf Christus hin orientierte Gemeinschaft gegründet wird, die dann das Karma der Einzelnen mitträgt.

Diese umfassende Liebe ist nachvollziehbar, denn Mani wusste von dem höheren Ich im Menschen – er nannte es das transzendente Ich –, das in Christus seine Wurzel hat. Anders gesagt: Wenn wir eine höhere Entwicklung anstreben, ist es wichtig, dass wir uns mit unserem höheren Ich verbinden. Dieses höhere Ich selbst stammt aus dem Christus-Ich. Deshalb wird Christus im Manichäismus auch das »Licht-Ich aller Ich-Wesen« genannt.[183] In Christus ist jedes höhere Ich mit den anderen, mit der ganzen Menschheit verbunden. Wenn wir eine höhere Entwicklung anstreben, ist es wichtig, dass wir uns auf Christus als dem höheren Ich der ganzen Menschheit hin orientieren. Denn das ist Liebe: dass wir fähig sind, in jedem Ich-Wesen das Christus-Ich zu entdecken, sodass wir uns, indem wir auf Christus ausgerichtet sind, in ausströmender Liebe allen Wesen der Menschheit und der Natur zuwenden können. Das Bestreben Manis ist von einer Liebe getragen, die niemanden ausschließt, nicht einmal diejenigen, die dem Bösen verfallen sind, von einer Liebe zur ganzen Menschheit, bis hin zum tatsächlichen Liebesopfer für den Nächsten.

Steiner beschreibt, wie der menschliche Manu, der nach der siebten nachatlantischen Kulturepoche in der sechsten großen Entwicklungsepoche führend sein wird, die Menschen lehren wird, einen besonderen Gefühlssinn zu entwickeln. »Der Mensch wird nicht mehr nur das, was von außen kommt, als Gefühl verstehen, sondern es auch nach außen zu leiten verstehen. Er wird das Herz nach außen frei entfalten können und nun die tiefsten Gefühle um die anderen Menschen herumlegen können.«[184] Als Meister wird Manu mit Menschen arbeiten, die es sich abgewöhnt haben, andere Menschen mit ihrer Stimme zu verwunden, und er wird sich denen verständlich machen können, die alle ihre Chakren ausgebildet haben.[185] Diese Aussagen bestätigen, dass sich Mani – der die Menschen lehrt, Meister des Herzens zu sein – zu einem »menschlichen Manu« entwickelt.

Philosophisch betrachtet ist es im Zuge der Freiheitsentwicklung auch möglich, dass am Ende der Zeiten Menschen nicht bereit sind, mit dem Christus ins Neue Jerusalem (im Manichäismus: der Fünfte Große Tag) oder in eine neue geistig-kosmische Entwicklungsphase einzutreten. Die Manichäer versuchen dies mit dem Liebesopfer um jeden Preis zu verhindern, denn diese Menschen erwartet sonst ein tragisches Schicksal. Kann man überhaupt Empathie für Menschen aufbringen, die so in ihr Leiden verstrickt sind oder gar das Böse in sich vervielfacht haben? Nicht aus Schadenfreude oder Arroganz des Guten, sondern aus wirklichem Mitleid? »Vieles an euren Guten macht mir Ekel, und wahrlich nicht ihr Böses«, heißt es bei Nietzsche.[186] Kann man aus der Kraft des Verzeihens heraus Verbrecher nicht nur vor sich selbst und vor der Gesellschaft schützen, sondern sie zugleich in einer Weise menschlich begleiten, die ihnen eine echte Chance gibt, Geschehenes wiedergutzumachen? Ist ein wirkliches Liebesopfer für den Nächsten auf eine vernünftige Art vorstellbar, und gar ein entsprechend stärkeres für einen dem Bösen verfallenen Mitmenschen?

Das Liebesopfer des Mani im 20. Jahrhundert

Mani hat auch eine ganz besondere Aufgabe, nämlich das Ich-Wesen des Menschen vorzubereiten, dass es als Gralsschale die unsterbliche Substanz des Christus-Ich aufzunehmen vermag. Rudolf Steiner sprach vom Prinzip einer »spirituellen Ökonomie«. Damit meinte er unter anderem, dass Christus in der geistigen Welt gleich einer ausstrahlenden Sonne Abbilder seiner Menschwerdung im Menschen Jesus schuf. So war dem Lebensleib des heiligen Augustinus beispielsweise ein Abbild vom Lebensleib des Christus Jesus eingewebt, und in den Astralleib des Franziskus von Assisi ein Abbild des vom Buddha durchzogenen Astralleibs des Christus Jesus. Rudolf Steiner sprach ferner über Vervielfältigungen des Ich vom Christus Jesus. So war in Christian Rosenkreuz, der 1459 von Mani initiiert wurde,[187] ein Abbild des Christus-Ich verwoben.[188] Von Mani heißt es, er sei der Hüter der Gralsmysterien gewesen.[189] Als solcher behütet er die Vervielfältigungen des Christus-Ich. Es ist eine hohe Einweihung für denjenigen, der tatsächlich während seines Lebens im »Nicht ich, sondern der Christus in mir« aus der geistig-göttlichen Welt ein Abbild des Christus-Ich empfangen darf. Dann ist das Ich des Menschen wirklich zur Gralsschale für das Christus-Ich geworden, dann ist der Mensch ein geistiger Gralsritter geworden.

Dass Mani für die Gralsweisheit verantwortlich ist, für die Erkenntnis, wie die Liebe das Böse verändern kann, und zugleich der Philosoph des Ich im esoterischen Christentum, kommt ganz besonders in dem zum Ausdruck, was nach dem Zweiten Weltkrieg in der geistigen Welt stattgefunden hat. Die geistige Welt besteht sowohl aus den Himmelssphären und Engelhierarchien (siehe Kap. 7) als auch aus den geistigen Sphären der Erde, wie ja bereits Dante in seiner *Göttlichen Komödie* Himmel- und Höllensphären beschrieben hat. Rudolf Steiner zufolge gibt es neun geistige Erdschichten, die in gewissem Sinne als die Umkehrung der neun Engelhierarchien betrachtet werden können:

1. Mineralische Erde (oberste Schicht, die sich zum Innern verhält wie die Schale zum Ei).
2. Flüssige Erde (Leben vernichtend).
3. Luft-Erde (Empfindung vernichtend).
4. Wasser- oder Form-Erde (die Form in das Gegenteil verwandelnd).
5. Frucht-Erde (voll strotzender Wachstumsenergie).
6. Feuer-Erde (aus Leidenschaften und Wollenskräften bestehend).
7. Erdenspiegel (auch Erdenreflektor; enthält alle Eigenschaften und verwandelt sie in ihr Gegenteil).

8. Zersplitterer (Urgrund aller Disharmonie. Das Böse wird hier substanziell vorbereitet. Dante beschreibt diese Schicht in seiner *Göttlichen Komödie* als »Kains-Schlucht«).

9. Erdkern (Substanz, durch deren Einfluss schwarze Magie entsteht. Von hier geht die Kraft des geistig Bösen aus).[190]

Unter dem Einfluss dieser Schichten steht die Menschheit: Im Laufe der Evolution wird sie das Erdinnere umgestalten, die Erde vergeistigen. In der Nachfolge Christi kann jeder Mensch in die Hölle abfallen – indem er alle unfreien Kräfte besiegt (siehe Kapitel 13).

Alle Konflikte und Kriege auf der Erde haben ihre Resonanz in einem Spannungsfeld in der achten Erdschicht nahe dem Erdkern. Diese achte Erdschicht wird in der Geisteswissenschaft »Der Zersplitterer« genannt.[191] Man könnte sie auch die umgekehrte Cherubim-Sphäre nennen: nicht die alles umfassende Harmonie wie dort, wo die Cherubim die Geister der Harmonie genannt werden, sondern eine Hölle aus Kampf, Uneinigkeit, Kristallisation, Erstarrung (die die Metamorphosekräfte bis ins Physische hinein hemmt) und recht eigentlich Hass. Auch die Kernenergie hängt mit den Kräften zusammen, die in dieser Erdschicht spaltend, zersplitternd wirken. Die Weltentwicklung käme nicht voran, wenn die Kräfte der Zersplitterung nicht eingedämmt würden. Das unvergleichliche Liebesopfer der Menschwerdung Christi, aufgrund dessen er als geistige Sonne die Erde durchscheint, verlangt dort, wo Christus mit dem freien Willen des Menschen zusammenwirkt, nach einer Fortsetzung durch Liebesopfer, die die Menschheit aus dem Christusimpuls heraus vollbringt.

In meiner Seele erwachte ein Bild von dem unglaublichen Liebesopfer, das Mani nach dem Zweiten Weltkrieg in seiner geistigen Gestalt vollbracht hat, indem er »manichäisch« in die Höllentiefe der Sphäre des Zersplitterers hinabgestiegen ist, beschützt von Michael und den geistigen Hütern des esoterischen Christentums. Mani muss ein ungewöhnlich starkes Ich gehabt haben, um dieses Opfer zu vollbringen, denn in der Sphäre der Zersplitterung läuft das Ich des Menschen Gefahr, auseinandergesprengt zu werden. Mani besaß ein durch nichts zu beeinträchtigendes Ich, das in einer vollkommenen Beziehung zum Christus-Ich stand: ein wahrhafter Gralsmensch. Man kann also mit Fug und Recht sagen: Die Voraussetzung dafür, in einem so großen Liebesopfer das Böse umzuwandeln, ist ein starkes, veredeltes Ich. Eine Sonne kann nur strahlen, weil sie einen eigenständigen Kern, einen Mittelpunkt hat. Und so braucht die Liebe das Ich.

Mit seinem Ich-Wesen hat Mani geradezu Unmögliches geleistet: Er konnte sich in der Sphäre des Zersplitterung halten. So konnte er die Kräfte der christlichen Liebe heilend auf diese alles zerreißende Sphäre einwirken lassen. Mani hat in hohem Maße auch das getan, wovon er gesprochen hat: Er hat tatsächlich ein Liebesopfer gebracht, um der Welt- und Menschheitsentwicklung weiterzuhelfen.

Diesem Liebesopfer Manis sind viele Menschen gefolgt, die mit Mani und Michael verbunden waren. Sie inkarnierten sich nach dem Zweiten Weltkrieg, und zwar nicht in erster Linie um der eigenen Entwicklung willen, sondern um sich aus selbstloser Liebe in den Dienst der Welt, der Menschheit zu stellen. Wesentliches hierzu hat Jesaiah Ben Aharon in seinem Buch *Das spirituelle Ereignis des 20. Jahrhunderts* beschrieben.[192]

Es erfordert ein hohes Maß an Kreativität, Improvisationsvermögen und Geistesgegenwart, um Wege zu finden, das Böse zu kanalisieren und zu metamorphosieren. Der Mensch, der in einer bestimmten Situation einen solchen Weg beschreitet, stellt sich in den Dienst Manis, der diese Aufgabe in der geistigen Welt auf alle nur denkbare Weise »erforscht«, um die großen Handlungsperspektiven für eine zukünftige Umwandlung des Bösen zu erkennen. Rudolf Steiner sagte einmal, dass über diese zukünftigen manichäischen Wege eigentlich noch nicht gesprochen werden könne.[193] Doch meines Erachtens wäre hier etwa daran zu denken, dass Menschen das Karma eines anderen übernehmen, dem diese Last zu schwer ist, oder sogar einen Teil des Menschheitsbösen und dieses dann in einer bestimmten Inkarnation in Kräfte des Guten umsetzen. Es wäre auch möglich, dass im Laufe der zukünftigen Menschheitsentwicklung Eingeweihte ihren völlig gereinigten Leib bzw. Lebensleib an eine verdunkelte Seele abtreten, die durch diese Liebestat aus dem tiefsten Grund ihrer physischen Inkarnation die Möglichkeit erhält, das Gute auszubilden.[194]

Das ist wichtig, weil in der Zukunft die Engelhierarchien nicht mehr wie früher im Stande sein werden, bei der Geburt einen reinen Ätherleib zu geben, weshalb sich in ferner Zukunft das Böse bis ins Antlitz abdrücken kann.[195] Einer vom Bösen durchdrungenen Seele einen reinen Ätherleib oder einen sozialen Organismus zu schenken, das kann man als eine manichäische Aufgabe ansehen. Das Gute erlangt seine »Heiligkeit«, wenn es in der Lage ist, das Böse zu überwinden, sagen die Manichäer[196] und ganz ähnlich auch Rudolf Steiner.[197] Die Absicht Manis ist es, die christliche Liebe zu revolutionieren.

Die Auferweckung des Jünglings zu Nain durch den Christus Jesus ist in dieser Hinsicht von großer Bedeutung für die weitere Entwicklung des Christentums bis in die ferne Zukunft hinein.

Das Karma des Jünglings zu Sais

Wir wollen uns jetzt der Frage zuwenden, wie es dazu kam, dass der Jüngling von Nain sich in einer Art Todesschlaf befand. Hier besteht ein Zusammenhang mit der bereits genannten früheren Inkarnation des Jünglings zu Nain in Ägypten: des Jünglings zu Sais. Dieser Jüngling zu Sais war seinem Wesen nach bereits ein Eingeweihter und vertraut, sich mit der Welt des Geistes zu verbinden, er lebte aber in einer Zeit, in der die geistige Welt selbst verdunkelt war. Erst durch die Ankunft des Christus auf der Erde sollte die Welt des Geistes wieder zu einer Welt des Lichts werden. Sogar für einen Eingeweihten war es daher schwierig, in die Welt des Geistes vorzudringen. Der Jüngling zu Sais, als ein »Sohn der Witwe«, wollte den Schleier der Isis, der göttlichen Weisheit, heben, folgte dabei aber nicht dem Einweihungsweg, sodass er nicht in einen Einweihungsschlaf, sondern dem wirklichen Tod anheimfiel. Das hat sich karmisch im Leben des Jünglings zu Nain wiederholt. In den Jahren der Adoleszenz geriet er erneut in die Situation, die er in seiner vorigen Inkarnation hatte erleben müssen: Er fiel in einen Todesschlaf. Es fällt auf, dass das Evangelium ihn einen »Sohn der Witwe« nennt – so werden in den Mysterien die Eingeweihten geheißen. Mani sollte später die Manichäer ebenfalls »Söhne und Töchter der Witwe« nennen. Dem Jüngling zu Nain brachte Christus jedoch aufgrund der durch ihn verwandelten Zeitumstände das Heilmittel, die Panazee.

Ab einem bestimmten Zeitpunkt in der vorchristlichen Zeit konnte ein Eingeweihter nicht mehr in die Welt des Geistes dringen. So war es beispielsweise bei Orpheus, der ein griechischer Bodhisattva war und mit Hilfe der Musik das Denken der Menschen ausbilden sollte,[198] sich aber in einer Zeit inkarniert hatte, in der die himmlische Inspiration nicht mehr wie früher wirken konnte.[199] Daher war es für ihn eine Versuchung, als seine eigene Seele, Eurydike, ihn bat, sich nach ihr umzuschauen, die sie von einer himmlischen Offenbarung während voriger Verkörperungen Orpheus' berührt wurde. Er darf nicht zurückschauen auf übersinnliche Erfahrungen, die ihm in der Vergangenheit zuteil wurden. Das ist etwas, das auf dem Weg der inneren Entwicklung von entscheidender Bedeutung ist. Die Angst, nicht mehr zu besitzen, was in der Vergangenheit wesentlich war, ist auch im Bild des Erstarrens der Seele zur Salzsäule ausgedrückt. Orpheus musste die Geisteskraft, die er inzwischen entwickelt hatte, nutzen, um sich positiv auf den Geist auszurichten, das heißt, ohne zu erwarten, dass ihm der Geist noch einmal das schenken würde, dessen er früher teilhaftig war.

Deshalb war es dann eine welthistorische Notwendigkeit, dass der Christusgeist, als er zur Erde hinabstieg, alle Himmelssphären mit seinem Liebeslicht durchzog. Mit der Auferstehung und Himmelfahrt wurde dieses »Durchleuchten« noch verstärkt. Da der Christus Jesus das Licht der Welt ist, das mit dessen Menschwerdung die Weltenfinsternis durchdrang, konnte er den Jüngling von Nain einweihen und ihm das geben, wonach er in seiner Inkarnation als Jüngling von Sais gesucht hatte, was ihm damals aber noch nicht geschenkt werden konnte. Christus Jesus befreite den Jüngling von Nain aus den Banden des Todes und schenkte ihm die Kräfte der göttlichen Einweihung, durch die er in der Inkarnation als Mani dank Seines (des Parakleten) Geistes die Weisheit würde in sich aufnehmen können, um der Menschheit eine Vorstellung von der Reinkarnation zu vermitteln und damit verbunden den christlichen Gedanken einer Liebe, die das Böse verwandelt.

Auf die Weise hat Christus eine Umkehr des Weltenkarmas bewirkt und durch seine Menschwerdung, durch Tod und Auferstehung die Möglichkeit geschaffen, den durch den Sündenfall entstandenen Tod zu überwinden. Er ist in Freiheit zu den Menschen gekommen.[200] Er tat dies, weil die Menschheit nicht durch eigene Schuld in den Sündenfall geraten ist. Der Mensch musste die Versuchung Luzifers im Paradies erleben, um den freien Willen zu entwickeln und so zwischen Gut und Böse wählen zu können.[201] Wenn der Mensch aus eigenem freien Willen das Gute tut, kann Liebe entstehen. Christus erreichte eine Umkehr des Weltenkarmas, indem er der Menschheit zur Entwicklung des freien Willens noch die Möglichkeit gab, die Folgen des Sündenfalls in sich selbst zu überwinden: den Tod des Körpers, den Egoismus der Seele und den Materialismus des Geistes. Rudolf Steiner sagt, dass Christus die Sünden der Menschen nicht deshalb auf sich nahm, um individuelle Missetaten zu sühnen, die einer dem anderen zugefügt hat. Das individuelle Karma bleibt bestehen, denn wenn das Individuum nicht selbst die Schuld ausgleicht, die es der Umgebung angetan hat, wird es seiner Verantwortung für die eigenen Taten und damit der Würde seines Ich-Wesens nicht gerecht. Wenn Christus die Sünden der Welt auf sich nimmt, geschieht das um des Schadens willen, den das selbstsüchtige Handeln des Einzelnen im Weltganzen entstehen lässt. Das Karma aber verlangt weiterhin Ausgleich. Die tiefere Bedeutung der Vergebung, die Christus den Menschen schenkt, ist mithin, dass die zerstörerischen Folgen der Taten ausgeglichen werden und keinen Schaden am anderen mehr anrichten können.[202] In unserer Zeit ist Christus zum Herrn des Karma geworden.[203] Das bedeutet, dass Christus den individuellen Ausgleich in eine neue soziale Perspektive der Liebe einbettet, worauf auch Sergej O. Prokofieff in seinem Buch *Die okkulte Bedeutung des Verzeihens*[204] hingewiesen hat. Wenn wir einem anderen vergeben, bitten wir eigentlich Christus als den Herrn des Karma, dass der andere nicht uns in einem nächsten Leben den Ausgleich zukommen lasse, sondern dass Christus diese Taten des Ausgleichs einem anderen zukommen lasse, der es nötiger hat. Die Worte eines jüdischen Gefangenen in einem deutschen Vernichtungslager drücken das aus, was man auch eine manichäische Haltung nennen könnte:

Herr Gott,
wenn du einst kommst in deiner Glorie,
denk dann nicht nur
an die Menschen, die guten Willens sind.
Denk auch an die Menschen, die bösen Willens sind.
Aber denk nicht an ihre Gräueltaten.
Denke daran, welche Früchte
diese Taten gebracht haben:
bei einigen Geduld,
bei anderen Mut.
Denk an die Kameradschaft,
an die Demut, die Seelengröße und die Treue,
die wir ihnen zu danken haben.
Herr Gott,
gib, dass die Früchte,
die wir hervorgebracht haben,
ihnen einst Rettung sein mögen.[205]

Die Individualität des Jünglings zu Nain erlebte es als eine Gnade in ihrem individuellen Karma, dass Christus die Umkehr des Weltenkarmas an ihr vollziehen wollte. Der Jüngling zu Sais hatte eine gewaltige Initiativkraft, die Christus im Jüngling zu Nain in eine Menschheitstat umgesetzt hat und die dann in Mani zur Blüte kam. Mani hat mit dieser starken Initiativkraft den Manichäismus in die Welt gebracht. In gewissem Sinne kam der Manichäismus zu früh in der Menschheitsentwicklung, wie auch der Jüngling zu Sais zu früh eingeweiht werden wollte. Denn der Manichäismus ist das Christentum der Zukunft. Er ist wie ein Phönix aus der Asche, kommt zur Blüte und stirbt wieder ab. Dadurch aber verjüngt er sich, um auch in der Zukunft lebendig sein zu können. – Ich glaube allerdings, dass das individuell zu erfüllende Karma des Jünglings von Sais auf besondere Weise auch noch in einer späteren Inkarnation als der von Mani gewirkt hat. Rudolf Steiner hat in kurzen Worten skizziert, dass Mani in einer folgenden Inkarnation Parzival war, der als historische Gestalt im 9. Jahrhundert lebte und dessen Schicksal erst später, im frühen Mittelalter, von Chrétien de Troyes und Wolfram von Eschenbach aufgeschrieben wurde.[206] Sprach Steiner über den menschlichen Manu als den »Lehrer der Lehrer«, so nannte er Mani einmal eine Individualität, noch höher und gewaltiger als Skythianos, Buddha und Zarathustra.[207] Auch deshalb bin ich der Meinung, dass Parzival der reinkarnierte Mani ist.

Es ist bezeichnend, dass Parzival eine so intensive Beziehung zu seiner Mutter Herzeloyde hatte, wie es ja auch beim Jüngling von Nain und in vergeistigter Form beim Jüngling von Sais in Bezug auf Isis der Fall war. Eine Vatergestalt fehlt, und in der Inkarnation von Mani nannte dieser sich bezeichnenderweise »einen Sohn der Witwe«. Dieser Mysterienausdruck bedeutet: ein Eingeweihter, der aus eigener Kraft den Vatergrund des Daseins gesucht hat.[208] Parzival ist der »reine Tor«, der aus der Reinheit seines Herzens ohne Bekanntschaft mit der Kultur lebt. Dadurch gerät er in Schwierigkeiten. Bezogen auf sein individuelles Karma ist es meiner Meinung nach von großer Bedeutung, dass er Gurnemanz begegnet, der ihm die differenzierten Konventionen der Ritterkultur beibringt und ihm vor allem einschärft, keine Fragen mehr zu stellen. Da er dann aber in der Gralsburg versäumt, Amfortas die Frage zu stellen, woran er leide, lädt er die Schuld des Versäumnisses auf sich. Später wird ihm die Gralsbotin Kundrie am Hofe König Artus' heftige Vorwürfe deswegen machen. Parzival muss seinen Weg allein aus innerer Kraft heraus beschreiten, um selbstständig moralische Kräfte zu erwerben. Nur so kann er seine Verfehlungen der Vergangenheit ausgleichen. Er muss die Reinheit seines Herzens und die Bekannt-schaft mit der Kultur mit Hilfe eines erst noch zu erwerbenden Bewusstseins, aus seinem eigenen Ich heraus in Einklang bringen.

Gurnemanz ist meiner Meinung nach im Leben des Parzival eine karmische Folge seiner Inkarnation als Jüngling zu Sais. Letzterer forderte und fragte zu viel und wollte unvorbereitet das Geheimnis der Isis lüften. Gurnemanz repräsentiert im Leben Parzivals den karmischen Wendepunkt, indem er ihn aus der Ritterethik her-aus lehrt, keine Fragen mehr zu stellen. Durch die Einseitigkeit, die Gurnemanz als karmischer Pendelschlag der Einseitigkeit des Jünglings zu Sais entgegensetzt, kann Parzival selbstständig das Gleichgewicht finden zwischen dem zu viel und dem zu wenig Fragen.

Die Entwicklung des Parzival

Parzival gelangt mit der aus ihm selbst heraus wirkenden Geisteskraft zu einem harmonischen Einvernehmen mit dem, was in der Vergangenheit ein zu intensives Verlangen nach göttlicher Offenbarung war. Das zeigt, dass die Inkarnation Par-zivals ganz im Zeichen der menschlichen Suche nach dem Geiste stand. Deshalb konnte Rudolf Steiner auch sagen, dass Parzival die Bewusstseinsseele unserer Zeit vorbereitet habe,[209] denn die Bewusstseinsseele ist die eigene Autorität im Erkennen und Handeln aus dem Ich heraus. In dieser Hinsicht ist Mani-Parzival tatsächlich der Lehrer unserer fünften Kulturepoche.

In seiner Mani-Inkarnation wurde ihm die Offenbarung des Parakleten zuteil, und er brachte diese Weisheit im Manichäismus als einer Weltreligion zum Ausdruck. Parzival musste den Geist dagegen in ganz anderer Weise aus eigener Kraft finden, geleitet allein von dem zunächst unbewusst wirkenden Christusimpuls in seinem Herzen. Anders ausgedrückt: Mani wurde von oben herab, vom Geist des Christus »apollinisch« inspiriert, Parzival wurde von innen heraus, von der Liebe des Christus »dionysisch« inspiriert und musste selbstständig zum Denken und Handeln gelangen. Erst als Gralskönig wurde er dann »apollinisch« vom Geist des Christus erleuchtet.

Mani spricht von dem transzendenten Ich, das im Christus-Ich seine unsterbliche Wurzel hat, um aus ihm die Liebe zur leidenden Weltenseele zu entfalten. Parzival erlebt die Einsamkeit seines Ich-Wesens, ist sogar eine Zeit lang Atheist, um dann aus eigener Kraft, unterstützt nur von Trevrizent, eine Beziehung zum Christus-Ich aufzubauen. Seine Liebe ist dadurch noch viel persönlicher und auch irdischer. Mani verfügt über die allumfassende, universelle Liebe, Parzival beginnt seinen Weg der Liebe in der persönlichen Liebesbindung zu Kondwiramurs (das heißt: *Führerin in der Liebe*). Diese persönliche Liebe setzt ganz klar eine Liebe von Ich-Wesen zu Ich-Wesen voraus.

Parzival lernt auf seinem Einweihungsweg in der Liebe zu Kondwiramurs stufenweise die zwölf Tugenden der höfischen Minne kennen und gelangt erst dadurch zur universellen Liebe. In seinem Buch *Der Gral und seine Hüter* hat Rudolf Meyer bereits auf diese zwölf Tugenden in der Geschichte Parzivals hingewiesen; sie werden im Folgenden kurz aufgelistet.[210]

Die zwölf Tugenden der höfischen Minne

1. *»Reine Zucht« (Verinnerlichung):* Sie entsteht nach den Gesprächen mit Gurnemanz.
2. *Keuschheit:* die Liebe zu Kondwiramurs, die vor allem auf die Liebe zum anderen gerichtet ist.
3. *Milde (larghezza):* als Verhalten anderen als nur der Geliebten gegenüber, sodass kein »Egoismus zu zweit« entsteht; Parzival siegt und tötet die Feinde Kondwiramurs nicht, sondern sendet sie zum Hof von König Artus.
4. *Treue:* Sie ist einzuüben, als Parzival seinen Weg allein weitergehen muss.
5. *Rechtes Maß (mesura):* die Kraft der Liebe zum anderen beherrschen, sodass sich das Selbst nicht in der Leidenschaft auflöst. Parzival gerät in Trance, als er im Schnee drei Blutstropfen sieht, die ihn an die rosengleiche Kondwiramurs erinnern.

6. *Achtsamkeit:* In der Liebe zum andern ist es wichtig, aufmerksam zu bleiben für die Umgebung.
7. *Scham:* Als Kundrie das Versäumnis Parzivals ausspricht, kann Parzival seine Ethik bis in sein tiefstes Erleben verinnerlichen. Hier wird Scham verstanden im Sinne von Reue als einer authentischen Gewissenserforschung, und nicht in der Bedeutung, die Spinoza ihr in seiner *Ethik* zuerkennt: dass man etwas aus externen Gründen, aufgrund des Urteils anderer bedauert.
8. *Bescheidenheit*: durch Selbsterkenntnis wissen, wozu man fähig oder nicht fähig ist.
9. *Beharrlichkeit*: Die Initiative zum Handeln kann durch die beiden vorangegangenen Stufen oder Formen der Verinnerlichung abgeschwächt sein, und Parzival muss sich erneut auf die Suche nach der Gralsburg, auf die Suche nach seiner Liebe machen.
10. *Demut:* Parzival lernt von Trevrizent, wie Christi Vergebung wirkt, sodass er hoffen kann, sein Versäumnis wiedergutzumachen.
11. *Geduld:* Parzival erfährt, dass der Gral kein Gegenstand ist, den man finden kann, sondern ein Seinszustand.
12. *Höchste Minne:* Durch die Läuterung und Veredelung seiner Liebe zu Kondwiramurs lernt Parzival die allumfassende Liebe zur ganzen Menschheit kennen und kann dadurch Amfortas die Frage nach der Ursache seines Leidens stellen.

Richard Wagner hat der Geschichte von Parzival eine dramatische, eine manichäische Wendung gegeben, indem er Kundrie und Kondwiramurs zu einer Person zusammenfügte. Kundrie spiegelt das Bild von Parzivals Seele wider: Parallel zum Entwicklungsweg Parzivals verwandelt sich die widerwärtige Kundrie in eine große Schönheit. Auf einer anderen Ebene ließe sich auch sagen: Die Liebe zum Bösen metamorphosiert es zum Guten. Kundrie wird Parzivals Geliebte, die er dann heiratet.

Während Mani von seinem *himmlischen* Syzygos oder vom Parakleten eine göttliche Offenbarung empfing, erlebt Parzival seinen Syzygos als das Wesen seiner *menschlichen* Geliebten, das ihn zur Suche nach der Gralsburg inspiriert. Was vormals als himmlische Beziehung erlebt wurde, ist jetzt in einer menschlichen Beziehung inkarniert, wodurch wiederum die menschliche Beziehung als eine himmlische erlebt werden kann, denn in seinen tiefsten Tiefen ist der Mensch ein geistiges Wesen.

Die Entwicklung von Mani zu Parzival lässt sich in gewisser Weise auch im Übergang von der kosmischen zur menschlichen Zwölfheit nachvollziehen. Hatte Mani in der ewigen himmlischen Sphäre um den makrokosmischen Christus herum die zwölf Eigenschaften der Sophia geschaut, deren räumliches Bild in einem späteren, irdischen Stadium die zwölf Ritter von König Artus sind, so verwirklicht Parzival als einer dieser Ritter die zwölf Eigenschaften einzig und allein in seiner Individualität und entwickelt so in seiner irdischen Biografie die zwölf Tugenden der höfischen Minne. Die nachfolgende Tabelle listet die zwölf Tugenden auf, wie sie von den Lichtjungfrauen im Manichäismus, den Rittern der Tafelrunde und bei der Einübung höfischer Minne repräsentiert sind.

12 Lichtjungfrauen	12 Artusritter	12 Tugenden der höfischen Minne
Wahrheit	Gareth – wahrhaftiger Ritter	»Reine Zucht«
Ehrbarkeit	Bors – tugendhafter Ritter	Keuschheit
Langmut	Lamarok – edler Ritter	Milde
Überzeugung	Galahad – treuer Ritter	Treue
Rechtmäßigkeit	Bedivere – galanter Ritter	Rechtes Maß
Gewogenheit	Geraint – hilfreicher Ritter	Achtsamkeit
Gerechtigkeit	Gaheris – aufrichtiger Ritter	Scham
Überwindung	Tristan – ehrenhafter Ritter	Bescheidenheit
Herrschaft	Parzival – mutiger Ritter	Beharrlichkeit
Frömmigkeit	Kay – bescheidener Ritter	Demut
Weisheit	Lancelot – perfekter Ritter	Geduld
Licht	Gawain – mildtätiger Ritter	Minne

Die Aufstellung lässt sich noch erweitern um die Tugenden im Jahreslauf, wie sie bei Rudolf Steiner als Aufgaben sowie bei Paulus[211] vorkommen:

12 Lichtjungfrauen	12 Artusritter	Tugenden als Aufgaben bei Rudolf Steiner	Tugenden bei Paulus (nach A. Neider)	12 Tugenden der höfischen Minne
Wahrheit	Gareth – wahrhaftiger Ritter	Gedankenkontrolle Schütze	Friedfertigkeit	»Reine Zucht«
Ehrbarkeit	Bedivere – galanter Ritter	Höflichkeit Jungfrau	Segnen, nicht fluchen	Keuschheit
Langmut	Lamarok – edler Ritter	Großmut Fische	Besiege das Böse	Milde
Überzeugung	Galahad – treuer Ritter	Ausdauer Zwillinge	Nicht erlahmen	Treue
Rechtmäßigkeit	Bors – tugendhafter Ritter	Inneres Gleichgewicht Stier	Gegenseitige Wertschätzung	Rechtes Maß
Gewogenheit	Geraint – hilfreicher Ritter	Zufriedenheit Waage	Einfachheit	Achtsamkeit
Gerechtigkeit	Gaheris – aufrichtiger Ritter	Diskretion Wassermann	Feindesliebe	Scham
Überwindung	Kay bescheidener Ritter	Selbstlosigkeit Krebs	Geduld	Bescheidenheit
Herrschaft	Parzival – mutiger Ritter	Mut Steinbock	Gottvertrauen	Beharrlichkeit
Frömmigkeit	Tristan – ehrenhafter Ritter	Devotion Widder	Hingabe an das Gute	Demut
Weisheit	Lancelot – perfekter Ritter	Geduld Skorpion	Keine Vergeltung	Geduld
Licht	Gawain – mildtätiger Ritter	Mitleid Löwe	Fürsorge	Minne

Parzival vereinigt Ost und West in sich

Während Mani noch von göttlicher Offenbarung inspiriert und geführt wurde, ist Parzival in seinem Menschsein ganz auf sich allein gestellt und hat nur seine geliebte Kondwiramurs zur Führerin. Mani hat Osten und Westen aus göttlicher Inspiration miteinander verbunden: Er lehrte, dass Laotse und Buddha ebenso Abgesandte des Christus sind wie Zarathustra und der historische Jesus. Parzival hat Osten und Westen aus eigenem menschlichen Handeln heraus in sich vereint. Indem, so Rudolf Steiner, Parzival als Ritter des Artus, einem König aus dem Westen, zum Gralskönig wurde und sich damit in die Generationen währende Tradition der aus dem Osten stammenden Gralskönige (wie etwa Titurel) einfügte, hat er im 9. Jahrhundert in seiner Individualität westliche Artusströmung und östliche Gralsströmung vereinigt.[212] Es ist von welthistorischer Bedeutung, dass Parzival die Mysterienströmung des Westens mit der Mysterienströmung des Ostens verbunden hat. Doch wie ist dies zu verstehen?

Die westlichen Gralsmysterien

Ich denke, dass man die Artus-Strömung im Westen mit ihrer Idee der Zwölfheit (rund um einen Dreizehnten) als eine Art verchristlichtes Druidentum ansehen kann. Im keltischen Druidentum des 5. Jahrhunderts v. Chr. und im Ur-Druidentum der megalithischen Kultur finden wir Steinkreise mit zwölf Steinen, die der Sonne geweiht sind, zum Beispiel die Stones of Stennes auf den Orkney-Islands. Dieses Ur-Druidentum lässt sich meines Erachtens über Schottland zurückverfolgen auf die von Rudolf Steiner beschriebenen nördlichen Mysterien oder die nördliche Mysterienströmung der Drotten.[213] Die Drotten wurden von dem Menschheitslehrer Skythianos[214] inspiriert und lebten vor allem im Norden Russlands, aber auch in Skandinavien, in jenem Hyperborea genannten Land.[215] Sie kannten alle Geheimnisse, um zwölf Menschen mit unterschiedlichen Eigenschaften zusammenzuführen, sodass in ihrer Mitte das übersinnliche Licht desjenigen aufscheinen konnte, der in den nordischen Mysterien Baldur[216] genannt wurde: als göttlicher Repräsentant des menschlichen Ich.[217]

Es war Mut, der das Ich des Menschen tätig werden ließ. Mut ist eine selbstlose Tatkraft und ein Vorbote der Liebe; der Liebe, die wiederum in der Harmonie der Zwölfheit zum Ausdruck kommt, wie sie der Tierkreis versinnbildlicht. Die nördlichen Mysterien sind »ekstatisch«: in die Sinnesumgebung und auf den göttlichen Makrokosmos gerichtet. Das ist genau das Gegenteil der mystischen, mikrokosmischen

Ausrichtung, die das Göttliche in der Seele sucht. Die nördliche Mysterienströmung gewinnt das Ich-Bewusstsein aus einem kosmischen Verständnis.

Unabhängig von diesem Hineinwirken des nördlichen Mysterienstroms ist es charakteristisch für die *westliche* Mysterienströmung – die ebenfalls eine ekstatische Prägung zeigt –, dass der Atmosphäre oder dem Weltenäther eine meteorologische und metaphysische Aufmerksamkeit geschenkt wird. Das hat sich in Europa bis in die Landwirtschaft hinein ausgewirkt, die im Einklang mit kosmischen Zusammenhängen betrieben wird. Eingebettet in die westliche Mysterienströmung ist die »christliche Gralsströmung des Westens« entstanden. Man entwickelte eine übersinnliche Wahrnehmungsfähigkeit, ein aktives Schauen, um in der Ätheratmosphäre das Licht des Christus wahrnehmen zu können.[218] Joseph von Arimathia,[219] der das Blut des Christus in einer Schale aufgefangen und später, während seiner Gefangenschaft, von der Gralsspeisung gelebt hat, hat diese Gralsströmung im 1. Jahrhundert in Glastonbury initiiert. Da das Schauen des Geistes durch die Sinnesoffenbarung charakteristisch für Zarathustra ist, möchte ich diese Strömung als »die zoroastrische Gralsströmung des Westens« bezeichnen. In vorchristlicher Zeit war, wie gesagt, das Indien Buddhas der Osten und das Persien Zarathustras der Westen. In Südengland, Irland und Schottland haben die westlichen Gralsmysterien den Weg dafür frei gemacht, sich aus dieser Form »ungeteilter Achtsamkeit« für die ganze Umgebung, die zum Schauen führt, dem kosmischen Christusgeist des Auferstandenen zu öffnen, der in der Ätheratmosphäre wahrzunehmen ist. Die westlichen Gralsmysterien sind auch eine Art inneres Nervengeflecht des keltischen Christentums.

Das keltische Christentum ist dadurch entstanden, dass sich die Religion der Druiden, die mit ätherischen Kräften heilend auf die Landschaft einwirkten (die sogenannten Ley-Linien rühren daher), in ein ätherisches oder kosmisches Christentum umgewandelt hat. So ist es bekannt, dass am Hofe des irischen Königs Conchobar ein Druide zu schauen vermochte, wie Lugh oder der Geist der Sonne in die Ätheratmosphäre der Erde herabstieg. Auch in der Legende der heiligen Brighid von Iona, die träumte, dass sie das Jesuskind wiege, drückt sich aus, dass die Ankunft des Erlösers hellsehend wahrgenommen wurde. Bei seinem Abstieg zur Erde hat Christus seinen Lebensgeist oder den vergeistigten Äther- bzw. Lebensleib in der Ätherwelt über Irland und Großbritannien zurückgelassen,[220] und dieses geistige Sonnenkleid schauten die Eremiten des keltischen Christentums, beispielsweise auf dem Mount Eagle auf der Dingle Peninsula in Irland, und so auch die Artusritter in Tintagel. Von Iona aus mit seiner paradiesisch reinen Atmosphäre wurde das keltische Christentum im 6. Jahrhundert von Columba (oder Columcille) und seinen Schülern nach Schottland, später von Columban (oder Columbanus) und seinen Schülern, unter

Jona

ihnen Willibrord, ins östlich gelegene Europa gebracht. Auf der poetisch schönen Insel Iona im Westen Schottlands kann man sich leicht in eine zoroastrische Gralsstimmung versetzen und aus ungeteilter Achtsamkeit, die zum Schauen wird, in der Atmosphäre das Geisteslicht des Christus wahrnehmen. Der göttliche Inspirator, das Weisheitslicht, durch das die Druiden Christus in der Atmosphäre schauten, wurde auf Iona »Huu« genannt.[221] Auch an der Nordküste Cornwalls, bei Tintagel, kann man die Wirksamkeit des Christusgeistes auf ganz besondere Weise erleben. Zu Beginn der 1980er Jahre, als ich die diesbezüglichen Aussagen Rudolf Steiners noch nicht kannte, wachte ich während einer Reise nach Tintagel eines Tages auf mit den Worten in mir, in Tintagel seien der Gral wie auch Plato zu finden. Das verstand ich zunächst nicht. Doch es war ein intensives Erlebnis, die Sonne auf der Halbinsel Tintagel in einem besonderen grünlichen Licht untergehen zu sehen.

Tintagel

Rudolf Steiner konnte, wie ich später las, schauen, dass über dieser Halbinsel, auf der Artus geboren worden war und die runde Tafel gestanden hatte, das Sonnenlicht eine besondere Verbindung mit den Wasserwesen einging.[222] Auch konnte er sehen, wie noch immer der übersinnliche, atmosphärische Gral über der Halbinsel wirksam war, der einst die Artusritter inspiriert hatte, aus den noch ungeläuterten Seelenkräften der europäischen Menschheit moralische Kraft zu schöpfen.[223] Diese Tatkraft der Ritter passt zu der zoroastrischen Signatur dieser Gralsströmung, denn Zarathustra war ein Priesterkönig, der die Sonnenweisheit geistigen Schauens in das praktische Handeln, in die kulturelle Entwicklung einfließen ließ. Man kann dieses Christentum auch als »platonisches Christentum« bezeichnen, weil die Betonung auf dem kosmischen Christus lag, der hier in einer Weise geschaut wurde, wie Plato die Ideen schaute.[224] Das war für mich später eine Erklärung für die inspirativen Worte aus der Nacht.

Zu dem, was ich über die »zoroastrische Gralsströmung« gesagt habe, die den Christus in der Atmosphäre schaut, passt auch, dass Rudolf Steiner aus seiner Geistesforschung heraus die Gralsburg als das Haupt des Menschen bezeichnet hat.[225] Von der geistigen Welt aus betrachtet, werde der Geistesmensch im Menschen (der »Fischerkönig«) in seinem Kopf (als der Burg) durch die Verbindung der edelsten Sinneseindrücke mit den reinsten Mineralteilchen ernährt. Die »blutige Lanze« ist das sich der Nervenbahnen bedienende Denken, das die Begierden des Blutes verwandeln und bis zum Mysterium des Christus im Blut durchdringen kann.[226] Das Schwert ist die Willenskraft aus dem Geiste, verbunden mit dem Nervensystem.[227] Die Ernährung des Grals im Menschen kommt also durch die Verbindung der Mineralien des Körpers mit den reinen Sinneseindrücken zustande, die Ausdruck des Geistes in der Natur oder des edlen Geistes der Kultur in der Kunst sind. Auch im Manichäismus als dem Gralschristentum ging es darum, den Jesus Patibilis in der Sinnesoffen barung wahrzunehmen oder, wie Paracelsus sagte, den Naturwesen – den Gnomen der Erde, den Nymphen des Wassers, den Elfen der Luft und den Salamandern des Feuers – in ihrem Wirken christliche Aufmerksamkeit zu schenken. Demnach darf die wirklich umfassende Aufmerksamkeit, die zum Schauen des Geistes und noch stärker des Christus in der Natur wird, als »Gralsnahrung« im Menschen bezeichnet werden. In die Artusströmung des Westens, von der Rudolf Steiner sprach, ist das eingebettet, was ich als »zoroastrische Gralsströmung des Westens« bezeichnet habe.

Die Gralsburgen der östlichen Gralsmysterien

Parzival, der Artusritter aus dem Westen, hat sich mit der Gralsströmung des Ostens verbunden, die mit Titurel begonnen und sich von Osten nach Westen, von Jerusalem nach Nordspanien, bewegt hatte. Ich werde diese Gralsströmung des Ostens die »buddhische Gralsströmung« nennen, wobei das Element der *Verinnerlichung* betont werden soll. In Nordspanien haben (mindestens) drei Gralsburgen im Zeichen der Titurelmysterien gestanden.

Rudolf Steiner sagte einmal, die Gralsburg des Amfortas, zu der Parzival Anfang des 9. Jahrhunderts kam, sei dort erbaut worden, sie sei jetzt aber aufgrund von dichtem Gebüsch sehr schwierig zu finden.[228] Gegenüber Ilona Schubert erwähnte er, dass sich die beiden ursprünglichen Gralsburgen auf der Linie zwischen San Juan de la Peña und dem Montségur befänden, die Steiner ebenfalls als Gralsburgen bezeichnete. Ilona Schubert schrieb: »Doktor Steiner sagte, dass die Gralsburg, wo Titurel und Amfortas den Gral hüteten, in Nordspanien war und später auf dem Montségur in Südostfrankreich, und machte dazu folgende Bemerkung: ›Ziehen Sie eine Diagonale von dem heutigen Felsenkloster San Juan de la Peña so weit nordöstlich nach Frankreich bis zum Montségur, wie San Juan de la Peña südwestlich liegt, und Sie finden die beiden ersten Gralsburgen.‹«[229]

Manfred Schmidt-Brabant vermutet in seinem Buch *Compostela*, dass die erste Gralsburg inmitten dieses Gebirges (bei Ezcaray) gelegen habe, und die zweite, leichter erreichbare, das Monasterio San Millán de la Cogolla (San Millán de Suso) gewesen sei.[230] Tatsächlich wurde dieses Kloster im Jahre 1030 auf den Fundamenten einer Kirche aus dem 6. Jahrhundert erbaut; dort befinden sich zudem drei Eremitenhöhlen mit dem ältesten christlichen Altar Spaniens. Das Kloster liegt versteckt hinter wunderschönen roten Felsformationen (siehe Abb. 1 a und b).

Der heilige Aemilianus (span.: San Millán; 473–574) hatte sich nach einer göttlichen Offenbarung dorthin zurückgezogen und ein Leben der Liebe geführt, Kranke geheilt und vielen Schülern auf ihrem Entwicklungsweg geholfen. Es ist nicht aus-

Abb. 1a – Santa María de Lara

Abb. 1b – ältester christlicher Altar Spaniens

zuschließen, dass dieser Aemilianus eine der Inkarnationen Titurels war, von dem Albrecht von Scharfenberg wiederum sagt, dass er in den ersten Jahrhunderten des Christentums im nordspanischen Galizien eine Gralsburg erbaut habe. (Die Überlieferung, dass Titurel erst nach vierhundert Jahren – vom 1. oder 2. Jahrhundert an gerechnet – eine Jungfrau gefunden habe, mag darauf hindeuten, dass er in diesem Zeitraum entweder in geistiger oder in physischer Gestalt anwesend war.) Aufgrund einer Aussage Rudolf Steiners kann man sagen: Titurel war Zarathustra oder Meister Jesu.[231] Aber hinter diesem erlebt man den göttlichen Manu, der in einer menschlichen Erscheinungsform, als Melchisedek, Abraham erschienen war. Und so kommt denn Mani-Parzival, den Rudolf Steiner, wie wir gesehen haben, in Beziehung zum »menschlichen Manu« setzte, zu der Gralsburg Titurels, hinter dem der göttliche Manu steht.

Meine Entdeckung eines manichäischen Tempels

Auf meiner Suche nach der ersten Gralsburg in der Sierra de la Demanda – bei Ezcaray hatten wir nichts gefunden – erfuhr ich im September 2008 von einer visi(=west)gotischen Eremitage aus dem 7. Jahrhundert, die genau auf der Diagonale liegen sollte, die Rudolf Steiner erwähnt hatte. Jedenfalls muss sie im 9. Jahrhundert, zu Lebzeiten Parzivals, dort gestanden haben. Als ich den Ort in den Bergen zwischen Burgos und Soria aufsuchte, Santa María de Lara bei San Millán de Lara (wieder der Name San Millán!), fand ich nur noch den vorderen Mittelteil einer Kirche aus dem 7. Jahrhundert vor, verziert mit dekorativen organischen Symbolen wie sechsblättrigen Blüten, aber auch zwei Figuren, die eine Beziehung zum Gral haben könnten: einem Pfau (nach Wolfram von Eschenbach trug der Fischerkönig eine Pfauenfeder auf seinem Hut) und einem Greifen oder Phönix (nach Wolfram von Eschenbach gleicht der Gral dem Phönix, der aus der Asche steigt) an der Rückseite. Ich ging hinein und war überwältigt von dem, was ich dort sah: Christus als Sonne (Sol) an der Säule rechts vor dem Altar, und Christus als Mond (Luna) an der linken Säule (siehe Abbildung 2 und 3).

Es war das Bild von Jesus als »Sonnen-Mond-Gott«, wie es der Manichäismus kennt! So wie Steiner Christus in Beziehung setzte zu den sieben Elohim, die mit der Sonne und dem Mond verbunden sind – Christus als Siebengeist –, so hat auch Mani ihn geschaut. Christus als der Mond war hier genauso dargestellt, wie ihn die in Turfan aufgefundenen Fragmente Manis zeigten: mit einer nach oben geöffneten Mondsichel, die die Sonne trägt. Außerdem sahen wir hier auch das älteste Bildrelief Spaniens, das Christus als Pantokrator zeigt – auch dies charakteristisch für die Christologie Manis mit ihrer Vorstellung vom allumfassenden Christus, in

Abb. 2 – Christus als Sonne

Abb. 3 – Christus als Mond

dem alle geistigen Wesenheiten enthalten sind. Santa María de Lara muss also ein visigotisch-manichäischer Tempel gewesen sein![232]

Nachdem ich die Bilder in der Kirche als manichäisch erkannt hatte, fand ich heraus, dass schon 1952 ein niederländischer Kunsthistoriker vermutet hatte, es könne sich bei diesen Bildern um manichäische Motive handeln.[233] Dies ist dann in der Manichäismus-Forschung allerdings in Vergessenheit geraten.

Es ist nun die Frage, ob dieser manichäische Tempel auch eine der ersten Gralsburgen war. Das Wesen des Gralschristentums Titurels und das Wesen des Gralschristentums Manis sind durchaus in Einklang zu bringen, denn Manis Aura ist mit einer Gralsschale versehen, und er spricht – im *Kölner Mani-Kodex* – bezogen auf die menschliche Seele auch von der »Schale der Weisheit«. Das visigotische Christentum wiederum basiert auf dem Denken des Arius: Die Trinität umfasst drei Wesenheiten, die gemeinsam, in einer Einheit wirken, und jeder Mensch trägt einen göttlichen Funken in sich. Die Lehre des Arius, dessen Lehrer, wie wir bereits sahen, der Meister Jesus, Lukian von Antiochia, war, stimmt mit der Auffassung Manis überein: Das Wesen des Heiligen Geistes erkannte er als sein Zwillingswesen, und jeder Mensch verfügt über ein göttliches Selbst (das transzendente Ich). Als am Ende des 11. Jahrhunderts der römische Ritus, wie er zuerst in Jaca praktiziert wurde (1071), an die Stelle des visigotischen trat, begann, so meine ich, das Gralschristentum immer stärker im Verborgenen zu wirken. Steiner sprach auch von den »späteren gotischen Mysterien«, in »einer Gegend im Norden von Spanien«, und zwar »in der Zeit, in der die Kreuzzüge beginnen, und etwas vorher«, also im späteren 11. Jahrhundert. Er äußerte auch, dass diese Mysterien die einer anderen Gralsrittergemeinschaft, der Tempeleisen, waren als die Gemeinschaft der Artusritter, so wie wir ja auch einen Unterschied zwischen der buddhischen und der zoroastrischen Gralsströmung gemacht haben. Das Geheimnis der eigentlichen Gralsmysterien ist übergegangen auf die Tempeleisen im Norden Spaniens. Das heilige Gefäß mit dem geläuterten Blut wurde zu den Tempeleisen auf dem Berge Montsalvatsch gebracht; Titurel hat den Gral empfangen. So wurden die Tempeleisen zu den Gralshütern.[234]

Es ist natürlich ein gewichtiges Argument, dass Rudolf Steiner geografisch sehr eindeutig diesen Ort in der Sierra de la Demanda (bei St. Domingo de Silos, wo der visigotische König Rekkared I. 593 ein Kloster bauen ließ, das später von den Arabern vernichtet wurde) in Beziehung zu den Gralsburgen des Titurel und des Amfortas bringt. Auch rein rechnerisch ist er nur 26 km entfernt von der besagten Diagonale und damit viel näher an der von Steiner genannten Lage als San Millán de Suso. Und wenn wir daran denken, dass es für Parzival entscheidend war, Amfortas zu befragen, fällt sofort auf, dass »Sierra de la Demanda« ja »Berg der Fragen« (der Frage oder Bitte im religiösen Sinne) bedeutet. In unmittelbarer Nähe der Kirche

Santa María de Lara steht auf einer Bergspitze – mit einer wunderschönen Aussicht – die Burg des Fernán González (930–970), des ersten Grafen von Kastilien, der gegen die Araber kämpfte. War dort der weltliche Schutz der vermuteten Gralskapelle stationiert? Jedenfalls sieht man auch in der Bergwand oberhalb von Santa María de Lara viele Höhlen, in denen einst Eremiten gelebt haben. Haben sie eine Gralsgemeinschaft gebildet? Schaut man sich das Alter der beiden Kirchen an, so war möglicherweise San Millán de Suso die erste Gralsburg und Santa María de Lara die zweite, die dann in der Zeit Parzivals zur Blüte kam. Wenn Steiner sich über Parzival und die Gralsburgen äußerte, dann sprach er vom Norden Spaniens;[235] also müsste Parzival dort gewesen sein.

Die Gralskönige von Aragón

Steiner spricht davon, dass der Gral in die übersinnliche Welt zurückgeholt wurde und gen Osten zog. (Bei Wolfram von Eschenbach ist die Rede vom Königreich des Priesterkönigs Johannes, Sohn des Feirefiz und der Repanse de Schoie.) Von Nordspanien aus ist der Gral tatsächlich geografisch gen Osten gezogen: von den beiden Gralsburgen in der Sierra de la Demanda nach San Juan de Peña, und weiter nach Montségur in Südfrankreich. In San Juan de Peña wurde die Gralsburg direkt in ein eindrucksvolles Gebirgsmassiv hineingebaut. Der Legende nach kam im 8. Jahrhundert der Ritter Vloto aus Saragossa hierher. Er war auf der Jagd, als er mit einem Mal merkte, wie sein Pferd in vollem Lauf an einen Abgrund geriet. Er betete zu Johannes dem Täufer, und sein Pferd erstarrte und blieb direkt am Abgrund stehen. An einer Stelle in der ausgehöhlten Bergwand fand er dann den unberührten Leib eines toten Eremiten und unter dessen Händen einen dreieckigen Stein. Daraufhin stellte Vloto sein Leben in den Dienst Johannes des Täufers. Er verkaufte all seine Besitztümer und wurde hier, gemeinsam mit seinem Bruder Felix, Klausner. Später kamen Marcellus und Benediktus hinzu, und San Juan de la Peña wurde zu einem religiösen Zentrum. Briz Martínez, im 17. Jahrhundert Abt von San Juan de la Peña, erzählt in seiner Geschichte des Klosters, dass García Jiminas, Haupt einer Gralsrittergemeinschaft von dreihundert Mann, hier im 11. Jahrhundert in einer Imagination schaute, wie ein rotes Kreuz aus dem Himmel kam und in einem Baum aufgefangen wurde. Daraufhin trugen seine Ritter ein weißes Kleid mit rotem Kreuz, was später Hugo de Paynes, der familiäre Beziehungen zu diesem spanischen Kloster hatte, als Vorbild für die Kleidung der Templer gedient haben dürfte. San Juan de la Peña muss Rudolf Steiner zufolge eine wirkliche Gralsburg gewesen sein, in der der göttliche Gral erschienen ist. Das könnte vom 9. Jahrhundert an bis zum Jahr 1071 gewesen sein, als der römische Ritus eingeführt worden ist. (Unmittelbar in der Nähe, bei Huesca, wurde sogar ein Berg nach dem Gral benannt, der Pico Gratal.) In dieser Gralsburg hat dann sogar ein physisch greifbarer Gralskelch gestanden, von dem auch Walter Johannes Stein in seinem Buch *Weltgeschichte im Lichte des Heiligen Grals* berichtet.[236] Papst Sixtus II. habe, bevor er in Rom verfolgt und getötet wurde, dem Laurentius eine Achatschale für Wein und eine Onyxschale für Brot übergeben. Diese Schalen, die Christus beim Abendmahl benutzt haben soll – später wurden sie mit einer Goldfassung zu einem Gefäß verbunden – ließ Laurentius dann vor seinem Märtyrertod nach Huesca bringen, wo er geboren worden war. Und der Kirchenhistoriker Michael Hesemann beschreibt in seinem Buch *Die Entdeckung des heiligen Grals*, dass Petrus den Gralskelch von Rom in das nordspanische Huesca bringen ließ, in die Kirche San Pedro el Viejo, und er dann immer wieder vor den Überfällen der Araber nördlich von Huesca in Sicherheit gebracht werden musste: 711 nach Yebra, hoch oben in den Bergen gelegen, wo zahllose Weißkopfadler fliegen und wo auch die schöne Orosia, die die Hand des Emirs ausschlug, getötet und begraben wurde; 833 nach San Pedro de Sirane; 924 nach San Adrián de Sásabe, tief in den grünen Bergen an einem kleinen plätschernden Fluss.[237] Es ist gut vorstellbar, dass sich an diesen Orten eine Gralsgemeinschaft gebildet hat, die den Gral auch übersinnlich erleben konnte. Hesemann beschreibt, wie der Gralskelch dann 1071 nach San Juan de la Peña kam, gerade zu dem Zeitpunkt, als im Saal dieses Klosters, dessen Decke aus einer gewaltigen roten Felswand besteht, das Konzil stattfand, das den römischen Ritus einführen sollte. Hier blieb der Gralskelch bis ins 15. Jahrhundert, bis er 1437 über Saragossa in die Kathedrale von Valencia gebracht wurde, wo er noch immer zu besichtigen ist und im Jahr 2006 von Papst Benedikt XVI. bei der Messe benutzt wurde. Hesemann erkennt San Juan de la Peña erst von dem Augenblick an als Gralsburg an, als der physische Gralskelch dorthin gelangte und 1071 vom Konzil in Verbindung zum römischen Katholizismus gebracht werden konnte. Für mich dagegen ist 1071 das Jahr, in dem der übersinnliche Gral sich »emanzipieren« musste, und zwar auch und gerade von einer möglichen Verbindung mit dem physischen Gralskelch, der damals zum höchsten Symbol der Messfeier wurde.

Das überaus interessante Buch Hesemanns berichtet ferner, dass, der Forschung verschiedener Wissenschaftler zufolge, der *Parzival* des Wolfram von Eschenbach auf historische Persönlichkeiten aus dem 11. und 12. Jahrhundert zurückzuführen ist. Hesemann stützt sich dabei auch auf die herausragenden, in *Die Drei* erschienenen Artikel von Marcus Osterrieder, in denen dieser die Beziehungen ebenfalls ausdrücklich feststellt.[238] Er setzt die Könige von Aragón, die gegen die Araber gekämpft haben, mit den Gralskönigen gleich: Ramiro I. de Aragón (1010–1063) ist Titurel; Sancho Ramírez de Aragón (1034?–1094) ist Frimutel, und Alfonso I. de Aragón, genannt Alfonso El Batallador (1073–1134) ist Amfortas. Denn Alfonso wird im Occitanischen *Amforts* und im Lateinischen *Amfortius* genannt! 1133 wurde er vom Feind verwundet. Er zog sich aus Scham zurück und wurde nach seinem baldigen Tod nicht wie Titurel und Frimutel in San Juan de la Peña begraben, sondern in Huesca, im Klostergarten der Kirche San Pedro el Viejo (wo sich die gleichen Reliefs befinden wie in San Juan de la Peña). Sein Neffe, der ihn im Kampf gegen die Araber in Nordspanien unterstützte, war Rotrou III. (1089–1144), der Graf von Le Perche; Hesemann identifiziert ihn mit Parzival. Hesemann erkennt den Wolfram'schen Trevrizent im Bruder des Alfonso: Ramirez II. (»der Mönch«, 1080–1147) aus Huesca. Im Granoflanz des Wolfram von Eschenbach erkennt er Alfonso el Bravo (1040–1109) oder Alfons VI. von León und Kastilien und im Cidegast »El Cid de Kast«, den berühmten kastilischen Ritter El Cid (1040–1099). Für Hesemann ist San Juan de la Peña mit seinen 300 Gralsrittern im 11. Jahrhundert jene Gralsburg, in der Parzival Amfortas besucht hat. Für ihn ist die Suche nach dem Gral an ihr Ende gekommen; der Untertitel seines Buches lautet daher »Das Ende einer Suche«.

Kommt das Suchen an ein Ende, so kommt auch das Mysterium an ein Ende. Hesemann spricht nicht von einem esoterischen Gral. Doch hier taucht ein Widerspruch auf. Steiner hatte für den historischen Parzival als Reinkarnation Manis das 9. Jahrhundert angegeben. Er sagte, Trevrizent habe in der Eremitage von Arlesheim gelebt und die Gralsburg sei in Nordspanien zu finden. Das könnte bedeuten, dass weiter gesucht werden muss, um die drei Gralskönige im Nordspanien des 9. Jahrhunderts historisch ausfindig zu machen. Es könnte aber auch bedeuten, dass Wolfram von Eschenbach die ursprüngliche Erzählung mit den Entwicklungsbildern Parzivals im 9. Jahrhundert durch die Vermittlung des Kyot aus dessen Zeit heraus gelesen (oder geschaut oder anerkannt) hatte, diese Bilder dann aber mit Darstellungen von historischen Persönlichkeiten seiner eigenen Zeit – eben den Gralskönigen von Aragón –ausgeschmückt hat. In jedem Fall aber wäre die Tatsache zu beachten, dass es sich um nordspanische Gralskönige handelt, die mit der Gralsburg San Juan de la Peña verbunden sind.

Der Montségur als Gralsburg

Ilona Schubert meinte in Bezug auf den Montségur, der Gral sei schon vor den Katharern, im 9. oder 10. Jahrhundert, dorthin gebracht worden. Es ist sehr wohl möglich, dass die Katharer den Gral weiterhin gehütet haben, und zwar bis ins Jahr 1244, als das Castrum Montségur fiel. Auch von den Katharern heißt es, sie hätten eine manifeste, steinerne Form des Grals gekannt. Antoine Gadal, der Mitte des

20. Jahrhunderts archäologische Forschungen in Ussat les Bains durchgeführt hat, nimmt an, der Gral der Katharer sei ein Meteorstein gewesen und von ihnen »lapis ex coelis« genannt worden, der Stein, der im Kampf Michaels mit Luzifer aus Luzifers Krone vom Himmel fiel.[239] Natürlich ist ein solcher Stein, wenn es ihn denn bei den Katharer gegeben hat, in erster Linie eine Metapher für den übersinnlichen Gral oder den Geist des Christus: der Paraklet, der Mani erfüllte. Der Paraklet brachte bei der Geisttaufe, dem Consolamentum, die Erleuchtung und Tröstung beim Sterben. Die Katharer haben ihre Kirche die Kirche des Parakleten genannt und am 29. September, dem Michaelstag, das Fest des Parakleten gefeiert: das Manisola-Fest. Manisola bedeutet: Schale für den Geist oder Gral. Der Paraklet war es auch, der die Katharer während der 14 Tage tröstete, in denen sie auf dem Montségur ihren Flammentod erwarteten, der sich dann am 16. März 1244 ereignete. Die Katharer haben sich auf erschütternde Weise für ein zukünftiges Christentum der Freiheit und der Liebe zur Menschheit geopfert.

Die Templer und die östlichen Gralsmysterien

Auch jene neun Templer, unter ihnen Hugo de Paynes, die zu Beginn des 12. Jahrhunderts in Jerusalem lebten, haben durch ihre Meditationen den übersinnlichen Gral geschaut und sind entsprechend eingeweiht worden. Im Mittelalter wurden sie nach Aussage Rudolf Steiners zu Inauguratoren der Gralsströmung des Ostens. Er nannte sie einmal »die eigentlichen Sendboten des heiligen Gral«.[240] Als die Templer nach Westeuropa zogen, haben sie sich mit der Ich-Kraft der nordischen Mysterien verbunden, was auch in ihren Initiativen im ökonomischen Bereich zum Ausdruck kommt. Sie wurden damals durch all den Reichtum, den sie aus dem Osten mitgebracht und im Westen noch dazu erhalten hatten, zu den »Bankiers Europas« und liehen all jenen zinslos Geld, die es für gute Initiativen brauchten. Sie selbst hatten das Gelübde der Armut abgelegt. Wenn ein Templer bei seinem Tod Geld mit sich trug, wurde er nicht in geweihter Erde begraben. Besonders stark hatten die Templer in sich das verwirklicht, was ich den »buddhischen Christusimpuls« nennen möchte, sie erlebten fortwährend, dass das durch sie hindurchströmende Blut nicht ihnen selbst, sondern Christus gehörte.[241] Bei diesem Impuls handelt es sich, um mit Wim Veltman zu sprechen, um die (individualisierte) Johannesphase der Liebe, der die Jakobusphase der Hoffnung und die (mit der Kirche verbundene) Petrusphase des Glaubens vorausgegangen sind.[242] Auf diese Weise haben die Templer das Blut zum Gold des Christus ätherisiert, und dank des inneren Goldes wurden sie in Christus zu den rechtmäßigen Verwaltern des äußeren Goldes. So konnten die Templer aus dem heraus, was ich die »buddhische Gralsströmung« nenne, durch ihr schöpferisches, ich-bewusstes Handeln auch wirtschaftlich eine geistig und inhaltlich tiefe Verbindung zu den nordischen Mysterien schaffen.

Rudolf Steiner beschreibt, dass der zweite Angriff des apokalyptischen Tieres »mit den zwei Hörnern«[243] – Steiner bezeichnet es nach der Zahl des Tieres als Sorat – zur Zeit der »Verdoppelung« von 666, also um das Jahr 1332 herum, auf den Untergang der Templer hinzielte.[244] Der goldgierige König Philipp der Schöne, der den Reichtum der Templer begehrte, wusste Papst Clemens V. so zu beeinflussen, dass er den Templern im Jahre 1307 unter inquisitorischer Folter alle möglichen falschen Geständnisse abpressen konnte, da ahrimanische Geister anstelle der durch die Folter aus dem Körper getretenen Ich-Wesen aus den Templern sprachen.

So hat Sorat, der in diesen ahrimanischen Geistern wirkte, aus Unschuldigen einen Lügengeist freigesetzt, der die Erdatmosphäre verunreinigte. In seinem Roman *Das Foucaultsche Pendel* zitiert Umberto Eco die falschen Geständnisse noch ungekürzt und völlig zu Unrecht als korrekte Fakten. Als der Großmeister der Templer, Jacques de Molay, am 18. März 1314 in Paris den Scheiterhaufen besteigen musste, entledigte er sich seines Ordenskleides, um es nicht den Flammen preiszugeben, nahm alle falschen Geständnisse zurück und sagte, er habe nur ein Verbrechen begangen, nämlich den Verrat an seinem eigenen Orden. Er bat Gott, König und Papst zur Verantwortung zu ziehen. Noch im selben Jahr sind beide gestorben. Der erste Soratimpuls in der Akademie von Gondischapur (siehe Kapitel 11) war ein Angriff auf das menschliche Denken, um den Geist zu materialisieren. Der zweite Angriff sollte auf dem Weg des religiösen Fühlens des Menschen die Seele verunreinigen. Nahm der dritte Angriff weitere 666 Jahre später, also um 1998 herum, den Weg des Willens und war auf den menschlichen *Körper* gerichtet? Hängt damit die Zunahme von Inzest, Perversität und die Möglichkeit des Klonens von höheren Lebewesen zusammen?

Die Templer waren eine der bedeutendsten Bewegungen innerhalb der buddhischen Gralsströmung des Ostens. Sie haben in ihrer ersten geistigen Annäherung an die nördliche Mysterienströmung die Keime für eine moralische Verchristlichung des künftigen Wirtschaftslebens gelegt.

Die buddhische Gralsströmung des Ostens

Auch das Katharertum in Südfrankreich ist von Gemeinschaften der östlichen buddhischen Gralsströmung beeinflusst worden, vor allem von den Gralsrittern und Mönchen von San Juan de la Peña und Castillo de Loarre in Nordspanien und von den Templern von Montreal de Sos in Südfrankreich. Im 11. Jahrhundert musste die arianische Signatur der zuerst genannten Gralsburg San Juan de la Peña durch die katholische athanasische Dogmatik ersetzt werden. Bereits im Jahre 325 war auf dem ersten Konzil von Nicäa beschlossen worden, dass die aus konkretem geistigem Schauen stammende Lehre des Arius, die besagte, dass die Trinität aus der Dreieinheit dreier getrennter Wesenheiten besteht, abgelehnt werden sollte. Dagegen setzte sich die intellektuell abstrakte Lehre des Athanasius durch, die annahm, die Trinität bestünde aus einer einzigen Gottheit mit drei Antlitzen.

Das arianische Christentum war das Christentum der Westgermanen, die in Südfrankreich, vor allem in Toulouse, und in Nordfrankreich eine völlig andere Kultur hatten entstehen lassen. Das arianische Christentum war viel toleranter, weil es von einem göttlichen Funken in jedem Menschen ausging, ungeachtet seines Glaubens. Und so ist in diesen Gegenden das arianische Christentum zum Nährboden für ein verinnerlichtes oder esoterisches Christentum geworden. Es ist sehr gut möglich, dass die Gralseingeweihten des in den Pyrenäen gelegenen San Juan de la Peña das Katharertum in Südfrankreich beeinflusst haben. Zugleich aber, so meine ich, ist das Katharertum aus dem Geiste geboren worden und hat erst später von historischen Strömungen wie dem Bogomilismus, dem Manichäismus, den Priscillianern oder den Gralsrittern und Templern seine Form erhalten, denn es ist bekannt, dass es zu Beginn des 2. Jahrtausends Menschen gab, die in einem bestimmten Augenblick ihrer Entwicklung das Feuer des Parakleten als den »wahren Papst« erlebt haben. Zu ihnen gehörten Leuthard aus Vertus (im Jahre 1000) und die dreißig adligen Frauen auf der Burg von Monteforte bei Turin (im Jahr 1028).[245] Das Bekenntnis, die Verbindung mit Christus sei nur in der Austeilung des Sakraments durch die katholische Kirche möglich, war ihnen daraufhin nicht mehr möglich. Die Begegnung der Gralsritter aus Montreal de Sos mit den Katharern in den Pyrenäen ist historisch belegt; beide trugen die Mani-Intention der Liebe in sich.

Die Gralsströmung des Ostens wirkt aus einem tieferen Selbst, das man im Inneren der Seele finden kann. Ich bezeichne dies als »buddhische« Gralsströmung des Ostens, weil die kontemplative Haltung, die Intuitionen des Geistes aus der inneren Stille heraus wahrzunehmen, eine buddhistische Haltung ist. Die Gralsströmung des Ostens ist auch in Verbindung mit dem zu sehen, was Rudolf Steiner bezeichnet hat als »aristotelisches« Christentum[246] (gegenüber dem platonischen oder kosmischen Christentums des Westens), bei dem die Betonung auf der menschlichen Seele und der philosophisch-analytischen Selbsterkenntnis liegt.

Diese Gralsströmung des Ostens wurde zudem von einer südlichen Mysterienströmung beeinflusst, die über Ägypten und Palästina das Mysterium von Tod und Auferstehung ins Bewusstsein brachte (und auch das juristisch-hierarchische Denken in Europa initiierte). So fand in der vorchristlichen Zeit der dreieinhalb Etmale dauernde Einweihungsschlaf statt. Auf der Woge dieser Strömung hat Christus den Tod des Leibes im Auferstehungsleib überwunden.

In der östlichen Mysterienströmung wird nach einer Möglichkeit gesucht, aus der Seele lebendige Weisheit werden zu lassen: *Ex oriente lux* – aus dem Osten kommt das Licht. Diese Strömung ist in Europa schließlich zu einem Impuls für Philosophie und Wissenschaft geworden. Die Gralsströmung des Ostens gewinnt so eine christliche Form: Durch Selbsterkenntnis und Verinnerlichung kann man Christus in demütiger Liebe in der Seele im »Nicht ich, sondern der Christus in mir« begegnen.

Die zoroastrische Gralsströmung des Westens

Etwas völlig anderes ist beispielsweise in dem altirischen Hymnus *St Patrick's Breastplate* zu hören:

> »Christus sei mit mir, Christus in mir,
> Christus hinter mir, Christus vor mir,
> Christus neben mir, Christus gewinne mich,
> Christus tröste und heile mich,
> Christus unter mir, Christus über mir,
> Christus im Frieden, Christus in der Not,
> Christus in den Herzen aller, die mich lieben,
> Christus im Munde des Freundes und des Fremden.«

Hier wird Christus vor allem und allüberall in der *Umgebung* erfahren, weniger im eigenen Innern. So wurde in der zoroastrischen Gralsströmung des Westens auch alles in der Welt und in der Natur aus der in der ätherischen Weltumgebung waltenden Liebe des kosmischen Christus erlebt.

Die zoroastrische Gralsströmung ist apollinisch, eher äußerlich: von außen nach innen. Die buddhische Gralsströmung dagegen ist dionysisch, verinnerlicht: von innen nach außen oder »mystisch«. Die zoroastrische Gralsströmung innerhalb der Artusströmung des Westens erlebt aus kosmischer Welterkenntnis heraus die Liebe und die Weisheit des Christus in der Weltumgebung. Die buddhische Gralsströmung des Ostens erlebt aus philosophischer Selbsterkenntnis heraus die Liebe und die Weisheit des Christus in der Innerlichkeit der Seele. In der ersten wirkt die Liebe des Christus vor allem im Ätherleib des Menschen und in der zweiten wirkt die Liebe des Christus vor allem im Astralleib des Menschen. Die als Gnade geschenkte Gralsweisheit wirkt in der ersten als kosmische Weisheit und in der zweiten als individualisierte oder philosophische Weisheit. In der zoroastrischen Gralsströmung konnte Parzival sich als einer der Ritter von König Artus in einer eher unpersönlichen Weise in die ›zodiakal‹ geprägte Gralsströmung aufgenommen fühlen. In der buddhischen Gralsströmung war Parzival in viel stärkerem Maße persönlich einbezogen, zuerst durch seine Liebesbeziehung zu Kondwiramurs und später durch eine vergeistigte Liebesbeziehung zu Christus und Amfortas.

Parzival und der zweifache Christusimpuls

Zusammengefasst kann man sagen: Parzival hat in sich die Artusströmung mit der in sie eingebetteten zoroastrischen Gralsströmung des Westens und die buddhische Gralsströmung des Ostens verbunden.

Parzival hat die Einweihung auf zoroastrische Weise aus der Natur erlebt. Rudolf Steiner fand nach dreißigjähriger Gralsforschung heraus, dass Parzival den Gral als Mondenschale geschaut hat: Der dunkle Teil des Mondes lässt das geistige Sonnenlicht durch, und durch diese Gnade wird die Erde gespeist. Das lässt sich bei Neumond spüren als eine atmosphärische Stille, die Erneuerung und Verjüngung bringt. Auf der Mondenschale konnten die Eingeweihten der Gralsburg in okkulter Schrift den Namen Parzival lesen. Der Gral hat selbst angegeben, wer der nächste Gralskönig sein sollte, wie es schon in der Dichtung heißt.[247] Es ist bezeichnend, dass Rudolf Steiner in derselben Vortragsreihe, ohne jedoch die Verbindung zu nennen, über die vier Liebesopfer des Erzengelwesens in dem von Lukas beschriebenen Jesus sprach. Man kann dies als weiteren Hinweis darauf werten, dass dieses Erzengelwesen in Mani wirkte und dass Parzival diese Inspiration aus seiner eigenen Wesenheit entbinden musste.

Ergänzend zu der Tatsache, dass Parzival den Gral auf zoroastrische Weise schaute, musste er einen inneren Weg der Läuterung durchmachen und konnte so auf buddhische Weise, aufgrund der verinnerlichten Liebe, den Gral in sich selbst finden, wie es oben bei der Betrachtung der zwölf Tugenden der höfischen Minne beschrieben wurde.

Parzival hat also die zoroastrische Gralsströmung des Westens und die buddhische Gralsströmung des Ostens in sich vereinigt. Das ist von großer Bedeutung, denn es sind exakt die beiden Wirksamkeiten des Christusimpulses. Da der Logos den Menschen Jesus durchdrungen und der Mensch Jesus wiederum die Liebesströmung Buddhas (im »nathanischen« Jesus) und die kosmische Weisheitsströmung Zarathustras (dessen Ich als »salomonischer« Jesus achtzehn Jahre lang in dem »nathanischen«

Jesus gelebt hatte) verbunden hat, konnte nach der Auferstehung, so denke ich, diese zweifache Natur des Menschen Jesus in den beiden einander entsprechenden Formen (der buddhischen bzw. zorastrischen) des Christusimpulses in der Welt weiterwirken.

Parzival hat im 9. Jahrhundert als Erster eigenständig die Ekstase und die Mystik, die kosmische Welterkenntnis und die philosophische Selbsterkenntnis des Christusimpulses in sich vereinigt. Parzival hat in sich den apollinischen Geist des Christus, der sein Denken als kosmische Mondenschale erleuchtete und ihn zum Gralskönig machte, mit der dionysischen Liebe des Christus vereinigt, die ihn im tiefsten Innern dazu inspiriert hatte, seinen eigenen Weg zu gehen und auch die Liebe zu Kondwiramur zu pflegen. Nach dieser Vereinigung von Apoll und Dionysos hat Nietzsche in seinem ersten Werk *Die Geburt der Tragödie aus dem Geiste der Musik* gesucht, es in *Der Fall Wagner,* wo er die apollinische Dimension im *Parzival* kritisierte, dann aber auf dramatische Weise abgelehnt.

Gerade die Vereinigung von Innerlichkeit und geistiger Außenorientierung macht den modernen Bewusstseinszustand der Geistesgegenwart aus, der es erlaubt, in allen äußeren Lebenssituationen aus den inneren Impulsen des Geistes heraus zu handeln. Parzival ist der Eingeweihte, der »geistes-gegenwärtig« aus dem Nichts zu schaffen vermag, der aus dem Nichts der Tradition, aus dem Geist heraus tätig ist. Hierdurch ist er, wie er es in der Inkarnation als Mani bereits war, wahrer Künstler. Im 9. Jahrhundert hat Parzival so die Bewusstseinsseele unserer Zeit vorbereitet: eine meditative Haltung, die es erlaubt, in der weltlichen Kultur kraftvoll zu handeln, um die Kultur mit dem Geist zu veredeln, die Materie zu vergeistigen und die Liebe des Christus direkt ins soziale Leben einfließen zu lassen. Parzival ist auch der Gralskönig unserer Zeit.

Das Liebesopfer des Parzival für unsere Zeit

Zu der Zeit, als Parzival Gralskönig wurde, fanden noch zwei weitere wichtige Ereignisse statt. Denn Gralskönig wurde er wohl, als am 13. Mai 848 Jupiter und Saturn in eine Konjunktion im Sternbild der Fische eintraten. Das wiederum muss Kyot von Flegetanis erfahren haben, der diese Sternenkonstellation seinerseits aus der zoroastrischen Astrologie als den Moment kannte, in dem Zarathustra wiedergeboren werden sollte. Desweiteren haben die Bischöfe 869 auf dem achten Konzil von Konstantinopel beschlossen, »den selbstständigen Geist, der schauen kann«, den aristotelischen *nous poietikos*, nicht mehr zum Menschenbild zu zählen. Nur der »rationale Geist« oder der »Verstand, der in der Seele wirkt«, der aristotelische *nous pathetikos,* blieb bestehen. Das bewirkte eine ahrimanische Verdunkelung des menschlichen Erkenntnisvermögens und leitete die erste Phase des Materialismus ein, der dann in unserer Zeit triumphieren sollte. Doch ist seltsamerweise gerade der Materialismus eine Voraussetzung auch für die Bewusstseinsseelenkultur unserer Zeit. Denn durch den Atheismus der wissenschaftlichen Forschung können wir uns von den unfreien Formen religiösen Denkens befreien und selbst zur Geistesforschung gelangen. Aus dem Todes-Nullpunkt des Materialismus heraus können wir in Freiheit unser eigenes Menschen- und Weltbild und auch unser eigenes Lebensziel bestimmen. So lässt sich auch erklären, dass Parzival gerade in dem Augenblick die Selbstständigkeit der Bewusstseinsseele in sich realisierte, als auf jenem Konzil der schauende Geist des Menschen geleugnet wurde. Denn die Bewusstseinsseele verlangt eigene Denkaktivität, um zum Geist zu gelangen, und daher war es wichtig, dass die natürliche oder atavistische Fähigkeit des Menschen, zum Schauen zu kommen, in den Hintergrund trat. Zugleich entstand durch die ahrimanische Verdunkelung die große Gefahr, dass der Mensch überhaupt keine Verbindung zum Geiste mehr finden würde. Parzival schlüpfte in die Haut dieser ahrimanischen Versuchung, um die Kraft des Materialismus von innen heraus in die selbstständige Kraft der Bewusstseinsseele zu verwandeln und dadurch den Geist zu finden.

Wir sehen also, wie er in seinem Leben in einer äußerst modernen Weise Zweifel und Atheismus durchlaufen musste, um schließlich aus eigener Kraft den Gral zu finden – im Kosmos und in sich selbst. Parzival hat den Drachen, der ganz klar in der Gestalt Klingsors erschienen war, besiegt und verwandelt. Meiner Meinung nach ist dies als ein manichäisches Liebesopfer zu betrachten. Mit ihm hat Parzival im 9. Jahrhundert als ein Pionier des Geistes der Menschheit befreiende Kräfte gebracht: um das schöpferische Ich – als Gralsschale für den kosmischen Christusgeist und für die christliche Liebeskraft – als ein geistiges Agens zu erleben.

Dennoch konnte Parzival dieses Liebesopfer meines Erachtens nur aufgrund eines zweiten Ereignisses vollbringen, das sich in derselben Zeit vollzog. Rudolf Steiner hat beschrieben, dass um das Jahr 869 herum in der geistigen Welt der Augenblick kam, in dem das höhere Ich oder Geistselbst des Christus vom Osten her – in Jerusalem war er auferstanden – gen Westen zog, um sich dort wieder mit seinem Lebensgeist oder ätherischen Sonnenkleid zu vereinigen, das er bei seinem Abstieg zur Erde im Erdenumkreis zurückgelassen hatte und das die Artusritterschaft noch in den Kräften der Natur um die Artusburg herum schauen konnte.[248] Dadurch konnte das Christus-Ich mit seinem Lebensgeist die ganze Äthersphäre der Erde tiefer und umfassender durchdringen als zur Zeit des Mysteriums von Golgatha und sie immer mehr und wie ein allumfassender Mantel der Liebe umhüllen. Es ist auffallend, dass gerade um das Jahr 869 herum, als sich das Christus-Ich oder Geistselbst des Christus aus dem Osten mit seinem Lebensgeist im Westen verbindet, Parzival die westliche und die östliche Mysterienströmung vereint. Parzival konnte die zoroastrische Gralsströmung des Westens und die buddhische Gralsströmung des Ostens in sich vereinigen, da Christus selbst, gewissermaßen eine Oktave höher, in der ätherischen Welt Westen und Osten miteinander verband. Durch die Tat des Christus im Himmel und die des Parzival auf der Erde konnte der Christusimpuls tatsächlich zweifach wirksam werden: als Liebe und Unbefangenheit Buddhas im inneren Leben und als schöpferische Weisheit und geistiger Wille Zarathustras im äußeren Leben des Menschen. In Parzival wirkte die buddhische Gralsströmung, in der er das unegoistische Geistselbst ausgebildet hat, und die zoroastrische Gralsströmung, in der er durch Rittermut und Liebe zur ganzen Natur die kosmische Weisheit als Lebensgeist entwickelt hat. Gleichzeitig verband sich das Geistselbst des Christus mit seinem Lebensgeist, der im Weltenäther ausgebreitet war.

Parzival konnte bei seinem manichäischen Liebesopfer von Christus aus der geistigen Welt überstrahlt werden, und zwar in dem Augenblick, als er Gralskönig wurde. So konnte sein Liebesopfer für die ganze Menschheit wirksam werden. Parzival hat aus eigener Aktivität das vollbracht, was zuvor das Erzengelwesen im Menschen Jesus getan hatte. Man kann daher gleich in mehrfacher Hinsicht sagen: Es ist charakteristisch für Parzival, dass er aus eigener Initiativkraft handelt, um sich mit dem Geist des Christus oder dem kosmischen Gral zu verbinden.

Die Selbstständigkeit Parzivals ist nun viel größer, als sie es in seiner Inkarnation als Mani war. Daraus schließe ich: In der Inkarnation als Mani wurde der menschliche Manu in Gestalt seines Syzygos noch von dem göttlichen Manu in Gestalt seines Syzygos inspiriert. Dies nach der Terminologie Rudolf Steiners. In ihrer *Geheimlehre* sprach Helena Petrowna Blavatsky (1831–1891) dagegen aus der hinduistischen Esoterik heraus vom göttlichen Manu als dem »Wurzel-Manu« und von dem von uns sogenannten menschlichen Manu als dem »Samen-Manu«.[249] Man könnte auch so sagen: In der Inkarnation als Mani hat der göttliche Manu dem menschlichen Manu die »Manuschaft« übertragen. Erst in der Inkarnation als Parzival wurde der menschliche Manu ganz auf sich selbst gestellt. Er fand zum einen selbstständig den Gral als »das Licht aller Lichter«, das Weisheitslicht, durch das alle Religionen verstanden werden können (wie auch Mani im Manichäismus die Religionen aus Christus als Wesen der Liebe heraus miteinander verbinden wollte). Zum anderen gelang es Parzival, durch seine Liebe und Reinheit die schwarze Magie Klingsors selbstständig zu durchbrechen. Das sind zugleich die beiden Aufgaben des menschlichen Manu bis in die ferne Zukunft hinein. Denn der menschliche Manu konnte aus sich selbst heraus ein menschliches Bewusstsein entwickeln und Liebeskräfte entbinden, die aufgrund dieser archetypischen »Pionierarbeit« heute, in unserer Zeit der Bewusstseinsseele, ein jeder Mensch verwirklichen kann.

Parzival ist der ganz auf sich selbst stehende Manu. Er wird nicht mehr durch den Parakleten oder den göttlichen Manu inspiriert. Er muss als ein »Sohn der Witwe« den göttlichen Vater finden und dazu aus seiner eigenen Seele heraus die Weisheitskräfte schöpfen. Das macht ihn zu einem Repräsentanten unserer Zeit. Erst nachdem er Gralskönig geworden ist – was als Erleuchtung aufzufassen ist –, ist er wieder, nun aus menschlicher Freiheit heraus, mit dem Parakleten verbunden; und dieser aus Gnade heraus mit ihm.

Mani als Repräsentant Michaels

Wir haben gesehen, dass das geistige Wesen, das Mani begleitete, mit verschiedenen Namen bezeichnet werden kann: als Syzygos, Paraklet oder Tröster, als Heiliger Geist, als göttlicher Manu, als das Erzengelwesen, das sich im Menschen Jesus inkarniert hatte, und als Michael. Daher können wir von Parzival als dem menschlichen Manu auch sagen, dass er in gewisser Hinsicht ein menschlicher Repräsentant Michaels ist. Ich denke, es ist bezeichnend, dass Mani-Parzival gerade zu Beginn des dritten Millenniums, im Michaelzeitalter, das 1879 begonnen hat und 301 Jahre dauern wird, seine nächste Inkarnation zur Erneuerung des Gralschristentums vorbereitet. So wird dieser Michaels-Mensch zugleich der Lehrer unserer fünften Kulturepoche sein, der in das Gralschristentum auch die Idee von Karma und Reinkarnation bringt. Dies wird er tun, wenn Christus der Herr des Karma geworden ist, denn Mani lehrt die Liebe, das Karma eines anderen mitzutragen.

Als unser führender Zeitgeist, als der aktive Sonnenimpuls der kosmischen Intelligenz, als der er einst in den Mysterienschulen gewirkt hatte, hat sich Michael zurückgezogen, sodass der Mensch genau wie Parzival aus der Freiheit der eigenen Intelligenz zum Geist kommen kann.[250] Die Zurückhaltung Michaels im Himmel, der als eine »junge«, vor allem abwartende Gestalt geschaut werden kann, findet, einer Sanduhr vergleichbar, die sich umkehren lässt, ihre irdische Antwort in der Initiativkraft seines menschlichen Vertreters. Die Sonnenflecken, die in einem Rhythmus von elf Jahren sichtbar werden, sind physischer Ausdruck davon, dass sich Michael als Sonnenwesen von seiner aktiven Inspiration als kosmische Intelligenz zurückgezogen hat.[251] Und Parzival wird, auch als ein menschlicher Repräsentant Michaels, an die eigene Intelligenz und den freien Willen des Menschen appellieren, der selbst zwischen Gut und Böse zu unterscheiden vermag, um den Sonnenimpuls des Christus im Menschen zum geistigen Verständnis wie auch zur Tat zu führen.

Kapitel 11

Lazarus und der Auftrag des Christian Rosenkreuz

Dank moderner wissenschaftlicher Forschung ist es möglich, eine besondere Beziehung zwischen dem reichen Jüngling und Lazarus auszumachen. Im Jahr 1956 wurde im Katharinenkloster in der Sinai-Wüste ein geheimes Evangelium des Markus gefunden. Hieronymus hatte bereits im 4. Jahrhundert darauf hingewiesen, dass zwei Markus-Evangelien im Umlauf gewesen seien, das eine, um die Lehre an die Öffentlichkeit zu bringen, und ein weiteres für Menschen, die meditieren wollten. In dem aufgefundenen Fragment des geheimen Evangeliums wird eine direkte Beziehung zwischen dem reichen Jüngling[252] und Lazarus hergestellt: Der reiche Jüngling ist Lazarus. Und dieser Jüngling soll nur in das Reich Gottes kommen können, wenn er durch das Nadelöhr geht und all seinen Reichtum preisgibt.

Was für ein Reichtum ist es, der da aufgegeben werden muss? Außer der Bindung an physischen Reichtum ist es auch die an die eigenen Talente. Wenn man die persönliche Identifizierung mit ihnen aufzugeben vermag, kommt man an einen Nullpunkt, der einem die wirkliche Liebe des Christus in sich aufzunehmen erlaubt. Dann erst gelangen die Talente zu einer neuen Blüte und können mit Liebe durchzogen werden.

Lazarus war laut Rudolf Steiner[253] in einem vorigen Leben Hiram Abiff, der Baumeister des salomonischen Tempels.[254] Salomo besaß große Weisheit, aber er war selbst kein Baumeister. Diese Fähigkeit besaß dagegen Hiram Abiff, ein Repräsentant der königlichen Kunst. Dazu erzählt die sogenannte Tempellegende, die auch von den Freimaurern gern tradiert wird, Folgendes:[255] Während des Tempelbaus besuchte die Königin von Saba Salomo.[256] Zwischen den beiden entstand eine Freundschaft. Schließlich jedoch verliebte sich die Königin in Hiram Abiff. Das erweckte Salomos Eifersucht, und so ließ er es zu, dass Hiram Abiffs Werk hintertrieben wurde. Als er das »Eherne Meer« nicht gießen konnte, trat Hiram Abiff jedoch aus seinem Körper heraus und begegnete unter der Erde Tubail Kain, der ihm das Meisterwort und das goldene Dreieck gab.

Hiram steht in der kainitischen Stammlinie, welche die Erde durch Kunst, Wissenschaft und Handwerk verwandeln will. Denn Kain bestellte die Erde und verwandelte sie, während Henoch Musikinstrumente baute. Salomo steht dagegen in der abelitischen Stammlinie, die den Himmel in der Kraft der Religion sucht und so die Hirtenfunktion in der Gemeinde erfüllen will. Denn Abel war ein Hirte, Henoch ein Priester. Daraus resultieren die männliche Strömung der schaffenden Kunst und die weibliche Strömung der Religion. Zarathustra kann man zur ersten Strömung, Buddha zur zweiten zählen.

So wie Christus beide Strömungen in sich vereinigt und zur Synthese gebracht hat, müssen auch in der Zukunft die kulturell-historischen Strömungen zu einer Synthese geführt werden. Heute stehen sich die männliche und die weibliche Strömung in der Freimaurerei und im Jesuitismus oftmals noch konträr gegenüber. Dasselbe geschieht in der Weltpolitik. Nie kommt es zu einem größeren Machtkampf, als wenn Männliches und Weibliches einander gegenüberstehen.

Ich bin der Auffassung, dass im esoterischen Christentum bereits nach einer zukünftigen Synthese der männlichen und der weiblichen Strömung gesucht wurde. Der Manichäismus ist eine abelitische Strömung mit einem Streben nach innerer Reinheit und religiöser Verbindung mit dem Christus. Zugleich wurde aus dieser abelitischen Gesinnung das Streben entwickelt, sich gefühlsmäßig und in Liebe mit der Welt und sogar mit dem Bösen zu verbinden, sodass der in der Natur gebannte Geist erlöst werden kann. Der Jesus Patibilis oder die leidende Weltenseele konnte geschaut werden, wie auch am Ende der Entwicklung zum vergeistigten Denken, die im Herzen stattfindet, Christus geschaut werden kann. Dieses Streben, nicht beim Glauben stehenzubleiben, sondern durch Geistesschau zur Erforschung der geistigen Welt und zur Geisteswissenschaft zu gelangen, ist eine kainitische Einstellung, die aus abelitischer Gesinnung resultiert. Es ist eine erste Brücke, durch die der Bruderstreit zwischen Kain und Abel innerlich und äußerlich überwunden werden kann. Allerdings ist bekannt, wie sehr gerade der Katholizismus – der prinzipiell eine wichtige Funktion für die Glaubenskraft im Menschen ausübt – als einseitiger Abelitismus in Form eines Jesuitismus *avant la lettre* den Manichäismus und später den Katharismus und Bogomilismus mit aller Kraft bekämpft hat.

Eine zweite Brücke schlug – aus einer umgekehrten Blickrichtung – die Strömung der Rosenkreuzer als die christliche Fortsetzung der kainitischen Strömung des Hiram Abiff. Im esoterischen Christentum der Rosenkreuzer des 17. Jahrhunderts lebte der Wille, die Materie mittels der Alchemie zu vergeistigen. Die Materie zu metamorphosieren, den Geist aus der Materie zu befreien, ihn zu erlösen und das Denken als geistiges Schauen auferstehen zu lassen, das ist eine genuin kainitische Haltung. Die Rosenkreuzer suchten freilich die wahre Alchemie: die Transformation des Alten Adam in den Neuen Adam, und zwar im Menschen selbst. Durch eine meditative Haltung beim Durchführen alchemistischer Experimente wurde die Seele des Menschen verwandelt und der Geist mit dem Makrokosmos verbunden. Das spielte sich beispielsweise folgendermaßen ab: Die Wahrnehmung, wie eine Salzlösung verdampft, bis hin zu dem Augenblick, da das Salz auskristallisiert, ermöglichte der Seele das Erlebnis der Reinheit des göttlichen Denkens, das zum Vorbild für das eigene Denken wurde. Durch das merkuriale Auflösen von Zucker in warmem Wasser wiederum konnte in der Seele das Erlebnis göttlicher Liebe als Vorbild für die eigene Gefühlshaltung der Welt gegenüber entstehen. Und indem mit der Verbrennung der Schwefelprozess sichtbar gemacht wurde, konnte in der Seele ein Erlebnis göttlicher Opferkraft als Vorbild für die höchste christliche Willensentwicklung des Menschen entstehen. Auf diese Weise wurde im Menschen selbst das Gold oder der Stein der Weisen gebildet; das ist die transformierende Wirkung des Christusgeistes im Menschen. Gleichzeitig wurde die königliche Kunst der wahren Alchemie auch ganz praktisch eingesetzt, um Menschen zu heilen. Die kainitische Einstellung bewirkte hier eine abelitische Gesinnung oder religiöse Reinheit als Voraussetzung, um mit Christus vereint zu sein. Daher denke ich, dass die Strömung der Rosenkreuzer bestrebt war, das Fortwirken des Bruderzwistes zwischen Kain und Abel in Mensch und Kultur zu überwinden. Auch die Strömung des Rosenkreuzes, getragen zwar vom Golfstrom der Reformation, wurde vielfach bekämpft, so zum Beispiel vom Katholizismus in den Auseinandersetzungen des Dreißigjährigen Kriegs. Sie wurde dann von der Strömung der Freimaurer »adoptiert«, verlor darin jedoch das rein abelitische Verhältnis zu Christus.

Die Königin von Saba (aus dem Südjemen oder aus Damkar stammend, wohin später, im 15. Jahrhundert, Christian Rosenkreuz kommen sollte) entschied sich also für den forschenden und schöpferischen Geist des Hiram Abiff und nicht für die abgerundete Weisheit Salomos. Das ist auch Ausdruck dafür, dass die Menschheitsseele nicht mehr nur in paradiesischer Weisheit (gleichsam in einem höheren Mondbewusstsein) leben wollte, sondern immer stärker danach strebte, wirklich durch die Erdenkräfte hindurchzugehen (mit der Gefahr, dem Materialismus zu verfallen), um so die Erde vergeistigen und verwandeln zu können. Das erfordert stärkste Geisteskraft aus einem höheren Sonnenbewusstsein heraus.

Wie gesagt, Rudolf Steiner zufolge inkarnierte Hiram Abiff sich als Lazarus, der durch Christus Jesus die Auferstehung erlebte. Dabei ist zu betonen, dass Lazarus nach Rudolf Steiner dieselbe Individualität ist wie der Verfasser des vierten Evangeliums: Johannes der Evangelist.[257] Wie der Jüngling zu Nain der vom Christus Jesus zur Einweihung geführte Lehrer des esoterischen Christentums unserer fünften nachatlantischen Kulturepoche ist, so ist Lazarus-Johannes die von Christus zur Einweihung geführte Individualität, die in der sechsten Kulturepoche – im vierten und fünften Jahrtausend (3573–5733) in Russland – der führende Lehrer des esoterischen Christentums sein wird. Die sechste Kulturepoche ist auf höherer Ebene eine Wiederholung der zweiten Kulturepoche (5067–2907 v. Chr.). Sie ist die am Christusimpuls der vierten Kulturepoche gespiegelte zweite, persische Kulturepoche, in der Zarathustra die Sonnenweisheit inaugurierte, um den ganzen Kosmos und die Seele des Menschen als Polarität von Licht und Dunkelheit zu verstehen. In der sechsten Kulturepoche ist es von noch größerer Bedeutung, dass das höhere Ich oder Geistselbst in der Menschheit zur Blüte gebracht wird. Die individualisierte göttliche Weisheit kann die Seele vollständig in das die Dunkelheit überwindende Licht der Selbsterkenntnis verwandeln, und durch diese Weisheitsentwicklung kann in der sechsten Kulturepoche dann eine noch tiefere Umwandlung stattfinden, mit der auch Mani verbunden bleibt: die Ausbildung der Liebeskräfte im Formkräfte- oder Lebensleib. Denn nur die Liebe ist das Licht, das die Dunkelheit der unbewussten Begierden vollständig verwandeln kann. Die Menschheit wird durch Versuchungen gehen müssen, durch Leid, das Läuterung bringt. Denn die Läuterung erst schenkt einem die Integrität und Selbstlosigkeit der Liebe. Es ist die Aufgabe der sechsten Kulturepoche, die gesamte menschliche Gesellschaft und alle sozialen Beziehungen zu durchchristlichen. Lazarus-Johannes, der auch die Apokalypse geschrieben hat,[258] wird zum großen Lehrer einer Transformation von Seele und Kultur in die lebendige Weisheit oder Sophia, wie Wladimir Solowjew (1853–1900) in Bezug auf die zukünftige russische Gesellschaft sagte.

Wir haben vom Manichäismus gesprochen, der eine Brücke von der abelitischen zur kainitischen Strömung schlägt, und vom Rosenkreuz, das umgekehrt eine Brücke von der kainitischen zur abelitischen Strömung schlägt. Die Strömung des Rosenkreuzes[259] als verchristlichte kainitische Strömung steht in einem sehr engen Verhältnis zum johanneischen Christentum. Denn Rudolf Steiner zufolge war Lazarus-Johannes in einem nächsten Leben kein anderer als Christian Rosenkreuz,[260] Gründer der Bruderschaft der Rosenkreuzer, der von 1378 bis 1484 lebte, also ein Alter von 106 Jahren erreicht hat.

Folgt man der *Fama Fraternitatis Rosae Crucis*, verfasst im Jahre 1614 von (vor allem) Johann Valentin Andreae, so unternahm Christian Rosenkreuz eine Reise nach Damkar oder Südjemen und nach Fez und bekam dort von arabischen Weisen esoterisches Wissen vermittelt, und zwar in der Form der sieben freien Künste, mit Betonung auf der Musik (bzw. Alchemie), der Medizin und Astronomie, und als Vertiefung der Einweihungswissenschaft. Er verband dieses Wissen mit der Weisheit des Barmherzigen, mit Christus, und konnte so den europäischen Gelehrten diese esoterische Weisheit zur Verfügung stellen.

Christian Rosenkreuz hat die arabische Weisheit de facto verchristlicht, obwohl in der *Fama* sowohl der Papst als auch Mohammed abgelehnt werden. Dass im esoterischen Christentum eine solche Verbindung der Kulturen stattgefunden hat, ist gerade in unserer heutigen multikulturellen Gesellschaft zu betonen. Auf andere Weise war dies bereits zuvor geschehen, als nämlich Kyot, der Gewährsmann Wolfram von Eschenbachs, der den *Parzival* geschrieben hat, über den Araber Flegetanis die arabische Sternenweisheit und den *Gral* kennengelernt hatte. Zudem wird erzählt, dass Parzival, kurz bevor er Gralskönig wurde, seinem Halbbruder Feirefiz begegnete, der aus dem islamischen Kulturbereich stammte. Feirefiz nahm Christus an, als er Repanse de Schoye, die Trägerin des Grals, heiratete. Dies ist zugleich ein weiterer Hinweis darauf, dass die Weisheit und die Kraft dieses Kulturgebietes in das Gralschristentum integriert wurde.

Das Liebesopfer des Islam

Dasselbe geschah auch im frühen Mittelalter. Im 13. Jahrhundert haben Thomas von Aquin (1225–1274) und Albertus Magnus (1206–1280) die aristotelische Naturwissenschaft verchristlicht. Offiziell anerkannt von der katholischen Kirche wurde die Philosophie des Thomas erst im Jahre 1879. Interessant ist, dass die arabisch-aristotelische Naturwissenschaft nach Aussage Rudolf Steiners eine späte Folgeerscheinung der persischen Akademie von Gondischapur war,[261] jener Stadt, an deren Tor man den Leichnam Manis aufgehängt hatte.

Erforscht man die Entwicklung dieser Akademie genauer, so lässt sich eine zunehmende Vermaterialisierung des aristotelischen Denkens feststellen. Die Akademie verdankte ihre Gründung vorwiegend aristotelischen Philosophen, die aus Griechenland geflüchtet waren, als die Philosophenschulen in der ersten Hälfte des 6. Jahrhunderts von den römischen Kaisern geschlossen wurden. Diese Philosophen haben die Idee der *Substanz* bei Aristoteles nicht mehr als *essenzielle Wesenheit* aufgefasst, die mit der Materie intrinsisch verbunden ist, sondern nur noch als abstrakt-materiellen *Träger von Eigenschaften*. Es wurde gelehrt, dass als das einzig Unsterbliche die Intelligenz des Menschen übrig bleibe und nach dem Tod entindividualisiert in die Weltintelligenz übergehe. Als das aristotelische Denken nach Osten zog, ging mit der Vorstellung, dass die Intelligenz der sich entwickelnden Individualität in der Allintelligenz aufgehe wie ein Tropfen im Ozean, gerade die Idee verloren, dass der Mensch ein Ich-Wesen sei oder, wie Aristoteles sagte, ein »unbewegter Beweger«, ein Ich, das durch nichts anderes als durch sein eigenes Denken bestimmt werde. In der Akademie von Gondischapur wurde der Übergang von der auf den Geist gerichteten Alchemie zur Chemie vollzogen; so wurde beispielsweise auf chemische Weise Parfüm produziert. Auch das Schachspiel, das aus Indien kam und dessen

Ziel es war, einem in der Interaktion das eigene Karma sichtbar zu machen, indem man die Folgen der selbstverursachten Taten erfuhr, wurde nun in die Sphäre des Wettbewerbs einbezogen.

Die Vermaterialisierung der Naturwissenschaft und die Entindividualisierung des Menschen in dieser Akademie von Gondischapur haben, geisteswissenschaftlich betrachtet, eine tiefere Ursache. Rudolf Steiner sagte, dass hier der Sorat-Impuls des Jahres 666 n. Chr. wirksam geworden sei, um mit Hilfe der Naturwissenschaften unserer Zeit Europa geschichtlich verfrüht beherrschen zu können.[262] Dann wäre bereits im ersten Jahrtausend eine abstrakt-wissenschaftliche Kultur entstanden, die die Seelenkräfte der Menschheit hätte vertrocknen lassen. Die Menschheit musste aber erst noch die verinnerlichte Seelenentwicklung des mittelalterlichen Glaubens durchmachen, um dann im 19. Jahrhundert das wissenschaftliche Denken so aufnehmen zu können, dass der Glaube an die göttlich-geistige Welt nicht vollständig verloren ging.

Durch zwei Ereignisse konnte vermieden werden, dass der Impuls des Sorat Welt und Menschheit in eine Art Paradies sklerotisierte, in dem nirgends mehr der Geist hätte aufleuchten können. Das war zum einen der Christusimpuls, zum anderen der Islam. Rudolf Steiner hat darauf hingewiesen, dass der Islam, von Mohammed (um 570–632) und dem Erzengel Gabriel ins Leben gerufen, eine Art Puffer geschaffen hat, sodass der Stachel der Akademie von Gondischapur nicht in die europäische Kultur eindringen konnte. Der Islam hat den Impuls von Gondischapur abgemildert,[263] und dadurch ist er erst viel später nach Südeuropa gekommen. Dann hat Thomas von Aquin das, was diesem Impuls mit der ursprünglichen Auslegung des Aristoteles zugrunde lag, wiederhergestellt und verchristlicht. Er interpretierte »Substanz« nicht materialistisch als »Träger von Eigenschaften«, sondern als die Selbstständigkeit von Körper und Geist, wie Aristoteles es gemeint hatte. Und Thomas verchristlichte das Denken des Aristoteles und seiner arabischen Kommentatoren: Wenn der Körper stirbt, der der Seele die individuelle Form gibt, geht die Geistseele nicht in die allgemeine Weltenseele über, sondern sie bleibt aufgrund der Gnade Christi auch nach ihrem Tod in einer individualisierten Form bestehen. Auch wenn Thomas von Aquin dies nicht so sagt, kann man hier an den Auferstehungsleib denken, den Christus dem Menschen schenkt. Der Körper sorgt dafür, dass die Seele während des Lebens eine individuelle Form hat. Der Auferstehungsleib – oder, in einer abgeschwächten Form: die Auferstehungskräfte – sorgt dafür, dass der Mensch nach seinem Tod die individuelle Form behält. Das ist der großartige christliche Gedanke des Thomas von Aquin.

Da der Islam als Puffer wirkte, konnte der von Thomas von Aquin vergeistigte Impuls von Gondischapur erst viel später, als sich das philosophisch-wissenschaftliche Denken von der Religion emanzipiert hatte, zu einem tatsächlichen Impuls für unser naturwissenschaftliches Zeitalter werden. Dadurch, denke ich, hat der Islam unserer europäischen Kultur ein manichäisches Liebesopfer gebracht; er hat sich in Liebe, ohne sein Wesen zu verlieren, mit dem Bösen vermischt, wodurch dessen Wirkung abgeschwächt wurde. Erst viel später, im frühen Mittelalter, erreichte daher die aristotelische Naturwissenschaft Europa. In Anbetracht dessen kann die anthroposophische Geisteswissenschaft als Plädoyer für eine tolerante multikulturelle Gesellschaft zweierlei sagen: Unsere christlich-europäische Kultur sollte begreifen, dass der Islam dem Geist unserer Kultur ein Liebesopfer gebracht hat, und der Islam sollte begreifen, dass die westliche materialistische Wissenschaft, die er bekämpft, ihm selbst entstammt.

Man könnte das moderne Verhältnis des Islam zur westlichen Zivilisation in einem sogenannten Kernquadrat nach Daniel Ofman[264] beschreiben: *Religiöser Glaube* ist eine Kernqualität, deren Fallstrick oder Schattenbild (als ein *Zuviel des Guten*) der *Dogmatismus* ist; es gilt nun, eine komplementäre Kernqualität zu entwickeln, die der ersten als Herausforderung gegenübersteht und die den anderen Fallstrick (das *Zuwenig des Guten*) vermeiden kann, in diesem Fall: die *philosophisch-wissenschaftliche Forschung*. Ein *Zuviel des Guten* hiervon ergibt den *Materialismus*, der als ein *Zuwenig des Guten* dem religiösen Glauben genau gegenübersteht.

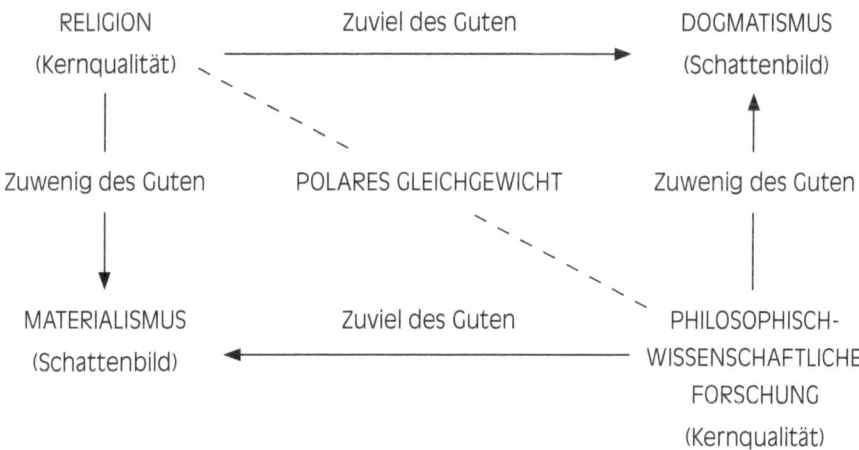

Die Religion des Islam (aber auch die übliche christliche) und die Gefahr des Dogmatismus stehen in unserer Kultur der philosophisch-wissenschaftlichen Forschung des Westens und der Gefahr des Materialismus gegenüber. Das Kernquadrat zeigt jedoch (eigentlich eine intuitive Wirkung dessen, was man als aristotelische Ethik bezeichnen müsste), dass der Islam und der Westen einander brauchen, um nicht aus dem Gleichgewicht zu geraten. Religion wird zum Dogmatismus, wenn sie kein Verhältnis zur philosophisch-wissenschaftlichen Forschung findet; philosophisch-wissenschaftliche Forschung wird zu Materialismus, wenn sie kein Verhältnis zur Religion findet. Wenn die Schattenbilder der Kernqualitäten, Dogmatismus und Materialismus, einander gegenüberstehen, kommt es zum Kampf zwischen dem Islam und dem Westen. Doch können diese Schattenbilder auf manichäische Weise (wenn also das Gute im Bösen gesucht wird) auf ihre ursprünglichen Werte zurückgeführt werden: zum religiösen Glauben und zur philosophisch-wissenschaftlichen Forschung. Dann ist eine gegenseitige Toleranz der Kulturen möglich, und es kann sogar zu einer gegenseitigen Befruchtung kommen.

Die beiden Hauptströmungen des Gralschristentums, die des Parzival und die des Christian Rosenkreuz, haben stets die Nähe zum Arabismus gesucht. Das geschah, um das philosophisch-geisteswissenschaftliche Denken auszubilden und den abelitisch-christlichen Glauben mit der kainitischen Geistesforschung und deren innerem Wissen zu verbinden. Die Templer in Palästina, eine weitere Strömung des esoterischen Christentums, sind mit der im Mittleren Osten verbreiteten arabischen und manichäischen Weisheit dieselbe Verbindung eingegangen.

Der Grundimpuls der Kreuzzüge gen Jerusalem richtete sich bei Gottfried von Bouillon gegen das römische Machtzentrum der Kirche. Den Brennpunkt vom römisch-katholischen Rom nach Jerusalem zu verlegen bedeutete einen ersten Schritt zur Verinnerlichung des Christentums. Auch Thomas von Aquin hat in der esoterischen Unterströmung des katholischen Christentums, die erst im 19. Jahrhundert und damit viel zu spät offiziell anerkannt wurde, das arabisch-aristotelische und philosophisch-wissenschaftliche Denken als Begriffsfundament für den christlichen Glauben verwendet.[265] Das heißt, dass das esoterische Christentum das Christentum der Zukunft ist, weil es den abelitisch-christlichen Glauben palästinensisch-israelischen (also östlichen) Ursprungs mit der kainitischen Geistesforschung arabisch-persischen (und damit für die vorchristliche Welt faktisch westlichen) Ursprungs verbunden hat.

Deshalb ist das esoterische Christentum auch ein Christentum der Freiheit und kein das Individuum beherrschender Dogmatismus. Die freie Individualität ist dazu aufgerufen, selbst forschend tätig zu werden. Abelitisches Denken ist wie ein Kreis, ein in sich abgerundetes Denken, das mit einigen mit dem Glauben verbundenen Weisheitsbegriffen die ganze Wirklichkeit in der umfassenden Gebärde des Mondes erklären will. Die abelitische Ausrichtung wirkt meiner Meinung nach sehr harmonisch in der buddhischen, allumfassenden Liebe des Gefühlslebens; hier ist das Prinzip des Kreises am rechten Platz. Kainitisches Denken ist dagegen eine sich auf die Zukunft zubewegende, diagonal aufsteigende Linie; es ist ein fortwährend Fragen stellendes, ein forschendes Denken, das immer differenzierter zur Wirklichkeit vordringen und dort zum Handeln kommen will. Die kainitische Ausrichtung wirkt dadurch am stärksten im Element der zoroastrischen, schaffenden Weisheit oder Denkkraft, die wie eine Sonne immer bis in die äußerste Peripherie ausstrahlen will. Hier wird die Individualität am stärksten im Denken angesprochen und aufgefordert, selbst Fragen zu stellen, zu forschen und dadurch einen eigenen, individuellen Weg zur Wahrheit zu beschreiten. Die Synthese von Abel und Kain oder von Ost und West, die sich im esoterischen Christentum vollzieht, ist in der Tat dieselbe, die in dem Menschen Jesus zum Ausdruck kommt: die Zusammenführung der Liebe Buddhas mit der schöpferischen Weisheit Zarathustras.

Im Laufe der Geschichte haben sich die Kernqualitäten abelitischer Religion und kainitischer Forschung sowohl im Islam als auch im Westen in ihre jeweiligen Einseitigkeiten auseinanderentwickelt und bedürfen nun einer neuen Synthese. In seinem Bestreben, den auf die europäische Entwicklung viel zu stark wirkenden Wissenschaftsimpuls der Akademie von Gondischapur zu bremsen, musste der Islam eine besondere Betonung auf das Abelitische, auf den religiösen Glauben legen, mit dem Risiko, dem Dogmatismus zu verfallen.

Eigentlich ein Ausschlagen des Pendels in die Gegenrichtung, wie es Nietzsche meiner Meinung nach in seiner philosophischen Entwicklung im Kampf gegen das einseitig intellektualistische, das apollinische Denken in Religion, Moral und Wissenschaft immer wieder vollzogen hat. Dabei musste er die gesuchte Balance von apollinischem und dionysischem Denken preisgeben und das dionysische Denken der individuellen Willens- und Lebenskraft so sehr verstärken, dass er am Ende sogar ein Gedicht mit der Unterschrift »Dionysos« versah.

Aus demselben Grund hat der Islam die Kraft des philosophisch-wissenschaftlichen Denkens zu sehr leugnen müssen, und das mündete in seine Überempfindlichkeit auf die Auswüchse dieser Form des Denkens: auf den Materialismus. Die Antipathie des Islam gegen den westlichen Materialismus ist eigentlich eine Folge seiner Antipathie gegen die Infiltration durch die Akademie von Gondischapur, die den Materialismus beinahe vor der Zeit nach Europa gebracht hätte. Davor hat der Islam Europa bewahrt. Wenn der Islam erkennen würde, dass er ein manichäisches Liebesopfer für Europa vollbracht hat, könnte er, nachdem der wissenschaftliche Impuls abgemildert zur rechten Zeit angekommen ist, seine einseitige Ausrichtung auf den religiösen Glauben aufgeben, die ja diesen auch durch ihn selbst veränderten Zeitumständen entstammt. Er könnte dann in sich selbst das Gleichgewicht zwischen abelitischem Glauben und kainitischem philosophischem Denken wiederherstellen, das er um des für Europa gebrachten Liebesopfers willen hatte preisgeben müssen. Der Islam könnte dies einbeziehen in einen machtfreien Dialog, in eine Begegnung mit Europa und dem Westen (im weiteren Sinne), die auf gegenseitigem Respekt gründet. Man müsste in diesem Zusammenhang auch untersuchen, ob der in der Verborgenheit wirkende sogenannte zwölfte Imam[266] nicht eine Manifestation des universellen Christusimpulses ist.

Nachdem der Westen den vom Islam abgemilderten kainitisch-arabisch-aristotelischen Impuls aufgenommen hatte, musste er den abelitischen christlichen Glauben für die Entwicklung des wissenschaftlichen Denkens als seinen Beitrag zur Menschheitsentwicklung mehr und mehr preisgeben. Dadurch ist der Materialismus entstanden. Der Westen könnte in einem machtfreien Dialog mit dem Islam, in einer Begegnung gegenseitigen Respekts den Glauben an den Geist in seinen Materialismus und seine konsumorientierte Kultur aufnehmen. Es liegt im Wesen des Christusimpulses, dass das Männliche und das Weibliche, das Kainitische und das Abelitische, die zoroastrische Weisheit und die buddhische Liebe sowohl im Menschen wie auch in religiös-kulturellen Strömungen vereinigt werden können. Wie in unserer westlichen Kultur Jesuitismus und Freimaurertum einander gegenüberstehen, stehen sich in der Weltkultur Islam und westlich-wissenschaftlicher Materialismus gegenüber.

Es ist für die Menschheitsentwicklung von größter Bedeutung, dass diese Gegensätze überwunden werden. Wenn der Islam und das westliche Denken es schaffen, jeder des anderen Werte zu übernehmen, kommt es in beiden Kulturen zu einer Vereinigung von kainitischem und abelitischem Denken und Glauben. Aus dieser Vereinigung entsteht dann in beiden Kulturen eine Geisteswissenschaft auf der Basis freier Individualität, wie sie in der westlichen Kultur bereits im esoterischen Christentum und in der islamischen Kultur beispielsweise im Sufismus, der unter anderem vom Manichäismus beeinflusst ist, Gestalt angenommen hat.

Die Geisteswissenschaft ist keine christliche oder islamische Religion, sie ist religiös neutral. Daher kann sie Vertreter verschiedener Religionen miteinander verbinden. Die Geisteswissenschaft ist die Synthese von Religion und Wissenschaft mit der Möglichkeit, die Welt des Geistes zu schauen und darin objektiv zu forschen.

Die Strömung des Christian Rosenkreuz ist die Geburt der Geisteswissenschaft im Christentum. Um diese Geisteswissenschaft zu entwickeln, hat Christian Rosenkreuz arabische Wissenschaft und esoterische Weisheit mit dem Glauben wie auch mit der esoterischen Weisheit des Christentums verbunden.

Der Einweihungsweg des Christian Rosenkreuz

Folgen wir der Biografie des Christian Rosenkreuz weiter: Die Gelehrten Europas haben die verchristlichte arabische Wissenschaft, die den Geist trug, zurückgewiesen, weil sie kein Bedürfnis nach neuen Ideen hatten, sicher, da ihnen, wie die *Fama* ironisch feststellt, das Wissen, das sie gewohnt waren, auch genug eintrug. Deshalb musste die Bruderschaft der Rosenkreuzer im Untergrund wirken; hier allerdings nicht in dem Sinne tieferer Erkenntnis, denn sie ist im Prinzip nicht esoterisch, sondern im Sinne von »nicht offenbart«. Sie war gezwungen, im Verborgenen und nicht mehr exoterisch zu wirken. Christian Rosenkreuz wollte nicht nur eine Reformation der Religion, wie Luther sie geschaffen hatte, sondern auch eine Reformation von Kunst und Wissenschaft. Das ist verchristlichtes kainitisches Denken. Der 1615 erschienenen *Confessio fraternitatis Rosae Crucis* zufolge hatten Christian Rosenkreuz und seine Mitbrüder vor, ganz Europa und wahrscheinlich auch Russland zu vergeistigen, indem sie in allen Königshäusern Rosenkreuzer als Ratgeber anstellten. Sie kannten die *Axiomata* der Natur, die geistigen Naturgesetze, etwa das Axiom »wie oben, so unten« oder »Makrokosmos wie Mikrokosmos«. Leider ist dies weder im 15. noch im 17. Jahrhundert geglückt.

1604 gab Christian Rosenkreuz aus der geistigen Welt einen neuerlichen Impuls, um in der Zeit, in der das wissenschaftliche Denken entstand, eine Naturwissenschaft anzubieten, die den Geist nicht einbüßt. Er inspirierte den 17-jährigen Johann Valentin Andreae, der in *Die Chymische Hochzeit des Christian Rosenkreutz anno 1459* in der Ich-Form den Einweihungsweg des Christian Rosenkreuz von 1459 beschrieb. Im Alter von achtzig Jahren hatte Christian Rosenkreuz einen neuen, modernen Einweihungsweg aufgetan, der die (kainitische) eigene Erforschung der Welt des Geistes betonte, im Gegensatz zu dem früheren Einweihungsweg, bei dem (in eher abelitischer Weise) eine Offenbarung aus der Welt des Geistes empfangen wurde. Das bedeutete eine größere Freiheit für die menschliche Individualität, den Geist durch eigene Tätigkeit zu finden. Christian Rosenkreuz antizipierte damit das Michaelszeitalter; er wollte die Naturwissenschaft, die sich in unserer Zeit entwickelt, mit dem Geist verbinden.

Der Einweihungsweg des Christian Rosenkreuz, der zu einer vergeistigten Naturwissenschaft oder Geisteswissenschaft führt, umfasst sieben Stufen:[267]

1 Studium;
2 Imagination;
3 Lesen der okkulten Schrift;
4 Bereitung des Steins der Weisen;
5 Erkenntnis der Entsprechung zwischen Makrokosmos und Mikrokosmos;
6 Einheit mit dem Makrokosmos;
7 Gottseligkeit.

1 Studium

In der geistigen Burg der Einweihung wird die Seele des Christian Rosenkreuz mit sieben Gewichten gewogen. Sie stehen für die Seelenqualitäten der sieben freien Künste oder dafür, dass man die Natur studiert und das eigene freie Denken schult, um auf diese Weise in Demut den Geist hinter und in den Erscheinungen zu erahnen: »Das höchste Wissen ist, dass wir nichts wissen.« Die sieben freien Künste unterteilen sich in Trivium und Quadrivium. Das Trivium besteht aus der *Dialektik* oder der Kunst des Argumentierens und des Verbindens von Polaritäten; der *Grammatik*, also der Kunst, die Logik des Denkens in Sprachformen umzusetzen, und der *Rhetorik*, um durch inspirierten Wortgebrauch die Seele der Worte gedanklich mitklingen zu lassen. Das Quadrivium besteht aus der *Arithmetik,* den Zahlenverhältnissen im Bereich des Denkens; der *Musik* oder *Alchemie* für den Bereich der Natur (Zahlenverhältnisse der Elemente); der *Geometrie* im Bereich des Denken und der *Astronomie* für den Bereich der Natur (kompositorische Verhältnisse der Sterne). In unserer Zeit sollte das »Studium« meiner Meinung nach auch die Resultate wissenschaftlicher Forschung berücksichtigen, um nach den geistigen Gründen hinter der Empirie fragen zu können. Ferner gehört die Lektüre der Evangelisten, Mystiker und Geistesforscher zu dieser Stufe, mit dem Ziel, geistige Inhalte in das Denken aufzunehmen.

2 Imagination

Christian Rosenkreuz schaute durch eigene Aktivität in der geistigen Burg beispielsweise einen Globus, der ihm zeigte, wie die göttliche Welt auf der Erde wirkt. Das imaginative Bewusstsein, mit dem geistige Bilder geschaut werden können, ist die erste Form des höheren Bewusstseins.

Als Vorbereitung hierauf kann man aus dem lebendigen Denken selbst Imaginationen entstehen lassen. Das ist beispielsweise durch die bewährte Rosenkreuzmeditation möglich: Sieben rote Rosen als Sinnbild der reinen und selbstlosen Kraft des Blutes, die die sieben Seelenorgane oder Chakren zur Blüte bringen, werden an das schwarze Holz gehängt als Sinnbild für das »Stirb und werde«. Der Geist wird gestärkt, wenn man in meditativer Versenkung in diesem Bilde »wohnt«, auch im alltäglichen Leben.

Um Imaginationen oder geistige Bilder zu empfangen, ist es erstens wichtig, mit der Gabe der Aufmerksamkeit wahrzunehmen, wie innerlich Bilder entstehen, etwa wenn man den Prolog des Johannesevangeliums liest. Zweitens lassen sich aktiv aus dem Ich heraus forschende Fragen an das höhere Ich stellen, wobei einem als Antwort eine Imagination zuteilwerden kann. Die Imagination ist eine Vergeistigung des denkenden Denkens. Die »sieben Siegel« in der Apokalypse des Johannes[268] sind solche empfangenen Imaginationen.

3 Lesen der okkulten Schrift

Christian Rosenkreuz las seine *rotae* bzw. sein Horoskop, um den richtigen Moment zum Handeln bestimmen zu können. Das ist das Lesen in der Sternenschrift, mit dem man die Bedeutung der göttlichen Welt zu verstehen vermag. In der geistigen Burg gelangte Christian Rosenkreuz in eine übersinnliche Bibliothek. Sie ist das, was man esoterisch als die Akasha-Chronik bezeichnen würde: eine Sammlung mit den Aufzeichnungen aller geistigen Bilder der Ereignisse im Weltenkosmos, eine Chronik, in der auch die Bedeutung dieser Bilder gelesen oder gehört werden kann. Später erkannte er auch, in welcher Beziehung die sieben Schiffe zueinander standen, die als die sieben Planetengenien oder die sieben Elohim der freien Künste betrachtet werden können und die in der Gestalt eines Pentagramms dahinfuhren. Das Pentagramm steht für den Zusammenhalt der ätherischen Kräfte wie auch für die geistige Bedeutung des Menschen. Auf dem Meer – einem Bild für die Ätherwelt – dahinfahrend, hörte er Nymphen eine Ode an die Liebe singen. Die geistige Bedeutung der Liebe kam ihm so innerlich zu Gehör. Das Lesen der okkulten Schrift kann man auch als das *inspirative Bewusstsein* bezeichnen, die zweite Form höheren Bewusstseins. Inspiration ist im Bereich des Denkens das »Hören« der inneren Bedeutung und der höheren Zusammenhänge von Erscheinungen und Bildern, aber auch dessen, was dahinter liegt. Es ist, als strömten die geistigen Klänge des Weltendenkens ins Denken ein. Das Denken wird durch ein fühlendes Denken oder ein *Denken mit dem Herzen* von höherer Erkenntnis durchdrungen. Das Denken findet zu Kompositionen, die die Begriffe miteinander verbinden; es liest die den Sinnesorganen verborgene Schrift geistiger Linien als ein Wirken höherer Wesen im Weltendenken. Eine Vorbereitung auf das inspirative Bewusstsein kann darin bestehen, dass wir beim Anhören von Wahrheiten und Unwahrheiten Gefühle der Freude bzw. des Abscheus entwickeln. Auch das philosophische Denken ist eine wichtige Übung, um ein inspiratives Bewusstsein zu entwickeln. Die Inspiration ist eine Vergeistigung des fühlenden Denkens. In der Apokalypse des Johannes sind die »sieben Posaunenstöße«[269] solche empfangene Inspirationen.

4 Bereitung des Steins der Weisen

Christian Rosenkreuz hat den Stein der Weisen in sich selbst ausgebildet. Im Königssaal der geistigen Burg wurden drei Königspaare enthauptet. Sie stehen für das vom niederen Selbst bestimmte Denken, Fühlen und Wollen in seinen aktiven und passiven Aspekten: verstandesmäßige Aktivität und Erinnerung, Emotion und Gefühlswahrnehmung, zielgerichtetes Handeln und Begierde. Diese selbstsüchtigen Erkenntniskräfte wurden dann im Olympischen Turm geläutert, selbstlos mit dem Geist verbunden und dadurch zur Auferstehung gebracht. Die alten Erkenntniskräfte, die zu viele Todeskräfte der materialistischen Anschauung in sich trugen, wurden im Olympischen Turm mit Hilfe der geistigen Lebenskräfte der Liebe umgewandelt in selbstlose geistige Erkenntniskräfte. Die Liebe wirkt in der Natur unbewusst und ruft dort Begierdekräfte hervor. Christian Rosenkreuz schaute Frau Venus. Im Menschen kann diese Liebe bewusst zur geistigen Liebe metamorphosiert werden. Das ist die Wirkung des Christus in den Erkenntniskräften. Diese innere Christuskraft, die das alte Denken, Fühlen und Wollen zu geistigen Erkenntniskräften metamorphosiert, ist der Stein der Weisen im Menschen. Die geistigen Erkenntniskräfte sind: das vergeistigte *denkende Denken* des *imaginativen Bewusstseins*, das vergeistigte *fühlende Denken* des *inspirativen Bewusstseins* und das vergeistigte *wollende Denken* des *intuitiven Bewusstseins*. Letzteres wird in diesem vierten Stadium zur Blüte gebracht.

Die Bezeichnungen für die vier Formen des Denkens entstammen Überlegungen im Anschluss an Joseph Beuys (siehe Anhang 10), die sich auf den Erkenntnisweg Rudolf Steiners beziehen, der derjenige des Christian Rosenkreuz ist. Ich möchte hier am Beispiel der Rose zeigen, wie man diese Pflanze auf ihren Wesensnamen zurückführen kann und dabei vier Erkenntnisebenen oder eben die vier Formen des Denkens skizzieren:

1 *Wahrnehmendes Denken:* Die Wahrnehmung wird durch das Denken beschrieben; Benennung des Objekts. Die Rose wird in ihrer *physischen Form* angeschaut.

2 *Denkendes Denken:* Das Denken ist hier in seinem Element und erlaubt es, sich in der zeitlichen Dimension zu bewegen, um eine Vorstellung von Entwicklung, in diesem Fall von Wachsen, Blühen und Verwelken zu gewinnen. Es ist das lebendige Nachvollziehen der Metamorphose im Denken. So fällt auf, wie lange die Rose bei der Stängelbildung verweilt, sodass Verhärtung und sogar Dornen auftreten. Dies ist die Ebene der Ätherkräfte.

3 *Fühlendes Denken:* Hier geht es darum, das Subjekt selbst oder die eigene Seele zum Sinnesorgan zu machen und sich gefühlsmäßig einzuleben, um die Seelengebärde des Erkenntnisobjekts (in diesem Fall der Rose) in einem objektiven Fühlen kennenzulernen. Dies ist die Ebene der *Seelenkräfte*, die aus der Seelenwelt her-

aus in diesem Fall der Rose ihre »Seelenform« geben. Die Rose hat als seelische Gebärde Würde, Autonomie (Stängel) und die innerliche Kraft des Schenkens (von innen heraus entstehen immer neue Kronblätter; bei der Heckenrose auch die Hagebutte).

4 *Wollendes Denken:* Hier wird die Liebe zum Erkenntnisobjekt so stark, dass man sich mit bewusst leerem Bewusstsein derart vollständig mit der Rose identifiziert, dass man sie in sich selbst erlebt: »Nicht mein Wille, sondern der Wesenswille der Rose in mir.« Dies ist die Ebene der *geistigen (Ich-)Kräfte*, die aus der geistigen Welt das Wesen oder das Ich der Rose bilden. Hier erlebt man, wie es ist, in der Welt eine Tugend oder eine soziale Beziehung zu entwickeln, wenn das eigene Ich das Ich der Rose ist. Man kann dann erleben, dass die Tugend der Rose eine »aus Würde sich selbst schenkende Opferkraft« ist.

Mit den vier Formen des Denkens kann man alles in der Natur und in der Kultur auf die Wesenstugenden zurückführen. Wassily Kandinsky hat auf eine solche Weise nach den Farben gefragt, beispielsweise nach dem Königsblau:

1 *Wahrnehmendes Denken:* Benennen der Farbe.

2 *Denkendes Denken:* Die Metamorphose der Farbe ist ihre Gegenfarbe. Auch kann man meines Erachtens sagen, dass Blau aus einem Zusammenwirken von Licht und Dunkelheit »entwickelt« ist, und zwar so, wie man am Tag aus dem von der Erde zurückgestrahlten Licht ins Dunkle, ins Firmament blickt. Dadurch entsteht Blau.

3 *Fühlendes Denken:* Die Seelengebärden des Blau führen von der Peripherie zum Zentrum. So weitet man sich beispielsweise beim Tanzen in die Umgebung hinaus, um diese mit weiten, feierlichen Gebärden in sich selbst fühlen zu können. Von der Umgebung aus verinnerlichend geht man dann wieder hinaus in die Umgebung. Kandinsky fordert auch die anderen Sinnesorgane zu einer Äußerung über das Blau auf *(Sinnensymbiose)*. Wie klingt, schmeckt oder riecht Blau? Ist Blau warm oder kalt? Was sagt unser Gleichgewichtssinn, wenn wir uns im Blauen bewegen?

4 *Wollendes Denken*: Hier »wird« man unbekümmert Blau, um den Wesenswillen von Blau zu erkennen. In seinem Werk *Über das Geistige in der Kunst* nennt Kandinsky dies eine »feierliche, überirdische Vertiefung«,[270] man könnte auch sagen: die ehrfürchtige Aufmerksamkeit.

In Goethes von der Rosenkreuzerweisheit inspiriertem *Märchen von der grünen Schlange und der schönen Lilie*[271] repräsentiert der goldene König das denkende Denken, der silberne König das fühlende Denken und der eherne König das wollende Denken, und erst durch deren Gaben kann der Jüngling die Ehe mit der schönen Lilie eingehen und zur geistigen Erkenntnis gelangen. Das denkende Denken kann von der Vorstellung zur Imagination übergehen, das fühlende Denken von der Seelengebärde zu inspirativen Zusammenhängen und Bedeutungen, und das wollende Denken kann im intuitiven Bewusstsein zu einer wesenhaften Begegnung kommen.

Um ein geistiges Bild beispielsweise des Erzengels Michael zu bekommen, ist zuerst einmal eine Form von selbstloser Liebe notwendig. Ein noch stärkeres Einfühlungsvermögen ist nötig, um zu einem inspirativen Denken über Michael zu kommen, sodass man die seelischen Gebärden seiner geistigen Bewegung und Wirksamkeit aus einem fühlenden Denken heraus charakterisieren kann. Hier ließen sich unter anderem die Folgenden nennen: das Licht der Weisheit bringen, das Böse besiegen, Mut des Geistes, Ritterschaft, Wächter sein. Vollkommene Liebe fordert dann das intuitive Bewusstsein, wo eine Wesensvereinigung mit dem anderen möglich ist. Im vergeistigt-wollenden Denken des intuitiven Bewusstseins als der dritten Form des höheren Bewusstseins bedarf es einer Liebe, in diesem Fall zu Michael, die so stark ist, dass das Erlebnis einer vollständigen *inneren* – jedoch nicht persönlichen, denn die Persönlichkeit ist in diesem Augenblick der Erkenntnis ausgelöscht – Identifizierung mit Michael entsteht und man seinen *Wesenswillen* als den eigenen Willen kennenlernt. Als Wesenswillen Michaels kann man eine *Wesenstugend* erleben: das Weisheitsbild des selbsttätig schaffenden göttlichen Menschen vor Christus. In dieser religiösen Einheit bzw. Wesensvereinigung ist eine Begegnung oder Berührung, ein inneres Sich-zu-erkennen-Geben in Bezug auf das geistige Wesen, dem man sich zugewandt hat, möglich. Das ist die Liebe des Christus in der Erkenntnisfähigkeit des Menschen. Hierdurch wird im Menschen der Stein der Weisen oder die Unsterblichkeit selbstloser Liebe in Geist, Seele und Leib ausgebildet. In der Apokalypse des Johannes sind die »sieben Schalen des Zorns«[272] empfangene Intuitionen. Die Berührung mit der göttlichen Liebe wird im Zustand der Selbstsucht als Zorn erlebt.

5 Erkenntnis der Entsprechung zwischen Makrokosmos und Mikrokosmos

Christian Rosenkreuz war sich der besonderen Konjunktion der Planeten bewusst, die stattfand, als er selbst im olympischen Turm die große Transmutation vollziehen konnte. Dank des höheren Bewusstseins kann der Mensch durchschauen, welche

Handlungen der geistigen Wesenheiten in der geistig-göttlichen Welt auf die Erde und den Menschen einwirken und wie das Handeln des Menschen wieder auf die geistig-göttliche Welt zurückwirkt. Faktisch hängt auch die Erkenntnis des Karma damit zusammen, auch wenn diese Vorstellung in der Rosenkreuzerbewegung nicht als solche benannt wird.

6 Einheit mit dem Makrokosmos

Christian Rosenkreuz konnte schauen, wie sich in der siebten und höchsten Turm-kammer das Dach hob und das himmlische Feuer dreimal das junge Königspaar (das in alchemistischer Umwandlung aus der Substanz der getöteten alten Königs-paare geschaffen worden war) berührte, bis es zu leben begann. Diese zweimal drei Berührungen weisen darauf hin, dass der göttliche Geist das neue Denken, Fühlen und Wollen in seinen aktiven und passiven Aspekten zur Auferstehung gebracht hat. Christian Rosenkreuz ist in dieser Erleuchtung eins geworden mit dem Makro-kosmos.

7 Gottseligkeit

Gottseligkeit heißt, immerzu im göttlichen Geist zu leben. Christian Rosenkreuz ist in diesem Zustand ins tägliche Leben zurückgekehrt.

Das Wirken Rudolf Steiners aus dem Impuls des Christian Rosenkreuz

Den Einweihungsweg des Christian Rosenkreuz ist auch Rudolf Steiner gegangen. Daher kann man sagen, dass Rudolf Steiners geisteswissenschaftliche Erforschung des Lebens Jesu Christi, deren Ergebnisse wir in diesem Buch beschreiben, ange-regt und vorgelebt wurde durch den modernen Einweihungsweg von Johannes dem Evangelisten in seiner Inkarnation als Christian Rosenkreuz . Als Rudolf Steiner an der Wiener Hochschule studierte, begegnete er dem Kräutersucher Felix Koguzki (1833–1909), der ihn mit einem Meister in Verbindung brachte. Dieser Meister sagte zu Rudolf Steiner, dass er sich in die Haut der Drachen begeben müsse, um diesen zu überwinden.[273] Mit dem Drachen war der Materialismus gemeint.

Doch wer war dieser Meister? In seiner *Lebensbegegnung mit Rudolf Steiner* er-wähnte der Theologe Friedrich Rittelmeyer (1872–1938), ein Freund Rudolf Steiners, dass zwei Meister Initiatioren Steiners gewesen seien.[274]

Walter Johannes Stein (1891–1957) soll Rittelmeyer einmal erzählt haben, dass Rudolf Steiner ihm gesagt habe, er hätte zwei Initiatoren gehabt: Christian Rosenkreuz und den Meister Jesus (Zarathustra). Letzterer verwies Steiner auf Johann Gottlieb Fichte (1762–1814), dessen Ich-Philosophie in seinem Werk *Die Philosophie der Freiheit* zum Ausdruck kam, Ersterer wirkte durch Felix Koguzki.[275]

Was Christian Rosenkreuz vorhatte, konnte Rudolf Steiner dann ausführen. Er hat die Wissenschaft reformiert, sodass die daraus entstandene Geisteswissenschaft bis heute das gesamte kulturelle Leben in Erziehung und Unterricht, Medizin, Landwirtschaft und Wirtschaft befruchtet. Und es gelang ihm eine Reformierung der Kunst aus dem Geist heraus, die in seiner Zeit zur Entstehung einer modernen organischen Architektur und einer rein aus der Seelengebärde kommenden Bewegungs- und Malkunst führte. Es scheint mir wichtig, hier darauf hinzuweisen, dass die damalige Erneuerung heute nicht als ein festgelegter Stil anzusehen ist, sondern dass durch weiteres Forschen immer neue Formen gefunden werden. Die Geisteswissenschaft ist eigentlich eine künstlerische Form von Wissenschaft, in der, wie wir am Einweihungsweg des Christian Rosenkreuz gesehen haben, das subjektive, aber gereinigte Fühlen und Wollen eine wichtige Rolle spielen, um zum Wesen der Dinge vorzudringen. Rudolf Steiner sah es als einen Auftrag für die Zukunft an, alles mit Kunst zu durchdringen, und etwa auch in der Formgebung von Maschinen nach deren Seelengebärde zu suchen.

Rudolf Steiner hat den Impuls des Christian Rosenkreuz in die Welt bringen können.[276] Und weil er die ahrimanische Wissenschaft nicht auf essenische Weise zurückgewiesen, sondern sie in sein Denken aufgenommen und in die Geisteswissenschaft umgewandelt hat, kann man ihn, meines Erachtens, einen Manichäer nennen. Ja, ich glaube, auch er selbst hätte sich womöglich als einen solchen bezeichnet. – Ähnliches gilt für die mehr luziferisch orientierte Kunst und Philosophie, die er ebenfalls nicht verleugnet, sondern genutzt hat, um die Welt des Geistes und den Christusimpuls zum Ausdruck zu bringen. (Die Begriffe »luziferisch« und »ahrimanisch« werden in Kapitel 13 weiter ausgearbeitet.)

Durch die Verbindung verschiedener karmischer Strömungen der Vergangenheit konnte Rudolf Steiner einem wichtigen Ereignis den Weg bereiten: dass nämlich Christus seit Ende des 20. Jahrhunderts auch »Herr des Karma« ist.[277] Er sagte, zahllose Menschen, die ein spirituelles Interesse daran hatten, durch einen Schulungsweg zum Geist zu kommen oder ihre Gedanken über das Mysterium von Golgatha zu vertiefen – wie die Menschen aus dem Urchristentum, Manichäismus, Katharismus, aus den Strömungen der Dominikaner und Rosenkreuzer sowie vielen Mysterienströmungen sowohl der vorchristlichen Zeit als auch des 15. bis 19. Jahrhunderts –, seien in der Sonnensphäre der geistigen Welt Teilnehmer der sogenannten Michael-Schule gewesen.[278] In dieser übersinnlichen Schule hat Michael selbst Imaginationen seines Wirkens in den Mysterien des Altertums und in christlicher Zeit geschenkt. Seit dem Ende des 19. Jahrhunderts bis in unsere Zeit verkörpern sich die Seelen, die diese Michael-Schule durchlaufen haben, und tragen eine übersinnliche Erinnerung in sich, die ihnen eine freie Individualitätsentwicklung der Bewusstseinsseele ermöglicht, bei der sie sich aus menschlicher Freiheit mit dem Geist verbinden. Rudolf Steiner sah es als seinen Auftrag an, der Erkenntnis mit Hilfe der Geisteswissenschaft und aus übersinnlicher Schau heraus zugänglich zu machen, was von zahllosen Seelen – sehr viel mehr, als in der Anthroposophischen Gesellschaft zu finden sind – auf eine platonische Weise aus dem vorgeburtlichen Leben erinnert werden kann. (Bei Platon ist Erkenntnis eine Erinnerung der Ideen, die man vor der Geburt geschaut hat.) Hierdurch konnte die michaelische Wirksamkeit auf der Erde beginnen, die mit der Ankunft Manis als dem »menschlichen Manu« noch zu weiterer Blüte gebracht werden wird. Steiner wollte so aus der Geisteswissenschaft heraus die karmischen Strömungen miteinander verbinden, die sich in der Vergangenheit konträr gegenübergestanden hatten, wie die Dominikaner und die Katharer. Dies stimmt mit dem überein, was Christus als »der Herr des Karma« will: Karmische Konflikte sollen gelöst und die Menschen miteinander versöhnt werden.

Das Zusammenwirken karmisch entgegengesetzter Gruppierungen im Lichte der *Anthroposophia* erwies sich als kein einfacher Auftrag für die Anthroposophische Gesellschaft, nicht einmal zu Lebzeiten Rudolf Steiners. Steiner hat dafür sogar ein manichäisches Liebesopfer gebracht, indem er nämlich, als Menschheitslehrer, 1923 den Vorsitz der Anthroposophischen Gesellschaft auf sich nahm. Aus der Perspektive der geistigen Welt betrachtet, durfte ein Menschheitslehrer sich eigentlich nicht mit einer irdischen Organisation verbinden. Doch die geistige Welt hat sein Opfer angenommen, wie er in Torquay, im Süden Englands, mitgeteilt hat,[279] und so blieb ihm die Fähigkeit erhalten, in die Tiefe der Geisteswelt zu schauen. – Rudolf Steiner hat damit das Karma der Vereinigung von Repräsentanten verschiedener karmischer Strömungen in einer *Imitatio Christi* auf sich genommen.

Darüber hinaus hat er eine Brücke zwischen der kainitischen Strömung der Anthroposophie, die die Erde durch den Geist verwandeln will, und der ebenfalls von ihm ins Leben gerufenen abelitischen Strömung der Christengemeinschaft geschlagen.

Es ist bezeichnend, dass Rudolf Steiner Anfang der 1920er Jahre aus dem nach Ende des Ersten Weltkriegs herrschenden Zeitgeist heraus die schon besprochenen Mysterienströmungen aller vier Himmelsrichtungen erneuerte. Er bemerkte, dass die nördliche Mysterienströmung des Ich, die westliche Mysterienströmung des Buddhi (d.h. die Vergeistigung des Lebensleibs), die östliche Mysterienströmung des Manas (d.h. die Vergeistigung des Astralleibs) und die südliche Mysterienströmung des

Atma (d. h. die Vergeistigung des physischen Körpers) nicht mehr wirksam seien, weil die geistigen Wesen, die mit ihnen verbunden waren, sich zugunsten der Freiheit des Menschen zurückgezogen hätten.[280] Das geschah bereits vor der Zeit der westlichen Mysterienströmung in der Form des keltischen Christentums, das sich im Kampf gegen die katholische Kirche und gegen die Überfälle der Wikinger zu Beginn des zweiten Jahrtausends aufgerieben hatte. Hierdurch konnte das Erzengelwesen, welches das keltische Christentum beschützt hatte, eine neue Aufgabe übernehmen und zum inspirierenden Geist des esoterischen Christentums werden.[281] Ich denke, dass dieses Wesen vor allem die Strömung der Rosenkreuzer begleitet hat, denn dem Willen, den schaffenden Geist in der Natur zu finden, lässt sich eine innere Ähnlichkeit zwischen den zoroastrischen Gralsmysterien des Westens und dem Impuls des Christian Rosenkreuz ablesen.

Die neuen Mysterien stellen ein *Bewusstsein des Menschseins* in den Mittelpunkt: die Anthroposophie. Es ist der Mensch selbst, der in sich vereint, was vormals an Entwicklungsmöglichkeiten über die Klimata der Erde verstreut war. Wie Parzival die Qualitäten der zwölf Ritter des König Artus in sich vereinigte, indem er den zwölffachen Weg der höfischen Minne beschritt, so lag es auch im Fortgang der menschlichen Entwicklung, dass Rudolf Steiner die Qualitäten der vier Mysterienströmungen aus dem individuellen Ich des Menschen heraus zur Blüte bringen sollte. So kann das Ich selbst den Astralleib zur individualisierten Weisheit oder zu Manas (Geistselbst) vergeistigen; so kann das Ich selbst den Lebensleib zur individualisierten Liebe oder zu Buddhi (Lebensgeist) vergeistigen, und so kann das Ich selbst den physischen Leib zur individualisierten geistigen Tatkraft oder zu Atma (Geistesmensch) vergeistigen. Es ist der Geist, der an die individuelle Freiheit der Bewusstseinsseele des Menschen appelliert, dort, wo er selbst zugleich Lehrer und Schüler ist. Parzival war ein Pionier dieser modernen Emanzipation, weil er die westliche und die östliche Mysterienströmung, die indirekt noch mit der nördlichen bzw. südlichen Mysterienströmung verbunden waren, in sich vereinigt hatte.

Hier zeigt sich, wie sehr die Intention Rudolf Steiners mit der des Christian Rosenkreuz übereinstimmt, der mit den Scharen seiner Schüler in den Raum hereinkam, in dem 1923 der Grundsteinspruch gesprochen wurde.[282] Christian Rosenkreuz ist der hohe christliche Eingeweihte, der die Entwicklung von Manas, Buddhi und Atma behütet. Hiram Abiff hatte das Goldene Dreieck empfangen,[283] und Christian Rosenkreuz, der von dem Christus Jesus auferweckte Hiram Abiff (Lazarus), hütete das Goldene Dreieck, um es in die christliche Entwicklung hineinzutragen.[284] Das bedeutet, dass er dem Menschen zu einer geistigen Entwicklung verhelfen will, bei der sich die drei Glieder der höheren geistigen Wesenheit – Manas, Buddhi und Atma – mit dem Menschen verbinden und vom Keim zur Blüte gebracht werden. Christian

Rosenkreuz wird dadurch auch zum großen Märtyrer der Menschheit: Denn jede Weigerung der Menschheit, diese geistige Entwicklung zu vollziehen, wird auf seinen Schultern abgeladen.

Rudolf Steiner und Christian Rosenkreuz – ein Vergleich

Rudolf Steiner hat aus einem aristotelischen und goetheanistisch-wissenschaftlichen Denkansatz heraus den Impuls des Christian Rosenkreuz fortgesetzt und bis in die Kultur hinein zur Blüte gebracht. Wir haben gesehen, wie stark Parzival, Thomas von Aquin und Christian Rosenkreuz im esoterischen Christentum den Arabismus mit dem Christentum verbunden haben. Es ist bezeichnend, dass aus indirekten Bezügen in den Vorträgen Rudolf Steiners geschlossen werden kann, dass die Geistesverfassung des Thomas von Aquin in ihn hineinwirkte. (Er hat dies selbst nie direkt aussprechen wollen, um der Freiheit des Menschen willen, selbst zu erforschen, was er in seiner Inkarnation als Rudolf Steiner geschaffen hat.) So wird unter Anthroposophen oft gesagt, Rudolf Steiner sei Thomas von Aquin, und auch ich bin dieser Meinung.

Dass Thomas von Aquin eine Inkarnation des Aristoteles war, darauf hatte Rudolf Steiner deutlich angespielt. Und er sprach einmal über die Individualitäten von Alexander und Aristoteles, die sich im Dominikanerorden verkörperten.[285]

Rudolf Steiner war in der Tat durch und durch Philosoph, was am deutlichsten in der *Philosophie der Freiheit* zum Ausdruck kommt. Wie ist es aber möglich, dass ein Mensch in seinem Leben über 6000 Vorträge hält, die alle von neuen geisteswissenschaftlichen Erkenntnissen durchdrungen sind? In gewissem Sinne ist Rudolf Steiner ein Mysterium. Wie lässt sich Rudolf Steiner neben Christian Rosenkreuz als Phänomen esoterisch begreifen? Rudolf Steiner war Philosoph, aber etwa seit der Jahrhundertwende, zu Beginn des 20. Jahrhunderts, begann er, aus einer hohen Geistesoffenbarung heraus zu sprechen. Ich habe den Eindruck, dass sich damals ein göttliches Wesen mit Rudolf Steiner verbunden hat, wodurch er als ein Bodhisattva wirken konnte.

Als Bodhisattva wird ein Mensch bezeichnet, der ungefähr in seinem dreißigsten Lebensjahr von einem hohen geistigen Wesen durchdrungen wird: einem Erzengel aus der Sphäre des Heiligen Geistes. Arend Arenson behauptete, Rudolf Steiner sei der Träger des *Maitreya Buddha* gewesen,[286] dem Nachfolger des Buddha, der im 4. Jahrtausend – nachdem er unzählige Eingeweihte inspiriert haben wird – seine letzte Inkarnation erleben und dann zum »Buddha« werden wird. Hatte er recht damit?

Der Maitreya Buddha[287] ist der große Lehrer des Christus, der die Menschen auf das Schauen des ätherischen Christus vorbereiten will – was hier im letzten Kapitel beschrieben wird – und der die Menschen lehren will, die Kraft des schöpferischen Wortes, als Magie des Guten, zu entfalten. Der Maitreya Buddha hatte sich in Jeshu Ben Pandira inkarniert,[288] dem Führer der Essener im 2. Jahrhundert v. Chr., und sollte Rudolf Steiner zufolge auch im 20. Jahrhundert einen menschlichen Träger »erfüllen«.[289]

Rudolf Steiner hat wie kein anderer vom ätherischen Christus gesprochen. Über den Maitreya Buddha sagte er einmal in einem persönlichen Gespräch, dass er um die Wende vom 19. zum 20. Jahrhundert geboren wäre und die anthroposophische Bewegung mit großem Interesse beobachtete.[290] Auf die Frage, die Alfred Meebold ihm zur Zeit des Budapester Kongresses stellte – Rudolf Steiner wäre nie von sich aus darauf zu sprechen gekommen –, ob er der Maitreya Buddha sei, antwortete Steiner: »Ja, aber nehmen Sie das nicht persönlich.«[291] Dies ließe sich durchaus so verstehen, dass nicht Rudolf Steiner selbst der Maitreya Buddha ist, sondern dass dieser ihn zu Beginn des 20. Jahrhunderts inspirierte oder in ihm »geboren« wurde. Unabhängig von einer möglichen intuitiven Verbindung mit diesem Erzengelwesen aus der Sphäre des Heiligen Geistes hat Rudolf Steiner selbstständig in der geistigen Welt geforscht – etwas, was überaus charakteristisch ist für die moderne Zeit der Bewusstseinsseele.

Zu bedenken ist auch, dass Rudolf Steiner die Bemerkung eines esoterischen Schülers, der in ihm Zarathustra erkannt hatte,[292] bestätigte. Ganz besonders betonte Rudolf Steiner die Bedeutung Zarathustras in seinem Buch *Die Geheimwissenschaft im Umriss*. Auf dieses Buch verwies Steiner, als er gefragt wurde, wer er sei. Zarathustra ist der Meister Jesus geworden. Rudolf Steiner ist meiner Meinung nach nicht der Meister Jesus, denn er sagte Friedrich Rittelmeyer, dass der Meister Jesus derzeit in den Karpaten lebe, er aber mit ihm, dem Meister Jesus, in rein geistiger Verbindung stünde.[293]

Zusammen ließe sich das folgendermaßen verstehen: Der Maitreya Buddha als Erzengelwesen aus der Sphäre des Heiligen Geistes ist das hohe Wesen, das in vorchristlicher Zeit Zarathustra und in christlicher Zeit den Meister Jesus durchdrungen hat. Man kann sich sehr wohl vorstellen, dass der Maitreya Buddha, der von der ätherischen Wiederkehr des Christus spricht, mit dem Meister Jesus als Eingeweihtem verbunden ist. Dieses Wesen aus der Sphäre des Heiligen Geistes wirkt auch hinein in den Eingeweihten Rudolf Steiner und kann durch ihn der Menschheit die Christosophie und die Wirksamkeit des ätherischen Christus verkünden. Es durchdringt also im selben Zeitraum sowohl den Meister Jesus als auch Rudolf Steiner. Das deutet darauf hin, dass die Verbindung des Maitreya Buddha zu einem Bodhisattva hier »lockerer« ist, als es sonst der Fall ist. Zugleich deutet es darauf hin, dass Rudolf Steiner seine Autonomie als Geistesforscher weitgehend behielt. Dieser Interpretation zufolge war Rudolf Steiner ein Bodhisattva; er stand in Verbindung zu dem göttlichen Erzengel, der auch im Meister Jesus wirkte.

Meiner Ansicht nach trug Rudolf Steiner in seinem eigenen Ichwesen ein Abbild des Ich des Christus. Das würde – weit eher als die Annahme einer bloßen künstlerischen Übertragung – erklären, warum der von Rudolf Steiner geschaffene »Menschheitsrepräsentant« bzw. das Bild des Menschen Jesus als Träger des Christus in gewisser Weise Ähnlichkeit mit Rudolf Steiner zeigt.

Friedrich Rittelmeyer zufolge waren Christian Rosenkreuz und der Meister Jesus die Initiatoren Rudolf Steiners. Steiner selbst erwähnte, dass der Meister Jesus im Geiste des Christian Rosenkreuz wirkte,[294] wohl auch, weil dieser sich in das intellektuelle Denken unserer Zeit einfügt. Das Verhältnis Rudolf Steiners zu Christian Rosenkreuz entspricht in gewisser Weise dem Verhältnis des Meisters Jesus zu Christian Rosenkreuz. Allerdings nur *in gewisser Weise*, weil Rudolf Steiner nicht der Meister Jesus ist, sondern vielmehr intuitiv mit jenem göttlichen Wesen verbunden war, das auch den Meister Jesus durchdrungen hat.

Bezogen auf die Beschäftigung mit dem Spruch »Er führet als König mich in die Welt« soll Rudolf Steiner gesagt haben, man solle »sich auf den Altar zuschreitend denken, selbst in weißem Gewande, vor dem Altar links Christian Rosenkreuz mit der blauen Stola stehend, rechts Rudolf Steiner mit der roten Stola«.[295] In einer anderen Situation soll er auf die Frage, wie er sich gegenüber Christian Rosenkreuz positioniere, geantwortet haben, dass sie in der geistigen Welt nebeneinanderstünden.[296] Rudolf Steiner ließ den mehr verinnerlichenden Impuls des Christian Rosenkreuz in die äußere Kultur einfließen. Vielleicht trug Rudolf Steiner den Ätherleib des Christian Rosenkreuz an sich, in dem die zwölffache Weltenweisheit zusammenkommt.

Rudolf Steiner als menschlicher Träger des Heiligen Geistes

Diese Überlegungen wurden in dem Jahr niedergeschrieben, in dem sich Rudolf Steiners Geburt zum 150. Mal jährte. In seinem Erdenleben hat Steiner auf die Frage, wer er sei, kaum je explizit geantwortet – auch, um den Menschen die Freiheit eines eigenen Urteils zu belassen. Er sagte lediglich: Heute bin ich Rudolf Steiner.

Es ist ein Gesetz in der Strömung, die von Christian Rosenkreuz ausging, dass man die ersten hundert Jahre nach dem Tod nicht darüber spricht, in welcher historischer Gestalt eine Individualität inkarniert war.[297] – Versuchen wir dennoch, schon jetzt das Mysterium der Individualität Rudolf Steiners zu verstehen.

Eliza van Moltke habe Steiner einmal gefragt, ob es stimme, dass die Gräfin von Keyserlinck ihn »außerhalb ihres Leibes als den erlebt habe, den der Christus einst als den Parakleten [den Heiligen Geist] uns zu senden verhieß« – Rudolf Steiner habe das bestätigt.[298]

Und die Gräfin von Keyserlinck hat von einem Gespräch mit Marie Steiner-von Sivers (1867–1948) nach dem Tode Rudolf Steiners berichtet: »Wir sprachen über das, was uns am Herzen lag, es endete, dass Marie Steiner die Tränen aus den Augen stürzten und sie die denkwürdigen Worte sprach: ›Das Furchtbare ist ja, dass man ihn nicht erkannt hat. Er war Jesus!‹«[299] – Er war der »Heilige Geist«.

Auch hieraus wird deutlich, dass Steiner ein Bodhisattva gewesen ist. Als solcher stand er in Verbindung zum Erzengelwesen des Heiligen Geistes, das auch im Meister Jesus wirkte; und deswegen sagte Marie Steiner auch nicht, er sei Meister Jesus gewesen, wie früher behauptet worden war.[300]

Doch kann man die erwähnte Aussage Marie Steiners noch anders interpretieren. Sie sprach bezogen auf Steiner von »Jesus«, nicht von »Meister Jesus«. Könnte sie damit gemeint haben, das Erzengelwesen, das mit dem Heiligen Geist verbunden ist, sei der nathanische Jesus? Im Fall von Mani haben wir bereits gesehen, dass der Paraklet, der ihn inspirierte, als der nathanische Jesus zu verstehen ist, als das Erzengelwesen, das für die Menschheitsentwicklung vier Mal ein manichäisches Liebesopfer gebracht hat. Die Gräfin von Keyserlingk hatte Steiner gefragt, ob es stimme, dass mit Steiner der Paraklet zur Erde geschickt worden sei; und Marie Steiner bezeichnete ihn als der »Heilige Geist«.

Wir haben den nathanischen Jesus bereits mit Michael in Verbindung bringen können. Die Verbindung zwischen Rudolf Steiner und Michael ist evident: Steiner hat die kosmische Sophia Michaels in philosophische Begriffe gefasst und auf die Erde gebracht und er hat eine irdische Michael-Schule gegründet. Ist Rudolf Steiner ein Bodhisattva Michaels, der göttliche Manu? Trug er, wie Mani, den Paraklet – nun ganz und gar verbunden mit den eigenen Forschungskräften? War Rudolf Steiner der Träger des Michael oder der nathanische Jesus?

Damit hätten wir zwei Antworten auf die Frage, wer Rudolf Steiner war. Für Marie Steiner war es eine Tragödie, dass nicht verstanden wurde, wer er war. Wir lassen die Frage jedoch offen, ob Rudolf Steiner als höheres Wesen aus der Sphäre des Heiligen Geistes mit dem Maitreya Buddha oder mit Michael in Verbindung gestanden hat. – In beiden Fällen handelt es sich um die Verbindung mit einem Erzengelwesen aus der Sphäre des Heiligen Geistes.

Die gesamte Christosophie Steiners lässt sich als eine Offenbarung des Heiligen Geistes betrachten, wie sie sich in unserer Zeit ausdrückt. Deshalb betonte Rudolf

Steiner auch immer wieder – wie vor ihm schon Novalis und Schelling –, dass die Offenbarung des Heiligen Geistes mit den Evangelien nicht erschöpft sei.[301] Bis in die ferne Zukunft sind Offenbarungen aus der Sphäre des Heiligen Geistes möglich.

Die Inkarnation Johannes des Täufers

Wir haben gesehen, dass Christian Rosenkreuz das Goldene Dreieck aus Manas (Geistselbst), Buddhi (Lebensgeist) und Atma (Geistesmensch) in der christlichen Entwicklung hütet. Wenn wir zu seiner Inkarnation als Lazarus-Johannes zurückgehen und uns fragen, wie sich Lazarus-Johannes dadurch, dass der Christus Jesus ihn vom Tode auferweckt hat, mit dem Goldenen Dreieck von Geistselbst, Lebensgeist und Geistesmensch verbinden konnte, berühren wir ein tiefes Geheimnis. Lazarus' Auferstehung geschah, als Johannes der Täufer bereits gestorben war.[302] In Johannes dem Täufer hatte – wie bereits in seiner vorherigen Inkarnation als Elias[303] – ein hohes Engelwesen gewirkt.[304] Rudolf Steiner sagte einmal, Elias sei eine Persönlichkeit gewesen, in der die Individualität nur teilweise enthalten war. Auch beim Bodhisattva geht es um eine Individualität, die nicht ganz in die Persönlichkeit aufgeht.[305]

Rudolf Steiner sprach von zwölf Erzengelwesen und auch von zwölf Bodhisattvas.[306] Sie sind in der göttlichen Welt um den Christus herum als die Substanz der ewigen Liebe versammelt. Sie sind ganz und gar in dieses Wesen der allumfassenden und verinnerlichten Liebe versenkt, und jedes von ihnen sucht in einer ganz eigenen Form, dieses Wesen der Liebe in Weisheit zum Ausdruck zu bringen. Wenn ein Eingeweihter von einem Erzengel durchdrungen wird, dann wird er ein Bodhisattva genannt.[307]

Gemeinsam bilden die zwölf Erzengelwesen rund um den Christus die Sphäre des Heiligen Geistes. Der göttliche und menschliche Manu ist als der »Dreizehnte der Weisheit« anzusehen, im Dienste des Christus, des »Dreizehnten der Liebe«. Die Bodhisattvas werden von einem besonderen Geistwesen inspiriert, das von Rudolf Steiner »*der große Lehrer*« genannt wird. Die christliche Anschauung würde es, so Steiner, »als *Heiligen Geist* bezeichnen«.[308] Der Manichäismus lehrt, das Wesen des Heiligen Geistes, das Mani als den menschlichen Manu durchdrungen hat, stehe noch zwischen dem Christus und den die menschlichen Eingeweihten inspirierenden Erzengeln. Wir haben dieses geistige Wesen mit der Sonnen-Intelligenz Michaels in Verbindung gebracht, der von Rudolf Steiner auch als »das Angesicht des Christus« bezeichnet wird. Michael ist in unserer Zeit von einem Erzengel zu einem Archaiwesen oder Zeitgeist aufgestiegen.[309]

Rudolf Steiner meinte, dass Johannes der Täufer während seiner Embryonalentwicklung von solch einem höheren Wesen einen Ich-Impuls empfangen haben muss, der ihm gleichsam den Anstoß zu seiner Inkarnation gab. Denn sein eigenes Ich war dazu nicht in der Lage, weil es aus seiner Wesensart heraus – als Eingeweihter, der später, als Erwachsener, ein Bodhisattva werden würde – auf ein höheres Wesen gerichtet war. Deshalb kam es zu der Begegnung der schwangeren Elisabeth, der Mutter des Johannes, mit der schwangeren Maria aus Nazareth.[310] Mit dieser Begegnung war Maria von einem Engel betraut worden, damit das hohe Erzengelwesen, das sich in Maria in einem embryonalen Inkarnationsprozess befand, Johannes dem Täufer noch im Mutterleib einen Impuls zu weiterem Wachstum und Entwicklung geben konnte.[311]

Johannes der Täufer wurde später von Herodes dem Großen gefangen genommen und in seinem Schloss auf dem markanten Hügel Machaerus auf der jordanischen Seite des Toten Meeres in Haft gehalten, weil er die Ehe des Herodes mit seiner Schwägerin, der Frau seines Bruders Philippus, nicht als rechtmäßig anerkennen wollte. Diese Herodias brachte dann ihre Tochter Salome dazu, von Herodes den Kopf des Johannes zu verlangen.[312] Die Schale mit dem Haupt des Johannes ist das Bild des Anti-Grals und zeigt, wie schwarze Magie wirkt. Wagner sagte in seinem *Parsifal*, Kundry sei Herodias, und die wird dann von Parsifal erlöst.

Ich möchte dieses Bild in die vorchristliche Gralstradition einordnen, wie ich sie auf meinen Reisen in Jordanien angetroffen habe. In der roten Felsenstadt Petra haben die arabischen Nabatäer ihre Grabtempel in die Felsen gebaut. Die Nabatäer stammen von den im Süd-Jemen ansässigen Sabäern ab und haben deren Gralstradition mit der Mondschale, die die Sonne trägt, mitgenommen und ihr eine eigene Form gegeben: die Mondgöttin Al-Uzza, die den Sonnengott Darusha trägt. Das wird auch in der mittelalterlichen Gralsliteratur überliefert, zum Beispiel bei Robert de Boron (ca. 1190), der beschreibt, dass die Königin von Saba König Salomo die Gralsschale schenkte, die Christus Jesus dann beim letzten Abendmahl benutzte und in der Joseph von Arimathia das Blut des Christus Jesus auffing. Die sabäische Gralstradition wurde in Petra verchristlicht.

Sehr wahrscheinlich hat Paulus hier in »Arabien« gepredigt,[313] nachdem er bei Damaskus das Licht des nathanischen Jesus, durch das Christus hindurchwirkte, geschaut hatte und drei Tage lang blind war.[314] Ananias erzählte ihm aus dem Leben des Christus Jesus, sodass er seine übersinnliche Erfahrung in sein Bewusstsein integrieren konnte und dadurch wieder sehend wurde. Danach ging Paulus in die Wüste. Wahrscheinlich ist er zum Wüstenvolk von Petra gezogen. Paulus hat die Einweihung noch durch Handauflegung vollzogen, wodurch eine Verbindung mit dem Feuer des Heiligen Geistes hergestellt wurde. Das wissen wir, wie Andrew Welburn aufgezeigt hat, aus Versen zu Beginn des Epheserbriefes,[315] die nicht Teil eines

Briefes sind, sondern der rituelle Text, der bei der Einweihung gesprochen wurde.[316] Paulus wollte, auch wenn er es nicht ausdrücklich sagte, den Menschen dadurch zum Gralsmenschen machen.

Es ist auffallend, dass das arabische Volk der Nabatäer – Nachkommen von Ismael, Abraham und Hagars Sohn – als Ganzes das Christentum angenommen hat. Auch muss der Manichäismus als ein Gralschristentum in den Gebieten der Nabatäer verbreitet gewesen sein. Die vorchristliche Gralsströmung aus Saba wurde im Manichäismus zur christlichen Gralsströmung, und von Jerusalem aus zur Strömung des Titurel in Nordspanien und zu der des Joseph von Arimathia in England. Das Bild der Schale mit dem Haupt Johannes des Täufers steht dieser Gralstradition gegenüber. Als reine Persönlichkeit mit dem Feuerwind des Geistes steht Johannes in einer heftigen Auseinandersetzung mit dem Bösen in der Welt, um es zu wenden.

Als Johannes der Täufer gestorben ist, wird das in ihm wirkende Engelwesen frei und kann Lazarus-Johannes in dem Augenblick, als der Christus Jesus ihn vom Tode auferweckt, den Geist der Erleuchtung bringen. Dieses mit Johannes dem Täufer verbundene Erzengelwesen repräsentiert dann in Lazarus-Johannes das Goldene Dreieck: Geistselbst (Manas), Lebensgeist (Buddhi) und Geistesmensch (Atma), so wie diese Kräfte apollinisch von oben her im Menschen wirken können. Damit wird Lazarus-Johannes zum vollkommenen Menschen, der den Geist des Christus empfangen hat. Das Engelwesen wirkt danach in dem noch größeren Kreis aller Jünger des Christus Jesus als ihr höherer Gruppengeist.[317]

Johannes der Täufer inkarniert sich später als der seraphische Maler Raffael (1483–1520), der sich in seiner *Madonna Terranuova* (Gemäldegalerie Berlin) selbst dargestellt hat – als eines der drei Kinder, also als Johannes. In den drei Stanzen in Rom hat er die Einheit von Kunst, Religion und Wissenschaft gemalt. Noch später war er in dem Dichter Novalis inkarniert.[318]

Novalis (i. e. Friedrich von Hardenberg; 1772–1801) hat mit seinem meisterhaften magischen Idealismus und in der geistigen Hinwendung zu seiner früh verstorbenen Verlobten Sophie eine Geisteskraft entbunden, die wiederum »den Weg bereitete«, diesmal für die Geisteswissenschaft, die das Leben des Christus Jesus verstehen und im 20. Jahrhundert Christus in der Ätherwelt schauen will.

Ita Wegman (1876–1943), eine der engsten Mitarbeiterinnen Rudolf Steiners, soll einmal gesagt haben, die Elias-Individualität gehe gegenwärtig »den Weg des Bösen, ohne das Böse zu sein«, um so das Böse verwandeln zu können.[319] Wenn dem so wäre, hieße das, dass die Individualität des Elias-Johannes-Raffael-Novalis, die das revolutionäre »Bekehrt euch zum Geist« in eine Religion und Kunst der Liebe getragen hat, nun zusammenwirkt mit Mani und seinem Auftrag in der Weltgeschichte.

Das Rosenkreuz als Metamorphose des Manichäismus

Mani als der menschliche Manu oder »Lehrer aller Lehrer« hat auch die Strömung des Christian Rosenkreuz inauguriert. Am Ende des 4. Jahrhunderts hat eine der größten Versammlungen von Weltenlehrern stattgefunden.[320] Es ist nicht eindeutig, ob sie in der die Erde umgebenden geistigen Welt stattgefunden hat oder auf der Erde und in diese Sphäre hineinwirkte. Meines Erachtens ist Letzteres der Fall gewesen. Es versammelten sich: Mani als der Lehrer des menschlichen Ich (Mani sprach auch vom »transzendenten Ich«), Zarathustra oder der Meister Jesus als der Lehrer des menschlichen Astralleibes (Zarathustra sprach auch von »sieben dunklen und sieben hellen Eigenschaften in der Seele«), Buddha als Lehrer des menschlichen Lebensleibs (Buddha ließ den Menschen in der Mystik des Mitleids auch die reine Ätherwelt erleben) und Skythianos, der auch das Druidentum inaugurierte und ein großer Heiler war, als Lehrer des menschlichen physischen Leibes.

Auf dem Konzil der Weltenlehrer wurde besprochen, dass der Manichäismus nicht mehr in dieser Form als esoterisches Christentum der Zukunft würde wirken können. Vorgesehen war, dass vom 15. Jahrhundert an in der fünften Kulturepoche zugunsten der Freiheitsentwicklung des Menschen das intellektuelle und wissenschaftliche Denken starken Auftrieb bekommen sollte. Der Manichäismus sollte dann in einer Form auftreten, die sich ins intellektuelle Denken einfügen könnte, um es dann zu transformieren. Hier wurde die Strömung des Christian Rosenkreuz konzipiert als eine Naturwissenschaft, die den Geist nicht verliert.

Das manichäische Prinzip der Liebe wirkt in dieser Strömung in den Erkenntnisprozessen des Menschen, um durch selbstlose Liebe das auf das Körperliche gerichtete Denken, Fühlen und Wollen in die Erkenntniskräfte der Imagination, Inspiration und Intuition zu metamorphosieren. Goethe, der in Leipzig eine rosenkreuzerische Einweihung empfangen hatte, ohne sich dessen bewusst zu sein, personifizierte in seinem *Märchen von der grünen Schlange und der schönen Lilie* diese metamorphosierten Kräfte als den goldenen, silbernen und ehernen König. Auch die Liebe zur leidenden Weltenseele oder Jesus Patibilis kehrte in der Strömung des Rosenkreuzes zurück, und zwar mit dem Ziel, sie aus dem Bann der Materie zu befreien, wie ich es in meinem Buch über den Manichäismus beschrieben habe. Durch die Alchemie wird der Geist aus der Materie befreit, durch das geistige Erkennen der Natur wird der schlafende Geist der Natur, um mit Schelling zu sprechen, im menschlichen Bewusstsein geweckt. Schon Goethe sagte, dass die Natur im menschlichen Bewusstsein zum Selbstbewusstsein, zum Bewusstsein ihrer selbst gelange. Der Manichäismus und das Rosenkreuzertum arbeiten auf unterschiedliche Weise – aus der Kraft des Mitleids und aus geistigem Erkennen – an einer christlichen Erlösung der Natur.

Der Manichäismus ging vom Herzen als dem Mittelpunkt aus, um aus einem persönlich-moralischen Konnex zum Mitleid zu gelangen. Dieser Geist des Herzens stieg auf zum Kopf und kam dort zum Denken, empfing Imaginationen und den Geist des Christus: den Parakleten. Die Elohim haben jedoch um 1250 n. Chr. den Fokus des Menschen vom Herzen zum Kopf hin verlagert:[321] Der Mensch sollte die Freiheit haben, seine Gefühle und Willensimpulse aus dem Denken heraus selbst zu bestimmen. Damit erweist sich die Strömung des Rosenkreuzes als eine Metamorphose der manichäischen Strömung für die neuzeitliche Entwicklung. Die Strömung des Rosenkreuzes setzt beim Denken an, beginnt mit dem Studium und vergeistigt das Denken dann durch christliche Liebe in das fühlende und wollende Denken. Aus der Vergeistigung des Denkens senkt sich die Liebe immer weiter zum Herzen hinab und entwickelt dort die Liebe zum ganzen Makrokosmos. Der Weg vom Mitleid zur Weisheit wird zu einem Weg, der vom vergeistigten intellektuellen Denken zur Liebe führt. Das ist der Weg, der unserer Zeit angemessen ist. So kann der Mensch als innerer Rosenkreuzer mitten im Leben stehen, in einem Leben, in dem heute stets an das Denken appelliert wird. Und er kann aus einem selbst gewählten Willensideal dazu beitragen, die zeitgenössische Kultur mit Geist und Liebe zu verwandeln.

Um die Strömung des Rosenkreuzes zu Beginn der fünften Kulturepoche initiieren zu können, sollte Lazarus-Johannes um das Jahr 1250 herum noch durch eine ganz besondere Einweihung gehen. Davor lagen jedoch noch weitere Inkarnationen, so die als Flos,[322] der durch die Legende von *Flos und Blanchefleur* bekannt geworden ist. Um 1250, als die Elohim den Fokus des Menschen vom Herzen zum Kopf hin verlagerten und nicht einmal ein Eingeweihter die Verbindung zum Geist herstellen konnte, hatte Lazarus-Johannes in seiner damaligen Inkarnation die Gelegenheit, im Alter von etwa zwanzig Jahren die zwölf Kräfte der Weisheit in sich aufzunehmen. Zwölf Weise, die um den zukünftigen Christian Rosenkreuz versammelt waren, übermittelten ihm als dem Dreizehnten ihre Weisheit in der Form von Mantren. Sein Lebensleib wurde dadurch so hell, dass er seinen physischen Leib durchstrahlte.[323] Rudolf Steiner zufolge waren diese Weisen Repräsentanten der atlantischen und nachatlantischen Kulturepochen. Einer von ihnen vertrat die damalige Kulturepoche. War es Thomas von Aquin? In den Briefen des Gottesfreundes vom Oberland findet man ebenfalls eine Beschreibung dieser zwölf Weisen, die eigentlich auf eine frühere Zeit als die seine hinweist.

Meines Erachtens ist die Konzentration der zwölf Weisheitskräfte im zukünftigen Christian Rosenkreuz die Spiegelung eines Vorganges aus der Sphäre der Vorsehung, des Heiligen Geistes, wo die zwölf Erzengelwesen um Christus versammelt sind. Da viele Eigenschaften der göttlichen Wesen in einem bestimmten Augenblick der Menschheitsentwicklung zugunsten der Selbstständigkeit der Menschen diesen selbst übertragen werden müssen, wie wir es bereits bei Mani als dem menschlichen Manu sahen, kommt es auch hier, wie es scheint, zu einer solchen Übertragung: die der zwölffache Welt des Heiligen Geistes auf Lazarus-Johannes, der sich als Christian Rosenkreuz inkarnieren sollte. In dieser Individualität haben wir eine Konzentration aller Weisheit der Menschheitsentwicklung vor uns. Der Ätherleib des künftigen Christian Rosenkreuz ist der strahlende Stern alles umfassender Weisheit geworden. Es ist bezeichnend, dass in der *Fama Fraternitatis* der unversehrte Leib des Christian Rosenkreuz – womit vermutlich sein unvergänglicher Ätherleib gemeint ist, den seine Schüler als einen neuen Impuls schauen können – mit dem Satz charakterisiert wird, er habe sich – ein Samenkorn im Herzen Jesu – diesen Schatz während seines Lebens zu einem Kompendium des Weltalls gemacht. Kurze Zeit nach dieser einzigartigen Einweihung stirbt diese Individualität. Von Rudolf Steiner wissen wir, dass man sich mit seinen Fragen zur Weltentwicklung geistig an den Ätherleib des Christian Rosenkreuz wenden kann, der die zwölffache Weisheit in sich trägt, und man wird eine Antwort erhalten.[324]

Blicken wir noch einmal auf die wichtigsten Inkarnationen des Christian Rosenkreuz, wie sie uns Rudolf Steiner übermittelt hat: Hieram Abiff inkarnierte sich als Lazarus, der Johannes der Evangelist geworden ist; dieser inkarnierte sich im 13. Jahrhundert, als er von zwölf Weisen eingeweiht wurde, als Christian Rosenkreuz.[325] Schließlich inkarnierte Christian Rosenkreuz sich ein weiteres Mal: als Graf von Saint Germain.[326]

Der Graf von Saint Germain als Inkarnation des Christian Rosenkreuz

Rudolf Steiner fand durch geisteswissenschaftliche Forschung heraus, dass der Graf von Saint Germain eine Inkarnation des Christian Rosenkreuz im 17./18. Jahrhundert war. Voltaire meinte noch, es sei nicht bekannt, wann er geboren wurde. Auch hieß es immer, man kenne sein Sterbedatum nicht. Er machte einen zeitlosen Eindruck, denn er sprach beispielsweise an den Höfen Europas über die Geschichte Ägyptens, als sei er deren Augenzeuge gewesen, wodurch auch die Zuhörer zu Augenzeugen wurden. Inzwischen weiß man mehr über Saint Germain, vor allem aufgrund der Forschung von Irene Tetzlaff;[327] es soll im Folgenden kurz zusammenfasst werden.

Er muss am 28. Mai 1696 geboren worden sein, und zwar als Leopold Georg Rákóczy, Sohn des Grafen Franz II. Rákóczy, einem siebenbürgischen Fürsten und

Anführer des Aufstandes der Ungarn gegen das Habsburgerreich, und dessen Frau, Charlotte-Amalie, Gräfin von Hessen-Rheinfels. Während des Aufstands wurde er, der älteste Sohn, zusammen mit der Großmutter Elena in Italien bei dem toskanischen Herzog Giovanni Gaston, dem letzten Nachfahren der Medici, in Sicherheit gebracht. Von ihm erhielt Leopold Georg Unterricht in Wissenschaft und Kunst, und hier hörte er auch von der Alchemie und von den Tempelrittern. Er besuchte während dieser Zeit in der Toskana den Ort San Germano und nahm daraufhin den Namen San Germano an, wobei er wohl auch an seine deutsche Mutter dachte. Im Französischen sollte daraus später »Saint Germain« werden. Unter dem Namen Giovanni komponierte er Lieder; seine Violin- und Cellokonzerte wurden erst vor Kurzem in Eckernförde herausgegeben. Er reiste nach Mexiko, wo er viel über Plantagenanbau und über die Mayas und Azteken lernte. Über Lissabon fuhr er nach Rodosto am Marmarameer und erfuhr auf der Schiffsreise viel über die Rosenkreuzer und die Alchemisten. In Rodosto traf er seinen Vater und stattete in dessen Auftrag dem Sultan einen Besuch im Serail ab. Es ist charakteristisch für den Grafen von Saint Germain, wie vielseitig und stark seine Interessen waren. In der Türkei lernte er, wie man Seide mit Pigmenten färbt, wie man Kosmetika herstellt und Heilkräfte aus Pflanzen gewinnt. Er besuchte die Pyramiden in Ägypten, wo er sich in den Isis- und Osiriskult vertiefte, und die Mysterienschule von Fez in Marokko, was er Johann Valentin Andreae zufolge auch in der Inkarnation des Christian Rosenkreuz getan hatte. Wie damals schon, nahm er all dieses Wissen mit zurück nach Europa.

Er inspirierte d'Alembert und Diderot, ihre große Enzyklopädie zu schreiben, an der er auch selbst mitarbeitete. Doch durfte in Europa nicht bekannt werden, dass er der Sohn eines Aufständischen war. Das war einer der Gründe dafür, dass er viele Pseudonyme hatte: Welldone, Odar, Gua de Malve, Solar, Eques a Cygno Triumphante, Chef de Bien, Bellemare, Theophilus und Algarotti. Ein weiterer Grund könnte gewesen sein, dass er nicht im Element des Persönlichen wirken, sondern die Menschheit aus überpersönlichem Idealismus begleiten wollte. Deshalb durfte erst nach hundert Jahren über diese Inkarnation des Christian Rosenkreuz gesprochen werden, wie wir in der *Fama* aus dem 17. Jahrhundert lesen können. Gemeinsam mit Ludwig XV. stellte er im Château Chambord alchemistische Versuche an. Und als der König vergiftet war, wusste Saint Germain sofort das richtige Gegengift. An den Höfen Europas und Russlands, an denen Saint Germain sich aufhielt, war er berühmt wegen seiner (selbst hergestellten) Seidenschals, Kosmetika sowie Gesundheits- und Verjüngungselixiere.

Saint Germain unterrichtete auch die Freundin des Königs: Jeanne Antoinette Poisson, die später als Madame de Pompadour bekannt wurde. Und in einem Gespräch mit der Comtesse d'Adémar in Paris warnte er davor, die Ideale von Frei-heit, Gleichheit und Brüderlichkeit in ihrem revolutionären Duktus zu übernehmen. Denn: Wer Wind sät, wird Sturm ernten.

Als Angehöriger des Malteser Ritterordens, als Gesandter des neutralen Sardini-ens, hatte Saint Germain Zugang zu den Königshöfen, wo er bekannt war für seine Vermittlungsversuche und Friedensinitiativen wie etwa 1760 in Holland, wo sich ein großer Friedensschluss anbahnte, am Ende aber doch nicht erreicht wurde. Unter anderem kam er zu Peter dem Großen nach Russland, zu Friedrich II. von Preußen, zu George II. von England, zu Maria Theresia an den österreich-habsburgischen Hof. Er erhielt noble Geschenke, die er, der selbst nur sehr bescheiden lebte, wie es auch die Templer taten, für wirtschaftliche Unternehmungen verwendete oder verschenk-te. Der Graf von Saint Germain hat selbst verschiedene wirtschaftliche Projekte auf den Weg gebracht, unter anderem eine Fabrik, in der mit einem von ihm selbst entwickelten Verfahren Ziegenhäute bearbeitet wurden, und eine Fabrik in Weesp, in der nach einem chemischen Verfahren Porzellan hergestellt wurde, mit dem dazu-gehörigen Labor in Doornik. Außerdem besaß er eine Leinenbleicherei in Venedig, eine Fabrik für Heilmittel in Eckernförde und eine für Farben und Filz in Doornik.[328]

Der Graf war Mitglied des Ordens vom Goldenen Vlies und erneuerte den Ro-senkreuzerorden und den Templerorden. Das Vertrauen, das er anderen und andere ihm entgegenbrachten, ging so weit, dass er sogar vom Kanzler des Papstes, Josephat Valle, den Auftrag bekam, die alte Religion wiederherzustellen und mit den Freimau-rerlogen zu verbinden.

Dieser Auftrag führte ihn zu den großen Freimaurerkongressen 1776 in Wies-baden, 1777 in Leipzig und 1782 in Wilhelmsbad bei Frankfurt. 1776 hatte Adam Weishaupt in Ingolstadt den Orden der Illuminaten gegründet, der eine Weltregie-rung anstrebte und die Monarchien abschaffen wollte. Im gleichen Jahr hatten die Freimaurer, die Beziehungen zu Adam Weishaupt hatten, die Unabhängigkeit der Vereinigten Staaten von Amerika ausgerufen. Als Großmeister setzte Saint Germain auf den Kongressen bestimmte Verhaltensregeln durch, die vermeiden sollten, dass nach äußerer Macht ohne Geist gestrebt würde. Das hat auch in unserer Zeit noch eine große Bedeutung, da aufgrund des Einflusses der Loge »Skull and Bones« ame-rikanische Präsidenten noch immer von der »neuen Weltordnung« sprechen.

Saint Germain war auch an der Gründung des Fürstentums Baden-Baden betei-ligt, in dem ein paar Jahrzehnte später Kaspar Hauser (1812–1833) geboren wurde, dieses »Kind Europas«. Kaspar Hauser – als »reiner Tor« vergleichbar, wenn auch nicht identisch mit Parzival – hatte den Auftrag mit in sein Leben gebracht, in Europa eine moderne Gralsburg zu gründen, er wurde jedoch von okkult orientierten Wi-dersachern eingesperrt, in völliger Isolierung gehalten und schließlich ermordet.[329]

Es heißt zwar, dass Saint Germain am 27. Februar 1784 gestorben und in Eckernförde, in der Nikolauskirche, beigesetzt worden sei, doch ist dieses Todesdatum nicht gesichert, denn Franz Gräffer berichtet in seinen *Kleinen Wiener Memoiren*, der Graf von Saint Germain habe ihm noch 1790 von einer Reise nach Konstantinopel und England berichtet, wo er »zwei Erfindungen vorzubereiten habe, die Sie im nächsten Jahrhundert haben werden: Eisenbahnen und Dampfschiffe. [...] Ich will ruhen; ich muss ruhen. Genau nach 85 Jahren werden die Menschen mich wieder erblicken.«[330]

Nimmt man diesen Text beim Wort, kann man das Todesdatum von Saint Germain auch mit ihm nicht bestimmen. Denn es wird nicht von einem Sterben des physischen Leibes und einer Reise in die geistige Welt gesprochen. Und doch scheint es, als ginge Saint Germain als Eingeweihter in Christus hier in einen anderen Zustand über, aus dem er wieder zurückkehren kann.[331] Rudolf Steiner wiederum bestätigte die Aussage Gräffers, dass der Graf von Saint Germain noch nach 1784 gelebt habe.[332]

Der Graf selbst hat ein ganz außergewöhnliches Buch hinterlassen: *La Très Sainte Trinosophie,* in dem er die von ihm geschaute Imagination beschreibt, welche zur inneren Alchemie führt.[333] Es hat eine vergleichbare Seelenstimmung wie *Die Chymische Hochzeit des Christian Rosenkreutz aus dem Jahr 1459.*

Der Graf von Saint Germain hat als wahrhaft universeller Mensch am Bau des Menschheitstempels gewirkt. Zugleich sehen wir, wie sehr er mitten in Politik und Wirtschaft, in Kunst und Wissenschaft stand und dadurch erst recht als jemand angesehen werden kann, der wie kein anderer im Dienste der Vergeistigung und Verchristlichung unserer Kultur tätig war.

Man könnte annehmen, eine solche Einweihung in die zwölf Weisheitskräfte hätte eher dem menschlichen Manu geschenkt werden müssen. Doch wir wissen, dass dies nicht der Fall war. In welchem Verhältnis steht Christian Rosenkreuz dann aber zu Mani als dem menschlichen Manu? Mani hat die Strömung des Rosenkreuzes am Ende des 4. Jahrhunderts selbst inauguriert. Die Lehrer, die an dieser Einweihung beteiligt waren – Mani, Zarathustra oder der Meister Jesus, Buddha und Skythianos – sind Lehrer, die noch immer Menschheitsgruppen inspirieren, die im Zeichen des Rosenkreuzes zusammenkommen. Das könnte auch in der Anthroposophie so sein. Rudolf Steiner zufolge war es Mani, der Christian Rosenkreuz im Jahre 1459 in die Mysterien des Bösen (und deren Transformation ins Gute) eingeweiht hat. Ich denke, man kann Christian Rosenkreuz als denjenigen ansehen, der für unser intellektuelles Zeitalter der stellvertretende menschliche Manu ist, und zwar bis ans Ende der Erdenentwicklung, was die Möglichkeit betrifft, die geistigen Wesensglieder – Geistselbst, Lebensgeist und Geistesmensch – zu entwickeln. Mani selbst, als der menschliche Manu, hat den Auftrag, im sozialen Leben, von Mensch zu Mensch, und in der Beziehung des Menschen zu den Kräften des Bösen mit seinem Liebesopfer das Böse zu absorbieren und in die Welt des Guten zu überführen. Christian Rosenkreuz wird seinen Auftrag insbesondere in der sogenannten sechsten großen Kulturperiode erfüllen, wenn seine Kräfte zur vollen Blüte kommen. Mani ist verantwortlich für die Revolution der Nächstenliebe, für die Liebe, die das Böse verwandelt. Christian Rosenkreuz hat eine entsprechende Aufgabe, nämlich die, im Erkenntnisprozess die Liebe zur Weisheit zu führen und die innere Entwicklung zugunsten der Kulturentwicklung einzusetzen. Letzteres, die Weisheitsentwicklung, ist notwendig für Ersteres, die größtmögliche Entwicklung der Liebe. Das bedeutet, dass Mani und Christian Rosenkreuz eng zusammenarbeiten. Christus Jesus hat den Jüngling zu Nain und Lazarus vom Tode auferweckt und eingeweiht. In Mani hat der nathanische Jesus als Erzengelwesen gewirkt, und auch die geistigen Kräfte des Buddha aufgenommen. Obwohl Mani von diesem Wesen apollinisch inspiriert wurde, lebte innerlich in der Mani-Individualität auf dionysische Weise ganz stark die Buddha-Kraft des Christusimpulses, in der Liebe zum Nächsten, zur Natur und sogar zum Bösen. Im 9. Jahrhundert verbindet Parzival in sich die östliche buddhische Gralsströmung mit der westlichen zoroastrischen Gralsströmung des König Artus. Erst in dieser Inkarnation wirkt der menschliche Manu in dem Zusammenschluss der Strömungen wirklich selbstständig.

In Lazarus-Johannes lebt das gesamte kosmische Christentum des Logos, das vergleichbar ist mit der zoroastrischen Weisheit. Vollkommen ist es, als Lazarus-Johannes im 12. Jahrhundert von den zwölf Weisen eingeweiht wird. In der Inkarnation des Christian Rosenkreuz wird dann eine kosmische Weisheit entwickelt, die die gesamte Kultur zu reformieren vermag. Christian Rosenkreuz ist auch der Hüter der höheren Geisteskräfte (Geistselbst, Lebensgeist und Geistesmensch), die den Menschen in der Erleuchtung apollinisch durchdringen können. Daher kann man sagen, dass in Lazarus-Johannes-Christian Rosenkreuz die zoroastrische Kraft des Christusimpulses wirkt.

Und man kann daraus folgern, dass der Christus Jesus, der in sich sowohl die Buddha- als auch die Zarathustra-Natur trug, mit der Auferweckung des Jünglings zu Nain und des Lazarus die Lehrer des esoterischen Christentums einweihte, die den buddhischen bzw. den zoroastrischen Christusimpuls in der Menschheitsentwicklung begleiten sollten. Der Jüngling zu Nain wird dann in der Inkarnation als Parzival als menschlicher Manu diese beiden Wirkungsweisen des Christusimpulses verschmelzen und doch stärker noch als den Impuls der Weisheit den der Liebe vertreten. Mani und Christian Rosenkreuz sind im esoterischen Christentum die großen Lehrer der Liebe und der Weisheit.

Doch wo hat der Meister Jesus oder Zarathustra in dieser Komposition des Christus-impulses seinen Platz? Indem der Meister Jesus das Ich Zarathustras in sich trägt, ist er als solcher, wie ja auch Christian Rosenkreuz, ein Repräsentant des zoroastrischen Christusimpulses. Aber da das Ich des Zarathustra mit den Seelenkräften Buddhas so tief in den nathanischen Jesus hineingewirkt hat, ist er auch ein Repräsentant des buddhischen Christusimpulses. Das ist auch daran ersichtlich, dass er im siebenstu-figen christlich-gnostischen Einweihungsweg als Inspirator der Mystik wirkte (siehe Kapitel 13). Dort geht es um die buddhische Verinnerlichung, die jedoch, anders als bei Mani, der in allem die Liebe betont, auf zoroastrische Weise dem Bestreben dient, die menschliche Seele dem Christus anzugleichen. Dabei kann der Geist des Christus letztlich auch als zoroastrischer Christusimpuls empfangen werden.

Auch Rudolf Steiner ist ein Repräsentant des zoroastrischen Christusimpulses, der mit Christian Rosenkreuz verbunden ist.

Kapitel 12

Die Tochter des Jairus und das Ende der Zeiten

Über die Tochter des Jairus hat Rudolf Steiner nicht viel gesagt. Doch er hat angegeben, die Individualität dieses Mädchens werde in einer sehr fernen zukünftigen Entwicklungsstufe, nämlich in der siebten, amerikanischen Kulturepoche (5733–7893), die führende Lehrerin des esoterischen Christentums sein. Die siebte Kulturepoche ist die Wiederholung der ersten, altindischen Kulturepoche (7227–5067 v. Chr.) auf einer höheren Ebene, gespiegelt an der vierten Kulturepoche (747 v. Chr. – 1413 n. Chr.), jener, in der Christus Mensch geworden ist. Die siebte Kulturepoche wird eine Zivilisation sein mit einer hochentwickelten Technik, die bereits die ganze Natur ersetzt haben wird oder ersetzen will. Gerade wegen dieser Betonung des materiellen Fortschritts müssen höchste Liebeskraft und höchste Geisteskraft entwickelt werden. In dieser Kulturepoche wird sich der Lebensgeist voll entfalten müssen und die geistige Entwicklung insofern bewähren, als sie es ermöglicht, den Weg der Vergeistigung des physischen Leibes zu Atma (Geistesmensch) zu beschreiten (siehe Kapitel 16). Man wird dann eine völlige Beherrschung des Leibes durch den Geist erstreben, sodass der Leib Geist wird. Dem Geistesmenschen wird der für seine Entwicklung nötige und erst noch zu verwirklichende Auferstehungsleib hinzugefügt. Diese Entwicklung des Geistesmenschen wird dann in einer späteren Zeit zur Entfaltung gebracht werden. Aus der Kraft des Lebensgeistes als wirklicher Liebe, die in die erste Entwicklung des Geistesmenschen als die Kraft, das Gute zu tun, und als Opferkraft übergeht, wird aus der Mani-Intention heraus wahrhaft eine wirklich christliche Geisteskraft und Liebesopferkraft – individuell und in Gemeinschaften freier Individualitäten – entbunden werden müssen, um die Kräfte des Bösen in ihren dämonischen Formen schwarzer Magie zu überwinden und sogar zu verwandeln. Die siebte Kulturepoche und damit der gesamte nachatlantische Zeitraum der genannten sieben Kulturepochen wird in einem »Kampf aller gegen alle«[334] enden, den die Asuras, jene gefallenen Archai oder Zeitgeister,[335] anheizen als Anti-Entwicklungs- oder Anti-Ich-Geister, als »Geister sinnloser Gewalt«. Im alten Indien wurden diese Wesen des Bösen *Rakshasas* genannt. Danach, im sechsten Zeitraum mit wiederum sieben Entwicklungsepochen, werden Mani und die Seinen in der substanziellen Umwandlung des Bösen in Welt und Menschheit wirksam sein.

Während der Erweckung der Tochter des Jairus war im Hintergrund Flötenmusik zu hören.[336] Rudolf Steiner brachte das in einen Zusammenhang mit dem Flötenspiel Krishnas.[337] Er hat jedoch nicht gesagt, wer der Lehrer des esoterischen Christentums in der sogenannten amerikanischen Kulturepoche sein wird. Ist es Krishna, in den der göttliche Manu hineinwirkt und der Arjuna Lehren über das Karma erteilt hat?

Die siebte Kulturepoche muss sich aufs Neue dem Ideal einer christlich-sozialen Gemeinschaft annähern, in der einer des anderen Karma mitträgt, in der ein jeder das Karma dessen, der es nicht mehr tragen kann, auf sich nehmen will. Durch eine solche aus dem Geiste heraus geborene Tatkraft kann auch der Geistesmensch im Menschen gebildet werden. Dann erst wird es durch die innere Entwicklung nach und nach möglich, ein Verhältnis zu Christus zu entwickeln, durch das alle karmischen Konflikte gelöst werden.

Dies steht auch im Zeichen des Auftrags, den Mani als göttlicher Manu übernommen hat. Nach entsprechenden Anfängen in der sechsten Kulturepoche muss der Manichäismus in dieser siebten Kulturepoche in einer ganz neuen Form zur Blüte gebracht werden. Das hat Mani vorbereitet, indem er Gemeinschaften gründete, welche christliche Geist- und Seelenkräfte mobilisierten, die dann – zusammen mit einer ausgereiften Erkenntnis der Gesetze der Gemeinschaftsbildung – gebraucht werden können, um allen, die dem Bösen verfallen sind, eine echte Chance zur Wandlung und zur Heilung vom Bösen zu geben. Rudolf Steiner zählt zu den von Mani inaugurierten Gemeinschaften neben den Manichäern auch die Katharer, die Templer, die Albigenser, die Waldenser und die Rosenkreuzer.[338] Ich denke, dass moderne Strömungen wie die Theosophie und die Anthroposophie, aber auch noch weitere ebenfalls dazugehören. In den Gemeinschaften, die in der sechsten und siebten Kulturepoche aus der Mani-Intention heraus wirken, können die Licht- und Liebeskräfte dieser vorausgegangenen Gemeinschaften wirken. So lassen sich ganz gezielt Möglichkeiten schaffen, um Menschen mit einem schweren Karma oder einem beschädigten Ich-Wesen in diese Gemeinschaften aufzunehmen. Ihr Karma kann von diesen Gemeinschaften getragen werden, sodass auch sie ihren geistigen Entwicklungsweg gehen können. Zudem kann in diesen Gemeinschaften aus dem Impuls des Christian Rosenkreuz heraus an einer Vergeistigung der in dieser Zeit massiv sich manifestierenden ahrimanischen Kultur gearbeitet werden. In welch umfassendem ahrimanischen Spinnennetz die Menschheit gefangen sein wird, ist in manchen Filmen unserer Zeit, beispielsweise der *Matrix*-Trilogie, zu sehen. Wenn die geistige

Entwicklung der Menschheit in der siebten Kulturepoche nicht ausreichend voran-
schreitet – denn alles ist dann von dem freien Willen der Menschen abhängig –, wird
der »Krieg aller gegen alle« als Weltenkarma, wie es in der Apokalypse dargestellt
ist, eine weltumspannende und grausame Form annehmen.

Es ist unglaublich, dass Christus Jesus selbst, als Manifestation des göttlichen
Weltenplans, jene Menschheitslehrer einweiht, sodass sich das Christentum wirklich
bis in die ferne Zukunft der Menschheit hinein wird entwickeln können. Das heutige
Christentum steckt eigentlich noch in den Kinderschuhen. Die stärksten Kräfte des
Christus müssen in der Menschheit erst verwirklicht werden. Mit dem Glauben sind
uns – zunächst noch in einfacher Weise – die ersten Kräfte des Christus in die Seele
gelegt. Alle anderen: die Weisheit, die Liebe und die Tatkraft der freien Individualität – müssen sich erst noch entfalten.

Für den Glauben im Katholizismus und im Protestantismus ist bis heute das
augustinische Christentum bestimmend. Der Kirchenvater Augustinus (354–430)
konnte, obwohl er neun Jahre lang Manichäer gewesen war, nicht mehr mit den
Begriffen »Reinkarnation« und »Karma« umgehen – Begriffe, die im Urchristentum
durchaus bekannt waren, was wir daran sehen, dass Christus Jesus über den Geist
des Elias in Johannes dem Täufer sprach,[339] und die Jünger fragten, ob der Blindgebo-
rene von seinen Eltern her oder aus sich heraus blind geboren sei.[340] Auch Origines
hat über das vorgeburtliche Leben der Seele gesprochen. Im Manichäismus wurde
die Idee der Reinkarnation der Seele ausdrücklich gelehrt. Augustinus also war
Manichäer und hat gerade durch seine Ablehnung des Manichäismus die Geschichte
des Christentums entscheidend beeinflusst. Denn das manichäische Christentum
stand in einem konkurrierenden Verhältnis zum katholischen Christentum, und im
dritten Jahrhundert war noch offen, welches sich durchsetzen würde. Im Mittleren
und Fernen Osten, in Persien, China, Sibirien, Arabien und Indien war das manichäische Christentum sehr lange vor dem katholischen Christentum verbreitet. Mani
wollte das Christentum in diese östlichen Regionen tragen, so wie Paulus es in die
Türkei, nach Griechenland und Italien gebracht hatte. Beide haben eine Christus-Of-
fenbarung empfangen. Paulus wurde sie in Damaskus zuteil,[341] während Mani den
Christus in seinem vierundzwanzigsten Lebensjahr zu sich sprechen hörte.

Es war zunächst also noch offen, welche Hauptströmung des Christentums zur
dominierenden würde. Entscheidenden Einfluss auf die Durchsetzung des katholischen Christentums hatte die grundsätzliche Zurückweisung des Manichäismus
durch Augustinus, wie sie beispielsweise in seinem Werk *Contra Faustum* zum
Ausdruck kommt. Ein weiterer Faktor war wohl, dass der Manichäismus eigentlich
das Christentum der Zukunft war und zur Zeit des Augustinus also so etwas wie
eine Frühgeburt.

Auch Rudolf Steiner benennt den Unterschied zwischen dem katholischen und dem manichäischen Christentum:[342] Alles in der Natur und in der Kultur besteht aus Form und Leben, so auch das Christentum. Das katholische Christentum, durch welches das Leben (oder der Impuls) des Christus strömt, ist vom Römischen Reich in seine Bahnen gelenkt worden. Das manichäische Christentum hat dem Leben des Christus eine zukünftige Form gegeben. Es ist die Form der »reinen Gemeinschaft«, wie Steiner sie nannte, die, wie wir gesehen haben, in einer fernen Zukunft der Menschheitsentwicklung ihre Aufgabe zu erfüllen hat. Zur Zeit des Augustinus stand daher die römische Form des katholischen Christentums mit Rom als Zentrum, den Bischöfen als regionalen Vorstehern und mit Schuld und Buße als juristischen Kategorien der zukünftigen Form des Christentums im Manichäismus gegenüber. Dieser Gegensatz wirkte weiter bis in den Kampf zwischen den Katharern und der dominikanischen Inquisition, wobei Letztere die Argumente des Augustinus gegen den Manichäismus verwendete.

Nach meinen Forschungen, die ich in dem Buch *Der Manichäismus* ausführlich dargestellt habe, hat Augustinus bei seiner Zurückweisung der ihm bekannten Idee der Reinkarnation den manichäischen Begriff für Karma umgedeutet, ihm die Bedeutung des dann in der Christenheit dominierenden Konzepts der »Erbsünde« gegeben. Den Begriff hat Augustinus aus seiner manichäischen Vergangenheit bezogen, wo er eine ganz andere Bedeutung hatte. Die Manichäer vertraten nämlich die Ansicht, dass man bei seiner Geburt den noch nicht verwandelten Alten Menschen aus früheren Leben mitbringt, in dem Begierde und Angst wirken. Da Augustinus nicht mehr mit der Vorstellung einer Wiederverkörperung der Seele übereinstimmte, sagte er, das, was man bei der Geburt mitbringe und was man in gewissem Sinne als »das Böse« bezeichnen könne, sei die »Erbsünde«. Er verwendete hierfür jedoch denselben Begriff wie Mani: *concupiscentia*. Wörtlich bedeutet er: »böse Begierde«. Mani wollte damit dasselbe ausdrücken wie Buddha: Im Verlauf der Inkarnationen kommen die noch nicht überwundenen Begierden wieder zum Tragen. Die Manichäer lebten in einer unausgesprochenen Synthese von Buddhismus und Christentum. Augustinus hat dadurch, dass er einen manichäischen Begriff verwendete, die Idee des Karma gegen die Idee der Erbsünde ausgetauscht.

Augustinus sah den Menschen als vollkommen von der Erbsünde bestimmt. Weil er die Möglichkeit vorangegangener Leben nicht einbezog, postulierte er, es habe eine Art kollektiven Fall der Menschheit gegeben. Indem die individuelle Seele ein Teil der allgemeinen Adamseele ist, sind wir alle dafür verantwortlich, unseren freien Willen in der göttlichen Welt missbraucht zu haben. Deshalb hat der Mensch durch die Erbsünde, die auch in der Sexualität wirksam ist, keinen von Gott geschenkten freien Willen mehr, sondern nur noch den Willen zu sündigen. Nur die

Gnade kann, vermittelt durch die Kirche, den Menschen vor diesem Untergang retten. Die Vorstellung, dass der Mensch durch sein jetziges Leben das folgende Leben prädestiniert, ersetzte Augustinus durch seine göttliche Prädestinationslehre, die besagt, es sei Gottes Barmherzigkeit, dass 144.000 gerettet würden, und Gottes Gerechtigkeit, dass der übrige Teil der Menschheit verdammt sei. Letzteres war selbst der katholischen Kirche zu streng, denn in diesem Falle wäre ja keine Bekehrung mehr möglich.

Im Jahr 396, das heißt zur Zeit des Konzils unter der Führung Manis, vertrat Augustinus in seinen *Questiones ad simplicianum* die in ihren Konsequenzen dramatische These, die göttliche Gnade habe über die menschliche Freiheit gesiegt. Hierdurch entstand ein Christentum – zuerst im Katholizismus und später auch im orthodoxen calvinistischen Zweig des Protestantismus –, das große Probleme mit dem freien Willen des Menschen hatte. Ketzer, die meinten, in der Freiheit des Geistes zu geistiger Erkenntnis zu kommen, wurden verbrannt. Nur durch die Gnade durfte der Mensch zur Freiheit kommen. Im Manichäismus war der Alte Mensch das Resultat des freien Willens der vorangegangenen Leben. Philosophisch gesehen, setzen Karma und freier Wille einander voraus. Mit dem freien Willen lässt sich dann jedoch auch das Böse wieder verwandeln. Nach Mani entsteht der freie Wille ja gerade durch die Möglichkeit, zwischen Gut und Böse zu wählen. Zu diesem Zweck hat der Vater der Größe das Böse im Weltenkosmos zugelassen. Deshalb habe ich den Manichäismus im Gegensatz zum augustinischen Christentum als das »Christentum der Freiheit« bezeichnet.

Der Manichäismus lebt aus der Idee, dass jeder Mensch selbst den Unterschied zwischen Gut und Böse machen muss – was heute Gemeingut geworden ist – und dass er selbst zu geistiger Forschung gelangen kann. Auch solle man einer Autorität nicht aus einer Art Gefolgschaft heraus glauben (wie der manichäische Bischof Faustus zu Augustinus sagte), nicht einmal in Bezug auf Mani, weil man das, was dieser sagte, letztlich nur dadurch zu einem innern Wissen machen könne, dass man das anfänglich Geglaubte weiterentwickle. Dieses innere Wissen ist die Sophia, die heilige Weisheit, zu der man durch geistiges Schauen gelangt. Indem wir durch Glaubensintuition oder Christusberührung im Herzen bereit sind, den neuen Menschen der Liebe und Weisheit im eigenen Leben entstehen zu lassen, kann das Denken zu einer schauenden Fähigkeit vergeistigt werden. Der Manichäismus ist damit das Christentum der Zukunft, einer Zukunft, in der sich das wissenschaftliche Denken voll ausgebildet haben wird. In unserer Zeit muss die Menschheit nämlich die geistige Freiheit dieses geistigen Schauens erst noch entwickeln.

Augustinus hat das »Christentum der Pistis«, des *Glaubens*, gebracht und es vom »Christentum der Sophia«, der Weisheit oder *heiligen Erkenntnis*, getrennt. So kam es am Ende des 4. Jahrhunderts zum Ende des Urchristentums. Der Mensch konnte sich nun zwar durch seinen Glauben mit der göttlichen Welt verbinden – und trotz aller Dogmatisierung des Denkens blieben die Engelwesen im Kultus bei der Transsubstantiation des Brotes in den Leib Christi gegenwärtig –, doch das geschah nicht durch eigene Geisteskraft. Es ging zuvörderst um den Glauben, nicht um eine Selbstverwirklichung.

So kam es zu einer gewissen Verdunkelung, die dazu führte, dass die – mit dem Göttlichen im Menschen verbundenen – Denkkräfte des Menschen nicht dazu verwendet wurden, die Welt des Geistes zu schauen, was in der augustinischen Tradition als Hochmut verstanden wurde, sondern dass sie einzig eingesetzt wurden, die physische Wirklichkeit zu verstehen. Beim zweiten Konzil von Konstantinopel im Jahr 553 hat die Kirche beispielsweise die Vorstellung eines vorgeburtlichen Lebens, die man mit der manichäischen Idee der Reinkarnation hätte verbinden können, offiziell verworfen. Doch können frühere Leben, wie bereits Platon wusste, geschaut werden. Man könnte die These aufstellen, die ganze wissenschaftliche Entwicklung sei letztlich eine Folge des augustinischen Christentums des Glaubens, das sich nicht mehr auf die Sophia richten will. Das war allerdings für die Weltentwicklung notwendig. Denn dadurch können wir heute wissenschaftlich denken und die physischen Grundlagen der Natur studieren. Das war in dieser Form nicht einmal früheren Eingeweihten möglich. Zugleich ließe sich folgern, dass wir jetzt, da das wissenschaftliche Denken unsere gesamte Kultur geformt hat, mit diesem wissenschaftlichen Denken eigentlich zu einer Wissenschaft der Seele und einer Wissenschaft des Geistes gelangen müssten.

Meines Erachtens ist das der Grund dafür, dass im 20. Jahrhundert drei wichtige manichäische Texte gefunden wurden, durch die wieder ein Christentum entstehen kann, das die Fähigkeit des Schauens einbezieht (und so zu einer modernen Sophia gelangt) und das auch Karma und Reinkarnation einbezieht. In den *Manichäischen Homilien* fiel mir eine Äußerung Manis auf, es würden sieben Bücher verloren gehen. Er sah voraus, dass die zweite Hauptströmung des Christentums verfolgt werden und schließlich sogar von der Weltbühne verschwinden würde, aber auch, dass man alle Bücher wiederfinden würde. Insofern sind die Funde der manichäischen Texte im 20. Jahrhundert eine Erfüllung der Prophetie Manis. Mani, als der vom Christus Jesus selbst eingeweihte Lehrer unserer Kulturepoche, wollte, dass ein christliches Erleben entstünde, in dem die Idee von Karma und Reinkarnation aufgenommen wäre sowie die Fähigkeit, das Geistige zu schauen. Nach meiner Überzeugung ist es jetzt an der Zeit, wieder ein manichäisches Christentum entstehen zu lassen, auf der Grundlage von individuellem Handeln, durch geistige Erkenntnis und durch geistiges Schauen. Denn das Christentum muss sich weiterentwickeln.

Rudolf Steiner hat dieses Schauen und die Ideen von Karma und Reinkarnation in seiner anthroposophischen Geisteswissenschaft für unsere Zeit adäquat zum Ausdruck gebracht. Heute sind diese Ideen allgemein verbreitet, in den Niederlanden beispielsweise in bestimmten reformierten Kreisen. Es fällt auf, wie sehr Manis Kosmologie der sieben großen Weltentage mit Rudolf Steiners *Geheimwissenschaft* übereinstimmt (siehe Anhang 7). Auch die Christologie, die lehrt, dass Christus bei der Taufe im Jordan Mensch wurde, ist vergleichbar. Was Mani in dieser Hinsicht geschaut hat, hat auch Rudolf Steiner geschaut, wenngleich auf andere, moderne Weise. Das Studium des Manichäismus erweist, dass Mani und Rudolf Steiner in ihrer Geistesforschung übereinstimmen. Mani ist durch den Parakleten zum Schauen gekommen. Das war Geistesoffenbarung – die frühere Form der Geistesforschung. Die Geistesforschung Rudolf Steiners ist wiederum die Fortsetzung des Impulses von Christian Rosenkreuz: Geistesforschung nicht aus Geistesoffenbarung, sondern aus eigener Willensinitiative, indem man Fragen stellt und schauend nach Antworten sucht. Dem hat Rudolf Steiner den aufs Christentum bezogenen Karma- und Reinkarnationsgedanken hinzugefügt. Dadurch konnten wir die Inkarnationen Zarathustras, des Jüngling zu Nain und des Lazarus beschreiben. Mani ist der Lehrer unserer Kulturepoche, der die Idee von Karma und Reinkarnation mit dem Christentum verbinden will. Das heißt dann, dass das Werk Rudolf Steiners im Zeichen Manis, des Lehrers der fünften Kulturepoche steht. Steiner hat übrigens einmal gesagt, die gewöhnliche Erziehung biete keine Möglichkeit für die Entwicklung des Mani, nur die Waldorferziehung.[343]

Die neu erworbene geisteswissenschaftliche Weisheit oder Anthroposophie lässt sich also auch als Vorbereitung der Inkarnation des menschlichen Manu in unserer Zeit auffassen. Sie soll den Geist der Liebe, die sogar das Böse verwandeln kann, aus den Gralsmysterien heraus in Kunst und Religion tragen und damit eine weitere Entwicklung des esoterischen Christentums, wie es der Christus Jesus selbst ins Leben gerufen hat, möglich machen – bis ans Ende der Zeiten.

Kapitel 13

Der siebenstufige christlich-gnostische Einweihungsweg in der Karwoche

Wir haben bereits beschrieben, wie wichtig die Tatsache, dass der Christus Jesus den Jüngling zu Nain, den Lazarus und die Tochter des Jairus auferweckte und einweihte, für die ganze weitere Entwicklung des esoterischen Christentums war. Wir haben den Einweihungsweg Parzivals und den Einweihungsweg des Christian Rosenkreuz beschrieben, die in gewisser Weise die christliche Metamorphose des zuvor charakterisierten Einweihungswegs Buddhas und Zarathustras sind. In diesem Kapitel wird nun beschrieben, was in der letzten Woche des irdischen Lebens Christi geschah, in der Woche, die wir als die »Karwoche« bezeichnen – es geht also um die *Via Dolorosa* des Christus Jesus, die zugleich ein Bild des siebenstufigen christlichen Einweihungsweges ist, des Weges des Christus Jesus selbst, der wie kein anderer die buddhistische Verinnerlichung und Liebe mit der zoroastrischen schöpferischen Weisheit verband. Denn dieses Buch soll aufzeigen, wie die Buddha-Natur und die Zarathustra-Natur dadurch, dass Christus sich bei der Jordantaufe in Jesus inkarniert hat, im Menschen Jesus weiterwirkten – im Christusimpuls, im individuellen Menschen und in den esoterischen christlichen Strömungen.

Die Karwoche

Eine Woche besteht aus sieben Tagen. Diese sieben Tage sind nach den sieben Planeten unseres Sonnensystems benannt. Bei den Ausführungen über Zarathustra tauchte schon einmal die Idee des heiligen Siebengeistes auf: der präexistente Christus oder Ahura Mazda als die Seele der Sonne inmitten der Amshaspans, der sechs Planetengenien. Zarathustra zufolge ist die Woche dessen irdischer Ausdruck.

Über die Karwoche könnte man sagen, dass sich Christus als der Sonnengeist, wie ihn Zarathustra sah, im Menschen Jesus inkarniert hat. Wie Emil Bock in seinem Buch *Die drei Jahre* ausführt, wurden in der Karwoche die Planetenkräfte, die in den sieben Tagen der Woche wirksam sind, von den geistigen Sonnenkräften des Christus im Menschen Jesus verchristlicht.[344]

Zoroastrisch formuliert: Durch die Menschwerdung, durch Tod und Auferstehung Ahura Mazdas wurden die Amshaspans auf eine höhere Ebene gehoben. Indem der Logos oder die Zweite Person der Urtrinität Mensch geworden, durch die Pforte des Todes gegangen und auferstanden ist, hat das gesamte sterbende Universum (und auch die damit verbundenen Kräfte der geistigen Welt) einen Auferstehungsimpuls erlebt – für eine Neue Erde und einen Neuen Himmel. Sogar die Trinität ist zu einer höheren Entwicklung gelangt. Wie Mani über die Entwicklung der Welt des Lichts gesprochen hatte – in dem Augenblick, da das Böse diese Welt angriff, ging das kontemplative Licht in opfernde Liebe über, um das Böse zu wandeln –, so sprach Steiner von einer Entwicklung der Trinität, die in dem Augenblick ihren Anfang nahm, als durch das Liebesopfer des Christus der Tod überwunden wurde. Die Idee einer Entwicklung der Gottheit rückte zu Beginn der fünften Kulturepoche ins Bewusstsein, als Jakob Böhme (1575–1624) auf manichäische Weise den Gedanken formulierte, das Böse sei in der Gottheit potenziell bereits vorhanden als ihr Wille zum Selbstbewusstsein, sodass sie die Welt als einen Spiegel für sich selbst schaffe. In der siebenfachen Gottheit ist dieses potenzielle Böse kein wirkliches Übel, weil der Wille zum Selbstbewusstsein als eine der sieben Wesenseigenschaften in ihre Liebe eingebunden ist. Beim Menschen hat Luzifer diesen Willen zum Selbstbewusstsein von der Liebe gelöst, wodurch er sich zum Egozentrismus verhärtet hat. Aus der Biografie Jakob Böhmes ist zu ersehen, dass ihm ein unbekannter Eingeweihter das Bewusstsein erweckte und er zuerst die Imaginationen von der Entstehung der Welt schaute, um dann, fünfzehn Jahre später, zur inneren Inspiration zu gelangen, mit der er diese Imaginationen zu verstehen vermochte. Meiner Meinung nach hat Hegel (1779–1831) den Gedanken Jakob Böhmes in seiner *Phänomenologie des Geistes* weiter ausgearbeitet. Der Gedanke, dass die Gottheit sich noch entwickelt und im philosophischen Denken des Menschen zum Selbstbewusstsein kommt, zu dem Hegel dank seines eigenen Denkens fand, gesteht dem Menschen große Bedeutung für die Gottheit zu. Auch der Dichter Gotthold Ephraim Lessing (1729–1781) erkannte diese Selbstständigkeit des Menschen im religiösen Erleben, als er die Linke Gottes wählte, die nicht, wie die Rechte, die »reine Wahrheit« schenkt, sondern »den einzigen immer regen *Trieb nach Wahrheit*«.[345] Die Selbstständigkeit des Menschen gegenüber Gott ist meiner Meinung nach charakteristisch für die fünfte nachatlantische Kulturepoche. Hier ist die Erkenntnis des Menschen entscheidend; er ist ein autonomes geistiges Wesen, das sein Verhältnis zur geistigen Welt in Freiheit bestimmen kann. Als ein hegelianisches christliches Denken *avant la lettre* beweist der Manichäismus mit dem Gedanken einer sich weiterentwickelnden göttlichen Welt – den ein Augustinus nicht begreifen konnte – seinen genuin modernen Charakter.

Sonntag, im Zeichen der Sonne selbst

An dem Sonntag, den wir als »Palmsonntag« bezeichnen, reitet der Christus Jesus auf einer Eselin aus Bethphage in die Stadt Jerusalem ein. Das Volk, in grenzenloser Begeisterung, begrüßt ihn mit Hosianna-Rufen.[346] Die Menschen haben in einer instinktiven Hellsichtigkeit erkannt, dass der Christus Jesus tatsächlich das Sonnenwesen ist, und ihn deshalb als den Messias begrüßen können.

Montag, im Zeichen des Mondes

Am nächsten Tag, als die Christussonne durch die Mondensphäre des Montags zieht, geschieht etwas Erschütterndes. Christus Jesus kommt zu einem Feigenbaum und sagt: »Nie mehr komme Frucht von dir in Ewigkeit.«[347] Wofür steht das Bild des Feigenbaumes? Bethphage – das heißt: *Haus der Feigen* – bei Jerusalem war, Emil Bock zufolge, ein Ort, wo man noch hellsichtig war. Der Feigenbaum, und auch der Esel, waren eine lebendige Metapher für diese Hellsichtigkeit.[348]

Der Christus Jesus kommt zu dem Baum und »verflucht« ihn. Christus Jesus will andeuten, dass er der Wendepunkt der Zeiten ist und dass die alten Formen des Hellsehens, die an den Leib und nicht ans Ich des Menschen gebunden waren, an ein Ende gekommen sind. Das alte Hellsehen konnte sich dadurch erhalten, dass die Menschen innerhalb des eigenen Stammes oder des eigenen Volkes heirateten und für Nachkommen sorgten. So konnten die Vorfahren des Stammes oder Volkes durch die jeweiligen Medien mit herabgedämpftem Bewusstsein weiterwirken. Christus Jesus aber will nicht mehr von Rassen- und Volksmerkmalen ausgehen, sondern das Individuum und damit die Menschheit als Ganze ansprechen. Deshalb bezeichnet Mani Christus auch als das makrokosmische Ichwesen aller Ichwesen. Und deshalb erlebt Moses beim brennenden Dornbusch durch Jahve hindurch Christus als den »Ich bin, der ich bin«.[349] Christus will so wirken, dass das »Ich bin, der ich bin« im Individuum angesprochen wird, nicht durch Rassenmerkmale und auch nicht durch die alte Hellsichtigkeit, die daran gebunden ist, sondern durch das geistige Denkvermögen, das unmittelbar mit dem Ichwesen zusammenhängt. Im vergeistigten Denken des Ich kann der (zoroastrische) Christusimpuls wirken. So will Christus in der Zukunft der Menschheit wirken.

Christus Jesus besiegelt in gewissem Sinne sein eigenes Schicksal, wenn er die hellseherischen Kräfte verflucht. Es waren wohl diese Kräfte, die am Tag zuvor bewirkt hatten, dass das Volk in ihm den königlichen Messias erkannte. Ebendieses Volk sollte dann ausrufen: »Kreuzige ihn.«[350] Die instinktive Hellsichtigkeit ist an ein bestimmtes Volk gebunden und sie ist dadurch eingeschränkt, weil sie nicht mit dem Ich-bin-Wesen verbunden ist. Sie kann auch nicht durch moralische Intuition entstehen, bei der wir aufgrund unseres eigenen Urteilsvermögens bestimmen, was gut ist und was nicht. Hellseherische Kräfte gibt es in verschiedenen Abstufungen. Man kann schon hellsehend sein, wenn man bestimmte Elementarwesen spürt. Doch das Erleben der Essenz der Elementarkräfte steht auf einer anderen Stufe als das Schauen und Befragen hoher Engelwesen. Die alte instinktive Hellsichtigkeit ist charakteristisch für eine »Mondkultur«; auch der salomonische Tempel war Ausdruck einer solchen Mondkultur.

Neues Denken aus der Sonne

Die schüchterne Dämmerung des hintüber gefallenen fahlen Mondes
hatte sich gleich einem Seh-Horizont
geräuschvoll übers Volk ergossen.
Mit wortgaloppierender Kraft – wer möchte dies Ausdehnen hindern? –
empfing sie im bunten Federkleid einer zur Säule gewordenen Eule
die doch ein Raubtier ist
den aus unendlichen Fernen verstummten König
ruhig im Erkennen seines Antlitzes

Aber er grub sich sein eigenes Grab
denn mit seinem Einzug aus der Höhe herabsinkend
ist das Vergangene schon erlitten
das versengende Singen wird verstummen
wenn er sich stolz erhebt in der Morgenröte wie nur eine Sonne es kann
dann überschäumen den Zurückeilenden nicht mehr die träumenden Träume
oder Funkenmeere geschlagenen Gesteins
nie mehr wachse an dir eine Frucht, in Ewigkeit! –
überschattet nicht vom dünnen Schein des Lichts
sondern vom lebensvollen Sonnen-Schützen
der Berge ertrinken lässt
wird er den Menschen in sich besonnen sein lassen

Und er der den Baum und das Hosianna ertastet
und um des Manna willen verflucht hat
und so am gestorbenen Holz zu sterben wusste
nachdem die dahinziehende Zeit gewendet war

Er hat den geballten Willen des in ihm versunkenen Wortes
der losen Lüge entgegengeschleudert
die das Haus seines Vaters versperrte
der die aus den Fugen geratene Welt in sich geborgen hält
denn um der kristallenen Klarheit willen
ist ein strenger Meister die die Menschheit umhüllende Milde

Was geschieht weiter an diesem Montag? Mittags zieht Christus Jesus mit seinen Jüngern auf den Tempelberg. Dort wiederholt sich, was geschah, als der Christus Jesus nach der Taufe im Jordan und den Versuchungen in der Wüste durch seine bloße Anwesenheit auf dem Tempelberg, durch das Pleroma, das er ist, eine große Unruhe verursachte.[351] Allein durch seine Anwesenheit erkannten die Menschen in ihm den Spiegel, durch dessen Widerschein sie beunruhigt wurden und sich selbst verurteilten. Das war die erste, die geistige Vertreibung der Händler aus dem Tempel. Am Montag der Karwoche findet eine zweite, nun auch physische Vertreibung der Händler statt. Der Christus Jesus ist mittlerweile so ganz Mensch geworden, der Christusgeist hat die Leiblichkeit des Menschen Jesus bis in eine solche Tiefe erfasst, dass Christus Jesus die Händler jetzt tatsächlich mit physischen Gebärden aus dem Tempel vertreibt.[352] Der Tempel Salomos war der Tempel für den Jahvedienst, und Jahve war einer der Elohim, die mit dem Mond verbunden waren.[353] Just dort, in diesem Tempel, manifestiert sich der Materialismus der Händler. Eine ahrimanische Wirkung aus der Mondsphäre: der Materialismus. Christus transformiert die Mondsphäre den ganzen Montag über so, dass der Materialismus überwunden wird und die alte, an die Erblichkeit gebundene Hellsichtigkeit in Glaubensintuition verwandelt wird. Die Glaubensintuition ist eine reale Kraft: ein Senfkorn, mit dem man Berge versetzen kann. Die Glaubensintuition ist eine erste Möglichkeit – vorbereitet im Ernst und im Selbstbewusstsein der Propheten –, um eine individuelle Beziehung zur Trinität herzustellen, und zwar ohne eine Herabdämpfung des Bewusstseins im Medium, sondern unter Erhalt des vollständigen Ichbewusstseins. Weiterentwickelt kann sie zum bewussten Schauen werden.

Dienstag, der Tag des Mars
Durch den Dienstag der Karwoche zieht der Christus Jesus so, dass er die Marskräfte, die gemeinhin zu Krieg und Kampf führen, in einer Weise nutzt und verwandelt, bis einzig die flammende Kraft der Wahrheit übrig ist.

Was geschieht am Dienstag genau? Christus Jesus geht mit seinen Jüngern nach

Jerusalem. Dort disputiert er mit den Pharisäern und Sadduzäern über verschiedene Themen. Immer wieder wird er auf die Probe gestellt. Beispielsweise wird er gefragt, was dem Kaiser gegeben werden müsse. Christus Jesus antwortet: »Gebt denn dem Kaiser, was des Kaisers ist, und Gott, was Gottes ist.«[354]

Die Sadduzäer fragen ihn auch, welchem von sieben Brüdern eine Frau nach der Auferstehung gehöre, die nacheinander ein jeder von ihnen zur Frau hatte, bis er starb. Christus Jesus sagt, nach der Auferstehung heirateten sie nicht und würden auch nicht verheiratet.[355]

Die Diskussionen mit den Pharisäern dauern an und werden immer heftiger. Christus Jesus antwortet in Gleichnissen. Eine direkte Vorwegnahme dessen, was kommen wird, das Bild des Eigentümers, der seinen Weinberg verpachtet hat und seinen Anteil an der Ernte holen lassen will. Weil die, die den Garten bestellen, nicht auf seine Forderungen reagieren, schickt er seinen eigenen Sohn. Der aber wird von ihnen getötet.[356] Christus Jesus hält den Pharisäern einen Spiegel vor, er befragt sie gleichsam auf ihr eigenes Tun.

Es ertönt dann mehrmals mit unerhörter Willenskraft: »Wehe aber euch, Schriftgelehrte und Pharisäer«![357] Hier drückt sich eine michaelische, christliche Geisteskraft aus. Die Sonne verchristlicht den Mars. Im Lukasevangelium gehen diese »Wehe euch«-Drohungen einher mit Seligpreisungen.[358] Und auch die Drohungen im Matthäusevangelium kann man auf die Seligpreisungen in der Bergpredigt beziehen.[359] Das lässt sich folgendermaßen verstehen: Wenn es nicht gelingt, den wahren Geist der Bergpredigt aufzunehmen – also zu handeln aus echter Nächstenliebe, ja sogar Feindesliebe, und nicht im Sinne des alten »Auge um Auge, Zahn um Zahn«[360]–, dann wird die ganze Erde darunter zu leiden haben. Diese flammende Diskussion kulminiert abends in einem Bild des Menschheitsdramas, als Christus Jesus mit seinen Jüngern auf den Ölberg geht, um sie dort zu unterweisen.[361] Gerade an diesem Dienstag redet er von dem, was als »synoptische Apokalypse« bezeichnet wird und was sich zusammengefasst auch so formulieren ließe: Wenn es euch nicht gelingt, das aufzunehmen, was Ich selbst bin, den Geist der Liebe, dann wird es am Ende der Zeiten – wovor die Pharisäer mit den Rufen »Wehe euch« ja bereits gewarnt wurden – zu einer Trennung der »Böcke von den Schafen« kommen. Wenn es euch nicht gelingt, den Geist der Freiheit aufzunehmen, um durch meinen in Herz und Geist wirksam werdenden Impuls das Gewissen zu wecken, dann wird es zum Krieg aller gegen alle kommen. Am Dienstag, dem Tag des Mars, trägt die Sonne das apokalyptische Urteil in die Marssphäre, was geschehen wird, wenn die Impulse der Sonne nicht aufgenommen werden. An uns alle ergeht die Frage, ob es möglich ist, die Liebe in der Freiheit des »Ich bin«, aber auch in der Freiheit gegenüber dem »Ich bin« des Anderen zu verwirklichen.

Mittwoch, im Zeichen des Merkur

Am Mittwoch geht die Christussonne durch die Merkursphäre. Die negativen Kräfte des Merkur sind Geiz, Verrat und Krämergeist. An diesem Mittwoch sind die Jünger mit Christus Jesus in Bethanien. Bethanien liegt südöstlich von Jerusalem. Hier salbt Maria Magdalena Christus Jesus mit kostbarem Nardenöl. Und hier äußert Judas, dass man das Geld für das Nardenöl besser den Armen hätte geben sollen. Christus erwidert darauf: »Mich habt ihr nicht allezeit.«[362] Die Salbung ist eigentlich eine Vorwegnahme des nahenden Sterbens des Christus Jesus. Man könnte sie als eine »Letzte Ölung« ansehen. Und bei diesem Anlass beschließt Judas aus einem Geiz, den er mit dem Wohl seiner Mitmenschen begründet, den Christus Jesus zu verraten.

Die Christussonne zieht durch die Merkursphäre, und der Geiz wird verwandelt. Das kommt zum Ausdruck in den Worten des Christus Jesus, die Salbung sei gut, weil sie notwendig sei. Nicht der nivellierende Geist, der allen das Gleiche zuteilt, soll gelten, denn mit ihm ginge die Fähigkeit verloren, zu urteilen und verschiedene Qualitäten zu unterscheiden, und damit auch der Geist. Zugleich verwandelt der Christus Jesus den Verrat. Er kann den Verrat zulassen, ihm seinen Platz zuweisen. Er weiß, was Judas tut, und gibt dem seinen Platz. Christus Jesus weiß auch, dass sich nur durch den Verrat des Judas die Ereignisse vollziehen können, die dann zur Krone seines Liebesopfers werden.

Wer war Judas? Judas war in einer seiner vorigen Inkarnationen ein Sohn der Makkabäer.[363] Die Makkabäer führten heftige Kämpfe gegen die Syrer, und dadurch sorgten sie dafür, dass der Salomonische Tempel erhalten blieb. Judas fühlte sich der Erwartung eines königlichen Messias sehr stark verbunden. Zutiefst enttäuscht war er – und das ist ein noch stichhaltigeres Motiv für seinen Verrat –, dass Christus Jesus nicht als der König auftrat, der Palästina von den römischen Herrschern befreien würde. Dafür hatte Judas in seinem vorigen Leben alles gegeben. Eine Tragik, die Judas intuitiv gespürt haben muss und die sich dann in seinem Selbstmord ausdrückt. Zugleich kann sich nur durch Judas, der hier als Stachel des Bösen fungiert, das höchste Liebesmysterium erfüllen. In einer späteren Inkarnation hat Judas den Christusimpuls mit aller Intensität aufgenommen, er wurde nach Rudolf Steiner zu dem Kirchenvater, den wir bereits kennengelernt haben als einen, der das katholische Christentum weiterentwickelt und danach auch das evangelische Christentum sehr beeinflusst hat: Aurelius Augustinus.[364] Dafür wurde ihm ein Abbild des Ätherleibs Jesu in seinen eigenen Ätherleib einverwoben.[365] Es fällt in diesem Zusammenhang auf, dass er die Kirche durch einen mächtigen Staat, das Römische Reich, stärken wollte, so wie Judas den Messias als mächtigen König sehen wollte, und dass er wiederum das Zukünftige des Geistes, das in der Gegenwart noch nicht verstanden wurde – in diesem Fall: das manichäische Christentum –, mit aller Macht verurteilt und bekämpft hat.[366]

Donnerstag, im Zeichen des Jupiter

Am Donnerstag zieht die Christussonne durch die Jupitersphäre. Das negative Merkmal Jupiters ist eine königliche Eitelkeit, die sich Respekt erzwingt, Glanz verleiht, aber zu einer bloßen Attrappe verkommen kann. Jupiter gibt dann in seiner Negativität zwar ein wohltuendes Bild von Größe ab, erweist sich aber innerlich als hohl. Christus als Sonnengeist verwandelt diese negative, luziferische Wirkung der Jupitersphäre, indem er nicht als König auftritt, sondern sich beim Letzten Abendmahl aus tiefstem inneren Bestreben als König der Wahrheit erweist. Um ihn versammelt sind die zwölf Jünger als ein Bild des Makrokosmos. Hier ist die königliche Würde Jupiters, geläutert von der Sonne, am rechten Platze. Es ist ganz richtig, dass Christus Jesus das Brot bricht und den Wein ausschenkt, denn er ist wahrlich derjenige, der dies tun kann. Doch weshalb ist das so?

Im Johannesevangelium charakterisiert sich der Christus Jesus selbst sieben Mal als ein Ich-bin-Wesen, und zwar in Beziehung zu sieben verschiedenen Qualitäten, darunter Brot und Wein:

Ich bin das Brot des Lebens;[367]
Ich bin das Licht der Welt;[368]
Ich bin die Tür zu den Schafen;[369]
Ich bin der gute Hirte;[370]
Ich bin die Auferstehung und das Leben;[371]
Ich bin der Weg und die Wahrheit und das Leben;[372]
Ich bin der wahre Weinstock.[373]

Diese Worte sind eigentlich ein Abbild des Wochenverlaufs, gefasst in das kosmische Bild des Siebengeistes. Und sie sind ein Abbild der Wirksamkeit des Christus, die mit dem Brot beginnt und mit dem Wein endet.

Es finden sich mehrere Parabeln in den Evangelien, die mit Brot und Wein zusammenhängen.

Das Brot als das von der Sonne gereifte Korn kann man mit der Lilie in Verbindung bringen, dem Bild der Reinheit von Seele und Leib. Das Spenden des Brotes mag zunächst einmal darauf hinweisen, dass Christus in der Glaubensintuition, in den Tiefen der Seele wirkt. Doch liegt dem Brechen des Brotes durch den Christus Jesus, während er die Worte spricht: »Dies ist mein Leib«,[374] noch eine tiefere Wahrheit zugrunde. Denn nach der Himmelfahrt hat sich der Christusgeist mit dem ganzen Erdenumkreis verbunden und durchdringt seither die gesamte Natur.[375] Von da an kann man wirklich davon sprechen, dass der Christusgeist als Brot des Lebens bis in die Kornähre, bis in die sinnliche Offenbarung der Natur hinein wirkt. Besonders im keltischen und manichäischen Christentum wurde diese Gnadenkraft in sehr intensiver Weise (zoroastrisch) wahrgenommen. Wenn der Mensch Brot isst und Wein trinkt, isst und trinkt er unbewusst den Leib und das Blut des Christus Jesus. Dass Christus das Brot bricht, ist ein Vorgriff auf seine spätere Ausgießung in der Weltenseele. Zudem ist es eine Erinnerung an die ferne Vergangenheit, denn der Logos hat einst diese ganze Welt geschaffen. Mit dem Manna des Christus wird – selbst in Form des physischen Brotes – der buddhische Christusimpuls empfangen, die Liebe Christi bewusst im Inneren aufzunehmen und zu verwirklichen.

Der Wein als gegorener Traubensaft birgt eine noch stärkere Kraft zur Metamorphose: das Bild der Rose. Das Blut, das durch unsere Adern fließt, ist Ausdruck der Gesamtheit unseres Ichwesens. Wenn das makrokosmische Ich-bin-Wesen sich mit unserem Ichwesen verbindet – im Modus des »Nicht mein Wille, sondern der deine geschehe«[376] und »Nicht mehr ich, sondern Christus in mir«[377] –, dann wird das Blut des Menschen durch den Christusgeist ätherisiert: dann wird das Blut zu göttlichem Wein. Wenn man dieses Blut hellsehend wahrnimmt, sieht man einen goldenen Glanz aufleuchten. Dieser in der Seele zur Blüte gebrachte buddhische Christusimpuls ist das Hineinwirken des Christusgeistes in die Schale des menschlichen Ichwesens. Dann ist der Mensch bereit, den zoroastrischen Christusimpuls oder das Feuer des Heiligen Geistes in sich aufzunehmen.

Dem Letzten Abendmahl geht die Fußwaschung voraus. Der Christus Jesus tut etwas, das normalerweise die Diener machen: Er wäscht die Füße der Gäste.[378] Hier drückt sich das tiefste Wollen christlicher Liebe aus. Christus Jesus ist das Wesen dessen, was ich als »herabströmende Liebe« bezeichnen möchte. Er ist aus dem höchsten Himmel zur Erde herabgestiegen, und diese herabsteigende Bewegung wird nun dadurch verstärkt, dass er sich vor seinen Jüngern niederbeugt, um ihnen die Füße zu waschen. Die Bewegung der herabströmenden Liebe wird noch ein weiteres Mal verstärkt, und zwar im Garten Gethsemane, wo Christus Jesus, wie wir noch sehen werden, bis in die Härte des Knochenbaus herabsteigt, was letztlich in einer Höllenfahrt ins Erdinnere kulminiert. Die bei der Fußwaschung herabströmende Liebe zeigt, dass im Menschen Jesus der Christus den Jüngern seine Dankbarkeit erweist. So wird deutlich gemacht, dass das höchste göttliche Wesen nur dann wirken kann, wenn Menschen da sind, die sein Opfer auch annehmen. Das Höhere braucht das Niedere, und umgekehrt. Ich möchte das, was Christus Jesus im Bild der Fußwaschung zum Ausdruck bringt, charakterisieren als »umgekehrte Hierarchie der Liebe«. Das höchste Wesen bezeugt Liebe für die unter ihm stehenden menschlichen Wesen.

In kultischer Form, in einer metaphorischen Handlung veranschaulicht Christus den inneren Weg, den der Mensch in der *Imitatio Christi* zurücklegt. Das Bild der Fußwaschung will uns bedeuten, selbst in Liebe das Untere zum Oberen zu erheben, so wie Christus Jesus es tat, und uns tief in der Seele dem zuzuwenden, was hierarchisch unter uns ist: der Erde, die uns trägt, dem Pflanzenreich, das uns ernährt, dem Tierreich, das sich für unsere menschliche Entwicklung geopfert hat. Kurz, dass wir Dankbarkeit gegenüber allem fühlen, was uns trägt. Dankbarkeit auch in der sozialen Abhängigkeit, Dankbarkeit gegenüber allen Menschen, die dafür gesorgt haben, dass wir zu dem geworden sind, was wir jetzt sind. Dankbarkeit sogar gegenüber unseren Feinden, denn sie stacheln uns an, das Gute zu stärken, indem wir in der richtigen Weise mit dem Bösen umgehen. Diese Dankbarkeit lässt ein Gefühl allumfassender Liebe entstehen. Erst dann können wir im Alltagsleben einem anderen so die Füße waschen, wie Christus Jesus die Jünger aufgefordert hatte, es füreinander zu tun: das Wesen des anderen wie auf einen Altar zu erheben, und dies aus dem Bestreben heraus, den anderen höher zu schätzen als sich selbst. Indem wir uns – um mit Levinas zu sprechen – auf das unendliche Wesen des Anderen hin ausrichten, finden wir die Rechtfertigung dieser Liebe; aus ihr heraus können wir die ganze Persönlichkeit des anderen in uns aufnehmen. So kann sogar Liebe zu dem Unvollkommenen des anderen entstehen. Wladimir Solowjew (1853–1900) spricht in *Der Sinn der Geschlechtsliebe*[379] von einem »syzygischen Verhältnis«, wenn zwei Menschen jeweils eine Beziehung zum Wesen (dem Syzygos oder Engelwesen) des anderen haben. Das ist die Fußwaschung oder der erste Schritt auf der *Via Dolorosa,* dem Kreuzweg des Christus Jesus, der für alle wahrhaft soziale Erneuerung in der Menschheitsentwicklung von größter Bedeutung ist: Hier kann sich eine Liebe von Individuum zu Individuum verwirklichen, die hinausreicht über die Volkszugehörigkeit, das Geschlecht oder die Weltanschauung. Die Via Dolorosa ist der vom Christus Jesus vorgelebte Weg, den die ganze Menschheit zurücklegen kann.

Der Evangelist Johannes beschreibt, wie Christus Jesus an dem Donnerstag, den wir als »Gründonnerstag« bezeichnen, das hohepriesterliche Gebet spricht und darin die Worte: »Gleichwie Du, Vater, in mir bist, und ich in Dir.«[380]

Es kommt der Augenblick, in dem Judas fortgeht und Jesus zu ihm sagt: »Was du tun willst, das tue gleich.«[381] Das ist eine Jupitergebärde.

Christus Jesus begibt sich dann mit seinen Jüngern auf den Ölberg in den Garten Gethsemane.[382]

Was geschieht dort? Das Geschehen wird meistens so dargestellt, als sei der Christus ein wirklicher Mensch gewesen, der als Mensch gelitten hat, der den Kelch des Leidens trinken musste und der genau wie jeder andere Mensch Angst vor dem Leiden hatte. Lukas, ein Arzt,[383] erwähnt, dass Christus Blutstropfen schwitzt.[384]

Das aber bedeutet Todeskampf, Agonie. Doch wie kann es sich um den Todeskampf handeln, wenn Christus noch nicht am Kreuz hängt? Im Garten Gethsemane ermahnt Christus seine Jünger, sie sollten nicht in Versuchung geraten.[385] Sie sollten, so auch Rudolf Steiner, wach bleiben, sie sollten alles miterleben bis zum Kreuz. Darin besteht die Angst des Christus Jesus; das ist der »Kelch«, der sich ihm naht.[386] Vielleicht hat er auch Angst, dass er schon sterben könnte, obwohl Kreuzigung, Tod und Auferstehung noch nicht eingetreten sind. Seit der Taufe im Jordan musste der Christusgeist sich von der Peripherie seiner ausströmenden Fülle her immer tiefer in den Leib des Menschen Jesus inkarnieren. In dieser Menschwerdung liegt das unermessliche Geheimnis des Christus Jesus. Die Menschwerdung bestand darin, dass der Christusgeist zutiefst, nämlich bis in das »Knochensystem«, wie Steiner es nannte, bis in das Skelett des Menschen hineinwirkte, um so alle Todeskräfte darin zu überwinden.[387] Schon Zarathustra hat dies zum Ausdruck gebracht, als er sagte, Ahura Mazda werde kommen als Astvarta Arta: »der Weltenrhythmus, der bis in den Knochenbau wirken wird«. – Dieser Prozess ist also noch nicht vollbracht, und der Tod beginnt bereits einzutreten. Das ist nur zu verstehen, wenn man weiß, dass der Logos oder der Sohn Gottes sich nicht durch einen menschlichen Geburtsvorgang in einen Körper inkarnieren kann. Ein Körper erträgt es nicht länger als drei Jahre, wenn der Logos sich darin inkarniert. Deshalb inkarnierte sich der Logos bei der Jordantaufe in den erwachsenen Menschen Jesus. Das göttliche Feuer wirkt so tief in den Körper hinein, dass er es nach drei Jahren nicht mehr ertragen kann. Die Angst besteht also auch darin, zu sterben, bevor sich der Christusgeist bis in die Tiefen des Skeletts inkarniert hat. Jesus fordert die Jünger auf: »Wachet und betet.«[388] Wachen heißt: nicht einschlafen, nicht exkarnieren. Denn das droht dem Christus zu geschehen: ein verfrühtes Exkarnieren als Todesprozess. Deshalb fordert er die Jünger auf, mit ihm zu wachen. Tragischerweise schaffen sie es nicht und schlafen ein. Auch wenn dieser Schlaf ihnen ein höheres Bewusstsein bringt, in ihrem normalen Bewusstsein schaffen sie es nicht, für Christus Jesus zu wachen.

Die Gefahr, dass der Christus Jesus zu früh stirbt, all die Willenskraft und der Kampf, die notwendig sind, um dies zu vermeiden, verdichten sich in dem Bild des Leidenskelches. Christus Jesus sagt: »Vater, wenn es möglich ist, dann gehe dieser Kelch an mir vorüber; doch nicht wie ich will, sondern wie du willst.«[389] In diesem Satz kommt die tiefste Wurzel der Willenskraft Christi zum Ausdruck. Mit dieser Willenskraft hatte er auch die Tempelreinigung vollbringen können. Sein persönlicher Wille stand freilich ganz im Dienste des Vater-Willens. Christus konnte, was außer ihm niemand vermochte: die Welt des Vaters mit der tiefsten Tiefe der Körperlichkeit verbinden. Viele Lehrer haben darauf hingewiesen, dass man sich auf Gott ausrichten solle, auf die Erleuchtung. Christus verzichtet auf die einseitige

Orientierung in die Höhe; er geht auch ganz in die Tiefe des Körperlichen, bis ins Skelett hinein. Darin drückt sich ein weiteres Mal die herabströmende Liebe der Fußwaschung aus, die den Christus kennzeichnet. Und ich denke, dass sich daran verstehen lässt, wie der Christusgeist im Menschen wirkt. Wenn der Christusgeist im Menschen wirkt, so bedeutet das: »Nicht ich, sondern Christus in mir«; es bedeutet, dass wir den Christusgeist bis in die Tiefe der Körperlichkeit aufnehmen; dann erst können wir wirklich Mensch sein. Im Zuge der christlichen Entwicklung kann man den Christusimpuls auf zwei verschiedene Arten aufnehmen: aus der Höhe durch den Geist der Wahrheit und aus der Tiefe durch den »Christus in mir«. So kann man die Liebeskraft des Christus aufnehmen, die aus der Tiefe heraus alles, selbst das Böse und das Sterbliche des Körpers, erreichen und durchdringen kann.

Christus Jesus hält mit all seiner auf den Vater gerichteten Willenskraft den Geist im Körper und kann dadurch das Sterben aufschieben. So kann seine herabströmende Liebe bis in das Skelett eindringen, um dort die Todeskräfte Ahrimans bzw. Satans zu überwinden. Hierzu war vor ihm noch kein Lehrer der Menschheit imstande. Im Johannesevangelium heißt es daher, der »Fürst dieser Welt« (Satan) werde nun aus dieser Welt ausgestoßen.[390] – Die Wirkung des Christus Jesus, der Christusimpuls, findet, Rudolf Steiner zufolge, auch im Markusevangelium ihren Ausdruck: im Bild des flüchtenden nackten Jünglings, der sein weißes Leinentuch zurücklässt.[391]

Dann dringen die Soldaten des Kaiphas in den Garten ein.[392] Judas küsst Jesus, damit ihn die Soldaten erkennen – was laut Rudolf Steiner vor allem deshalb nicht ohne Weiteres möglich ist, weil der Christusgeist auch in die Jünger hineinwirkte, die dadurch Christus ähnlich wurden.

Christus Jesus wird gefangen genommen. Am nächsten Tag wird er vor den Statthalter Pontius Pilatus geführt.

Freitag, im Zeichen der Venus

Die Christussonne geht am Freitag durch die Venussphäre. Venus ist der Planet der Liebe in ihren verschiedenen Erscheinungsformen. Daher kommt der Christus Jesus am Freitag zur vollen Entfaltung seines Liebesopfers. Die negative Wirkung der Venus, das Bestreben, durch geistigen Genuss mit der ganzen Fülle des Geistes gesättigt zu werden, wird von Christus Jesus überwunden. Christus Jesus überwindet diese negative Wirkung, indem seine Liebe und seine Geist-Orientierung durch das Leiden hindurchgehen.

Christus Jesus wird vor Pilatus gestellt. Dreimal versucht Pilatus, ihn freizubekommen. Sogar seiner Frau wird in einem Traum offenbart, wer Jesus seinem tiefsten Wesen nach ist. Doch es gelingt Pilatus nicht, ihn vor der Gewaltbereitschaft des

Volks zu schützen. Dann wäscht er seine Hände in Unschuld. Christus steht vor ihm nicht als König der Juden, sondern als König der Wahrheit. Pilatus versucht, das Mitleid des kreischenden Volkes zu erregen, indem er Jesus einen purpurnen Mantel umlegen und eine Dornenkrone auf sein Haupt setzen lässt. Das verfehlt jedoch seine Wirkung. Der Geist des Kaiphas hat das Volk so in Rage gebracht, dass das »Kreuzige ihn!« über den Marktplatz hallt.[393] Das Karma muss sich erfüllen. In diesem Fall ist es das Karma der Vorsehung, das nicht aus der Vergangenheit, sondern aus der Zukunft kommt, um der Menschheit zu helfen und sie zu begleiten. Man könnte es als Sonnenkarma bezeichnen, denn Christus hatte kein persönliches Mondkarma, also ein Karma, das aus der Vergangenheit kommt und ausgeglichen werden muss.[394] Sonnenkarma ist der freie Wille des Geistes, Karma zu schaffen, um die Liebe und den Geist in die Welt zu bringen. Auch im Mahayana-Buddhismus wirkt das Sonnenkarma im Gelöbnis des Bodhisattva, um alle Wesen, die leiden, zu retten.

Alle diese Ereignisse setzen Pilatus so zu, dass er sich der *Legenda aurea* nach in die Schweiz zurückzieht und dort Selbstmord begeht. In gewissem Sinne ist sein Schicksal mit dem des Judas vergleichbar.

Wir beschließen unsere Betrachtungen zur Karwoche mit einer Beschreibung der *Via Dolorosa,* des Weges, den der Christus Jesus nun beschreitet und der ihn nach Golgatha führt. Diese Ereignisse lassen sich zugleich als ein innerer Entwicklungsweg des Christus Jesus deuten, den auch der Mensch als Weg christlicher Entwicklung beschreiten kann: den siebenstufigen christlich-gnostischen Einweihungsweg.[395] Diesen Weg hat Mani gewiesen und ihn vor allem als einen der Entwicklung der Liebe verstanden. Sein Hüter ist der Meister Jesus, und der Christus selbst, in der göttlichen Welt, ist der Hierophant. Es ist ein Weg für das Gefühlsleben. Die Bilder des Kreuzwegs müssen ganz tief gefühlt werden, um in der Seele eine Katharsis zu bewirken. Für die Entwicklung von Gefühlen ist ein längerer Zeitraum notwendig als für die Bildung von Gedanken. Früher war es wichtig, sich für eine bestimmte Zeit von der Welt zu lösen, wie es die Katharer über drei Jahre hinweg taten. Zwar ist für unsere heutige Zeit vor allem der Weg des Christian Rosenkreuz geeignet, doch kann man auch jetzt noch diesen christlich-gnostischen Weg eines verstärkten Bewusstseins gehen.

Der christlich-gnostische Einweihungsweg geht auf Christus Jesus selbst zurück und wurde von ihm vorgelebt. Deshalb können auch wir diesen Weg gehen. Der christlich-gnostische Weg umfasst sieben Ereignisse:

1   *Die Fußwaschung*
2   *Die Geißelung*
3   *Die Dornenkrönung*
4   *Die Kreuzigung*
5   *Der mystische Tod*
6   *Die Grablegung*
7   *Die Auferstehung*

1   *Die Fußwaschung*

Die Fußwaschung ist herabströmende Liebe; eine Liebe, die die Menschen und die Natur innerlich erhöhen will. Sie wird im Manichäismus als die Liebe zu Jesus Patibilis oder zur leidenden Weltenseele in Mensch und Natur erlebt, wie wir es bereits beschrieben haben. Weil Christus Mensch geworden ist und wir ihm nachfolgen, können die Zeichen des Leidens Christi im Zuge der inneren Entwicklung auch am Menschen gefunden werden. Bei der Fußwaschung lässt sich Folgendes erleben: Wer tatsächlich über längere Zeit ein nach unten strömendes Fühlen entwickelt und den anderen innerlich trägt, kann erleben, wie die geistige Wärme vom Herzen bis in die Hände strömt, sodass diese die Kraft erhalten zu segnen; sie strömt bis in die Füße und lässt dort ein eigenartiges Gefühl entstehen; so, als flösse warmes Wasser über die Oberseite der Füße. Dieses Erlebnis führt zu der Erkenntnis, dass die erste Fußwaschung, durch die Christus Jesus seinen Jüngern dient,[396] eine lebendige Metapher ist für die Demut gegenüber dem anderen, der Natur und sogar dem Bösen. Die äußere Handlung ist eine Metapher für das Gefühl, das im Inneren aus derselben Intention der Seele entsteht, die Christus Jesus beim Waschen der Füße hatte.

Menschen-Bruderschaft entsteht erst aus einer Liebe, mit der in einer entsprechenden Gebärde der Seele innerlich die Füße des anderen gewaschen werden. Bei der Fußwaschung erhalte ich die Möglichkeit, meine Selbstbezogenheit und mein In-mich-verschlossen-Sein so zu überwinden, dass ich wirklich mit dem anderen mitfühlen kann, dass ich zu einem selbstlosen Mitleben und Mitleiden gelangen kann. Sodass ich sogar dazu fähig bin, das Leid der leidenden Weltenseele zu fühlen. Deshalb ist die Fußwaschung für mich die Verchristlichung selbstsüchtiger Freude und selbstsüchtiger Trauer. Auf dieser Stufe kann auch die Imagination auftreten, dass man selbst einer Menschenmenge die Füße wäscht.

2 Die Geißelung

Das Bild der Geißelung ist in Mel Gibsons Film *Die Passion Christi* (2004) ebenso dramatisch wie anschaulich dargestellt. Man bekommt das Gefühl, dass dieser unglaubliche Leidensweg – der Film zeigt, was vierzig Peitschenhiebe tatsächlich bedeuten – für Christus Jesus notwendig ist, um den Auferstehungsleib Wirklichkeit werden zu lassen. Der alte Leib aus Fleisch und Blut wird zerstört, und der neue Leib wird aufgebaut. So wie Christus Jesus ja auch sagt, dass er den Tempel zerstören und in drei Tagen wieder aufbauen wird. Im Garten Gethsemane drohte Christus zu exkarnieren, doch er wachte, weil es noch nicht »vollbracht« war. Ich denke, dass sich der Christusgeist infolge der Geißelhiebe noch tiefer in die Leiblichkeit inkarnierte, um schließlich das Skelett vergeistigen zu können. Das beispiellose Opfer eines Gottes, der Mensch wurde.

Die Geißelung[397] des Christus Jesus ist ein Bild dafür, dass man Schicksalsschläge so erleben kann, dass sie nicht zu Selbstmitleid führen: dass man seine innere Würde behält und sagt: »Nicht mein Wille, sondern der deine geschehe.«[398] Diese christliche Haltung schenkt uns, auch wenn nicht sofort deutlich ist, warum einem Ereignisse wie zum Beispiel eine Entlassung, eine bestimmte Krankheit oder der Verlust eines geliebten Menschen zustoßen, das Vertrauen, dass es sich um eine Wirkung des Karma handelt und dass wir zu tieferen Erkenntnissen und größerer innerer Freiheit gelangen können, wenn wir uns bewusst werden, welche unbewussten und unfreien Handlungen der Vergangenheit sich in diesem Ereignis manifestieren.

Um in solchen Augenblicken die Haltung des »Nicht mein Wille, sondern der deine geschehe« einnehmen zu können, ist große Geisteskraft gefordert, wie sie zu einem christlichen Entwicklungsweg gehört. Wenn wir Christus nachfolgen und durch das Mittel der Geißelung eine solche Beziehung zu den Schicksalsschlägen finden, sind wir in der Lage, die Situation überall dort mit Geduld zu ertragen, wo wir die Realität nicht aus unserem Willen heraus verändern können (anderenfalls entstünden Passivität und Fatalismus). Bei der Geißelung kann es leicht geschehen, dass eine egozentrische Wut aufsteigt: »Warum wird mir das angetan?« Doch Christus schenkt uns die Möglichkeit, auf seinem Weg die Kräfte der Wut umzuwandeln und die innere Kraft aufzubringen, alles Leid mit Geduld zu ertragen. Denn das ist die »Kunst des Leidens«, wenn das selbstlose Mitleiden mit angetanem Leid zu einem Mit-Leiden im wahrsten Sinne des Wortes wird. Aus dieser inneren Ruhe kann man die Geisteskraft mobilisieren, die man braucht, um die moralischen Intuitionen und die moralische Phantasie zu schöpfen, mit denen diese Schicksalssituation gemeistert und als Herausforderung zur inneren und äußeren Entwicklung angenommen werden kann.

Bei der Geißelung geht es meiner Meinung nach um die Verchristlichung von selbstsüchtiger Wut und Ärger. So kann die Wut in Gelassenheit oder in selbstlosen, edlen Zorn verwandelt werden, um objektiv, aber mit Leidenschaft und innerem Engagement das Unrecht in der Welt überall dort anzuprangern, wo es nötig ist. Zorn ist eine Vorbereitung für die Liebe und zugleich ein Zeichen der Liebe. Auf dieser Stufe können Geißelschläge auf dem eigenen Rücken geradezu physisch gespürt werden, und in einer Art Imagination kann geschaut werden, dass man selbst gegeißelt wird. Die Geißelung ist eigentlich eine angewandte Form der Fußwaschung: Sie ist die Fußwaschung des Schicksals. Baruch Spinoza (1632–1677) bezeichnet dies als die höchste Liebe: *amor fati,* die Liebe zum Schicksal. Wenn keine Schicksalsschläge da sind, kann man sie in der Meditation hervorrufen, wie es Søren Kierkegaard (1813–1855) in seinem Buch *Der Begriff Angst* vorschlägt. Er empfiehlt, sich seine Ängste so vorzustellen, dass das, wovor man Angst hat, tatsächlich geschieht und man sich dadurch – wie Hiob es tat – alles nehmen lässt, um schließlich zum eigenen Wesen, zum »Christus in uns«, vordringen zu können. Das in dieser Weise imaginierte Schicksal erlaubt es dann, die Peitschenschläge des Fatums aus dem Einfühlen in die Würde des Christus Jesus zu ertragen.

3 Die Dornenkrönung

Die Dornenkrone, die man dem Christus Jesus aufsetzt,[399] ist ein Ausdruck des Spottes darüber, dass Christus Jesus der König der Juden sein solle. Als Vorbild für den zu beschreitenden inneren Entwicklungsweg zeigt Christus Jesus, wie man mit Hohn und Spott umgehen kann, ohne die innere Sicherheit zu verlieren. Auch hier weist Christus Jesus einen Weg, egozentrische Gefühle zu verchristlichen.

Überlegt man sich, was geschieht, wenn man von einer Menschenmenge verspottet wird, wie es ist, in völliger Einsamkeit dazustehen, wie ein Fremder angestarrt und als ein Ausgestoßener behandelt zu werden, dann kann leicht die Angst zuschlagen, eine existenzielle Angst, die zu Selbstverlust und Zweifel führt. Hab ich wirklich gut gehandelt? Bin ich vielleicht doch einen illusionären Weg gegangen? Habe ich wirklich recht? Diese Prüfung der Dornenkrönung musste auch der Katharer, der Parfait, durchstehen, als er vor der Inquisition von Carcassonne stand und sich anhören musste, dass seine Lehre – nach der Satan schließlich als der verlorene Sohn, als Satanael, zurückkehren würde – die Lehre des Teufels selbst sei, seine heiligste Lehre also auf die bösartigste Weise verurteilt wurde. In einem solchen Augenblick der Verhöhnung und des Spottes ist es ganz besonders wichtig, das innere Feuer der geistigen Wahrheit am Brennen zu halten, denn nur dadurch kann die Angst bezähmt werden.

Im Alltag können sich Situationen ergeben, in denen man mit ungerechter Kritik konfrontiert wird. Dann kann diese Haltung geübt werden. Doch droht hier eine luziferische Gefahr, die eigentlich auf spiritueller Eitelkeit beruht, dass nämlich alle Kritik als Ausgeburt des Molochs oder Ahrimans aufgefasst wird, der einen heimsuchen will, und man dadurch nicht sieht, dass in ungerechter Kritik durchaus auch ein wahrer Kern stecken mag oder der andere einem mit berechtigter Kritik einen Spiegel vorhält. Außerdem heißt das nicht, dass man nicht auf Kritik eingehen sollte. Man kann im gemeinschaftlichen Miteinander eine Selbsterforschung machen, um den Wert der Kritik zu prüfen. Ich denke, dass es bei der Dornenkrönung darum geht, das Gefühl des Verletztseins oder der Erniedrigung innerlich zu spüren, die Gefühle dann aber nicht durch entsprechende Gedanken weiter zu steigern, sondern sie in dem Bewusstsein ersterben zu lassen, dass die größte Sicherheit in dem Willen liegt, in Wahrheit zu lernen und in Wahrheit zu sein. Man kann, wenn man über eine realistische Selbsteinschätzung verfügt, der Kritik auch mit dem Bewusstsein begegnen, dass man schließlich nicht vollkommen ist. Wissen, Meinungen und persönliche Errungenschaften, alles, womit man sich als Persönlichkeit identifiziert und was einen als Persönlichkeit definiert, kann zu kurz greifen, sich als unvollständig erweisen und in seiner Beschränktheit sichtbar werden. Christliche Demut verlangt, diese Ohnmacht als etwas Positives wahrzunehmen, durch das Christus wirksam wird und uns in dem Impuls, uns weiterzuentwickeln, seine Gnade schenkt.

Überall da, wo man mit Aggression und Hass konfrontiert wird, sollte man diese, wenn irgend möglich und zu verantworten, durch seine Seele ziehen lassen, ohne in Angst oder Wut darauf zu reagieren. Dadurch kann man die Aggression des anderen auf manichäische Weise in sich selbst verwandeln und so auch dem anderen die Gelegenheit geben, dies in sich zu leisten. So kann von einem Menschen eine heilende Wirkung auf seine Umgebung ausgehen.

Bei der Dornenkrönung geht es meines Erachtens um die Verchristlichung der existenziellen Angst. Auch die Dornenkrönung ist eine abgewandelte Form der Fußwaschung, die ja die Grundhaltung auf diesem siebenstufigen Weg ist. Die Dornenkrönung ist die »Fußwaschung des Bösen«, das in Form von ungerechter Kritik oder Hass auf uns zukommt. Auf dieser Stufe kann es geschehen, dass man die Dornenkrone spürt als ein peinbringendes Band, das über die ganze Stirn verläuft, oberhalb der Ohren und besonders oberhalb der Augenbrauen; zudem ist es möglich, in einer Imagination zu schauen, wie man selbst die Dornenkrone aufgesetzt bekommt.

4 Die Kreuzigung

Der Christus Jesus trägt sein eigenes Kreuz nach Golgatha.[400] Für einen Teil des Weges übernimmt Simon von Cyrene das Tragen des Kreuzes. Das hat bei einigen Gnostikern, innerhalb des Islam und bei einigen zeitgenössischen Autoren zu der meiner Ansicht nach irrigen Annahme geführt, dass in Wirklichkeit nicht Christus Jesus am Kreuz gehangen habe, sondern Simon von Cyrene. Wenn Christus Jesus nicht selbst am Kreuz gehangen hat, geht das Herzstück des christlichen Mysteriums, gehen Tod und Auferstehung verloren, und das Liebesopfer des Christus, das in seiner Menschwerdung, Kreuzigung und Auferstehung besteht, wird geleugnet.

Nägel werden in die Hände und Füße des Christus Jesus geschlagen. Christus Jesus erlebt die tiefe Tragik der Kreuzigung und er stellt öffentlich, vor aller Augen, die innere Entwicklung zur Schau, die der Mensch durch seine Menschwerdung, Kreuzigung und Auferstehung gehen kann. Christus bringt den neuen christlichen Einweihungsweg an die Öffentlichkeit und macht ihn, so das Ziel seiner Mission, der ganzen Menschheit zugänglich. Die Kreuzigung ist die Phase des siebenstufigen christlich-gnostischen Weges, in der sich die innere Freiheit konkret erleben lässt. Indem man das Fühlen dauerhaft mit dem Geist verbindet und die Gedanken der Demut in der Fußwaschung, Geißelung und Dornenkrönung mit dem Fühlen nach unten strömen lässt, löst man die Bindung der Seele an den Körper. Die Seele ist normalerweise fest an den Körper gebunden, doch wenn man die Seele vergeistigt, löst man sie von der festen körperlichen Bindung. Es entsteht das Gefühl, dass die Seele innerlich frei ist, während der Köper am Kreuz den Gesetzmäßigkeiten der Sinnenwelt gehorchen muss. Die Kreuzigung lässt einen erleben, wie begrenzt der Körper in seinen Handlungen ist verglichen mit der Intensität der geistdurchdrungenen Seele, die das ganze Weltall erleben kann.

Wenn man aus diesem neuen Bewusstseinszustand heraus meditiert, geschieht das nicht allein mit dem Kopf oder nur mit Kopf und Herz, sondern aus dem ganzen Menschsein heraus beziehungsweise aus einem Erleben der Freiheit des gesamten Lebens- oder Ätherleibes. Dann kann man die Erfahrung machen, dass sich in beiden Händen an einem bestimmten Punkt die Wärme konzentriert und die geistige Wärme des Herzens tatsächlich von der Innenseite der Hände nach außen strömt. Für die Füße war dieses Erlebnis schon als Resultat der Fußwaschung möglich, und es wird jetzt intensiviert. Man kann diese Wärmekonzentration an einem fünften Punkt spüren: an der rechten Seite, in Höhe des Herzens. Weiter kann man erleben, wie das geistige Licht an einem zwischen den Augenbrauen gelegenen Punkt nach innen strömt. So lassen sich die Stigmata Christi innerlich erleben. Es ist bezeichnend, dass die ersten vier Punkte und der letzte Punkt die letzten fünf Punkte sind, die den Lebensleib an den Körper binden. Bei einigen Christen, wie zum Beispiel bei Franziskus von Assisi, hat diese Imitatio Christi so stark gewirkt, dass die Stigmata entweder nur an den Hände oder auch an den Füße wirklich bluteten, aber das ist für den geschilderten Entwicklungsweg so nicht notwendig. Als Imagination kann geschaut werden, dass man selbst gekreuzigt ist.

Nach der Kreuzigung, bei der das Blut des Christus Jesus die Erde durchdringt und sein Geist sich dadurch dauerhaft mit der Erde verbindet, um sie zu metamorphosieren,[401] wird der Christus Jesus auch an seiner Flanke verwundet. Was bedeutet es esoterisch gesehen, dass der Römer Longinus Christus Jesus mit der Lanze in die Seite sticht, um ihn von seinem Leiden zu erlösen? Die vergleichbare Wunde des Amfortas, des Gralskönigs, ist eindeutig durch die zu starke Begierdenatur entstanden, in der sein niederes Selbst gefangen ist. Christus Jesus bringt mit seinem Leiden also bildlich zum Ausdruck, dass ein Übermaß an Blut, ein Zuviel an Ichkraft, das zum Egoismus führt, abfließen muss.[402] Es ist das Bild des Liebesopfers.

Christus Jesus hängt am Kreuz, und neben ihm hängen zwei Verbrecher.[403] Einer der beiden kann durch Christus Jesus innerlich erlöst werden. Das Bild der drei Kreuze auf Golgatha ist zugleich eine Metapher für das Verhältnis Christi zu Luzifer und Ahriman.[404] Im fünften Stadium des mystischen Todes werden, wie wir noch sehen werden, die Höllenfahrt und das Böse in der Welt erlebt. Christus zeigt, wie der Mensch aus seiner Wesenheit heraus die Mitte halten kann zwischen den gefallenen Engelwesen, die jeweils eine Form von Einseitigkei repräsentieren. Luzifer, die Schlange oder Diabolos, ist das Wesen, welches das Innere des Menschen so vergrößern will, dass es den Kontakt zur Außenwelt und deren korrigierender Wirkung verliert. Dadurch entstehen Eitelkeit, Egoismus, egozentrische Mystik, Gefühlsekstase, Wut, Wollust, die subjektivistische Macht der Autorität und eine weltfeindliche Haltung im geistigen Streben. Luzifer hatte im 3. Jahrtausend v. Chr. eine Inkarnation in China und konnte danach den ihm offenbarten Mysterieninhalt aus eigener Kraft denken. Sein positiver Beitrag zur Menschheitsentwicklung ist zuvörderst die Gabe der Freiheit, mit der er, der nichtsdestotrotz im Paradies zugelassen war, den Menschen gegen Jahve rebellieren ließ. Weiterhin hat er als Prometheus, in Zusammenarbeit mit Michael, der Menschheit das Feuer geschenkt, um den Menschen so die Weisheit, die Philosophie und die Kunst zu ermöglichen. Zuerst machte Luzifer den Menschen also selbstständig gegenüber der göttlichen Welt; und nach dem sogenannten Sündenfall wollte er den Menschen selbstständig machen gegenüber der physischen Welt. Er ist ein Wesen, das sich in seiner eigenen geistigen Ausrichtung absetzt von dem, was er als deren Gegenteil erlebt. Positiv ist das die Kraft der Transzendenz, mit der man sich über das Beschränkende erheben kann, doch in der Zurückweisung des Minderwertigen und im aktiven Hass, der damit einhergehen kann, wirkt sie negativ. Dass ein einzelner Verbrecher erlöst wird, stimmt überein mit dem Bild Luzifers, der bei seinem Abstieg zur Erde von Christus prinzipiell erlöst worden ist. Wenn der Mensch auf dem christlichen Entwicklungsweg die negative Wirkung Luzifers in sich selbst überwindet, kann der von Christus erlöste Luzifer dem Menschen in dessen Auftrag das Feuer des Heiligen Geistes schenken. Das ist eine der Wirkungen des manichäischen Prinzips der Liebe, die Christus als das Wesen dieser Liebe vollbracht hat.

Bei der Schöpfung hat Gott seine Weisheit mit Luzifer und seine Macht mit Ahriman geteilt.[405] Im Vater wie im Christus sind Weisheit und Macht durch die Liebe miteinander verbunden. Luzifer und Ahriman repräsentieren dagegen jeweils einen der beiden Pole, aber diese Einseitigkeit erst erlaubt es dem selbstständigen Menschen, die Pole durch sein Handeln wieder zu vereinen.

Ahriman ist der Satan oder der Moloch, der die Kräfte der Außenwelt so sehr steigert, dass dem Menschen Innerlichkeit und freier Wille ausgetrieben werden. Die Kräfte der Außenwelt, die keine Innerlichkeit dulden, lassen den Menschen im Materialismus verhärten. So lässt Ahriman Eigenschaften im Menschen entstehen, die in starkem Maße von der Macht der Außenwelt bestimmt und von ihr abhängig sind: Angst, Beklemmung, Gier, Spießbürgerlichkeit, Pflichtgefühl, Loyalität, Kleinkrämerei, Verrat, Feigheit, mediale Fähigkeiten ohne eigenes Urteil, eine wissenschaftliche Wahrnehmungsweise und die objektive Macht von Amtsträgern.[406]

Die luziferischen Engel der verschiedenen Hierarchien sind im Mondzeitalter zurückgeblieben, und die ahrimanischen Engel der verschiedenen Hierarchien sind im Sonnenzeitalter zurückgeblieben. Sie konnten sich dadurch ein Zeitalter länger im Bösen verhärten, wodurch sie tiefer wirken und stärkeren Einfluss haben. Ahriman ist das Karma Luzifers. Während der Einfluss Luzifers im Menschen Hochmut bewirkt, löscht Ahriman diese Illusion aus und konfrontiert den Menschen mit der harten Realität, womit er den Menschen aber wieder zu stark einschränkt in seiner geistigen Wesenheit. Zusammen decken Luzifer und Ahriman den gesamten Bereich der Gegensätze auf Erden ab (siehe Anhang 4). Luzifer wirkte schon in Lemurien auf der südlichen Hemisphäre, als der Mensch von ihm verführt wurde, Gott gleich werden zu wollen, und es so zum sogenannten Sündenfall kam.

Ahriman war später, in der Atlantis, wirksam. Er schenkte der Menschheit die positive Fähigkeit, eine Gemeinschaft zu organisieren, und die negative Fähigkeit, die Natur mit Hilfe schwarzer Magie zu beherrschen. Das hat dann, wie es bereits bei Plato beschrieben ist, zum Untergang der Atlantis geführt. Seit dem 15. Jahrhundert wirkt Ahriman intensiv in unserer Kultur und hat hier den wissenschaftlichen Materialismus, den Darwinismus, den Kapitalismus, den Kommunismus, das psychoanalytische Libido-Denken, die Genmanipulation und eine verarmte Interpretation der Evangelien entstehen lassen. Die ahrimanischen Wesen wirken aus dem Begierdepol im Menschen und ergreifen, unter Umgehung des Herzens, von dort aus den Intellekt. Rudolf Steiner sagte voraus, dass Ahriman zu Beginn des 3. Jahrtausends eine Inkarnation im Westen haben werde,[407] um als vermeintlicher Wohltäter der Menschheit, als ein Antichrist, wie ihn der russische Philosoph Wladimir Solowjew so lebendig beschrieben hat,[408] zukünftig eine noch größere Wirksamkeit zu entfalten. Ahriman ist durch Christus noch nicht so restlos erlöst worden wie Luzifer. Als Christus Jesus auf die ahrimanische Versuchung in der Wüste einging, aus Steinen Brot zu machen, blieb gleichsam ein Stachel dieser Versuchung in ihm zurück,[409] weil es ja so war, dass mittels ahrimanischer Organisation und Ökonomie für das tägliche Brot der Menschheit gesorgt werden musste.

In unserer Zeit hat eine neue Welle gefallener Engelwesen zu wirken begonnen: die bereits genannten Asuras. Das sind die gefallenen Engel aus der Epoche des alten Saturns, die sich also wiederum ein Zeitalter länger als die ahrimanischen Wesen im Bösen verhärtet haben. Es sind die Wesen der willkürlichen Anarchie und sinnlosen Gewalt. Durch das Auftreten der Asuras ergibt sich eine Veränderung der ahrimanischen Wesen. Die Asuras waren bislang durch das Christusopfer gebunden, kommen in unserer Zeit aber frei, um der Bewusstseinsseele als Gegenkräfte der Ichentwicklung zu dienen. Sie haben das Böse in der luziferischen Bewegung des Nationalsozialismus vergrößert und zur Entstehung des Holocausts beigetragen. Sie haben auch das Böse im ahrimanischen Kommunismus verstärkt, was zur Folge hatte, dass ganze Schichten der Intelligenz mehr oder weniger ausgerottet wurden. Wenn der Mensch nicht das Gewissen seines Ichwesens sprechen lässt, nehmen sie den Platz des Ich ein und machen den Menschen gewaltversessen. Luzifer macht das Ich unfrei, indem er den Menschen unter Verlust seiner Persönlichkeit zu schnell mit dem höheren Ich verbindet. Ahriman macht das Ich von der anderen Seite her unfrei, indem er den Menschen zu lange an das niedere Ich bindet, das von Vererbung, Umgebungsfaktoren und Triebleben bestimmt wird. Die Asuras machen das Ich nicht unfrei, sondern versuchen, geradewegs den Platz des Ich einzunehmen, das doch im Grunde aus Christus oder den Elohim hervorgegangen ist. Deshalb sind sie die eigentlichen antichristlichen Wesenheiten. Sorat, der zurzeit in ihnen wirkt, ist seinerseits als Sonnendämon der eigentliche Widersacher des Christus. Das heißt aber auch, dass sie den Menschen herausfordern, sich in seinem Ichwesen fest auf seine eigenen moralischen Intuitionen zu verlassen. Tut er das nicht, wird er feststellen, dass er, ohne sich dessen bewusst zu werden, in die Sphäre der Gewalt gerät. Deshalb ist es in unserer Zeit von so großer Bedeutung, an der persönlichen Ichentwicklung der Bewusstseinsseele zu arbeiten. Die Situation in der geistigen Welt ist zurzeit so, dass die Asuras die ahrimanischen Wesenheiten gegen ihren Willen knechten. Man kann in diesem Fall sagen, dass die Asuras eigentlich das Karma der ahrimanischen Wesenheiten sind. Ahriman sagt, der Mensch entstamme dem Tier, und die Asuras inspirieren den Menschen dazu, wie ein Tier zu leben. Die ahrimanischen Wesenheiten, die von den Asuras geknechtet werden, werden von der urmütterlichen Kraft der Sophia, die aus dem Christus ist, getröstet. Das wird Ahriman, der den lebendigen Geist der Natur leugnet, noch deutlich erleben, wenn er in seiner kommenden Inkarnation durch den Schoß einer Mutter gehen muss. Es handelt sich meiner Meinung nach um eine erste Form der Erlösung Ahrimans durch die Liebeskräfte des Christus.

Die Inkarnation des Christus steht zeitlich wie geografisch-räumlich genau in der Mitte zwischen der luziferischen Vergangenheit des Ostens und der ahrimanischen Zukunft des Westens. Die luziferischen Kräfte können durch den buddhischen Christusimpuls selbstloser Liebe in uns Menschen selbst verwandelt werden, sodass wir nicht den Wunsch haben, uns von der Inkarnation zu lösen, wie Luzifer es dem geistig strebenden Menschen vorspiegelt, sondern aus dem Sonnenkarma heraus als christliche Bodhisattvas in Liebe zur leidenden Menschheit weitere Inkarnationen wollen. Genau das widerfährt dem geistig entwickelten Menschen, wenn er in der göttlichen Welt dem Hüter der Schwelle oder Christus begegnet, der ihn bittet, neue Verkörperungen zum Wohle der leidenden Menschheit auf sich zu nehmen. Während Luzifer jedem Menschen in der Weltenmitternachtsstunde nach dem Tod, jener hohen Himmelssphäre, wo die exkarnierende Bewegung der Seele in die inkarnierende übergeht, die Möglichkeit vor die Seele hält, in der geistig-göttlichen Welt zu bleiben und keine mühseligen Erdeninkarnationen mehr auf sich zu nehmen, zeigt Christus dem Menschen in dieser Stunde, wie er wachsen und sich entwickeln kann, wenn er die irdische Inkarnation annimmt.

Die ahrimanischen Kräfte im Menschen können durch den zoroastrischen Christusimpuls der schaffenden Weisheit verwandelt werden und durch die daraus entstehende Urteilskraft, die das intellektuelle Denken vergeistigen und aus diesem Geist den Willen befeuern.

Christus steht in der Mitte zwischen Luzifer und Ahriman. Aus geisteswissenschaftlicher Perspektive ist es von entscheidender Bedeutung, dass Luzifer und Ahriman nicht nach essenischer Art verjagt, sondern dass sie auf manichäische Weise verwandelt werden.

Rudolf Steiner hat aus michaelischer Intention darauf hingewiesen, dass es wichtig ist, aus der Christusmitte heraus das rechte Gleichgewicht zwischen dem luziferischen und dem ahrimanischen Bestreben zu finden.[410] Michael wollte uns durch Rudolf Steiner bewusst machen, dass zwei verschiedene Arten des Bösen existieren: die luziferische Weltflucht in Form eines spiritualistischen Egozentrismus und die ahrimanische Erdensucht in Form des materialistischen Egoismus. Wir können Christus gerade deshalb so rein in der Mitte finden, weil es früher die Dualität von Gott und Teufel gab. Eigentlich handelt es sich um die Polarität von Luzifer, das heißt einer Gottesorientierung in einseitigem Spiritualismus, und Ahriman als dem Geist des irdischen Materialismus.

Die Asuras möchten den Platz des Ich einnehmen, das sich, in der Mitte zwischen Ahriman und Luzifer, mit Christus verbinden kann. Die gefallenen Engelwesen aus dem Saturn-, Sonnen- und Mondzeitalter bilden zurzeit eine umgekehrte, eine Trinität des Bösen: die Asuras als der ins Gegenteil verkehrte Vater, Ahriman als Gegenbild des Sohnes und Luzifer als Gegenstück zum Heiligen Geist.

Wenn der Mensch im ethischen Handeln die Christus-Mitte finden will, so wie in der Holzskulptur Rudolf Steiners Christus Jesus als Menschheitsrepräsentant die Mitte hält zwischen Luzifer in der Höhe und Ahriman in der Tiefe, dann ist dies mit zwei Ichqualitäten möglich: mit selbstloser Liebe und mit Geistesgegenwart. So können die luziferischen und die ahrimanischen Eigenschaften in ein Gleichgewicht gebracht werden und ihre einseitigen Wirkungen aufgehoben, verwandelt werden. Erst dann ist eigentlich ethisches Handeln möglich, denn dieses Handeln hat meiner Auffassung nach immer etwas zu tun mit der Brücke, die es zu schlagen gilt zwischen dem inneren und dem äußeren Leben oder, anders ausgedrückt, zwischen dem luziferischen und dem ahrimanischen Bestreben. Ethisches Handeln aus der Christus-Mitte heraus bedeutet, dass man innere Geistesimpulse in sein äußeres Handeln, in die Umgebung einströmen lässt. Allerdings führt bloße Innerlichkeit mit dem ihr eigenen hohen Grad an Freiheit und einem von der Welt isolierten Leben nicht zur Ethik, weil es keinen anderen oder kein anderes gibt, auf das sie sich beziehen könnte. Und Äußerlichkeit allein, bei der man sich von dem führen lässt, was die Umgebung an einen heranträgt und als Pflicht von einem verlangt, führt ebenfalls nicht zur Ethik, weil dann kein innerer Geist vorhanden ist, der bestimmt, was gut ist. Ethisches Handeln entsteht gerade dadurch, dass die luziferische und die ahrimanische Neigung ins Gleichgewicht gebracht werden.

Wenn Luzifer und Ahriman durch die Eigenaktivität des Menschen und mit seinen menschlichen Eigenschaften in ein richtiges Verhältnis zueinander gebracht werden, entsteht das Gute. Dies soll mit Hilfe des schon einmal verwendeten Modells des sogenannten Kernquadrats erläutert werden. *Hilfsbereitschaft* ist eine Kernqualität, die auf luziferische Art zu *Einmischerei* führt, falls sie nicht mit der entgegengesetzten Kernqualität des »Unversehrt-Lassens« oder »den Raum des anderen Respektierens« ins Gleichgewicht gebracht wird. Diese letztere Kernqualität wird allerdings auf ahrimanische Weise zur *Gleichgültigkeit*, wenn man sie nicht mit der Kernqualität der *Hilfsbereitschaft* in Verbindung bringt:

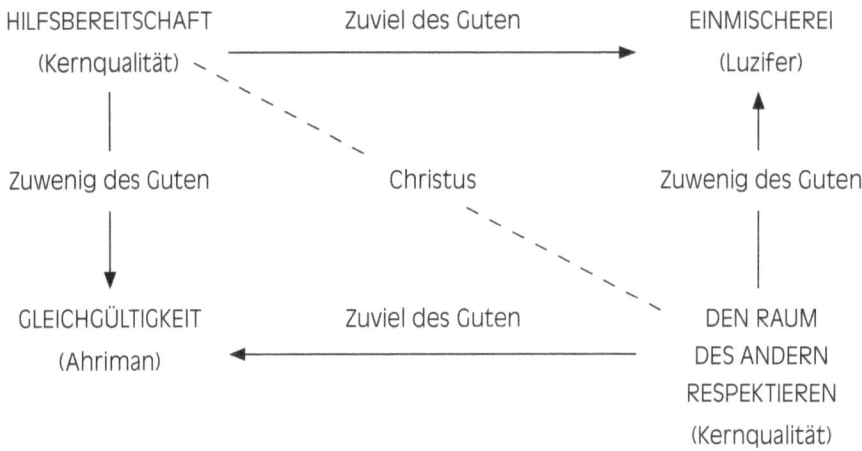

So entsteht ein Kernquadrat des geisteswissenschaftlichen Denkens, das auf dem von Christus geschaffenen Gleichgewicht zwischen Luzifer und Ahriman basiert. Durch selbstlose Liebe und Geistesgegenwart, mit Christi Liebesgeist in der Mitte lassen sich die beiden Einseitigkeiten zum rechten Handeln verbinden (siehe Anhang 2). Wenn sich auf die Weise das luziferische und ahrimanische Böse ins Gute verwandeln lassen, ist auch das wiederum eine manichäische Haltung, die das praktische Handeln bestimmt. *Hilfsbereitschaft* ist Christus im Bereich Luzifers und *Den-Raum-des-Anderen-Respektieren* ist Christus im Bereich Ahrimans. Ohne die Balance von Luzifer und Ahriman in Christus entstünde die luziferische Einseitigkeit der *Einmischerei* und die ahrimanische Einseitigkeit der *Gleichgültigkeit,* wie sie im Kosmos zum Dualismus geworden ist. Luzifer und Ahriman können durch die Liebe Christi in mir zusammengeführt werden. Die dieser Spannung innewohnende Kraft ermöglicht Entwicklung, was wiederum bedeutet, dass die Syntheseleistung in Freiheit geschieht.

Dies ist der moderne michaelische Weg der *Philosophie der Freiheit:* Wir suchen, ausgehend von moralischen Intuitionen – hier in Gestalt der polaren Kernqualitäten –, die moralische Phantasie zu entwickeln, um in einer bestimmten Situation, die gemäß unserer Wahrnehmung zu entsprechenden Begriffsintuitionen geführt hat, so zu handeln, dass das jeweilige Gleichgewicht dieser polaren Eigenschaften herzustellen ist. Das kann beispielsweise heißen, dass man in einer bestimmten Situation, in der eine Verabredung eingehalten werden muss, einen gewissen Grad freundlicher Strenge zeigen muss, um in keines der beiden Schattenbilder zu geraten, weder in das luziferische *Laissez-faire* noch in die ahrimanische Unerbittlichkeit (siehe Anhang 2). Das Bild der drei Kreuze auf Golgatha ist so also das Bild der christlichen Entwicklung des Menschen zwischen den beiden Polen Luzifer und Ahriman.

Wenn wir die Via Dolorosa des Christus Jesus und den siebenstufigen christlich-gnostischen Einweihungsweg weiterverfolgen, sehen wir, wie bei der Kreuzigung die Soldaten und die Umstehenden den Christus Jesus verspotten, der daraufhin aus der Kraft seiner Liebe den Vater bittet, ihnen zu vergeben: »denn sie wissen nicht, was sie tun«.[411] Es ist erschütternd, wenn man darüber nachdenkt, welche schrecklichen Schmerzen Christus Jesus hat ertragen müssen, als er am Kreuz hing. Es ist bekannt, dass ein Mensch in dieser Situation nicht nur die Schmerzen der Wunden spürt, sondern durch die Schwerkraft des hängenden Körpers auch immer mühsamer atmet. Bei jedem Atemzug muss er sich aufrichten. Es gelingt ihm kaum, die Lungen zu füllen. Die Kreuzigung bedeutet also einen quälend langsamen Erstickungstod.

Schließlich spricht Christus Jesus die Worte »Eli, Eli, lama sabachthani?«: »Mein Gott, mein Gott, warum hast du mich verlassen?«[412] Rudolf Steiner meinte jedoch, das, was ertönte, seien die Mysterienworte »Mein Gott, mein Gott, wie hast du mich verherrlicht!« gewesen.[413] Der Schreiber des Matthäusevangeliums habe die Betonung darauf gelegt, dass es der Leib war, der verlassen wurde, und weniger auf die Verherrlichung des Christus Jesus.[414]

In den Evangelien steht, dass eine Finsternis eingetreten sei.[415] Es handelte sich zwar nicht um eine Sonnenfinsternis im wissenschaftlichen Sinne, dass also der Mond zwischen Sonne und Erde gestanden hätte, aber man kann sagen, dass sich die ganze Atmosphäre verdunkelte und die Erde bebte, als reagiere sogar sie auf die Kreuzigung. In seinen Vorträgen über das »Fünfte Evangelium« hat Rudolf Steiner ergreifend darüber gesprochen. – Dionysos Areopagita, ein Richter und eleusinischer Eingeweihter, der in Griechenland wohnte, berichtet, er habe sich in Caesarea aufgehalten, um Recht zu sprechen, und während der Gerichtsverhandlung habe sich die Atmosphäre verdunkelt und ein Erdbeben sei spürbar gewesen. Er berichtet weiter, dass er in einem höheren Bewusstsein das Bild der Kreuzigung der Gottheit schaute. Später, als Paulus nach Athen kommt, kann Dionysos Areopagita aus eigener Erfahrung bestätigen, was Paulus auf dem Areopag sagt über den unbekannten Gott und jenen Mann, der durch ihn vom Tode auferstanden ist.[416]

Hier sehen wir, wie unberechtigt es ist, die Mysterien des Altertums als »heidnisch« abzutun, sie müssen vielmehr als Vorbereitung auf die Erdenankunft des Christus betrachtet werden, wie auch der Zoroastrismus und das Keltentum. In den Mysterien von Eleusis etwa schaute der Einzuweihende Demeter, nachdem er zur Erkenntnis gekommen war, dass ihre Tochter Persephone seine eigene Seele war, die sich im Hades in einen Körper inkarniert hatte. Später schaute er in den Armen der Persephone das Kind Jakchos – eine Vorwegnahme der Ankunft des Christus Jesus? Dionysos Areopagita jedenfalls wird zu einem der großen christlichen Eingeweihten, der vor allem über die neun Engelhierarchien gesprochen hat, wie bereits näher ausgeführt wurde. Seine Lehre wurde zunächst mündlich tradiert und erst im 5. Jahrhundert aufgeschrieben; bis weit ins Mittelalter hatte er einen immensen Einfluss auf das christliche Denken.

5 Der mystische Tod

Schließlich tritt bei Jesus der Tod ein.[417] Der mystische Tod ist die fünfte Stufe des christlich-gnostischen Einweihungsweges. In allen Mysterienschulen ist der mystische Tod eine der Phasen, die der Adept durchlaufen muss, um in die Welt des Geistes zu schauen. Er muss durch einen Nullpunkt gehen, durch den Tod, und das begrenzte Persönlichkeitsbewusstsein absterben lassen. Hier kann der Mensch in einer Höllenfahrt alles Leid und alles Böse in der Welt schauen. Beim mystischen Tod kommt es zu einer »Umpolung«: Das Persönlichkeitsbewusstsein, das bislang ab und zu einen Strahl vom Bewusstsein des höheren Ich aufgefangen hat, geht in der Erleuchtung über in ein permanent aufrechterhaltenes höheres Bewusstsein, das in einem ganz neuen Verhältnis zum Persönlichkeitsbewusstsein steht. Im Falle des christlichen Entwicklungswegs bleibt das Persönlichkeitsbewusstsein neben dem höheren Bewusstsein erhalten, andernfalls würde der Mensch in der Welt des Geistes seine Freiheit und Selbstständigkeit verlieren.

Am Kreuz hängend zeigt Christus Jesus der ganzen Menschheit, was bis dahin immer nur innerlich in den Mysterien erlebt worden ist: den mystischen Tod. Auf Golgatha wird das innere Erleben des mystischen Todes, der letztlich eine Auferstehung ist, zur äußerlichen Sichtbarkeit gebracht. In Ägypten wurde der Einzuweihende nach dem dreieinhalb Tage währenden mystischen Tod vom Priester zur Auferstehung bzw. wieder zum Leben geführt. Lazarus wurde von Christus Jesus wieder aus dem Tode erweckt. Christus Jesus hängt am Kreuz, und der Tod, der hier auch ein Gleichnis für den mystischen Tod ist, tritt ein. Nach drei Tagen aufersteht er. In diesem Fall geht es jedoch um eine Auferstehung in der geistigen Welt, die an die Erde angrenzt. Der Tod und die Auferstehung nach drei Tagen sind mit dem vergleichbar, was ein Kandidat bei der vorchristlichen Einweihung durchleben musste. Christus Jesus hat die Einweihung, die bis dahin immer im Verborgenen stattfand, ans Licht der Öffentlichkeit gebracht, um sie der ganzen Menschheit zu ermöglichen.

Beim siebenstufigen christlich-gnostischen Einweihungsweg findet die Auferstehung aus dem mystischen Tod (das Zerreißen des Vorhangs im Tempel) jedoch auf der Erde, im Körper des Einzuweihenden statt. Wobei hier noch nicht die wirkliche Auferstehung (als siebte Stufe des christlich-gnostischen Einweihungsweges) oder die Auferstehung des Leibes gemeint ist. Bei den Katharern und auch bei den Manichäern wurde der Einzuweihende in dem Augenblick, da die Katharsis der Seele stattfand, durch Handauflegen und durch Aussprechen der ersten siebzehn Verse des Johannesevangeliums mit dem Parakleten verbunden. Die Auferstehung aus dem mystischen Tod ist hier im Grunde die Erleuchtung durch den Geist der Wahrheit oder durch das Feuer des Heiligen Geistes, des Parakleten. Mani sagt, dass Christus durch das Senden seines Geistes, des Licht-nous, als ein Arzt in der menschlichen Seele wirke, der den Baum, der schlechte Früchte hervorbringt, entwurzelt und den Stumpf mit neuen Reisern bepfropft. Dieser Baum des Lebens muss dann im Tatenleben mit Geduld, Demut, Vollkommenheit, Liebe und Weisheit zur Blüte gebracht werden.

Rudolf Steiner bringt diese Erleuchtung in Zusammenhang mit Johannes und Maria, wie sie unter dem Kreuz stehen und von Christus hören, Maria werde zur Mutter des Johannes.[418] Denn das ist das Bild der christlichen Entwicklung, die zur Erleuchtung führt. Johannes, der als Lazarus bereits in seiner eigenen Entwicklung zur Erleuchtung gelangt ist, ist zugleich das Bild des zukünftigen Menschen, dem es in der christlichen Entwicklung gelingen kann, seine Seele durch Fußwaschung, Geißelung, Dornenkrönung und Kreuzigung auf dionysische Weise vollständig zur Sophia zu läutern. Der gereinigte Astralleib wird in der christlichen Esoterik die »Sophia« genannt.[419] In Maria wirkt die göttliche Sophia hinein, die Johannes zum Bild seiner Seele gemacht hat. Während des mystischen Todes drücken sich die Seelenorgane oder Chakren des Menschen im Ätherleib ab wie ein Siegel im Lack. Dadurch wird es möglich, dass die Erleuchtung auf apollinische Weise eintritt und der Geist der Wahrheit aus der ätherischen Welt den menschlichen Ätherleib berührt und mit dem göttlichen Wärme-, Licht-, Klang- und Lebensäther durchdringt.

Es ist meines Erachtens sehr wichtig, nicht nach Erleuchtung, sondern nach Liebe zu streben, denn Erstere führt zu spirituellem Egoismus und Elitedünkel. Im Streben nach Liebe mag die Erleuchtung als gewissermaßen ungewollte Folge eintreten. Ich erlaube mir, hier ein persönliches Erlebnis zu beschreiben, das mich auf diesem Weg bestärkt hat. Das Schicksal hat mir durch einen kriegstraumatisierten Vater die Möglichkeit geboten, Liebe zu lernen. Ich wohnte noch zu Hause und war wohl siebzehn Jahre alt, als ich feststellte, dass meine ablehnende und gekränkte Reaktion auf verbale Aggressionen genauso eine Verurteilung war wie die, der ich mich ausgeliefert fühlte. Doch wie kann man das Böse in sich selbst verwandeln? Ich übte den ganzen Tag über und besonders auf Wanderungen in der Natur das, was ich heute »ungeteilte Achtsamkeit« nenne (siehe Kapitel 15): ein unbefangenes Wahrnehmen der Umgebung, verbunden mit ebenso unbefangener Selbstwahrnehmung. In der ungeteilten Achtsamkeit kam ich zu (schonungsloser) Selbsterforschung: Es gelang mir, die Unfreiheit meiner Reaktionen in aller Deutlichkeit zu erkennen und sie in der inneren Stille der ungeteilten Achtsamkeit ersterben zu lassen. Dadurch konnte ich meinem Vater neu begegnen, da ich seine Reaktionen nun verstand und ihn nicht verurteilte. Ungeteilte Achtsamkeit schenkt einem die Möglichkeit einer vorurteilsfreien Begegnung, bei der man zugleich fähig ist, seine Erkenntnisse auszusprechen. Doch die Haltung ungeteilter Achtsamkeit musste ich immer wieder neu aus dem Ich heraus anregen. Dann geschah eines Morgens, als ich auf dem Fahrrad zur Pädagogischen Akademie nach Eindhoven fuhr, etwas Besonderes: Die ungeteilte Achtsamkeit ging über in das völlig zeitlose Erleben eines Einsseins, das nun gleichsam als Gnade der geistig-göttlichen Welt die selbst aufgebaute Achtsamkeit erfüllte. Ich erlebte dies als eine nicht-gesuchte Erleuchtung, die es mir gerade aufgrund der ungeteilten Achtsamkeit erlaubte, mich in einer eigenartigen, sanftmütigen Rührung wirklich mit allen anderen um mich herum verbunden zu fühlen. Sie ist mir als eine zweite Natur geblieben, in der die Intensität des erlebten Einsseins im Verlauf des Tages zu- und abnehmen kann, je nach der Stärke meiner ungeteilten Achtsamkeit.

Und dennoch gibt es Grade und Unterschiede bei der Erleuchtung. Erleuchtung ist keine Vollkommenheit, und das Selbstbild der Vollkommenheit wäre ja doch nichts anderes als Eitelkeit. Die Entwicklung geht vielmehr weiter, beginnt dann auf bestimmten Stufen wieder von vorn. Die Erleuchtung kann auch plötzlich auftreten, nachdem man monatelang meditativ an der Selbsterforschung gearbeitet hat (Kontemplation) und aus der selbstlosen Intention, der leidenden Welt und Menschheit in ihrer Not beistehen zu wollen (Willensinitiative), auf Christus gerichtet war. Die geistige Wärme, die bei der Fußwaschung, aus dem Herzen kommend, den Körper dionysisch durchdringt, wird in einem bestimmten Augenblick der Gnade apollinisch vom Kopf abwärts inspiriert. Zugleich wird sie vom göttlichen Feuer des Parakleten durchdrungen, das die ganze Seele und den Ätherleib so sehr ergreift, dass es bis in den Körper hinein wirkt und – vor allem aus Augen, Füßen und Händen – intensiv nach außen strömt. Das göttliche Feuer ist mitnichten ein Fieber, es ist göttliche Hitze und Kälte zugleich. Beim Einströmen des Feuers des Parakleten erlebt man zugleich ein inneres Licht, das als Liebe die ganze Äther-Umgebung erfüllt und von deren Peripherie wieder zurückkehrt, um von innen heraus aufs Neue zu impulsieren wie die Sonne der Liebe oder der »Christus in dir«, der nach allen Seiten ausstrahlt. Das Eigenartige ist, dass dieses Feuer des Parakleten im Tagesverlauf und auch nachts in einem eigenen Rhythmus kommt und geht. Diese Gnade, die dem Körper sehr viel schenkt, ihm aber auch viel abverlangt, dauert kaum länger als drei Jahre.

Danach ist eine größere Aktivität des Ich erforderlich, um sich in dieser geistigen Hinwendung zur leidenden Weltenseele und zur Christussonne zu halten. In der

Betrachtung der neunten Seligpreisung und im Kapitel über das Schauen des ätherischen Christus (Kapitel 18) werde ich näher ausführen, wie für die leidende Weltenseele daraus eine moderne manichäische Meditation in Imagination, Inspiration und Intuition entstehen kann.

6 Die Grablegung

Der Leib des Christus Jesus wird vom Kreuz genommen und in das Grab des Joseph von Arimathia gelegt. Das Grab wird mit einem großen Stein verschlossen.[420]

Durch die unbeschreibliche Hitze des himmlischen Feuers – nicht durch die Wirksamkeit des Parakleten im Menschen, sondern durch das Wesen des Logos selbst – war, Rudolf Steiner zufolge, der Zusammenhalt der Stofflichkeit nach drei Jahren so schwach, dass der physische Leib des Christus Jesus fast zu Staub zerfiel.[421] Es gab also keine natürliche Kohäsion mehr, wie man sie normalerweise in einem Körper antrifft, vielmehr war der Körper durch die weitgehende Vergeistigung schon in eine Entstofflichung übergegangen. Steiner gibt weiter an, dass die Knochen und das, was von Christus übrig geblieben war, bereits während des Erdbebens von der Erde aufgenommen wurden. Das geschah genau an dem Ort, an dem Sem in der Urzeit Adam begraben hatte.[422] So bezeichnet denn auch Paulus Christus als den »letzten Adam«.[423]

Auf dem siebenstufigen christlich-gnostischen Entwicklungsweg ist die Grablegung die sechste Stufe. Hier erlebt man, wie die gesamte Erde zum Grab des Körpers wird, und fühlt sich durch Christus mit dem ganzen Weltenkosmos verbunden. »Der mit mir das Brot isst, hat seine Ferse gegen mich erhoben.«[424] Jeden Baum, jeden Vogel oder jeden Menschen erlebe ich als meinen eigenen Körper. Die Katharer nannten dies den »Weg der Sterne«. Warum?

Das Liebeslicht des Christus und das Feuer des Parakleten sind bei der Erleuchtung eins. Auf der Stufe der Grablegung wird der Körper der Erde zurückgegeben, die Erde und der Leib aber werden im neugeborenen höheren Bewusstsein der Erleuchtung geistig erlebt. Das innere Licht des Christus erweist sich in der Folge als Zusammenfassung der verschiedenen Lichtwirkungen der neun Engelhierarchien, die mit den Planeten und den Tierkreiszeichen verbunden sind. Die Engelhierarchien sind die Schöpfer von Geist, Seele und Leib der Erde. Das bedeutet, dass der Mensch auf der Stufe der Grablegung ein höheres makrokosmisches Bewusstsein entwickelt, um Imaginationen, Inspirationen und intuitive Berührungen der neun Engelhierarchien zu empfangen. Der Mensch nimmt dann dank des höheren Bewusstseins schon auf der Erde in ganz unterschiedlichen Eindrücken wahr, was normalerweise erst der Verstorbene nach dem Tod erlebt, wenn er von der Mond-, Merkur-, Venus-, Sonne-, Mars- und Jupitersphäre bis zur Saturnsphäre zieht und noch weiter, bis in das Gebiet des Fixstern- oder Kristallhimmels. So verwirklicht sich der ekstatische zoroastrische Christusimpuls, er kann sich in der Erleuchtung mit dem Menschen verbinden, der in den ersten vier Phasen den mystisch-buddhischen Christusimpuls in sich selbst zur Blüte gebracht hat.

Die Stufe der Grablegung kann sich in ihrer umfassenden Verwirklichung auch über mehrere Leben erstrecken. Außerdem ist es meiner Meinung nach möglich, dass jemand während des Mittelalters in einer christlichen Inkarnation die Erleuchtung erreicht hat und er dadurch in einer nächsten Inkarnation in der neueren Zeit die Grablegung in Form des Einweihungsweges des Christian Rosenkreuz oder des Schulungsweges Rudolf Steiners verwirklichen kann.

Samstag, im Zeichen des Saturn

Am Karsamstag tritt die Christussonne in die Sphäre des Saturn ein. Saturn steht für die »Sichel des Todes« und in seiner negativen Wirkung für Eifersucht. Christus Jesus verwandelt die Saturnsphäre dadurch, dass er den Tod überwindet. Zum ersten Mal in der Geschichte wird der Leib tatsächlich zur Auferstehung gebracht. Gleichzeitig sind die zurückbleibenden Jünger am Samstag erst einmal ratlos. Sie wissen nicht, wie sie all das, was geschehen ist, einordnen sollen, wie sich dieses Sterben mit dem Sterben der Propheten vergleichen lässt. Dieses Vergleichen, aus dem ja normalerweise auch die Eifersucht entsteht, lässt sie zweifeln. Wie ist es möglich, dass dieser Rabbi, dieser Prophet eines solchen Todes sterben musste? Das war doch den anderen Propheten nicht geschehen. Schließlich schenkt ihnen die Christussonne, die die Saturnsphäre verwandelt, das Vertrauen, um auf Christus zu bauen.

Der Manichäismus fasst die Höllenfahrt in ein ganz besonderes Bild. Mani hat gesagt, dass Christus in dem Augenblick, in dem er Mensch wurde, in einer der Himmelssphären die kosmische »Säule der Herrlichkeit« annahm; Christus Jesus hatte also einen himmlischen Leib um sich. Mani berichtet weiter, dass Christus in dem Augenblick, in dem er am Kreuz stirbt und die Höllenfahrt beginnt, die kosmische »Säule der Herrlichkeit« mit den Füßen in den Mittelpunkt der Erde stellt. Diese kosmische Säule verbindet nun die Erde mit den höheren Himmelssphären, vor allem mit dem »Neuen Jerusalem«[425] – dem »Fünften Tag«, dem »Jupiterzeitalter«. Die »Säule der Herrlichkeit« wird durch Höllenfahrt und Auferstehung des Christus Jesus zur »Säule des vollkommenen Menschen«. Man könnte sie auch die »Säule der Auferstehung« nennen. Das ist die kosmische Bedeutung, die Mani den Worten des Paulus verleiht, der sagt, dass wir einst den Leib Christi bilden werden.[426] Der Leib Christi ist die kosmische »Säule der Auferstehung«, dank der, nach meinen Forschungen zur Christologie Manis, der Mensch, der den Neuen Adam in sich trägt, nach dem Tod ein Abbild des Auferstehungsleibs des Christus Jesus empfangen kann. Für Mani bedeutet diese Höllenfahrt, die in den Evangelien nicht beschrieben wird, dass Christus in einem großen Liebesopfer das Licht der Welt in die tiefen Höllenschlünde gegossen hat, um das Böse zu verwandeln, denn je tiefer man in die neun Erdsphären hinabsteigt, desto mehr Böses liegt dort gefangen. Durch die Errichtung der kosmischen »Säule des vollkommenen Menschen« ist die Möglichkeit gegeben, die Erde einmal in den »neuen Himmel und die neue Erde«[427] zu verwandeln. Christus Jesus wirkt nicht nur für die Rettung der menschlichen Seele wie alle Eingeweihten vor ihm, sondern er kann als der Logos die Seele der ganzen Erde und der ganzen Natur retten.

Im Manichäismus heißt es, dass am Ende der Zeiten die ganze Menschheit zusammen mit Christus durch die »Säule des vollkommenen Menschen« in das Neue Jerusalem einziehen wird – eine neue Inkarnation der Erde hin zu einem neuen geistigen Kosmos. Weiter sagt Mani, dass als das letzte Bild in der »Säule der Auferstehung« die ganze Seele der Natur auferstehen wird, dass die Seele der Natur (Pflanzen, Tiere, Steine) in das Neue Jerusalem aufgenommen wird. Am Karsamstag wird mit der Höllenfahrt, in deren Bewegung die abwärts strömende Liebe des Christus kulminiert, die »Säule des vollkommenen Menschen« oder die »Säule der Auferstehung« zur Überwindung des Todes so im Mittelpunkt der Erde aufgestellt, dass sie bis zum Himmel reicht. Himmel und Erde sind durch die Christussäule wieder miteinander verbunden.

Wiederum Sonntag, im Zeichen der Sonne

Die Christussonne oder der Logos erscheint, nachdem die Oktave erreicht ist, am Sonntag wieder in ihrer eigentlichen Kraft und verwirklicht im Menschen Jesus den Auferstehungsleib. Maria Magdalena kommt in den Garten und sieht, dass der Stein vor dem Grab weggerollt ist.[428] Sie schaut weiße Engelsgestalten, die man in Beziehung zu dem sich lösenden Äther- und Astralleib des Christus Jesus bringen könnte. Dann sieht sie jemanden, den sie für den Gärtner hält. Es ist Christus Jesus, der sie fragt: »Wen suchst du?«[429] Wenn Maria Magdalena den *physischen* Leib des Christus Jesus geschaut hätte, dann hätte sie in ihm wohl nicht den Gärtner gesehen, sondern ihren geliebten Rabbi.[430] Dieses Ereignis macht uns in einer Metapher ganz unmittelbar deutlich, dass der Auferstehungsleib nicht ohne Weiteres mit dem physischen Leib gleichzusetzen ist, dass vielmehr eine wirkliche Transsubstantiation stattgefunden hat: Der physische Leib des Christus Jesus ist in einen geistigen Leib verwandelt worden. Es ist demnach nicht so, wie Augustinus es darstellte, der meinte, der Auferstehungsleib des Christus sei eine Art konservierter, verewigter Körper aus Fleisch und Blut. Augustinus trat damit den Auffassungen der Manichäer entgegen, die sagten: »Fleisch und Blut können das Königreich nicht erben.« Sie bezogen sich dabei auf das Wort des Paulus, dass der »geistliche Leib«, der Auferstehungsleib nicht aus Fleisch und Blut sei.[431]

Geisteswissenschaftlich gesehen steht der unverwesliche, der Auferstehungsleib als Wesensglied zwischen dem Äther- und dem physischen Leib.[432] Als Christus Jesus den Jüngern in seinem Auferstehungsleib erscheint, bittet er sie um etwas zu essen. Er bekommt daraufhin ein Stück Fisch und eine Scheibe Honig.[433] Angesichts dieser Episode könnte der Eindruck entstehen, der Auferstehungsleib sei doch ein normaler physischer Leib. Ich meine aber, Christus Jesus wollte damit nur deutlich machen, dass er nicht als Geist erscheint. Ein Geist ist ein Ich, das in Seelenform erscheint. Ein Verstorbener kann als Geist erscheinen, aber dann geschieht dies ohne physischen Leib. Ginge es um einen wirklichen physischen Leib, dann wäre es doch eigenartig, dass im Johannesevangelium beschrieben wird, wie Christus durch eine Mauer ein- und ausgeht.[434] Was ist der Auferstehungsleib dann? Man könnte sagen, es ist derselbe Leib, den Adam und Eva – oder besser gesagt: die Menschheit – vor ihrem Sündenfall hatten. Damals hatte der Mensch einen unsterblichen, einen geistigen Leib. Durch den Sündenfall, der für die Freiheit des Menschen notwendig war, hat Luzifer letztlich bewirkt, dass das Bewusstsein des Menschen so stark nach außen in die Sinnenwelt gedrückt wurde, dass der geistige Leib mit der körperlichen Bindung der Seele viel stärker die irdische Mineralität anzog, als es Jahve-Elohim ursprünglich beabsichtigt hatte. Deshalb ist wahr, was Paulus in seinem Brief an die Römer beschreibt: dass der Mensch »durch die Sünde« sterblich geworden ist.[435]

Rudolf Steiner zufolge ist der Auferstehungsleib ein »Phantom« oder eine Kräftekonfiguration, ein Kräfteleib. Indem die Menschheit diesen geistigen Kräfteleib zu stark mit der materiellen Substanz verband, wurden gleichsam Löcher in die ursprüngliche geistige Kräftestruktur geschlagen.[436] Für die weitere Entwicklung der Menschheit war es jedoch notwendig, dass Luzifer wirksam wurde. Denn indem die Menschheit ein einseitiges Bewusstsein der Sinnenwelt bekam, konnte sich der Mensch von dem zu starken Hineinwirken der göttlichen Welt in ihn emanzipieren und sein Verhältnis zu Gott in Freiheit selbst bestimmen. Das wäre nicht möglich gewesen, wenn der Mensch ganz in der Hülle der göttlichen Welt geblieben wäre. Indem der Mensch begann, sich im »Vakuum« einer vergänglichen, zeitlich-räumlichen Welt aufzuhalten – einer Welt also, die als *körperliche* geschaffen wurde – erhielt er den nötigen Freiraum, um sein Verhältnis zur göttlichen Welt selbst zu bestimmen. Erst durch die Distanz kann er selbstständig werden und Selbstbewusstsein entwickeln. Diese Distanz zu Jahve hat Luzifer der Menschheit mit der Zustimmung des Vaters, des Allerhöchsten, geschenkt. Melchisedek sprach nicht von Jahve, sondern von El-Eljon: »Gott dem Allerhöchsten.«[437] – Auch Jesus spricht, folgt man den Evangelien, von seinem Vater nicht als Jahwe. In dem Brief an die Hebräer wird Jesus als ein »Priester Gottes, des Höchsten« und ein Priester »nach der Ordnung des Melchisedek« bezeichnet.[438]

Die Gabe der Freiheit hat einen hohen Tribut gefordert, denn der Mensch ist durch die Sünde sterblich geworden. Weil die Menschheit jedoch keine Schuld am sogenannten Sündenfall trägt, wie Augustinus behauptete, hat Christus Jesus ihr die Gnade geschenkt, die Folgen der Wirksamkeit Luzifers zu überwinden. Christus Jesus ermöglicht der Menschheit, erneut einen unsterblichen geistigen Leib zu erhalten, doch unter Beibehaltung ihrer aus dem luziferischen Einfluss entstandenen Freiheit. Der Auferstehungsleib wird Wirklichkeit, wenn der Mensch seine Freiheit auf das Gute richtet, sodass die Liebe entsteht, das Böse zu verwandeln. Christus Jesus hat das menschliche Knochensystem so mit seinem Geist durchzogen, dass er den Tod überwunden, den ursprünglichen Geistesleib daraus befreit und wiederhergestellt hat.

Rudolf Steiner sagt, der Auferstehungsleib Christi erstrahle wie ein Stern in der göttlichen Welt und der Auferstehungsleib als eine sich selbst schenkende Sonne erzeuge Abbilder, die selbst Substanz seien. Dadurch ist die Möglichkeit gegeben, dass jeder Mensch ein Abbild des Auferstehungsleibs Christi empfängt, und zwar in einem Keimzustand, aus dem heraus es im tätigen Leben zur Blüte gebracht werden muss.

Der Auferstehungsleib muss vom Menschen angenommen und entfaltet werden: Eines ist das Empfangen der Gnade, ein Zweites die Verwirklichung durch eigene Kraft.

Die Kräfte des Auferstehungsleibes werden als geschenkte Gnade wirksam, wenn aus der Haltung des »Nicht ich, sondern der Christus in mir« heraus das Gute im tätigen Leben gesucht und geschaffen wird. In der Bergpredigt (siehe Kapitel 16) ist in der letzten der neun Seligpreisungen davon die Rede, wie der Mensch diese Gnade empfangen und den Auferstehungsleib verwirklichen kann.

An diesem Punkt unserer Überlegungen zum Auferstehungsleib ist es wichtig, eine Vorstellung zu bekommen vom Willen des Christus Jesus. Im Garten Gethsemane muss Christus Jesus seine gesamte Willenskraft aufwenden, um sich im Körper zu halten. Mit eben diesem flammenden Willen hatte er bereits den Tempel gereinigt. Und mit derselben Willenskraft verdichtet er den geistigen Auferstehungsleib so sehr, dass er für einige der Jünger wahrnehmbar wird.[439] Während die Jünger sich im Coenaculum aufhalten, dem Saal, in dem auch das Letzte Abendmahl stattgefunden hat, erscheint Christus Jesus in seinem Auferstehungsleib. Nur wenig später – in der physischen Welt wäre ein solcher Ortswechsel unwahrscheinlich – sehen die Jünger Christus Jesus am See Genezareth wieder. Besser gesagt: Sie schauen den Geistesleib des Christus Jesus in einer imaginativen Landschaft, in der sich der ihnen bekannte

See Genezareth abbildet. Damit wird angedeutet, dass der Auferstehungsleib des Christus Jesus geistiger Natur ist und dass den Jüngern die Fähigkeit des Schauens zuteilwird, damit sie seinen Auferstehungsleib wahrnehmen können.

Nachdem Christus Jesus seinen Auferstehungsleib vierzig Tage lang verdichtet hat, um den Jüngern einen letzten geistigen Unterricht zu erteilen, kommt es zur Himmelfahrt.[440] Sie findet Lukas zufolge in Bethanien statt,[441] an dem Ort, wo sich Christus Jesus am Mittwoch der Karwoche aufhielt, oder aber an dem Ort, den der Evangelist Johannes als den nennt, an dem Johannes der Täufer ihn getauft hat,[442] mit jenen eigenartig bizarren Dünen in der schalenförmigen Landschaft zwischen dem Berg Nebo und den Bergen bei Jericho. Letzteres würde bedeuten, dass Christus genau an dem Ort zum Himmel aufsteigt, wo er auch Mensch wurde in Jesus und als solcher »geboren« (im anderen Falle läge er nicht weit davon entfernt).

7 Die Auferstehung

Im christlich-gnostischen Einweihungsweg ist die siebte Stufe die *Auferstehung* bzw. die *Himmelfahrt*. Auferstehung bedeutet, dass der Mensch die bei der Erleuchtung empfangenen Auferstehungskräfte Christi dank der geist-getragenen Tatkraft im praktischen Handeln verwirklichen kann. Himmelfahrt bedeutet, dass der Mensch sich nachts vom Leib lösen kann und dass er tagsüber aus einem nicht an den Verstand gebundenen Schauen tätig sein kann, um aus freiem Willen in der geistig-göttlichen Welt nach einer möglichen Begegnung mit Christus Jesus und den geistigen Wesen zu forschen. Dann ist der Mensch wirklich Bürger zweier Welten geworden. Es ist das bewusste, ekstatische Darinnenstehen in der geistig göttlichen Welt als Vollendung des zoroastrischen Christusimpulses. Wenn die Geistseele im Körper ist, entsteht das innere Erlebnis der »Gottseligkeit«.

Christus Jesus hat gesagt: »Und ich werde den Vater bitten, und er wird euch einen anderen Beistand [Parakleten] geben.«[443] Wir haben gesehen, dass dieser Paraklet als Wesen Mani im Jahr 224 n. Chr. inspiriert und dass er wirksam ist als das Pfingstfeuer, das den Jüngern etwa zwei Wochen nach Christi Himmelfahrt zuteilwird. Sie sind dann durch den Geist in der Lage, den anderen wirklich zu verstehen, und werden zu ihren Idealen und zur Aussendung inspiriert.[444] Ich denke, dass man über den Christus Jesus nach der Himmelfahrt nicht mehr in derselben Weise sprechen kann wie zuvor, da das Christus-Ich sich nun auch von seiner Jesus-Hülle gelöst hat. Diese Jesus-Hülle ist der Nachhall des Christus-Ich in der Seele. Die Seele selbst, der Ätherleib und der Auferstehungsleib, ist verewigt und schenkt mittels des Prinzips der spirituellen Ökonomie denjenigen, die einen christlichen Einweihungsweg gehen wollen, ihr Abbild. Das Christus-Ich, das in der geistig-göttlichen Sphäre der Erde wohnt, kann sich in jedem Augenblick wieder mit der Jesus-Hülle verbinden, um sich dann in der astralen und ätherischen Sphäre der Erde zu manifestieren. Das ist so auch im 20. Jahrhundert geschehen, worüber noch ausführlicher zu sprechen ist. Man kann daher auch nicht mehr ohne Weiteres vom Christus sprechen, wie er vor seiner Menschwerdung war.

Die Himmelfahrt beschreibt, wie Christus auf den Wolken gen Himmel fährt. Und die Engel sagen, dass Christus auf dieselbe Weise wiederkommen werde.[445] »Auf den Wolken« ist ein Bild für die Ätherwelt, jene geistige Welt, die an die Erde grenzt. Es ist wichtig zu begreifen, dass mit den Wolken die Ätherwelt gemeint ist und dass Christus die Himmelfahrt mit seinem geistigen Leib im ätherischen Element erlebt, denn das heißt, dass seine Wiederkunft auch im ätherischen Element stattfinden wird. Wenn man glaubt, Christus Jesus habe einen wirklichen, physischen Auferstehungsleib gehabt, könnte man die Wiederkunft des Christus Jesus[446] so verstehen, als werde er wieder eine physische Hülle annehmen.

Dass Christus in einer physischen Inkarnation wiedergekommen sei, und zwar als Jiddu Krishnamurti (1895–1986), wurde von dessen Berater und Anhänger, dem Theosophen Charles Leadbeater (1847–1934), behauptet. Man dachte, Krishnamurti sei der Maitreya, der schon erwähnte Nachfolger Buddhas, der sich zuvor als Jeshu ben Pandira, Führer der Essener, inkarniert hatte. Helena Blavatsky (1831–1891), die Gründerin der Theosophie, meinte zu Unrecht, dass der im Talmud beschriebene Jeshu Ben Pandira aus dem 2. Jahrhundert v. Chr. auch als der Jesus der Evangelien erkannt werden müsse, weil er dort als »Jesus der Nazarener« bezeichnet wird.[447] Eigentlich ging es Blavatsky um folgenden Gedanken: Der Maitreya als göttliches Wesen hatte sich in seinem dreißigsten Jahr in Jeshu ben Pandira inkorporiert und wurde »Christus« genannt, der sich dann mit dem Menschen Jeshu verband. Rudolf Steiner bestätigte, dass der Maitreya sich in Jeshu Ben Pandira inkorporiert hatte, aber er verneinte entschieden, dass es dabei um Christus als die zweite Person der Trinität gegangen sei, der sich mit dem Menschen Jesus verband.[448] Der Maitreya als Weltenlehrer suchte eine neue Verkörperung und fand sie, Leadbeater zufolge, in Krishnamurti. Das hätte faktisch bedeutet, dass Christus in Krishnamurti wirksam gewesen wäre und dieser eine Inkarnation des Christus. Um diesen Gedankengang zu widerlegen, hat Rudolf Steiner, der damals Generalsekretär der Theosophischen Gesellschaft in Deutschland war, zahllose Vorträge über Christus Jesus gehalten und schließlich 1913 erklärt, man könne nicht Mitglied der Theosophischen Gesellschaft in Deutschland sein und zugleich Mitglied im »Orden des Sterns des Ostens«, der in Krishnamurti den Weltenlehrer sah, in dem sich Christus inkarnierte. Aufgrund dessen wurde Rudolf Steiner ausgeschlossen und gründete die Anthroposophische

Gesellschaft. 1929 hat Krishnamurti sich selbst auf revolutionäre Weise von dem Standpunkt seiner Anhänger distanziert und später auch Rudolf Steiner seine Anerkennung ausgesprochen. Bis heute wird Krishnamurti auch in der Theosophischen Gesellschaft sehr geschätzt mit seiner außerordentlich wertvollen, radikalen Selbsterforschung, die ausgeht von einer umfassenden Wahrnehmung und der autonomen Autorität des Ich, wobei er das sokratische Prinzip des wissenschaftlichen Dialogs und Fragenstellens mit den Erkenntnissen des achtgliedrigen Pfads des Buddha verbindet, ohne diesen freilich ausdrücklich zu nennen.

In unserer Zeit behauptet der schottische Kunstmaler Benjamin Creme, der sich auf die von Alice Bailey (1912–1945) vertretene Idee der physischen Wiederkunft des Christus stützt und von den östlichen Mahatmas inspiriert ist, dass der Maitreya Buddha oder der Christus sich in dem Leiter der pakistanischen Gemeinde Londons inkarniert hat. Creme will eine umfassende Veränderung in der Welt bewirken, indem alle alles miteinander teilen und eine große Einweihungsschule gegründet wird; Letzteres mit Hilfe von vierzig inkarnierten Meistern, die die wichtigsten politischen Posten in der Welt besetzen sollen. Wenn er von Journalisten im Fernsehen interviewt wird, soll ihn die ganze Menschheit telepathisch hören können. Auch die Ufos wirken in diesem Szenario mit. Das ist ein völlig anderes Bild als das des Christus Jesus in der Wüste, der alles darangesetzt hat, die Menschheit mit seiner göttlichen Vollkommenheit gerade nicht zu überwältigen, und der die Freiheit des Individuums hinsichtlich der geistigen Erkenntnis seines Wesens und Wirkens in der Welt nicht antasten wollte.

Rudolf Steiner hat darauf hingewiesen, dass der Maitreya Buddha als jenes Erzengelwesen aus der Zwölfheit um den Christus in seinen Inkarnationen immer betonen würde, dass der Christus in der ätherischen und nicht in der physischen Welt wiederkommen werde.[449] Steiner zufolge ist eine physische Wiederkunft gar nicht möglich und auch keineswegs notwendig.[450] Es wäre daher denkbar, dass gerade Rudolf Steiner, ohne es zu erläutern, der Träger des Maitreya Buddha war.

Was ist nach der Himmelfahrt geschehen, dass keine Notwendigkeit mehr für eine nächste Inkarnation besteht? Mit der Himmelfahrt ist das Liebesopfer des Christus in Jesus vollkommen wirksam geworden. Christus hat den physischen Leib auferstehen lassen. Wie ein Stern strahlt dieser Auferstehungsleib in der göttlichen Welt. Jeder kann in seiner inneren Entwicklung ein Abbild davon empfangen. Durch die Himmelfahrt ist der Sonnengeist, der Ahura Mazda, zum Geist der Erde geworden. Durch die Himmelfahrt ist er zum universellen Christusgeist geworden, zum Geist der Welt, der seit dem 9. Jahrhundert die ganze Erde wie ein Mantel umhüllt und der auch aus der Tiefe der Erde wirksam ist. Weshalb sollte noch eine physische Wiederkunft nötig sein? Das Liebesopfer des Logos für Erde und Menschheit ist doch durch Tod und Auferstehung des Christus Jesus vollbracht. Durch das Tor des Todes schreitend, konnte Christus als Sonnengeist zum Geist der Erde werden. Die ganze Aura der Erde ist von goldenem Licht durchstrahlt, sodass sich die Erde in einer fernen Zukunft, wenn die Menschheit zu einer geistigen Menschheit geworden ist, aufs Neue mit der Sonne verbinden kann. Dieses Ereignis, dass die Sonne stirbt, dass sie sich ausbreitet und den Planeten verschlingt, wird von der Naturwissenschaft bereits vorausgesagt. Wenn die Erde zur Sonne geworden ist, wenn sie sich mit der Sonne und allen geistigen Wesen vereinigt hat, dann ist die Menschheit mit Christus zu einer völlig neuen Menschheit geworden.

Deshalb kann Christus Jesus in keinster Weise mit Lehrern wie Zarathustra, Buddha oder Hermes verglichen werden. Es ist wichtig zu betonen, dass Christus im Johannesevangelium als »der Logos« bezeichnet wird. In der modernen Theologie wird das Wort des Evangelisten Johannes: »Das Wort ist Fleisch geworden« als Metapher aufgefasst. Obwohl diese Theologen sicher solide geforscht haben, möchte man doch aufs Neue nach der Wahrheit suchen. Wenn man bedenkt, dass Johannes dieses Evangelium in *Ephesus* geschrieben hat,[451] hat man allen Grund, an der modernen Theologie zu zweifeln. Im Artemistempel zu Ephesus wurden über viele Jahrhunderte hinweg die Logos-Mysterien gehütet. Dort beschrieb beispielsweise Heraklit im 6. Jahrhundert v. Chr., wie der Logos die ganze Welt zum Dasein gebracht hat. In den Liebesflammen des Logos wurde die Welt zur Offenbarung gebracht. Da, wo die Liebesflammen erloschen, entstand Materie. Der Logos ist die Weltenvernunft. Das ist keineswegs als Metapher aufzufassen. An diese Tradition der Epheser knüpft Johannes an, er spricht von demselben Logos, wenn er sagt, der Logos sei Fleisch geworden. Und wenn man in der jüdischen Tradition bleiben will, kann man sagen, dass »der Logos« auch der Geist ist, der »über den Wassern schwebte«,[452] und sich bei der Jordantaufe als »Geist« mit dem Menschen Jesus verband.

Kapitel 14

Der buddhische und der zoroastrische Christusimpuls

Wir haben gesehen, wie sich in dem zwölfjährigen Menschen Jesus die Buddha-Natur und die Zarathustra-Natur vereinigten, weil das Ich des salomonischen Jesus sich im nathanischen Jesus inkarniert hatte. Bei der Taufe im Jordan inkarnierte sich das Wesen des Logos im Menschen Jesus. Auch wenn sich zu diesem Zeitpunkt das Ich des salomonischen Jesus schon exkarniert hatte, war dieses Ich doch in der Seele des nathanischen Jesus wirksam. Durch den Logos wurde diese Synthese des Ewig-Weiblichen und des Ewig-Männlichen verchristlicht. Bei der Himmelfahrt wurde der Christus, der im Menschen Jesus inkarniert war, zum allumfassenden Geist der Welt, er durchdrang und umhüllte die Erde. Von dem Augenblick an wirkte er als Christusimpuls in der Entwicklung von Welt und Menschheit. Der Logos hat durch seine Menschwerdung die Synthese der Buddha- und der Zarathustra-Natur in sich aufgenommen, und er hat sie so sehr verchristlicht und universalisiert, dass die Wirkung des Logos in der Erdatmosphäre seit der Himmelfahrt von dieser Synthese getragen ist und sie auch in ihrer Zweigliedrigkeit zum Ausdruck bringt.

Man kann daher erleben, dass es einen – wie ich ihn nennen will – *buddhischen Christusimpuls* gibt, der die Liebe in die Herzen (der Hirten, bei Lukas), in die Tiefen der Seele bringen will, und dass es einen – um ihn entsprechend zu benennen – *zoroastrischen Christusimpuls* gibt, der aus geistiger Höhe das Haupt (des Königs, bei Matthäus) berührt und Weisheit und Erleuchtung bringen will. Dionysisch ist das, was in der menschlichen Seele immanent, mystisch erlebt werden kann. Apollinisch ist, was den Menschen transzendent, aus geistiger Höhe berührt. Der buddhische Christusimpuls wirkt daher im Menschen dionysisch, und der zoroastrische Christusimpuls apollinisch.

Der Christusimpuls hat eine zweifache Wirkung. Wir haben gesehen, dass Christus das Wesen ist, das die höchsten Höhen und die tiefsten Tiefen miteinander verbindet. Der Mensch entwickelt sich in der Orientierung auf Christus Jesus am meisten, wenn es ihm gelingt, die dionysische Tiefe mit der apollinischen Höhe zu vereinen.

Steiner bemerkte einmal, dass in der griechischen Kultur die zoroastrisch-geisteswissenschaftliche und die indisch-mystische Strömung oder eben Apollo und Dionysos zueinanderkämen.[453] Eigentlich geht es dabei um die Zweiheit von Philosophie und (orphitischer) Mystik, die es zu verbinden gilt. Dies hat Nietzsche intuitiv erkannt; es war, meiner Meinung nach, das Leitmotiv seines gesamten Schaffens. In Bezug auf das apollinische und das dionysische Prinzip sprach er sogar vom »Bruderbund beider Gottheiten«.[454] Dies ist auch eine Antizipation des Kommens des Christus; des Christus, der Apollo und Dionysos in einer Wesenheit ist, wie Steiner es formulierte.[455]

Der Christusimpuls ist also auch deshalb ein zweifacher, damit er im Menschen zur Einheit wird. So beschreibt Rudolf Steiner, wie der apollinische Christus, der in der vorchristlichen Zeit aus der himmlischen Sonnensphäre auf die Erde herabstrahlte, durch Menschwerdung, Tod, Höllenfahrt und Auferstehung zum dionysischen Christus oder zum Geist der Welt bzw. Christus in der Seele geworden ist. Die geistige Sonne scheint seither von der Erde und von der Weltenseele aus. Luzifer, der in der vorchristlichen Zeit, seit dem Sündenfall, dionysisch in der Menschenseele wirkte, wird beim Herabsteigen des Christus zur Erde erlöst und dem Menschen in der christlichen Entwicklung als das apollinische Feuer des Geistes geschenkt. Indem die menschliche Seele sich verbindet mit der Weltenseele, durch die Christus dionysisch hindurchwirkt, kann der Mensch tief in seiner eigenen Seele Christus als die Wesenskraft der Liebe finden. Durch diese innere Entwicklung, die zur Katharsis der Seele führt, kann der Mensch den Geist des Christus als den von Christus erlösten Luzifer apollinisch empfangen. Das ist die kosmologische Erklärung für das Mysterium des zweifachen Christusimpulses.

Wie wirkt nun dieser zweifache Christusimpuls im Menschen? Die erste Wirkung des Christusimpulses ist die der verchristlichten Buddha-Natur. Hier kann Christus im Menschen mystisch erlebt werden. So entstehen die Innigkeit und die Liebe, die ungeteilte Achtsamkeit, die Frömmigkeit und die Einheit des Herzens. Dies ist der Christusimpuls, wie er innerlich wirkt. Dringt man tief in seine Seele und lässt alle Vorstellungen beiseite, die sich normalerweise einstellen, kann man eine Quelle selbstloser Liebe erleben. Der Christusimpuls in Form der verchristlichten Buddha-Natur spricht auch aus der christlichen Mystik beispielsweise Meister Eckharts. Seine Gedankensprache bringt diese buddhische Form zum Ausdruck, beispielsweise in der humoristischen Äußerung: »Ich bin besser als Gott, denn Gott ist oben gut und besser erhaben.« Dadurch, dass Christus Mensch gewesen ist, kann er nach dem Tod in der Weltenseele wirken. Jeder Mensch, wo auch immer in der Welt er steht, hat mit seiner eigenen Seele teil an der Weltenseele und kann dadurch in seiner eigenen Seele den Christusimpuls als das Reich Gottes finden. Durch den buddhischen Christusimpuls kann auch der ungebildete Mensch in seinem Herzen intuitiv die selbstlosen

Werte des achtgliedrigen buddhistischen Pfades freisetzen und zur inneren Freiheit finden, zu wirklicher Achtsamkeit und zum Mitleid. Dadurch, wie auch durch die Tatsache, dass die astralische Mutterhülle des nathanischen Jesus im zwölften Jahr auf Buddha überging, hat das Christentum den Buddhismus verjüngt.[456]

Buddha als moderner Lehrer des Christentums

Nachdem die Elohim den geistigen Mittelpunkt bereits 1250 vom Herzen zum Kopf verlegt hatten,[457] erschien zu Beginn der fünften Kulturepoche, im Jahre 1604, eine Nova im Sternbild des Schwanes. Um diese Zeit gab Christian Rosenkreuz einen neuen Impuls, indem er Johann Valentin Andreae dazu inspirierte, *Die chymische Hochzeit des Christian Rosenkreutz* zu schreiben. Und noch etwas ist geschehen, das meiner Meinung nach dazu beitrug, dass der buddhische Christusimpuls auf eine bewusstere Weise in den Seelen des modernen Menschen freigesetzt werden konnte. Christian Rosenkreuz richtete 1604 die Bitte an Buddha, in der geistigen Marssphäre ein solches Liebesopfer zu vollbringen, wie es Christus – wenn auch in seinem physischen Leib – auf der Erde getan hatte. In der Marssphäre wirken die Marsgeister, die auf der Erde die Kriege anstiften und die zu Beginn der fünften Kulturepoche auch der Naturwissenschaft den entscheidenden Impuls gaben.[458] Durch das Opfer, das Buddha als Fürst des Friedens in der Marssphäre vollbrachte, sind die aggressiv dynamisierenden Kräfte des Mars letztlich manichäisch gemildert worden. Das hat sich unter anderem darin ausgewirkt, dass immer mehr politische Konflikte auf diplomatischem Wege und nicht mehr mit kriegerischen Mitteln gelöst wurden, auch wenn damit die Gefahr einer subtileren Form von Manipulation verbunden ist. Ich denke, dass die Kraft dieses Liebesopfers auch von der Naturwissenschaft aufgenommen worden ist, denn die Quantenmechanik musste die rein materialistische Auffassung aufgeben, dass die innersten Teile der Materie Haltbarkeit, Kontinuität und Härte besitzen, weil sich zeigte, dass sie aus dem Formlosen kommen und ebenso unvorhersehbar dorthin zurückkehren. Damit ist im Prinzip die Dharmalehre Buddhas wiederentdeckt, die besagt, dass alle Dharmas oder unbeseelten geistig-physischen Einheiten in sich selbst bedingt vergänglich sind und ins formlose Universum zurückkehren, von wo sie aber auch wieder zum Vorschein kommen.

Das Liebesopfer Buddhas hatte noch eine andere Wirkung. Rudolf Steiner beschrieb die Kluft, die in unserer Zeit zu entstehen droht zwischen den praktischen Menschen, die in der materialistischen Kultur problemlos ihren Weg finden, und den spirituellen Menschen, die sich zunehmend von der übrigen Menschheit isolieren.[459] Um das zu vermeiden, bedurfte es des Impulses eines Christian Rosenkreuz, der, wie es später auch Rudolf Steiner tat, das geistige Schauen angewandt hat, um geistige Erkenntnis zu erlangen und dadurch die materialistische Kultur zu vergeistigen. Um diese Kluft zu überbrücken, war jedoch nicht nur der erneuernde zoroastrische Geist des Christusimpulses nötig, sondern auch der erneuernde buddhische Geist des Christusimpulses.

Da sich Buddha weiterhin in der Marssphäre aufhält, können alle Seelen, die aus den himmlischen Planetensphären herabsteigen, um sich zu inkarnieren, Buddha begegnen, der sie lehrt, das Seelenleben so zu verinnerlichen, wie es die materialistische Kultur auf der Erde erfordert. Buddha lehrt die Seelen dort, den achtgliedrigen Pfad ganz bewusst zu gehen, um auf der Erde den buddhischen Christusimpuls in der Seele umso bewusster zu befreien und zur Blüte zu bringen.

Meiner Meinung nach hat Rudolf Steiner mit seiner *Philosophie der Freiheit* hier angeknüpft, deren Inhalt ja im Wesentlichen eine moderne Form des verchristlichten achtgliedrigen Pfades Buddhas ist. Wie kann man im lebendigen Denken und Wahrnehmen aus dem Ich heraus zur Erkenntnis der Unfreiheit des Bewusstseins gelangen, und wie kann man in Freiheit aus dem lebendigen Denken moralische Intuitionen schöpfen, die man dem Willen als Motiv zugrunde legt? Die buddhistischen Prinzipien: »Freiheit durch Erkenntnis« und »Handeln aus Erkenntnis« werden zur christlichen Liebe, wenn man selbst in Freiheit gut und richtig handeln will und dann Liebe zu dieser Tat entsteht. Erst aus der individuellen Freiheit des Handelns ist Liebe möglich. Rudolf Steiner beschreibt im Kapitel »Das Denken im Sinne der Weltauffassung« das eigentlich buddhistische »Wahrnehmen des Denkens«. Im Kapitel »Der Wert des Lebens« verwandelt er jedoch das vorchristliche buddhistische Bestreben, keinerlei Begierden zu haben, in den Gedanken, dass Begierden auch Ideale des Geistes sein können (um die Kultur zu vergeistigen).

Ich denke, Buddha lehrt aus der Marssphäre heraus vor allem die »vollkommene Achtsamkeit«, und zwar in einer noch stärkeren und bewussteren Form als auf der vorletzten Stufe des achtgliedrigen Pfads mit der *Geistesgegenwart*, damit durch die reine Achtsamkeit und Liebe der Seele im praktischen Handeln hier auf der Erde die Verbindung zum höheren Ich nicht verloren geht. Durch das Liebesopfer Buddhas in der Marssphäre lernt die Menschheit, den unbewussten Christusimpuls in der Seele mit klarem Denken zu entwickeln. Deshalb ist es heutzutage wichtig, den achtgliedrigen Pfad Buddhas undogmatisch zu durchdenken und ihn im täglichen Leben umzusetzen.

Um dies zu erreichen, muss man die rechte Achtsamkeit verstärken und sich mit allen Sinnen dem Leben öffnen. Im Buddhismus sieht die Verinnerlichung oftmals so aus, dass durch die geschlossenen Sinne eine reine Achtsamkeit für das Denken aufgebracht wird. Doch reicht diese innere Stille nicht aus, um im äußeren Leben handlungsfähig zu sein. Ich möchte deshalb einer *ungeteilten Achtsamkeit* das Wort reden, die aus dem Ich hervorgebracht werden kann: eine vollkommene Achtsamkeit, sowohl im Denken als auch für alles, was sich in der Umgebung ereignet. Als vollkommene Wachheit oder Bereitschaft entspricht sie der Bewusstseinsseele unserer Zeit. Wenn die ungeteilte Achtsamkeit – die nicht aus dem Denken heraus verurteilt, sondern nur aus Freiheit zum Denken kommt – zur zweiten Natur wird, dann kann der Mensch in seiner Verwunderung, seinem Mitfühlen und Mitleiden vollständig eins sein mit seiner Umgebung. Dann kann der buddhische Christusimpuls, der ja auch aus der liebevollen Achtsamkeit des nathanischen Jesus für seine Umgebung herrührt, dieses Mitleiden aus dem Herzen heraus mit der Liebessubstanz des Christus füllen und die innerlich durchschaute Selbstsucht und Beschränkung transsubstantiieren. Hier kann der Mensch der buddhischen Gralsströmung des Ostens zum Gralsmenschen werden, bis ihm der zoroastrische Christusimpuls das Feuer des Parakleten bringt: als Krone dieser ungeteilten Achtsamkeit, die eigentlich die Gebärde der Fußwaschung ist.

Während ich hier, in Ungarn, dieses Buch schreibe, sehe ich jede Nacht den Planeten Mars am Himmels stehen, der seit 59620 Jahren nicht so nah an der Erde war wie jetzt. Gerade jetzt ist der richtige Augenblick gekommen, um an Buddha als dem großen Lehrer des esoterischen Christentums auf dem Mars zu denken und sich die Bedeutung des achtgliedrigen Pfads bewusst zu machen als einer modernen Möglichkeit, den buddhischen Christusimpuls wirksam werden zu lassen. Im nächsten Buch, das ich zu schreiben hoffe, *Die Philosophie der Liebe*, soll das Thema der ungeteilten Achtsamkeit weiter ausgearbeitet werden.[460]

Durch die Verchristlichung der Buddha-Natur im Christus Jesus ist auch das vorchristliche buddhistische Denken metamorphosiert. Das wird auf dem Berg Tabor[461] deutlich, wo Christus Jesus sich Johannes, Jakobus und Petrus als geistige Sonne zeigt und so seine eigentliche Christus-Natur sichtbar wird, und wo auch Moses als die Weisheit (eigentlich als Bild des von Christus verchristlichten Luzifers) und Elias als die Kraft (eigentlich als Bild des von Christus verchristlichten Ahrimans) erscheinen.[462] Aufgrund von Erkenntnissen Rudolf Steiners kann man sagen, Christus Jesus habe seinen Jüngern mit dieser Transfiguration zeigen wollen, wie die geistige Entwicklung der Menschheit ohne sein Kommen ausgesehen hätte.[463] Schon zur Zeit Buddhas begann sich der Ätherleib des Menschen infolge des Sündenfalls vom physischen Leib zu lösen. Genau das macht Christus auf dem Berg Tabor sichtbar als exkarnierende Bewegung aus dem Menschen Jesus heraus. Buddha hat dann aus seinem Zeitgeist heraus gewirkt und den Ätherleib und die Seele in ihrer exkarnierenden Bewegung noch von den Begierden reinigen wollen. Wenn Ätherleib und physischer Leib nicht richtig miteinander verbunden sind, kann kein wirkliches Ichbewusstsein entstehen. Aus diesem Grund hat Buddha den Nachdruck nicht auf das individuelle Ich und die Persönlichkeit des Menschen gelegt, sondern allein auf die Bewusstseinskraft selbstständiger philosophischer Erkenntnis. Das hat in der Geschichte des Buddhismus weitergewirkt, und zwar nicht nur in der Verneinung des Ich, das meiner Meinung nach zu Unrecht als ein Dharma aufgefasst wurde, sondern sogar noch in der Verneinung des höheren Ich oder Atman im Menschen, das ebenfalls als Dharma (wenn auch als eines von sehr langer Dauer) aufgefasst wurde. Das ist die große Anatman-Strömung im Buddhismus, die in ihrer radikalen Form sagt, nicht nur der Leib sterbe im Tode, sondern auch die Seele löse sich auf, wenn der Mensch nicht zur Erleuchtung gekommen sei. Es geht dann nicht um eine Kontinuität des Ichbewusstseins und auch nicht um ein höheres Ich, das eine andere Verkörperung wählt. Nur die Samen des Karma gehen auf die neue Persönlichkeit über. Das ist meiner Meinung nach eine willkürliche und unzutreffende Reinkarnationslehre. In den ursprünglichen Pali-Texten spricht Buddha zwar nicht über Atman, aber er spricht auch nicht über Anatman. Es geht Buddha weniger um eine Kosmologie, als vielmehr um eine lebendige Selbsterkenntnis, die zu Mitleid führt.

Durch sein Liebesopfer, durch die unglaubliche Kraft seiner abwärts strömenden Liebe in der Fußwaschung, in der Überwindung des Todes tief drinnen im Knochensystem und in der Höllenfahrt hat Christus Äther- und physischen Leib in einer gemeinsamen Mitte verbunden und damit das individuelle Ichbewusstsein der Menschheit wiederhergestellt. Der Christus ist also wirklich das Wesen, das für den individuellen Menschen die Freiheit des Ich-bin will. Insofern trifft auch die häufig geäußerte Ansicht, man könne Christus nur in einer Gemeinschaft von Menschen begegnen, nicht zu. Das gilt zwar für die Erzengel, die sich mit Gemeinschaften verbinden, nicht aber für den Christus. Denn Christus will als das makrokosmische *Ich-bin-Wesen* im *Ich-bin* eines jeden Individuums wirken.[464] In der individuellen Berührung öffnet Christus das Ich für das gesamte Sein, und erst dadurch kommt das Ich-bin-Erleben wirklich zur Blüte. Ferner gilt: »Wo zwei oder drei in meinem Namen versammelt sind, da bin ich in ihrer Mitte.«[465] Denn die stärkste Liebe zum Nächsten drückt sich in einem Ich-bin aus, in dem der Christus als strahlende Sonne wirkt, mit einem unabhängigen, keinem bedürftig-bittenden Mittelpunkt. Durch das Christusopfer braucht auch nach dem Tod das individuelle Erleben des Menschen nicht in einer All-Einheit zu verschwinden. Denn der Christus verewigt in der allumfassenden Persönlichkeit das, was an Weisheit und in Weisheit und Liebe vergeistigt ist. Das bedeutet, dass am Ende der Zeiten nicht eine gleichförmige Engelmenschheit ins göttliche Paradies zurückkehrt, um sich darin aufzulösen wie Tropfen in einem Ozean, sondern dass eine Menschheit, die ganz und gar individualisiert ist, im »Neuen Jerusalem« aufersteht.[466] Diese Individualisierung wird auch durch das individuell wirkende Karma möglich. Buddha lehrte, das Mondkarma auszugleichen, bis eine bewusste Unschuld und Transparenz der Seele entsteht. Das ist zwar noch immer wichtig, muss aber durch das Denken Zarathustras ergänzt werden, damit sich ein Sonnenkarma bilden und zugleich Mut zu weiteren Inkarnationen entstehen kann, um so beizutragen zur weiteren Menschheitsentwicklung. Das gehörte eigentlich auch zum Ideal der Bodhisattvaschaft im (Mayana-)Buddhismus. Der Zeitgeist wirkte bei Buddha im 6. Jahrhundert v. Chr. viel nachdrücklicher als bei Zarathustra zu Beginn des 7. vorchristlichen Jahrtausends, da er den Menschen so schnell wie möglich vom Rad der Geburt und des Todes lösen wollte. Durch den buddhischen Christusimpuls entfällt die Notwendigkeit, sich schnell von den Inkarnationen zu lösen, denn er erlaubt es jedem, das »Reich Gottes in sich« zu erleben. Sowohl auf der Erde als auch im Himmel kann der Christus im Menschen erlebt werden. So braucht man die kommenden Inkarnationen nicht zu fürchten, in denen man sich immer weiter entwickeln und diese Entwicklung auch in den Dienst des Mitmenschen und der Erde stellen kann, denn: »siehe, ich bin bei euch alle Tage bis ans Ende der Welt«.[467]

Der achtgliedrige Pfad des Buddha bleibt dennoch bis in die ferne christliche Zukunft von Bedeutung und ist auch in den Christusimpuls aufgenommen. Aber die Kosmologie Buddhas wird durch den neuen großen Zeitgeist, der aufgrund des Liebesopfers Christi möglich geworden ist, transformiert. Durch das Liebesopfer des Christus ist das pessimistische Weltbild Buddhas in Glaube, Hoffnung und Liebe metamorphosiert. Auch Buddha selbst hat sich, wie Rudolf Steiner sagt, in der geistig-göttlichen Welt weiterentwickelt.[468] In der christlichen Entwicklung werden das Ichbewusstsein und die Persönlichkeit nicht verneint, sie werden, im Gegenteil, vorausgesetzt. Im Zuge der christlichen Entwicklung vergehen zwar die Selbstsucht und die Eitelkeit, nicht aber die freie menschliche Persönlichkeit. Der Mensch ist gerade als schaffendes Ich ein Künstler, der seine Persönlichkeit im gegenwärtigen soziokulturellen Leben und sogar darüber hinaus, in seinen folgenden Leben, gestalten kann. Diese buddhistische und doch gestaltende Mentalität, die sich nicht abnutzt, hängt mit dem zoroastrischen Christusimpuls zusammen, der ja in seiner christlichen Umsetzung gerade mit dem buddhischen Christusimpuls zusammenwirkt.

Auch die grundlegende Vorstellung, dass das Leben Leiden ist: in Krankheit, Alter und schließlich in den Tod mündet, deren Ursache die Begierde ist, wie sie Buddha formulierte und viel später Arthur Schopenhauer[469] radikalisierte, hat sich durch das Liebesopfer des Christus verändert. Die Transfiguration Christi findet ihre Entsprechung in der Erleuchtung Buddhas. Aber Christus geht weiter. Er geht die Via Dolorosa bis zum Kreuz von Golgatha. Christus Jesus überwindet nicht nur die Ursachen des Leidens durch die Erkenntnis, sondern er durchleidet bewusst das Leiden, das ihm angetan wird. Dadurch wird das bis zu einem gewissen Grade noch distanzierte Mitleiden aus innerer Ruhe zu einem selbstlosen und aktiven Mitfühlen. Diese Transformation des objektiven und irgendwie unpersönlichen Mitleidens des Buddha – in der Terminologie von Martin Buber (1878–1965) geht es hier um die »Ich-Es-Beziehung«; bei der Anatmanströmung könnte man sogar von einer »Es-Es-Beziehung« sprechen – wird vor allem von Mani im christlichen Manichäismus noch weiter verchristlicht zu einem stärker subjektiv durchlebten und persönlichen Mitgefühl – in der Terminologie Bubers geht es dann um die »Ich-Du-Beziehung«.[470] Für Mani ist der buddhische Christusimpuls das intensive Mitgefühl, das in der Tiefe der Seele entsteht und in eine persönliche Beziehung zu allen Wesen mündet, die da leben und leiden.

Im Durchleiden des Leids durch Christus Jesus wird der Sinn des Leidens deutlich. Krankheit bringt Läuterung, Alter bringt Reifung, und der Tod ist eine Prüfung für das Selbstbewusstsein, auf die Welt des Geistes zu vertrauen. Im Leiden kann der Auferstehungsimpuls des Christus wirksam werden und eine Heilkraft für Leib, Seele und Geist.

Die zweite Wirkung des Christusimpulses ist nicht dionysisch (also rein innerlich), sondern apollinisch (von außen nach innen gerichtet). Diese zweite Wirkung des Christusimpulses ist der Geist der Wahrheit, der Heilige Geist oder das Pfingstfeuer des Parakleten, das dem Menschen geschenkt werden kann. Dadurch kann man zu einem vom Geist inspirierten Denken kommen, das sich im Tätigsein ausdrückt. Dieser Christusimpuls ist die verchristlichte Zarathustra-Natur. Der buddhische Christusimpuls bewirkt die Verwandlung Luzifers (indem man in der Verinnerlichung zur Liebe kommt), und der zoroastrische Christusimpuls ermöglicht eine Verwandlung Ahrimans, wodurch die Weisheit und Urteilskraft des Geistes in die Kultur strömen.

Wir haben im siebenstufigen christlich-gnostischen Entwicklungsweg des Meister Jesus gesehen, dass in den ersten vier Phasen der buddhische Christusimpuls verwirklicht wird, und in den letzten drei Phasen der eher passiv geschenkte zoroastrische Christusimpuls. Dieses Schema werden wir bei der Besprechung der Bergpredigt als einem Entwicklungsbild des Menschen (Kapitel 16) wiederfinden. Auch bei Mani, der als Jüngling zu Nain von Christus auferweckt worden ist, finden wir diese beiden Impulse, aber bei ihm ist der buddhische Christusimpuls betont, der im Mitfühlen mit der ganzen Menschheit und Erde wirken will. Die Erweckung des Jünglings zu Nain hat nur Lukas beschrieben, der über den nathanischen Jesus spricht, in dem Buddha wirkte. Bei Christian Rosenkreuz, der als Lazarus von Christus auferweckt worden ist, überwiegt der zur eigenen Aktivität auffordernde zoroastrische Christusimpuls, der charakteristisch ist für die moderne Zeit und durch Sinnesoffenbarungen den Geist finden will. Das ist durch Wahrnehmung, Studium und Vergeistigung des Denkens in Imagination, Inspiration und Intuition möglich. Es handelt sich um eine schauende Tätigkeit aus dem Willen zur eigenen Forschung, die man daher nicht Mystik, sondern Alchemie – Befreiung des Geistes aus der Materie – nennen muss. Mystik ist die Durchdringung des Körpers mit der Seele. Alchemie ist das Heraustreten des Geistes aus dem Körper, jedoch in einer leichten Form, ohne gänzlich aus dem Körper herauszutreten, im sozusagen »leibfreien Denken« der Ekstase des Schauens. Bei Christian Rosenkreuz liegt der zurückgehaltene buddhische Christusimpuls im innigen religiösen Erleben von Demut in der Gebetshaltung.

Dass der Christusimpuls zweifach ist, hat auf andere Weise auch Rudolf Steiner betont. Er sprach davon, dass der mystische und der ekstatische Weg durch das Mysterium von Golgatha miteinander verbunden seien. So können das Ewig-Weibliche, die ungeteilte Liebe, und das Ewig-Männliche, die schaffende Kraft des Denkens, vereinigt werden.

Es wäre meines Erachtens ein Gebot unserer Zeit, den buddhischen Christusimpuls des persönlichen Mitfühlens und des sich entfaltenden achtgliedrigen Pfads in uns Menschen stärker mit dem zoroastrischen Christusimpuls der schauenden Forschung zu verbinden, der die Erkenntnisse in der Welt des Geistes sucht, um unsere Kultur mit schöpferischem Willen zu vergeistigen.

Ist es möglich, den achtgliedrigen Pfad und den siebenstufigen christlich-gnostischen Einweihungsweg als gemeinsamen Ausdruck des buddhischen Christusimpulses zu verbinden? Ist es möglich, diese christlich-gnostisch-buddhische Synthese mit der aktiven Verwirklichung des – unserer Zeit angemessenen – zoroastrischen Christusimpulses im Einweihungsweg von Christian Rosenkreuz und im Schulungsweg Rudolf Steiners zu verbinden?

Aufgrund der Erfahrungen mit dem inneren Entwicklungsweg denke ich, dass dies möglich und außerordentlich fruchtbar wäre. Ein lebendiges Beispiel ist hier meiner Meinung nach Parzival, der als Ritter des Gralsgeschlechts und als Artusritter die buddhische Gralsströmung des Ostens mit der zoroastrischen Gralsströmung des Westens verbunden hat. Parzival ist dem buddhischen Christusimpuls als reiner Tor gefolgt und durch den zoroastrischen Christusimpuls in der Ritterkultur zu Achtsamkeit und Erkenntnis gelangt. Dadurch hat er auch die Erleuchtung empfangen, mit der er erst Gralskönig werden konnte.

Aufgrund von Äußerungen Rudolf Steiners kann man sagen, dass der dionysisch wirkende Christusimpuls in Parzival eine verchristlichte sibyllinische Sternenweisheit entstehen ließ.[471] Die Sibyllen haben der Menschheit in der vorchristlichen Zeit eine elementare Hellsichtigkeit gebracht, die unabhängig vom Ichbewusstsein war.[472] Der Christusimpuls hat diese Form der geistigen Erkenntnis abgeschwächt, überwunden und schließlich verchristlicht. In Parzival entstand eine verchristlichte sibyllinische Sternenweisheit. Aus der Verborgenheit der Seele kommt meiner Meinung nach ein intuitives Wissen von den karmischen Verhältnissen, die in den Sternen geschrieben stehen. Parzival spürte also in sich selbst einen dionysisch-buddhischen Christusimpuls, der in einer verborgenen Weisheit zum Ausdruck kam. Dieser tief in seiner Seele wirkende Impuls führte ihn unbewusst zu der Begegnung mit Amfortas, mit dem sein Schicksal verbunden war. Dieser tiefe Impuls führte ihn auch ein zweites Mal, jetzt aber mit Bewusstsein, zu Amfortas und ließ ihn die Frage nach dem Karma seines Mitmenschen stellen: »Oheim, was wirret Dir?«

Aufgrund von Äußerungen Rudolf Steiners über Johannes Kepler (1571–1630) kann man sagen, dass Kepler ebenso wie Parzival eine sibyllinische Sternenweisheit in sich trug.[473] Schon in seinem vorangegangenen Leben war Kepler als ägyptischer Eingeweihter mit der göttlichen Astronomie bekannt gewesen.[474] Das könnte ein Hinweis darauf sein, dass man Kepler und Parzival miteinander in Verbindung bringen darf. War Kepler möglicherweise eine Inkarnation von Parzival? Für diese These spricht, dass Kepler im Jahre 1600 eine persönliche Begegnung mit Tycho Brahe (1546–1601) hatte, mit ihm zusammenarbeitete und nach Brahes Tod dessen Nachfolger als Hofastronom wurde. Über Tycho Brahe sagte Rudolf Steiner, er sei in einer vorangegangenen Inkarnation Herzeloyde gewesen, Parzivals Mutter.[475] Oft inkarnieren sich ja verwandte Seelen gleichzeitig wieder.

Herzeloyde war Steiner zufolge in einer früheren Inkarnation Julian Apostata (331–363),[476] der mutige römische Kaiser und eleusinische Eingeweihte, der sich vom konstantinischen Christentum lossagte und im Jahr 363 auf einem seiner Feldzüge nach Persien von einem Repräsentanten ebendieses Christentums getötet wurde. Er hatte nach den heidnischen Sonnenmysterien und nach dem Manichäismus gesucht, der diese Mysterien mit dem Christentum verband.

Später hat diese besondere Individualität aus der geistigen Welt heraus Friedrich Wilhelm Joseph von Schelling (1775–1854) inspiriert, der im deutschen Idealismus für die Auferstehung des Platonismus eintrat.[477]

Parzival wusste um den buddhischen Christusimpuls, der in der Seele ein tiefes Wissen von den Verhältnissen des Makrokosmos offenbart. Der buddhische Christusimpuls wirkt eher im Unbewussten des Menschen, während der zoroastrische Christusimpuls das volle Bewusstsein des Menschen fordert. So kam bei Parzival die sibyllinische Sternenweisheit, die aus dem buddhischen Christusimpuls herrührt, langsam, aber sicher an die Oberfläche seines Bewusstseins. Parzival war vor allem der Eingeweihte, der wie kein anderer »aus dem Nichts des Geistes« zu schöpfen vermochte. In seinem vorangegangenen Leben war er vor allem auch Künstler: Mani. Das bedeutet, dass Parzival aufgrund seiner Reinheit in mehreren Inkarnationen aus dem Verborgenen der Seele – intuitiv wissen und handeln konnte. Aufgrund der dramatischen Ereignisse, in die ihn sein Leben führte (Parzival bedeutet ja »mitten hindurch«), kam Parzival zu klarem Bewusstsein und konnte sich immer mehr mit dem zoroastrischen Christusimpuls des göttlichen Geistes verbinden – ähnlich wie Christian Rosenkreuz es auf moderne Weise, durch eigene (aktive) Denkkraft und verstärkt durch seinen vorübergehenden Atheismus schaffte. Parzival vereinigte also das sich seines Tuns nicht vollkommen bewusste künstlerische Schaffen, das aus dem Nichts schöpft, mit der Klarheit des Bewusstseins in der eigenen Denkkraft. Dadurch entstand das glasklare Bewusstsein permanenter Geistesgegenwart, in der man moralische Intuitionen direkt und bewusst aus dem Geist schöpfen und ins Handeln umsetzen kann.

Diese Geistesgegenwart nenne ich *ungeteilte Achtsamkeit aus einem hellen und aufmerksamen Bewusstsein*. Parzival, der reine Tor, entwickelt sich zu einem Menschen, der die bewusste Naivität oder Unbefangenheit in der ungeteilten Achtsamkeit oder Geistesgegenwart kennt.

Kapitel 15

Ungeteilte Achtsamkeit als moderne Parzival-Haltung

Die ungeteilte Achtsamkeit ist meiner Meinung nach die innere Haltung Parzivals, die es ermöglicht, Osten und Westen oder den buddhischen und den zoroastrischen Christusimpuls zu verbinden. Sie verbindet unsere nach innen gerichtete, unsere mystische Haltung mit der nach außen gerichteten, der ekstatischen Haltung. Ungeteilte Achtsamkeit umfasst die lebendige innere Stille wie auch die Kraft zum selbsttätigen Schauen. Als praktische Lebenshaltung ermöglicht die ungeteilte Achtsamkeit, dass der zweifache Christusimpuls wirksam wird. Parzival konnte dadurch, dass er ›ekstatisch‹ mit der Natur verbunden war, den Christus als Lebensgeist in der Natur aufnehmen. Seit dem 9. Jahrhundert hat Christus seinen Lebensgeist als Mantel der Liebe um die gesamte Erde gebreitet.[478] Durch ungeteilte Achtsamkeit ist es möglich, den Christus im Weltenäther zu schauen und aufzunehmen. Und Parzivals mystische Einstellung ließ ihn in seiner Liebe zu Kondwiramurs die Liebe Christi in sich erleben. Hierdurch konnte er in sich selbst den Gral der Weisheit schauen. In der ungeteilten Achtsamkeit ist durch Selbstwahrnehmung eine Verinnerlichung möglich, die einen Christus in sich selbst schauen und sogar selbst zur Gralsschale für Christus werden lässt.

Was ist ungeteilte Achtsamkeit? Das Bewusstsein ist Achtsamkeit. Normalerweise wird dieser Achtsamkeitsstrom unaufhörlich von den Denkformen gestaltet. Meine Wahrnehmungen haben eine Denkform: Das Denken richtet sich auf diese besondere Wahrnehmung und wählt das Wahrnehmungsobjekt. Auch meine Gefühle haben eine Denkform: Bei der Angst habe ich eine Vorstellung von der Gefahr, die mich bedroht, und auch die Bewertung dieser Vorstellung. Ich will diese Gefahr nicht. Meine Begierden und meine Willensrichtungen haben ebenfalls eine Denkform: Die Vorstellung dessen, was ich erreichen will. Ungeteilte Achtsamkeit ist jedoch der formlose Achtsamkeitsstrom, die ursprüngliche Kraft des Bewusstseins. Sie ist reines Bewusstsein, noch ohne Bewusstseinsinhalt. Die Denkaktivität in Form der Gedankenentwicklung wird durch das Denken selbst zurückgenommen, sodass das Denken nur die Aktivität der Wahrnehmung veranlasst: Das Ich im Denken legt dem Willen in Freiheit stets die Handlungsidee der ungeteilten Achtsamkeit zugrunde. Die ungeteilte Achtsamkeit ist das vollkommene innere und äußere Wahrnehmen: die *Geistesgegenwart*.

Zur Verdeutlichung dessen, was mit ungeteilter Achtsamkeit gemeint ist, sollen hier zunächst verschiedene *Wahrnehmungsbereiche* einzeln beschrieben werden. Diese Trennung ist aber letztendlich in der Einheit der ungeteilten Achtsamkeit selbst aufgehoben, was anschließend dargestellt wird.

1 Das vollständige oder ungeteilte Hören

Normalerweise hören wir ein bestimmtes Geräusch, und dann interpretieren wir dieses Geräusch mit Hilfe des Denkens. Das ist die denkende Wahrnehmung oder die »Theoriegeladenheit der Wahrnehmung«, wie der Wissenschaftsphilosoph Karl Popper (1902–1994) es nennt. Für das ungeteilte Hören ist es nun wichtig, die Geräusche nicht zu benennen oder zu erklären, sondern sie einzig und allein in dem allgemeinen akustischen Raum wahrzunehmen. Man hört dann nicht nur die Geräusche, sondern den Hörraum selbst, der die Geräusche in sich aufnimmt. Man erlebt, wie die Geräusche geboren werden und wieder sterben in dem einen Geräusch der Stille oder dem formlosen akustischen Raum selbst. Man hört die lebendige, stets wechselnde Komposition der Geräusche unserer alltäglichen Wirklichkeit, als wäre sie ein Konzert. Das aufmerksame Hören bar jeder Assoziation ist ein abstraktes, künstlerisches Hören. Im Hören des gesamten Hörraumes um einen herum – oder auch im eigenen Körper – kommt es zu einer unpersönlichen Vergrößerung des Bewusstseins. Das ungeteilte Hören des ungeteilten akustischen Hörraumes spürt man durch einen leichten Druck auf den Gehörorganen. Dieses ungeteilte Hören des uns umgebenden Hörraumes ist gewissermaßen die Verwaltung der Hörwahrnehmung, es wirkt zugleich schützend. Es kommt zu keiner Irritation durch »störende Geräusche«, denn es gibt keine Bewertung, keine Be- oder gar Verurteilung des Wahrgenommenen. Es ist das Hören des sich selbst immer wieder erneuernden Seins im lebendigen Heute. In diesem ungeteilten Hören, in dem man die einzelnen Geräusche aus der Einheit heraus erlebt, entsteht etwas, das man »Mitleid durch die ungeteilte sinnliche Wahrnehmung« nennen könnte. Aus dem ungeteilten Hören heraus ist es immer möglich, mit Hilfe des Denkens ein einzelnes Geräusch zu benennen, denn das ungeteilte Hören lässt einen die Einheit in der zeit-räumlichen Welt des Hörens erleben, ohne dass man diese Welt verlässt. Die benennende Denkaktivität kann auch in der ungeteilten Achtsamkeit als solcher wahrgenommen werden. Danach zieht sich das Denken wieder zurück ins reine Erleben der Einheit des akustischen Raums, die sich jeden Augenblick in ihrer Form verändert, sich in der Formlosigkeit aber gleichbleibt und zeitlos ist. Das ungeteilte Hören ist ein erstes bewusstes Hören der ätherischen Welt.

2 Das ungeteilte äußere Sehen

Der Wahrnehmungsbereich des reinen oder *ungeteilten äußeren Sehens* ist als Nächstes einzubeziehen, wenn es darum geht, wie die ungeteilte Achtsamkeit aufgebaut ist. Normalerweise sieht man ein bestimmtes Wahrnehmungsobjekt, wobei das Denken die Wahrnehmung begleitet und wir dieses Objekt mehr oder weniger explizit vom Denken her benennen. Im reinen äußeren Sehen fokussiert man nicht auf ein bestimmtes Wahrnehmungsobjekt, sondern sieht zugleich das Ganze des Sehraumes. Unsere Augen sind so gebaut, dass Tiefenschärfe entsteht, wenn man auf ein einzelnes Wahrnehmungsobjekt fokussiert. Das reine äußere Sehen kann sich einerseits auf ein bestimmtes Wahrnehmungsobjekt richten und sich dann willkürlich in ein gleitendes Sehen verwandeln, das über nicht zu benennende Wahrnehmungsobjekte streift, und es kann andererseits den gesamten Sehraum wahrnehmen, dem die Wahrnehmungsobjekte angehören. Entsprechend sind die menschlichen Augen ja auch gebaut: Mit der Pupille sehen wir objektgerichtet, während die Iris erlaubt, die Einheit des Sehraumes wahrzunehmen. Im reinen äußeren Sehen des Wahrnehmungsobjekts und des Raumes um das Wahrnehmungsobjekt und des Raumes zwischen dem Wahrnehmenden und dem Wahrgenommenen kann ein anderes Licht-Dunkel-Verhältnis erlebt werden, und am Auge und im Auge kann sich das Mitleid des reinen äußeren Sehens als eine Form von Rührung bemerkbar machen. Das Denken hat sich dabei völlig zurückgezogen und benennt nicht, was es sieht. Das reine oder ungeteilte äußere Sehen im ungeteilten Sehraum des Seins ist ein erstes bewusstes Sehen der ätherischen Welt.

Die Aktivität des ungeteilten äußeren Sehens kann übergehen in ein Schauen der weißen Aura rund um die Pflanzen oder gar der astralischen Farbaura von Tier und Mensch. So wird beispielsweise sichtbar, mit welcher Schönheit die übersinnlichen Kräfte spiralförmig in die Bäume einströmen. Ein solches Schauen kann beim ungeteilten äußeren Sehen durch eigene Steuerung auftreten. Das ungeteilte äußere Sehen ohne Denkaktivität ist jedoch das Gleiche, ob wir nun übersinnliche Erlebnisse haben oder nicht.

3 Das reine oder ungeteilte Fühlen

Eine Wahrnehmung unseres Körpers kommt dadurch zustande, dass wir den Körper spüren. Im ungeteilten Fühlen spüren wir die Gefühle in unserem Körper aus einer wirklichen körperlichen Gefühlseinheit heraus. Die einzelnen Gefühle – etwa bestimmte Stellen, an denen wir den Körper stärker spüren – sind, ohne dass wir sie mit unserem Denken ausdrücklich benennen, aufgehoben im reinen Fühlen des Körpers. Wenn man beispielsweise mit unbefangenem Fühlen seine Hände und Füße spürt, merkt man, dass sie wärmer werden: Der Geist des ungeteilten Fühlens vereinigt sich mit dem Körper. Der Gesundheit wäre es sehr förderlich, wenn man den Körper immer aus dem ungeteilten Fühlen heraus spürte, sodass der Geist sich harmonisch mit dem Körper verbindet. Sind das ungeteilte Hören und das ungeteilte äußere Sehen Formen des Bewusstseins um uns herum, so ist das ungeteilte Fühlen ein Bewusstsein in uns selbst. Auch die Atmung – und eventuell das Riechen und Schmecken – kann man aus dem ungeteilten Fühlen heraus erleben. Nicht durch willentliche Forcierung, sondern durch das natürliche, ungeteilte Erleben des Ein- und Ausatmens wird die Atmung tiefer und bewusster. Im ungeteilten Fühlen lassen sich auch die Stimmungen der Seele spüren und mithin wahrnehmen. Das ungeteilte Fühlen ermöglicht eine Art leitende Übersicht über den Körper und die Seele, nicht von oben her, sondern von innen heraus. Durch das ungeteilte Fühlen des Körpers und der Stimmungen der Seele wird die Kraft der Achtsamkeit insgesamt verstärkt. Das ungeteilte Sehen und das ungeteilte Hören gewinnen durch das ungeteilte Fühlen an Kraft und Vollständigkeit. Das Sehen oder Hören in Natur oder Kunst wird durch das ungeteilte Fühlen zu einem Gefühlserlebnis der Schönheit erweitert. Wenn man sich durch die Natur oder durch die Stadt bewegt und dabei das ungeteilte Fühlen des Laufens erlebt, kann die ungeteilte Achtsamkeit zu einer Achtsamkeitssäule der Anteilnahme werden.

4 Das reine oder ungeteilte innere Sehen

Dieser Wahrnehmungsbereich ist gänzlich der ungeteilten Achtsamkeit zuzuordnen. Es geht hier um das innere Sehen jenes Denkraums, in dem sich das Ich befindet und innerhalb dessen dann auch die Gedankenbilder im Ich entstehen. Normalerweise ist das Ich immer in den Gedankenstrom aufgenommen, es wird von dem aus der Seele aufsteigenden Denken bestimmt, oder es aktiviert selbst das Denken. Beim ungeteilten inneren Sehen sieht man die entstehenden Gedanken, ohne selbst Gedanke »zu werden«. Es ist reines Wahrnehmen der entstehenden und wieder vergehenden Gedanken. Dies ist die erste Form, Meister über das Denken zu sein, indem man nämlich die Bereitschaft negiert, auf das heranstürmende Denken einzugehen. Die zweite Form, Meister über das Denken zu sein, ist ein Denken aus selbst gestellten Fragen heraus, ein freier Wille im Denken, der einen selbst die Fragen stellen und nach Antworten suchen lässt. Dies ist dann die Kontemplation in der ungeteilten Achtsamkeit.

Der Aufbau der ungeteilten Achtsamkeit führt also von außen, vom Hören und äußeren Sehen, nach innen, zum Spüren des Körpers, der Atmung und der Seelenstimmung. Durch diese ersten drei Bereiche kann man die Achtsamkeitskraft bilden, um dann innerlich, im Geist die Gedanken wahrzunehmen. Das Wahrnehmen der Gedanken ist schwierig, wenn die Achtsamkeitskraft fehlt. Dann geschieht es leicht, dass die Gedanken stärker sind als das innere Wahrnehmen der Gedanken. Durch das Ausbilden der Achtsamkeitskraft im äußeren Hören und Sehen und im inneren Fühlen wird die Achtsamkeitskraft für das innere Sehen der Gedanken gestärkt. Alle Achtsamkeitskraft ist dann an der Stelle versammelt, an der gemeinhin die Gedanken entstehen, wodurch weniger Gedanken entstehen können, die dann auch vergleichsweise weniger Kraft haben, den Platz des inneren Wahrnehmens zu besetzen. Es ist nun aber wichtig, diese Gedanken nicht zu unterdrücken, denn sie gehören genauso zum Seinsraum wie die Geräusche und die Sehwahrnehmungen. Die Kunst besteht gerade darin, dort besonders aufmerksam zu sein, wo Gedanken entstehen: Das macht das Interesse an den Gedanken aus. Mit Hilfe der Frage: »Wo entsteht in mir ein Gedanke?« kann die innere Wahrnehmung der Gedanken aus dem Denken heraus Gestalt annehmen. Dann ist das aufmerksame Wahrnehmen eher da als ein Gedanke, und so wird es möglich, den Gedanken wahrzunehmen, anstatt automatisch – und damit unfrei – auf ihn einzugehen. Indem das Ich im ungeteilten inneren Sehen bloßes Wahrnehmen ist und nicht von dem fortlaufenden Gedankenstrom bestimmt wird, ist es frei von unbewusstem oder impulsivem Denken und kann dadurch in Freiheit mit dem Denken umgehen. In der ungeteilten Achtsamkeit denkt das Ich zunächst nicht, doch wenn es sich selbst dafür entscheidet, denkt es in ungeteilter Achtsamkeit. Darüber hinaus schafft das ungeteilte innere Sehen die Möglichkeit, sich selbst unbefangen wahrzunehmen. Meist entsteht Unfreiheit, wenn man sich selbst wahrnimmt: die Angst vor dem, was einem begegnen wird, und ein Korrekturtrieb bewirken, dass man sich selbst nicht unbefangen beobachtet. Das ungeteilte innere Sehen ist frei von jedem Urteil und auch frei von dem Selbstbild, in dem ich so dargestellt bin, wie ich mich gern – oder ungern – sehen möchte. Dies ist ein erstes Erleben der Freiheit des Ich: Durch das ungeteilte innere Sehen bekomme ich ein unbefangenes und dadurch freies Verhältnis zu mir selbst. Das gibt mir die Möglichkeit, an meinem eigenen Handeln regen Anteil zu nehmen, ihm stets mit Verwunderung und lernwillig gegenüberzustehen.

Beim ungeteilten inneren Sehen geschieht etwas Außergewöhnliches: Das Subjekt wird zum Objekt der reinen Wahrnehmung. Das Ich nimmt sich in unbefangener Achtsamkeit selbst wahr. In diesem Geschehen ist die Subjekt-Objekt-Spaltung aufgehoben, sodass ein *Ich-bin*-Erleben entsteht und ich in Verbindung mit meinem ewigen Wesen komme. Während ich an eine Vorstellung dessen denke, was gestern geschehen ist, nehme ich gleichzeitig das Ich wahr, das in dieser Denkaktivität bei sich selbst ist. So entsteht durch das ungeteilte innere Sehen das Erleben des Ich-bin, während das Ich gleichzeitig eine Denk- oder Gefühls- oder Willenshandlung vollbringt. Das Ich bleibt in der raum-zeitlichen Welt, aber gleichzeitig ist da ein Erleben der Zeitlosigkeit des Ich-bin. Normalerweise erlebt man das Ich nicht in seiner rein geistigen Form, weil es »besetzt« ist, sich gleichsetzt, sich identifiziert mit dem Denk-, Gefühls-, Wahrnehmungs- oder Willensobjekt. Ich erlebe mein Ich meistens als mein Selbstbild. Das ist eigentlich eine halb bewusste Gedankenkonstruktion, die mit Emotionen und Willensbestrebungen verbunden ist. Das Selbstbild ist notwendig für die persönliche Entwicklung. Doch kann das Ich durch das Selbstbild auch selbstsüchtig werden, während es im Grunde selbstlos ist. In der meditativen Haltung der ungeteilten Achtsamkeit muss man das Selbstbild für den Moment absterben lassen. Im ungeteilten inneren Sehen ist man dem reinen Ich zugewandt. Das, was man mit uneigennütziger Achtsamkeit bedenkt, kann sich offenbaren. Indem ich das Ich zum Objekt des unbefangenen Wahrnehmens mache, komme ich in Verbindung mit dem reinen Ich. Dadurch entsteht das Ich-bin-Erleben. Im ungeteilten inneren Sehen nehmen wir das reine Ich wahr, aber dieses Ich-Wesen hat keine Form: Es ist das reine intuitive Erleben des reinen Geists des Ich. Das Erleben des Ich als Ich-bin ermöglicht es, mit dem höheren Ich in Verbindung zu treten. Das höhere Ich gießt seine Kraft und seine Inspiration in das Ich, das als das Ich-bin erlebt wird. Das Ich-bin des Menschen ist auch der Punkt, an dem die Vereinigung mit Christus als dem makrokosmischen Ich-bin stattfinden kann.[479] Im ungeteilten inneren Sehen äußert sich der Eindruck innerlicher Wahrnehmung auch sinnlich durch das Gefühl, man nehme vom Hinterkopf her durch die Augen nach außen wahr. Das ungeteilte äußere und das ungeteilte innere Sehen werden in der ungeteilten Achtsamkeit miteinander verbunden. Man sieht beispielsweise einen Laternenpfahl und nimmt gleichzeitig das Ich wahr, das den Laternenpfahl sieht. Indem im ungeteilten inneren Sehen die Gedanken und dadurch auch das Selbstbild vergehen, hat das Ich keine Form, sondern ist »schaffendes Nichts«. Dieses schaffende Nichts nimmt den Laternenpfahl wahr und zugleich nimmt das schaffende Nichts wahr, dass es den Laternenpfahl wahrnimmt. Das Ich nimmt sich selbst im Wahrnehmen wahr, und weil das Ich nur Wahrnehmung ist, kommt es zum Wahrnehmen des Wahrnehmens. Das selbstreflexive, wortlose Wahrnehmen des Wahrnehmens ist eine fortwährende Intensivierung der Wahrnehmung. Hierdurch entsteht die sich selbst ständig erneuernde und verstärkende Achtsamkeitskraft als Lebenshaltung.

Im ungeteilten inneren Sehen geht es nicht darum, ein leeres Bewusstsein zu erlangen, denn es handelt sich um eine Wahrnehmung des Seins, bei der Gedanken anwesend sein können. Das Streben nach einem leeren Bewusstsein oder nach innerer Stille bewirkt einen Konflikt zwischen dem, was jetzt ist – den Gedanken, die auftauchen –, und dem, was eigentlich sein sollte – der Stille. Ungeteilte Achtsamkeit aber ist lediglich Bewusstsein des Seins, Wahrnehmen des tatsächlichen Zustands vom Sein. Stille ist ungeteilte Achtsamkeit, denn in der ungeteilten Achtsamkeit sind keine Gedankenformen. Aus der ungeteilten Achtsamkeit heraus kann man die Gedanken frei wahrnehmen. Aus der Stille heraus kann man den Lärm wahrnehmen. In einer Kakophonie von Geräuschen ist es möglich, in vollkommener innerer Stille im ungeteilten Wahrnehmen dieses Geräuschsturms zu verharren.

Auch der Wille, sich in einem Zustand ungeteilter Achtsamkeit zu befinden, muss nicht zu einem Konflikt führen zwischen der nicht vorhandenen ungeteilten Achtsamkeit und dem Zustand ungeteilter Achtsamkeit, der entstehen soll. Ungeteilte Achtsamkeit ist gerade das Wahrnehmen des Seins, das Wahrnehmen der Tatsächlichkeit des Seins. Daher kann man die ungeteilte Achtsamkeit erreichen, indem man diese Tatsächlichkeit wahrnimmt. Durch das reine Wahrnehmen des Fehlens von ungeteilter Achtsamkeit als dem Tatsächlichen gelangt man von selbst und konfliktlos in die ungeteilte Achtsamkeit.

5 Einheit des ungeteilten Hörens, des ungeteilten äußeren Sehens, des ungeteilten Fühlens und des ungeteilten inneren Sehens

Es lässt sich nun zeigen, dass die eigentliche ungeteilte Achtsamkeit Innerlichkeit und Äußerlichkeit nahtlos miteinander verbindet. Im Zustand ungeteilter Achtsamkeit ist man durch die unbefangene Selbstwahrnehmung ganz bei sich selbst und durch die vorurteilsfreie äußere Wahrnehmung ganz beim anderen, sei es Mensch oder Objekt. Die ungeteilte Achtsamkeit ist daher besonders im Gespräch wichtig und wirksam, da man während des eigenen Sprechens mit Achtsamkeit beim Zuhörer sein muss und es beim Zuhören schaffen sollte, mit seiner Achtsamkeit bei sich selbst zu bleiben. In der ungeteilten Achtsamkeit ist man im Ich-bin-Erleben mit seinem Wesen verbunden, ohne aus der Welt heraustreten zu müssen, sodass man dem anderen begegnet und mit ihm in Verbindung bleibt. Die ungeteilte Achtsamkeit ist eine meditative Grundhaltung, die unmittelbar ins Leben übernommen werden kann. Die ungeteilte Achtsamkeit oder das formlose Bewusstsein des Seins ist Träger der ungeteilten Liebe. Das Wesen der Liebe macht keinen Unterschied zwischen dem, was einem im Sein tatsächlich begegnet, und dem, was einem nicht begegnet. Es kennt selbst keine Unterschiede, keine persönliche Zuneigung oder Abneigung. Dadurch ist sogar die Liebe zum Bösen möglich, wie Christus Jesus es uns gezeigt hat.

Ungeteilte Achtsamkeit als Einheit von Mystik und Ekstase

Die ungeteilte Achtsamkeit ist meiner Meinung nach die Einheit von Mystik (ungeteiltes Fühlen und ungeteiltes inneres Sehen) und Ekstase (ungeteiltes Hören und ungeteiltes äußeres Sehen). Die ungeteilte Achtsamkeit stimmt mit dem überein, was Buddha als die »rechte Achtsamkeit« bezeichnet: die siebte Stufe des achtgliedrigen Pfads. Die rechte Achtsamkeit Buddhas ist zunächst einmal die Wachsamkeit des inneren Zuschauers, durch die eine innere Stille geschaffen wird. Dann aber ist es die sorgsame Achtsamkeit, die jede Handlung begleiten soll. Das Mitleid entsteht durch das mystische Erleben der Einheit aus der inneren Stille heraus. Im Prinzip ist Mitleid das passive Erleben der universellen Einheit von Seele und Umgebung. Ebenso wie die ungeteilte Achtsamkeit ermöglicht auch die Achtsamkeit, von der Buddha spricht, das Bewusstsein zu beobachten, um zur rechten Erkenntnis der unfreien Triebkräfte oder Begierden zu kommen. Durch den rechten Entschluss, diese unfreien Triebe sterben zu lassen – der dann im formulierenden Denken durch das rechte Sprechen artikuliert wird –, kann die freie Handlung entstehen. Die innere Stille wird im Buddhismus meist dadurch hergestellt, dass in meditativer Lotushaltung die Augen geschlossen werden.

Die *ungeteilte Achtsamkeit* kann man als eine Verstärkung der *buddhistischen Achtsamkeit* bezeichnen, da die Sinne in der Wahrnehmung stets geöffnet und immer tätig sind. Die ungeteilte Achtsamkeit ist daher ein wacheres Bewusstsein, als es die noch in gewisser Weise träumerische Achtsamkeit Buddhas ist. Die Offenheit für die Umgebung ist aktiver, und dadurch führt auch die Begegnung mit dem anderen zu einer tätigeren Form des Mitleids. Die ungeteilte Achtsamkeit stimmt meines Erachtens mit dem überein, was Rudolf Steiner unter der Bewusstseinsseele versteht: ein waches Bewusstsein dafür, das Ich und seine Motive kennenzulernen und aus dem Ich heraus schöpferisch tätig zu werden. Bewusstseinsseele ist auch Bewusstsein des Bewusstseins. Indem die ungeteilte Achtsamkeit als Bewusstseinsseele oder als Geistesgegenwart wirksam ist, kann sie aktiv sein im Trubel des Daseins.

Der eher mystisch ausgerichteten Achtsamkeit des vor allem innerlichen Zuschauens bei Buddha ist mit der ungeteilten Achtsamkeit das stärker ekstatische Schauen Zarathustras anheimgegeben. Zarathustra verfügte über eine ungeteilte Wahrnehmung im Sehen und Hören, sodass er durch die Sinnesoffenbarungen hindurch den schöpferischen Geist der Natur schauen konnte: Ahura Mazda im Sonnenlicht und Ahriman in der Dunkelheit. Zudem hörte er das Wort Ahura Mazdas. Dies sind Qualitäten der ungeteilten Achtsamkeit: das ungeteilte Hören und das ungeteilte äußere Sehen. Wir sahen bereits, dass durch das äußere Sehen ein Schauen der Aura entstehen kann. Und so ist es auch möglich, im ungeteilten Hören das geistige

Wort zu hören. Dem Schauen Zarathustras werden jedoch in der ungeteilten Achtsamkeit auch deren innere, buddhistische Qualitäten hinzugefügt: das ungeteilte innere Sehen und das ungeteilte Fühlen. Die menschliche Bewusstseinshaltung der ungeteilten Achtsamkeit ist also eine Synthese von Buddha und Zarathustra. Die ungeteilte Achtsamkeit ist daher geeignet, den buddhischen und den zoroastrischen Christusimpuls aufzunehmen. Die ungeteilte Achtsamkeit ist die moderne Lebenshaltung des Parzivalmenschen.

Die Intelligenz in der ungeteilten Achtsamkeit

Ungeteilte Achtsamkeit ist die meditative Grundhaltung: das Schaffen eines innerlich leeren Raumes, in dem die Welt des Geistes sich offenbaren kann. Die ungeteilte Achtsamkeit ist das vollbewusste leere Bewusstsein oder ein Bewusstsein des Nichts, in dem der allumfassende Geist sich schenken kann. Nur in der reinen Wahrnehmung existiert ein Nichts an eigenem Bewusstseinsinhalt. Denken, Emotionen und Willensbekundungen haben nicht diese Offenheit des Ungeformten, sondern besitzen Formen oder Bewusstseinsinhalte. Nur das reine Gewahrsein ist gänzlich unbefangene Empfänglichkeit und gleichzeitig unerschütterliche Kraft des Bewusstseins. In der ungeteilten Achtsamkeit ist das Ich nicht abgestorben, sondern in Freiheit aktiv beteiligt, und es vermag die ungeteilte Achtsamkeit auch jederzeit zu beenden. Gleichzeitig wird das Ich als solches wahrgenommen, wodurch das Ich-bin-Erleben entsteht. In der ungeteilten Achtsamkeit kann die natürliche Persönlichkeit bestehen bleiben, weil nichts unterdrückt oder weggewischt wird. Der persönliche Seinszustand wird nur durch die ungeteilte Achtsamkeit selbst wahrgenommen, wodurch die Persönlichkeit spontan handeln kann, denn sie wird nicht kontrolliert. Das Einzige, was der Gesamtheit der menschlichen Tätigkeiten so hinzugefügt wird, ist just die ungeteilte Achtsamkeit, welche die Persönlichkeit von innen heraus unbefangen wahrnimmt und fühlt. Hierdurch ist ein freies Lernen möglich. In der ungeteilten Achtsamkeit ist die menschliche Intelligenz tätig.

Intelligenz ist die Fähigkeit, zu verstehen, und die Fähigkeit – wie Rudolf Steiner es in seinem Buch *Philosophie der Freiheit* formulierte –, moralische Intuitionen zu finden, die unser Handeln erneuern können. Für Buddha ist dies die »rechte Erkenntnis«.

Die lebendige Intelligenz ist zu unterscheiden vom Verstand. Verstand ist eigentlich raum-zeitliches oder »auseinandersetzendes« Denken. Auch Aristoteles unterschied zwischen dem intuitiven Denken oder dem *nous poietikos*, der zu den ersten Ursachen durchdringen kann, und dem Verstand oder dem *nous pathetikos*.

Krishnamurti sagt in einem Gespräch mit David Bohm, dass das raum-zeitliche Denken die Intelligenz des Menschen unterdrückt hat und die Menschheit dadurch zu höchst unintelligenten Handlungen gekommen ist.[480] Die Kehrtwendung bestünde nun darin, dass die Intelligenz die Führung übernimmt und das raum-zeitliche Denken nur als »Beförderungsmittel« dient. In der ungeteilten Achtsamkeit bringen wir das raum-zeitliche Denken zum Verstummen, bis das Ich es für notwendig erachtet, es zu benutzen. Im raum-zeitlichen Denken finden wir die Logik, das Argumentieren, die Erinnerungen, die Erkenntnis und die Erfahrungen verbunden mit Emotionen sowie unser Selbstbild mit den dazugehörigen Strategien. Da der Verstand des Menschen von selbstsüchtigen Trieben durchzogen ist, wird die Intelligenz von dieser beschränkenden Selbstsucht gefangen gehalten. In der ungeteilten Achtsamkeit kann die Intelligenz frei wirken. Sie ist gegenwärtige Erkenntnisfähigkeit, unabhängig vom raum-zeitlichen Wort-Denken. Intelligenz ist Denken, das sich nicht in Worten ausdrückt. Auch eine Intuition stammt – als Begriff, Zusammenhang oder Handlungskonzept – aus dem Geist und ist noch nicht in Zeit oder Denken aufgefächert.

Wenn der Mensch mit der Intelligenz denkt, kann in diesem Augenblick – Rudolf Steiner zufolge – das Denken selbst nicht wahrgenommen werden. Das ist meiner Meinung nach so zu verstehen, dass das denkende Ich dann kurz aus dem Körper heraus in die Welt des Geistes tritt. Macht man sich die gefundene Intuition bewusst, heißt das, dass das denkende Ich wieder in den Körper eingezogen ist, sodass die Intuition innerlich wahrgenommen und mit Hilfe des sprachlichen oder raum-zeitlichen Denkens »auseinandergesetzt« werden kann. Es ist diese lebendige Intelligenz, die in der ungeteilten Achtsamkeit durch das stetige Wahrnehmen der Gedanken wirkt – auch ohne Worte und ohne auf die Gedanken einzugehen, solange es nicht notwendig ist. Diese Tätigkeit muss nicht immer durch das Wort-Denken ausformuliert werden, sie ist aktives Vermögen der wortlosen Intelligenz. Würde in der ungeteilten Achtsamkeit keine Intelligenz wirken, wäre sie nur das Staunen eines Kindes. Die ungeteilte Achtsamkeit ist nicht naive Offenheit des Wahrnehmens, sondern ein vollbewusstes Gewahrsein. Das bewusste Gewahrsein resultiert aus der im Gewahrsein tätigen Intelligenz.

Buddha nennt »die rechte Achtsamkeit« auch »die rechte Erinnerung«. Das bedeutet in diesem Zusammenhang, dass die Intelligenz die erworbenen Erkenntnisse implizit in sich trägt, sodass sie wirksam werden können, sobald es notwendig ist. So ist ein Zusammenwirken von Intelligenz und raum-zeitlichem Denken möglich, wobei dieses der Intelligenz als Vehikel dient. Dadurch, dass das raum-zeitliche Denken eine Frage stellt und forscht, kann die Intelligenz eine Antwort geben, die sie anschließend in sich aufnimmt. Wenn es beispielsweise im Bewusstsein zu einer Irritation kommt, umhüllt die ungeteilte Achtsamkeit diese Irritation, ohne sie zu verurteilen. Man kann dann mit dem raum-zeitlichen Denken phänomenologisch das Wesen dieser Irritation untersuchen. Die Intelligenz findet im Laufe dieser Untersuchung möglicherweise den Wesensbegriff *Irritation*, durch den das Bewusstseinsphänomen erst wirklich verstanden wird. Die Intelligenz durchschaut, dass Irritation bedeutet, sich vom Unvollkommenen der Wirklichkeit abhängig zu machen: Irritation beruht auf einem Nicht-Akzeptieren des Unvollkommenen, wodurch Ärger auf dieses reale, wegen seiner »Unvollkommenheit« verurteilte Geschehen entsteht. Sich derart abhängig zu machen ist eine Form der Unfreiheit, die als solche empfunden wird. Sobald das nächste Mal Irritation im Bewusstsein entsteht, weiß die Intelligenz – im rechten Sich-Erinnern an die durchgeführte Untersuchung – wortlos, was das Wesen der Irritation ist, und kann die Irritation daher ohne weitere Untersuchung vergehen lassen, indem sie sie einfach nicht mehr mit abhängigen Gedanken nährt. Man könnte das als manichäische Umwandlung des Bösen mit Hilfe der ungeteilten Achtsamkeit bezeichnen.

Zusammengefasst ließe sich folgender Weg skizzieren, um im täglichen Leben sein Bewusstsein zu ergründen und das Schattenbild der Unfreiheit, des Egozentrismus und des Ungleichgewichts manichäisch zu verwandeln:

1. Das Bewusstseinsphänomen mit ungeteilter Achtsamkeit, ohne sich mit ihm zu identifizieren, vollständig wahrnehmen, es erleben und wirklich mit Liebe umgeben;
2. das Bewusstseinsphänomen mit dem Wort-Denken untersuchen, indem man es charakterisiert und Fragen nach seinem Entstehen, seinem Wirken und seinen Wesensmerkmalen stellt. Die wortlose Intelligenz kann das Wesen des Phänomens intuitiv so deutlich erfassen, dass es im Wort-Denken formuliert werden kann. Dadurch dringt das Licht in die liebeumhüllte Dunkelheit;
3. das Phänomen so lange weiter mit ungeteilter Achtsamkeit empfinden, bis es durch das Liebeslicht verwandelt ist.

Ich möchte den hier gefundenen Weg einer substanziellen Umwandlung »des Bösen« anhand von sieben Begriffen beschreiben, die aus der Alchemie stammen (und an die das Rosenkreuz anknüpft). Zugleich steht diese Umwandlung im Zusammenhang mit dem christlichen Einweihungsweg, wie er sich aus dem zweifachen Christusimpuls bei Mani und Christian Rosenkreuz ergibt.

Umwandlung durch ungeteilte Achtsamkeit

1. Calcinatio (Erhitzen):
Das Erleben und Akzeptieren von Emotionen oder deren Schattenbildern in ungeteilter Achtsamkeit. Es ist wichtig, dass das Feuer der ungeteilten Achtsamkeit entzündet wird, sodass man nicht aufgeht in der Emotion oder deren Schattenbild, sondern sie innerlich frei erleben und akzeptieren kann.

Ex Deo nascimur (aus Gott sind wir geboren). Dieser Spruch des Christian Rosenkreuz[481] kann hier innerlich gesprochen oder auch nur erlebt werden, weil er die völlige Akzeptanz dessen zum Ausdruck bringt, was aus der Vergangenheit entstanden ist. Das Sein oder der gegenwärtige Zustand des Gewordenen ist letztlich aus dem Vater geboren.

2. Dissolutio (Auflösen):
Die Emotionen oder deren Schattenbild in ungeteilter Achtsamkeit oder dem »merkurialen Wasser« mit einer Bewegung der Sympathie manichäisch umhüllen und durchdringen.

Die Liebe des Christus in mir. Dieser Spruch kann hier innerlich gesprochen oder auch nur erlebt werden. Er drückt den buddhischen Christusimpuls aus, der in der unbefangenen Liebe zum Bösen wirkt.

3. Separatio (Trennen durch Verdampfen):
Mit dem differenzierenden raum-zeitlichen Denken aus echtem Interesse Fragen stellen und forschen. Das Schattenbild innerlich beschreiben nach Art, Qualität, Voraussetzungen und Zusammenhängen. Urteilskraft ohne Verurteilung als notwendiges Gegenstück des michaelischen kampflosen Kampfes.

Hier wirkt das philosophische Ich in seiner schöpferischen Selbstreflexion. Dies ist die eigentliche menschliche Denkaktivität der Untersuchung. Denken aus ungeteilter Achtsamkeit. Nicht unmittelbar antworten gemäß dem bereits Bekannten, sondern aufs Neue und lebendig lernen, sodass die Intelligenz den Wesensbegriff schenken kann. Buddha nennt dies das »rechte (innere) Sprechen«.

4. Conjunctio (Vereinigung durch Kondensation):
Die Vereinigung des raum-zeitlichen Denkens mit der Intelligenz. Nachdem das raum-zeitliche, Fragen stellende Denken die Zusammenhänge mit anderen Begrif-

fen erkundet hat, schenkt letztlich die Intelligenz die vollkommene Erkenntnis des Schattenbild-Wesens, das ja gerade dort entsteht, wo ich nicht die volle Verantwortung für meine Gefühle übernehmen will, sondern mich von der Umgebung abhängig mache. Der Wesensbegriff wird dadurch gefunden, dass man dem Schattenbild in ungeteilter und unbefangener Achtsamkeit begegnet. Das Böse im Menschen kann nicht wirklich verwandelt werden, solange man ihm nicht bis in sein Wesen hinein unbefangen begegnet ist und sich nicht bis auf den Grund selbst erkundet. Erst wenn wir der Wirklichkeit des Schattenbildes in ungeteilter Achtsamkeit begegnen, jedes Mal aufs Neue, ist jenes wesentliche Erkennen möglich, das eine erste Verwandlung des Schattenbildes ist. So entsteht die Essenz, die aus dem Geist oder der Intelligenz ins Denken »herabträufeln« kann. Indem der Wesensbegriff des Schattenbildes gefunden wird, entsteht Freiheit gegenüber dem Schattenbild. Das Schattenbild steht nun im Lichte der Erkenntnis. Das ist die Transmutation des Schattenbildes aus der unbewussten Bindung in der Seele zum wirklichen Begriff in der Intelligenz. Buddha nennt dies »die rechte Erkenntnis«.

Der verwandelnde Geist des Christus in mir. Dieser Spruch kann hier innerlich gesprochen oder auch nur erlebt werden. Er drückt den zoroastrischen Christusimpuls aus, der im höheren Ich oder Geistselbst wirkt, um das Böse zu erlösen oder zu verwandeln, indem es seiner Essenz nach erkannt wird.

5. Fermentio (Gärung):
Die Bereitschaft, das Grobe und Uneigentliche sterben zu lassen in der läuternden Schönheit der wahren Erkenntnis. Buddha nennt dies »den rechten Entschluss«. Rudolf Steiner nennt es »die intuitive Triebfeder« oder die vollständige Bereitschaft, die Intuition ins Handeln umzusetzen.[482]

Nicht ich, sondern der Christus in mir. – In Christo morimur. Dieser paulinische Spruch und der von Rudolf Steiner abgeänderte Spruch des Christian Rosenkreuz (*In Jesu morimur*)[483] können hier innerlich gesprochen oder auch nur in der damit korrespondierenden Seelenstimmung erlebt werden. In ihnen drückt sich der buddhischen Christusimpuls aus, im Alten Menschen – wie Paulus sagt – zu sterben, um dadurch im Neuen Menschen auferstehen zu können.[484]

6. Destillatio (Extrahieren des Flüssigen):
Die eigentliche Umwandlung der Substanz. Nach dem Erkennen der Essenz des Schattenbildes und der Bereitschaft, dieses Schattenbild sterben zu lassen, stellt sich die Frage, wie es tatsächlich umgewandelt werden kann. Wenn man beispielsweise

Angst psychologisch darauf zurückführt, dass man sich abhängig macht von der zu erwartenden Meinung anderer, stellt sich die Frage, wie die Angst etwa in den Knien überwunden werden kann. Die ungeteilte Achtsamkeit kann eine solche Kraft entfalten, dass die in der Angst fragmentierte Seelenenergie in der unfragmentierten Geist-Seelen-Energie der ungeteilten Achtsamkeit zerfließt. Dazu muss allerdings das Wesen der Angst von der Intelligenz begriffen und die Bereitschaft vorhanden sein, diese Angst sterben zu lassen. Es ist wichtig, dass man die Angst nicht einfach aus den Beinen fortwünscht, sondern in der ungeteilten Achtsamkeit jeden Augenblick die Liebe aufbringt für die Art und Weise, in der die Angst sich gerade zeigt. Dadurch entsteht eine Übereinstimmung mit der Angst, und in dieser Sympathie kann die Angst die erquickende Geist-Seelen-Energie oder die Wärme der ungeteilten Achtsamkeit aufnehmen. Die Angst wird durch die Sympathie der ungeteilten Achtsamkeit »flüssig gemacht«, sie geht in den Flüssigkeitszustand des »merkurialen Wassers« über: Das Böse wird vom Guten absorbiert. Das ist die heilende und reinigende Kraft der ungeteilten Achtsamkeit. Ihr entspricht in der Alchemie die Weiße Königin. Buddha nennt es »das rechte Handeln«.

Die transsubstantiierende Kraft der Sophia des Christus. Dieser Spruch kann hier innerlich gesprochen oder innerlich erlebt werden. Er drückt die höchste Kraft des buddhischen Christusimpulses aus; diese Kraft kann, folgt man Christian Rosenkreuz, in Gestalt der *Vrouwe Alchemia* helfen, die Transsubstantiation des Bösen ins Gute zu vollziehen.

7. Coagulatio (Kristallisation):
Wenn die Transsubstantiation vollzogen ist, kann – so der Verlauf im alchemischen Prozess – der Rote König aus der Weißen Königin geboren werden. Der Rote König meint hier die Geburt der Geisteskraft aus dem höheren Ich oder Geistselbst. Die ungeteilte Achtsamkeit wird dann zur Behausung des Höheren Menschen im Menschen. In der ungeteilten Achtsamkeit können daraufhin auf apollinische Weise das Liebeslicht und das Geistesfeuer des Christus empfangen werden, und zwar in zunehmendem Grade bis hin zur Erleuchtung. Bis schließlich der *Stein der Weisen* im Menschen kristallisiert oder das *Philosophische Feuer* in ihm geboren wird. Buddha nennt dies »die rechte Kontemplation«.

Die transfigurierende Kraft des Christus. – Per Spiritum Sanctum reviviscimus (Aus dem Heiligen Geist werden wir wiedergeboren). Dieser Spruch und der des Christian Rosenkreuz können hier innerlich gesprochen oder innerlich erlebt werden. Sie drücken den zoroastrischen Christusimpuls aus, der im Geistesfeuer des Heiligen

Geistes erlebt wird. Dieses Geistesfeuer schafft weder eine Transmutation im Erkennen des Schattenbildes noch eine Transsubstantiation des Schattenbildes, er führt vielmehr zu einer abschließenden, tatsächlichen Transfiguration des Alten in den Neuen oder Höheren Menschen.

(Siehe hierzu auch die aus dieser Siebenheit des alchemistischen Prozesses entwickelten sieben Phasen des Vergebens in Anhang 6.)

Metamorphosen der ungeteilten Achtsamkeit bei Mani, Christian Rosenkreuz und Rudolf Steiner

Die ungeteilte Achtsamkeit, wie sie bisher beschrieben wurde, ist sowohl eine Verwirklichung des achtgliedrigen Pfads von Buddha als auch die Umwandlung des Bösen aus manichäischer Perspektive und der alchemistischen Perspektive des Christian Rosenkreuz. Nun soll es darum gehen, wie die ungeteilte Achtsamkeit selbst metamorphosiert. Nach Martin Buber basiert die Spiritualität des Ostens auf einer »Ich-Es-Beziehung« und die jüdisch-christliche Spiritualität auf der »Ich-Du-Beziehung«.[485] Die ungeteilte Achtsamkeit ist in der ersten Entwicklungsphase in der Tat eine »Ich-Es-Beziehung«. Sie ist die erlebbare Einheit von Ich und Weltenkosmos. Als ich mir vorgenommen hatte, den ganzen Tag aus der ungeteilten Achtsamkeit heraus zu leben, stellte ich fest, dass dabei eine unpersönliche Beziehung zum Mitmenschen entstehen kann. Im Erleben der Einheit fühlt man Mitleid mit der ganzen Umgebung, wodurch der individuelle Unterschied wegfällt. Der Andere wird dann in gewisser Weise jedem anderen gleich. Doch merkte ich, dass es durchaus auch möglich war, dem anderen aus der ungeteilten Achtsamkeit heraus persönlich zu begegnen. Neben der ungeteilten Achtsamkeit ist das Denken notwendig, um das Besondere des anderen zu verstehen. – Es geht hier um Bubers »Ich-Du-Beziehung«. In der ungeteilten Achtsamkeit stirbt das Bild, das man sich von dem anderen gemacht und aufgestellt hat, wodurch man den anderen wirklich neu erleben kann. Beziehungen gründen oft auf den Bildern, die man voneinander aufstellt. Irgendwann spricht man nicht mehr miteinander, sondern mit den Bildern, die man sich gegenseitig gemacht hat, wodurch es zu Konflikten kommen kann. Denn eigentlich wird kein Bild, das man sich von einem anderen macht, diesem gerecht. Und doch ist es im Gespräch wichtig, dass man sich an das erinnert, was der andere gesagt hat oder was der andere durchgemacht hat. Nun kann man durchaus von einem Bild des anderen oder von sich selbst Gebrauch machen, wenn man sich bewusst ist, dass dies lediglich eine Annäherung ist, die niemals ganz mit der Aktualität des anderen oder von einem selbst übereinstimmt. Das besondere Wesen des anderen ist ein Rätsel, und nur mit einem unbefangenen Wahrnehmen und dem daraus entstehenden Denken kann manchmal ganz kurz der Schleier gehoben werden. Eine wirkliche Begegnung ist immer persönlich und grundsätzlich. Das persönliche Ausgerichtetsein auf den anderen, wie es in der ungeteilten Achtsamkeit entstehen kann, ließe sich mit Martin Buber kennzeichnen als die »Ich-Du-Beziehung«. Es ist dies die zweite Entwicklungsphase der ungeteilten Achtsamkeit, in der sie Osten und Westen verbindet.

Geht es im Manichäismus um die »Ich-Du-Beziehung« – die Liebe zum Jesus Patibilis in jedem Wesen –, so geht es im Buddhismus um die »Ich-Es-Beziehung«, das Einswerden mit dem Universum. In der Terminologie Bubers könnten wir bei dieser radikal östlichen Form des Denkens sogar von einer »Es-Es-Beziehung« sprechen. In der ungeteilten Achtsamkeit ist es möglich, die Ausrichtung Buddhas und die Ausrichtung Manis miteinander zu verbinden. In der »Ich-Es-Beziehung« Buddhas bringt die ungeteilte Achtsamkeit *Mitleid*, in der »Ich-Du-Beziehung« Manis *Mitgefühl*. Im Mitleid ist die Liebe ungetrennt, aber unpersönlich. Im Mitgefühl – ohne eine Arroganz des »Guten« – ist die Liebe das persönlich mitgefühlte Leid (oder die Freude) des anderen. Im Mitleid wird die Liebe des Weltenkosmos erlebt, während im Mitgefühl die Liebe eine Tätigkeit ist, die sich vom Ich auf den anderen richtet. Da die ungeteilte Achtsamkeit Bewusstsein des Seins ist, ist es sehr wohl möglich, sich gleichzeitig mit ungeteilter Achtsamkeit in den anderen einzuleben und ein persönliches, auch aktives Verhältnis zu dem anderen zu bekommen. Durch die ungeteilte Achtsamkeit in der »Ich-Es-Beziehung« sorgt die reine Wahrnehmung dafür, dass man sich in der »Ich-Du-Beziehung« nicht völlig in dem anderen verliert, aber auch, dass man nicht persönlich-selbstsüchtig wird. Hier kann man von Meisterschaft sprechen, man meistert sein Fühlen, wird Meister der Begegnung oder *Meister des Herzens*, wie Mani es nannte.

Die erste Metamorphose der ungeteilten Achtsamkeit (Mitleid und Mitgefühl) ist die Verschmelzung der buddhistisch ausgerichteten »Ich-Es-Beziehung« mit der »Ich-Du-Beziehung« manichäischer Prägung, wodurch Liebe entsteht, und zwar unabhängig vom rein Unpersönlichen und rein Persönlichen. Weil in dieser Liebe kein Unterschied besteht zwischen »persönlich« und »unpersönlich«, ist sie wirklich ungetrennte Liebe, in der der buddhische Christusimpuls aufblühen kann. »Liebe Gott über alles«[486] bedeutet, dass in der allgemeinen und unpersönlichen »Ich-Es-Beziehung«(in der Gott allgegenwärtig ist) doch die besondere und persönliche »Ich-Du-Beziehung« (Gott als individuelles Wesen) wirkt. Die Liebe zu Gott ist auch die Liebe zum Schicksal. – Das kommt auch zum Ausdruck im Bild der Geißelung (die zweite Stufe auf dem siebenstufigen christlich-gnostischen Einweihungsweg). Besonders stark ist die »Ich-Du-Beziehung« im »Liebe deinen Nächsten wie dich selbst«.[487] Das wirkliche

Schenken der ungeteilten Achtsamkeit kann innerlich in die Worte gefasst werden: »Nicht ich, sondern der Christus im anderen«. – Dies kommt zum Ausdruck im Bild der Fußwaschung (die erste Stufe des christlich-gnostischen Einweihungsweges).

In dieser wirklich ungetrennten Liebe kann auch die Liebe zum Bösen wirksam werden. In der »Ich-Es-Beziehung« ist das Böse das illusionäre Denken: das Erleben der Maya anstelle der wirklichen Einheit in allem. In der »Ich-Du-Beziehung« gibt es eine persönliche Ausrichtung auf das Böse als selbstständigem Wesen. In der wirklich ungetrennten Liebe kann das manichäische Prinzip der Liebe tätig werden, um uns – in der »Ich-Du-Beziehung« der ungeteilten Achtsamkeit – mit dem Bösen zu verbinden, ohne – durch die »Ich-Es-Beziehung« der ungeteilten Achtsamkeit – das Böse zu sein. Dadurch kann das Böse ins Gute umgewandelt werden. In dieser ungetrennten Liebe der ungeteilten Achtsamkeit wirkt der buddhische Christusimpuls am stärksten: »Liebet eure Feinde«.[488] – Dies kommt zum Ausdruck im Bild der Dornenkrönung (die dritte Stufe auf dem christlich-gnostischen Einweihungsweg).

Nach der Kreuzigung und dem mystischen Tod (die vierte und fünfte Stufe auf dem christlich-gnostischen Einweihungsweg) wird bei der Erleuchtung durch den zoroastrischen Christusimpuls in dieser tröstenden und liebebringenden Aktivität des Menschen das Geistesfeuer und die Liebeskraft des Parakleten geschenkt. In Kapitel 19 wird mit der manichäischen Meditation eine Möglichkeit aufgezeigt, in Liebe zur leidenden Weltenseele auf Christus gerichtet zu sein. Die ungeteilte Achtsamkeit ist dann die Gralsschale im Menschen, in welcher der Christus empfangen werden kann, um Welt und Menschheit in ihrem Leid zu trösten. In der ersten Metamorphose der ungeteilten Achtsamkeit sind somit der achtgliedrige Pfad Buddhas und der siebenstufige christlich-gnostische Einweihungsweg miteinander verbunden.

Die zweite Metamorphose der ungeteilten Achtsamkeit ist die Aktivität des Schauens bei Zarathustra bzw. bei Christian Rosenkreuz, die aus der ungeteilten Achtsamkeit stammt. Wie wir sahen, ist der moderne Einweihungsweg des Christian Rosenkreuz einer der Liebe zur Wahrheit, die zum imaginativen, inspirativen und intuitiven höheren Bewusstsein führt. Die ungeteilte Achtsamkeit ist hier die meditative Grundhaltung, um zur höheren Erkenntnisfähigkeit zu kommen. Auch Rudolf Steiner, der mit seinem Schulungsweg an den Einweihungsweg des Christian Rosenkreuz anknüpft, spricht von einem Lösen des Denkens von der Denkkraft, von leerem Bewusstsein und gegenstandsloser Achtsamkeit.[489] Zudem weist er darauf hin, wie wichtig es ist, sich selbst so wahrzunehmen, als sei man ein anderer. Und er spricht von den *Nebenübungen*. Die Herrschaft über Denken, Fühlen und Wollen, Unbefangenheit, Positivität und Harmonie. Das sind Qualitäten der ungeteilten Achtsamkeit als meditativer Grundhaltung. Es ist vor allem der Bereich des ungeteilten inneren Sehens in der ungeteilten Achtsamkeit, der bei der meditativen Haltung angesprochen wird. Durch die »ekstatischen« Qualitäten der ungeteilten Achtsamkeit ist es möglich, dass die ungeteilte Achtsamkeit zum Schauen wird. Auch Rudolf Steiner spricht von der übersinnlichen Wahrnehmung als Vergeistigung der sinnlichen Wahrnehmung. In der ungeteilten Achtsamkeit kann man die Einheit in der Vielheit erleben. Durch die vier Formen des Denkens (wahrnehmendes Denken, denkendes Denken, fühlendes Denken und wollendes Denken) kann man alles in der Vielheit auf sein individuelles Wesen zurückführen. Aus ungeteilter Achtsamkeit kann das Fragen stellende raum-zeitliche Denken weiterhin Imaginationen, Inspirationen oder Intuitionen der Intelligenz empfangen. Es gibt Imaginationen, die man innerlich schauen kann, und durch die geöffneten Augen ist das imaginative Schauen der Aura in der Umgebung möglich. Es gibt Inspirationen, die aus dem Fühlen heraus das meditative Denken befruchten können, und es gibt das inspirative Hören als ein innerliches Hören durch das äußere Hören hindurch.

Die ungeteilte Achtsamkeit ist hier die meditative Grundhaltung und die Fähigkeit des Schauens und innerlichen Hörens. Für das intuitive Bewusstsein oder die Wesensvereinigung ist es Rudolf Steiner zufolge notwendig, ein vollständig waches, aber leeres Bewusstsein zu haben; nur so können wir dem anderen in uns selbst (oder uns selbst im anderen) begegnen. Dies ist die reine ungeteilte Achtsamkeit. In Kapitel 19 werden diese höheren Bewusstseinsstufen in der manichäischen Christusmeditation weiter ausgearbeitet. Diese zweite Metamorphose der ungeteilten Achtsamkeit ist ein Einwirken des zoroastrischen Christusimpulses, der dem geisteswissenschaftlich forschenden philosophischen Ich des Menschen im höheren Ich oder Geistselbst die Imaginationen, Inspirationen und Intuitionen schenkt. In der zweiten Metamorphose der ungeteilten Achtsamkeit sind der achtgliedrige Pfad Buddhas, der siebenstufige christlich-gnostische Einweihungsweg und der siebenstufige Weg des Christian Rosenkreuz miteinander verbunden.

Die dritte Metamorphose der ungeteilten Achtsamkeit ist der schöpferische Wille, der aus der ungeteilten Achtsamkeit entstehen kann. Ungeteilte Achtsamkeit ist Bewusstsein des Seins, aber der Mensch ist ein schöpferisches Wesen, das selbst im Entstehen ist und in der bestehenden Welt eine neue kulturelle Welt entstehen lassen kann. Buddha lehrt den Menschen, innerlich frei zu werden, um im Mitleid das Sein zu erleben. Zarathustra war ein Priesterkönig, der zu den Menschen sprach, um die Intuitionen Ahura Mazdas zu verwirklichen, beispielsweise, um Korn anzubauen und zu veredeln. Christian Rosenkreuz lehrt den Menschen das Schauen des schöpferischen Geistes der Natur im denkenden Denken (Imagination), dem fühlenden Denken (Inspiration) und dem wollenden Denken (Intuition). Der Handlungsimpuls des Christian Rosenkreuz spricht nicht nur von der Überwindung des Mondkarma (des Karma, das aus der Vergangenheit kommt und ausgeglichen werden will), sondern auch vom Sonnenkarma, dem Willen, Ideale für die Zukunft der Menschheit zu verwirklichen.[490] Im zoroastrischen Christusimpuls kann der Mensch die Inspiration empfangen, in der vergeistigten Kulturarbeit mitzuhelfen an der Errichtung des Neuen Himmels und der Neuen Erde. Auch Wladimir Solowjew sprach von der Notwendigkeit, unsere Kultur zur Sophia des Christus zu vergeistigen und zu verchristlichen. In der *Philosophie der Freiheit* hat Rudolf Steiner die Willensinitiative des Menschen als freiem Geist aufgezeigt. Gerade in der ungeteilten Achtsamkeit kann diese Philosophie der Freiheit praktisch umgesetzt werden. So entsteht aus der ungeteilten Achtsamkeit eine Kunst des Handelns. Ich habe versucht, die *Philosophie der Freiheit* schematisch darzustellen. Man kann die Philosophie der Freiheit unterteilen in das, was ich die *Säule der Erkenntnis* nenne, die zur situativen oder zur Begriffsintuition führt, und das, was ich die *Säule des Handelns* nenne, die aus der moralischen Intuition oder »Handlungsintuition« wirkt.

Säule der Erkenntnis	Säule des Handelns
ICH	ICH
3. Situative und Begriffsintuition	**5. Moralische Intuitionen**
Wollend denken	Wollend denken
(Wesensintuition, moralischer Gehalt der Situation und meiner eigenen Haltung)	(meditativ in Intuitionen hineinleben)
2. Vorstellen	**6. Moralische Phantasie**
Fühlend denken	Fühlend denken
(Welche Seelenstimmung wirkt in dieser Situation und in mir selbst?)	(Welche Seelenstimmung bewirkt die neu zu schaffende Situation?)
Denkend denken	Denkend denken
(Vorstellungen der heutigen Situation)	(Vorstellungen der neu zu schaffenden Situationen)
1. Wahrnehmen	**7. Moralische Technik**
Wahrnehmend denken	Wahrnehmend denken
(Beschreibung der Wahrnehmung)	(Wahrnehmbare Handlung)

Wir können die lebendige Selbsterkenntnis oder Bewusstseinsphänomenologie mit der Säule der Erkenntnis aus der *Philosophie der Freiheit* verbinden. Durch die ungeteilte Achtsamkeit nehmen wir das Phänomen im Bewusstsein wahr *(Wahrnehmen: 1)* und können uns mit dem raum-zeitlichen, Fragen stellenden Denken eine Vorstellung von der Art dieses Phänomens bilden *(Vorstellen: 2)*, sodass wir letztlich zu einem Wesensbegriff oder einer *Begriffsintuition* dieses Phänomens im lebendigen Denken oder der Intelligenz kommen *(Denken: 3)*. So kann die Unfreiheit im Bewusstsein erkannt werden. Das ist die lebendige Selbsterkenntnis, von der auch Buddha spricht. Um eine gute und richtige Handlung in Freiheit verrichten zu können, ist es zudem notwendig, einen Wesensbegriff von der Situation zu haben, in der man zum Handeln kommen will. Auch hier ist der Erkenntnisprozess so, dass wir aus ungeteilter Achtsamkeit die Situation wirklich unbefangen wahrnehmen und fühlen müssen *(Wahrnehmen: 1)*, uns dann mit Hilfe des raum-zeitlichen Denkens eine Vorstellung von ihrer Art machen können *(Vorstellen: 2)*, um letztlich mit Hilfe des lebendigen Denkens oder der Intelligenz zu einer *situativen Intuition* oder einem Wesensbegriff der Situation zu kommen *(Denken: 3)*. Die lebendige Selbsterkenntnis und die lebendige Erkenntnis der Situation sind die Voraussetzung für ein gutes und richtiges Handeln in dieser Situation.

Gut und Böse sind abhängig von der Situation: Geduld ist gut und richtig, wenn man auf den Bus wartet, aber schlecht, wenn man einem Ertrinkenden helfen will. Die Kunst des Handelns besteht darin, das Richtige zu tun, im rechten Augenblick am rechten Platz und bei dem richtigen Menschen zu sein. Entzündend an der situativen Intuition des eigenen Bewusstseins und der Situation, kann aus dem lebendigen Denken oder der Intelligenz in Freiheit die *moralische Intuition* gewählt werden. Was mache ich meiner Meinung nach richtig in dieser Situation? Die moralischen Intuitionen werden jedoch unabhängig von der Situation und meiner Psyche in der Intelligenz (als einer hierhin abgestiegenen platonischen Ideenwelt) gefunden. Sie stammen nicht aus der Intuition, obgleich sie mit ihr in Beziehung stehen. Wenn ich etwas tue, weil es in einer Situation von mir erwartet wird, ohne dass ich selbst die Idee intuitiv finde oder durchdenke, bin ich nicht frei in meinem Denken, meinen Emotionen und meinem Handeln. Wenn ich einer Autorität, meinem Charakter, meinen Gewohnheiten, Trieben oder praktischen Erfahrungen folge, bin ich nicht frei. Rudolf Steiners Denken befindet sich in Übereinstimmung mit der »rechten Erkenntnis« Buddhas. Nur wenn ich aus dem freien lebendigen Denken oder der Intelligenz heraus handele, bin ich frei. In Freiheit wähle ich eine moralische Intuition. Mit der *moralischen Phantasie*, die der Säule des Handelns zugeordnet ist und auf einer Stufe mit dem Vorstellen steht, kann ich eine Vorstellung entwickeln, wie ich die selbstgewählte moralische Intuition in diese Situation einfügen kann. Es ist eine kreative, projektive Vorstellung, die ich selbst entwerfen muss, um mein zukünftiges Handeln zu realisieren. Es handelt sich nicht wie im Erkenntnisprozess um eine Vorstellung des Bestehenden, sondern um eine Vorstellung des noch nicht Bestehenden. Es ist eine kreative Vorstellung. Mit dieser Vorstellung von dem, was ich in der Situation tun werde – eine der Situation anverwandelte moralische Intuition –, bringe ich die *Handlung*, für die wiederum Fähigkeiten oder *moralische Technik* nötig sind, in die Realität der Wahrnehmung. Das ist für mich die *Kunst des Handelns.*

Die ungeteilte Achtsamkeit bietet die Möglichkeit, mit uns selbst und mit der Situation in Verbindung zu bleiben, um aus der Intelligenz heraus zu situativen und moralischen Intuitionen zu kommen. So kann ich beispielsweise durch die ungeteilte Achtsamkeit eine Situation wahrnehmen, die ich dann auf die situative Intuition zurückführe, dass mein Gegenüber mich wohl stark anspricht, aber mir gegenüber unsicher ist. Daran kann sich die moralische Intuition entzünden, dem anderen vertrauensvoll zu begegnen. In der moralischen Phantasie sehe ich dann vor mir, wie ich dem Vertrauen eine Form geben kann, indem ich etwa dem anderen für etwas danke, das er für mich getan hat. In meinem Handeln, in der Art und Weise, wie ich dann tatsächlich spreche, wende ich die gefundene Fähigkeit oder moralische Technik an, um mit ihr die moralische Phantasie zu realisieren.

In der ungeteilten Achtsamkeit können die Säule der Erkenntnis und die Säule des Handelns einander fortwährend abwechseln, sodass ich mein Handeln im Erkenntnisprozess beständig evaluiere, um es der jeweiligen Situation anzupassen. Wie ein Künstler erst malt und dann zurücktritt, um das Resultat zu betrachten, so tritt auch der Künstler des Handelns nach seinem schöpferischen Tun aus der moralischen Intuition gleichsam zurück, um seine Handlung aus der situativen Intuition zu begreifen und zu evaluieren.

In der ungeteilten Achtsamkeit ist es zu jedem Augenblick des Tages möglich, aus der wortlosen Intelligenz heraus die situative und die moralische Intuition aufeinander abzustimmen. So können wir sowohl in der Kunst als auch im alltäglichen Handeln improvisieren. Nun können wir die *Philosophie der Freiheit*, wie ich sie hier zusammengefasst habe, noch durch die vier Formen des Denkens aus der vierten Phase des Einweihungsweges von Christian Rosenkreuz vertiefen. Neben dem unmittelbaren Handeln aus der situativen Intuition gibt es auch Ideale, die eine längere Zeitspanne umfassen. Das sind moralische Intuitionen, die man in der Kultur verwirklichen kann. Rudolf Steiner zufolge ist auch das Lebensziel des Menschen nicht von der Gottheit bestimmt, sonst wäre der Mensch unfrei. Der Mensch als werdender freier Geist ist selbst in der Lage, sein Lebensziel zu gestalten. Auch das Mondkarma überlässt ja dem Menschen, wie er damit umgehen soll. Und was ich mir im Vorgeburtlichen vorgenommen habe, lässt mich doch frei darin, ihm zu folgen oder nicht. Ich kann an mein Lebensziel aus einem vorangegangenen Leben anknüpfen und es auch wieder verändern. Der Mensch ist – wenn er sich dessen bewusst ist – wirklich Künstler und Kunstwerk zugleich. Aber was bedeutet es, sein eigenes Lebensziel gestalten zu können? Das Lebensziel ist auch eine moralische Intuition, die durch die moralische Phantasie noch spezifiziert werden muss – beispielsweise, indem man die Mittel oder die einzelnen Abschnitte des Wegs beschreibt –, um sie dann praktisch umsetzen zu können. Buddha sprach abgesehen von dem großen Ideal der Buddhaschaft nicht von solchen Kulturidealen. In der ungeteilten Achtsamkeit ist jedoch sehr wohl ein Ideal oder ein Wille mit einem längeren Lebensbogen möglich, ohne dass uns dieser Wille als Mensch unfrei machen müsste. Es ist auch möglich, was Buddha sogar betont, einen nicht gebundenen Willen im Realisieren eines Kulturideals zu haben, was Zarathustra, Christian Rosenkreuz und Rudolf Steiner betonen. Ohne dass sich ein Mondkarma bilden muss, kann das Sonnenkarma für die Menschheit wirksam werden.

Diesen nicht gebundenen Willen in den Kulturidealen, beispielsweise im Realisieren einer Ausbildungsstätte oder eines Obdachlosenasyls, nenne ich den ungeteilten Willen. Der ungeteilte, schöpferische Wille ist die *dritte Metamorphose der ungeteilten Achtsamkeit*. Die Intelligenz in der ungeteilten Achtsamkeit sorgt dafür, dass ich mich in meiner Willensaktivität nicht mit dieser Aktivität identifiziere, sondern durch Selbstwahrnehmung meines Ich wirklich frei bleibe. In dieser Selbstwahrnehmung bleibe ich jedoch nicht in einem passiven Erleben des Seins, sondern komme auch in die schöpferische Willenskraft des Werdens. So kann man das Seinserleben des Ostens wirklich mit dem Willen des Westens versöhnen. Der ungeteilte Wille ist dadurch auch der Wille, der nicht zur Ermüdung führen muss. Die freie Willensfähigkeit ist Vitalität in sich.

Wann aber ist der Wille nicht ungeteilt, sondern fragmentiert, wodurch Ermüdung entsteht? Ich möchte folgende Beispiele des fragmentierten oder unfreien und gebundenen Willens geben, in denen das freie Ich vom Willen abgeworfen wird wie der Reiter vom Pferd:

1. etwas anderes tun, als man will;
2. zu viel wollen:
   a) ein immer stärker werdendes Verlangen in der Begierde;
   b) zu viel erwarten, wodurch eine Diskrepanz zwischen Wollen und Können entsteht – frustrierter Wille;
   c) zu viele Willensperspektiven, mehrere Willensrichtungen gleichzeitig haben, die sich gegenseitig schwächen;

3. nicht wollen, was bereits vorhanden ist und nicht verändert werden kann;
4. zu wenig wollen – Lethargie des Ich, Langeweile, keine Kreativität;
5. Impulsivität – Handeln aus Begierden, Gewohnheiten und Charakter;
6. der mit den Emotionen identifizierte Wille;
7. Opportunismus – von der Situation gelebt werden;
8. psychologische Faktoren, die den Willen lähmen, beispielsweise Traumata;
9. Verhärtung des Willens.

Damit eine freie Handlung das Gute vollbringen kann, müssen meiner Meinung nach drei Momente harmonisch zusammenstimmen: die Intention, das Resultat und die Beschaffenheit der Handlung. Bei einer Verhärtung des Willens wird eines der drei genannten Momente unfrei und verselbstständigt sich gegenüber den anderen.

1. Die *Intention* führt dann zu einer Prinzip-Fixierung: Dieses Prinzip, dieser Wert oder dieses Ideal muss man immer wollen und initiieren.
2. *Ziel-Fixierung des Resultats*: Es muss genau dieses Resultat erreicht werden.
3. Die *Beschaffenheit des Handelns* wird zur Form-Fixierung: Nur auf diese bestimmte Weise muss und kann es getan werden.

Der ungeteilte Wille aus ungeteilter Achtsamkeit ist überall dort zielgerichtet, wo es möglich ist, und flexibel und abwartend, wo es nötig ist. So erwirbt der Mensch Meisterschaft, er wird Meister des Willens, und die ungeteilte Achtsamkeit, metamorphosiert im ungeteilten Willen, steht inmitten der Welt mit all ihren Herausforderungen. Die meditative Lebenshaltung ist dann vollständig mit dem Leben selbst verbunden.

Indem ich aus dem lebendigen Denken heraus selbst die moralischen Intuitionen schöpfe, nach denen ich handeln will, bin ich als Mensch frei. Wenn ich aus wirklicher Freiheit willentlich das Gute und Rechte vollbringen möchte, entsteht Liebe zu dieser Handlung. In dieser aus der Freiheit geborenen Liebe zum Guten und Rechten einer Handlung wirkt der buddhische Christusimpuls im Menschen mit. Im Finden der moralischen Intuitionen wirkt der zoroastrische Christusimpuls im Menschen mit. In der dritten Metamorphose der ungeteilten Achtsamkeit sind der achtgliedrige Pfad Buddhas, der siebenstufige christlich-gnostische Einweihungsweg, der siebenstufige Weg des Christian Rosenkreuz und die *Philosophie der Freiheit* (oder die Willensinitiative) Rudolf Steiners miteinander verbunden.

So kann die ungeteilte Achtsamkeit die Lebenshaltung sein, um den zweifachen Christusimpuls aufzunehmen und zu verwirklichen. Sowohl der buddhische als auch der zoroastrische Christusimpuls wirken in der ungeteilten Achtsamkeit und in den drei Metamorphosen der ungeteilten Achtsamkeit. Der buddhische Christusimpuls wirkt jedoch am stärksten in der ungeteilten Achtsamkeit selbst, und zwar als eine zeitgemäße Verstärkung der Achtsamkeit Buddhas, und in der ersten Metamorphose der ungeteilten Achtsamkeit: in der manichäischen »Ich-Du-Beziehung« der Liebesentwicklung. Der zoroastrische Christusimpuls wirkt am stärksten in der zweiten und dritten Metamorphose der ungeteilten Achtsamkeit: im Schauen des Christian Rosenkreuz, um zur wesentlichen Erkenntnis zu kommen, und in der Willensinitiative Rudolf Steiners oder dem ungeteilten Willen.

In den drei Metamorphosen der ungeteilten Achtsamkeit werden die einander ergänzenden Werte des achtfachen buddhistischen Pfades, des siebenstufigen christlich-gnostischen Einweihungsweges vom Meister Jesus und Mani sowie des siebenstufigen Weges von Christian Rosenkreuz und der *Philosophie der Freiheit* Rudolf Steiners verschmolzen. *Dies ist ein moderner Einweihungsweg zu Christus: in ungeteilter Achtsamkeit zum Gralsmenschen werden.*

In der Akademie für persönliche Meisterschaft und Soziale Kunst werden die ungeteilte Achtsamkeit und ihre drei Metamorphosen gelehrt und geübt. Die Akademie hofft, damit dazu beizutragen, dass der buddhische und der zoroastrische Christusimpuls aufgenommen und verwirklicht wird.

Kapitel 16

Die Bergpredigt als Entwicklungsbild des Menschen

Wir haben immer von der Gnade des »Geistes der Wahrheit« als dem zoroastrischen Christusimpuls gesprochen. Dieser Geist liegt – ebenso wie der buddhische Christusimpuls – der sogenannten Bergpredigt zugrunde. Auf unserer Israelreise war es ein besonderer Augenblick, am sonnenüberstrahlten See Genezareth zu stehen, an dem Ort, wo Christus Jesus vermutlich die Bergpredigt gehalten hat, und gemeinsam zu versuchen, deren tiefere Bedeutung zu verstehen. In der Bergpredigt des Christus Jesus mit ihren neun Seligpreisungen[491] finden wir die gesamte Menschheitsentwicklung aus dem zweifachen Christusimpuls wieder. In den ersten sechs Seligpreisungen ist der buddhische Christusimpuls zu erkennen, und in den letzten drei Seligpreisungen erfahren wir, wie im Pfingstfeuer, das den Jüngern fast zwei Wochen nach der Himmelfahrt zuteilwurde, der zoroastrische Christusimpuls als der Geist der Wahrheit im Menschen wirkt. Rudolf Steiner wies darauf hin, dass man in diesen neun Seligpreisungen das neunfache Menschenbild in Geist, Seele und Leib erkennen kann.[492]

Anhand der einzelnen Seligpreisungen soll dieses neunfache Menschenbild nun in Bezug auf die gesamte christliche Entwicklung des Geistes, der Seele und des Leibes bis in die ferne Zukunft hinein dargestellt werden.

Physischer Leib	Selig die Armen im Geist
Ätherleib	Selig die Trauernden
Astralleib	Selig die Sanftmütigen
Empfindungsseele	Selig, die hungern und dürsten
Verstandes- oder Gemütsseele	Selig die Barmherzigen
Bewusstseinsseele	Selig, die reinen Herzens sind
Geistselbst (Manas)	Selig die Friedensstifter
Lebensgeist (Buddhi)	Selig die um Gerechtigkeit willen Verfolgten
Geistesmensch (Atman)	Selig seid ihr, wenn sie euch schmähen

1 Selig die Armen im Geist,
denn ihrer ist das Reich der Himmel

Man muss diese Seligpreisung, so Rudolf Steiner, auf der Ebene des physischen Leibes verstehen. In vorchristlicher Zeit verfügte die Menschheit über eine instinktive, an den Körper gebundene Hellsichtigkeit. Da jeder Mensch mit einem Stamm verbunden war und beispielsweise auch nicht außerhalb dieses Stammes heiraten durfte, konnten die Ahnen animistisch in der Natur oder durch ein Medium gesehen und gehört werden. Christus aber wollte nicht mehr im Bereich des alten Hellsehens wirken. So sprach er am See Genezareth auch zu *allen* Menschen. Wir wissen, dass gerade diese Menschen in ihrer Mischung die Charakteristika aller Stämme und Völker in sich trugen. Die »Armen im Geist« sind diejenigen, die nicht mehr durch das alte Hellsehen zum Geist kamen. Sie können auf eine neue Weise in sich selbst das Reich Gottes finden, weil das buddhische Christentum bis tief ins Blut, in den Körper hineinwirkt. Christus will das Ich des Menschen ansprechen und nicht mehr den Menschen, der durch Blutsverwandtschaft mit den anderen Menschen in einem Gruppen-Ich verbunden ist. Christus ist das Ich-Bin, wie es in den sieben Johannesworten ausgedrückt ist. Er will das individuelle Ich-Bin ansprechen, wodurch der Mensch in seiner Freiheit bleibt.[493] Das Ich wirkt im Blut des physischen Körpers. Christus, der in den ersten drei Lebensjahren jedes Kindes bis in den Organismus hineinwirkt[494] (der buddhische Christusimpuls), schafft eine innere Selbstständigkeit in der Seele, gerade weil er dafür sorgt, dass diese Seele sich gut in dem Körper inkarniert. Hierdurch kann das Ich-Bewusstsein entstehen.

2 Selig die Trauernden,
denn sie werden getröstet werden

Diese Seligpreisung ist auf der Ebene des Ätherleibes zu verstehen. Der wirkliche Kummer, das wirkliche Leid gehen tiefer als nur in die Seele. Das Leid wirkt auf den Ätherleib. Der Astralleib ist flüchtig, die Gedanken, die Gefühle und Willensimpulse kommen und gehen, aber der Ätherleib hat eine gewisse Trägheit. Das drückt sich beispielsweise im Charakter und in der Bildung von Gewohnheiten aus. In der indischen Kulturepoche versuchten die Brahmanen und später die Yogis, durch die Kontrolle des Atmens den Ätherleib rhythmisch zu reinigen. Rudolf Steiner zufolge gibt es zwischen den Briefen des Johannes an die sieben Gemeinden und den sieben Kulturepochen Übereinstimmungen.[495] Die indische Kulturepoche passt demnach zu dem Ephesus der Apokalypse. Im zweiten Jahrsiebt der menschlichen Biografie wird der Ätherleib in seiner Selbstständigkeit tätig. Ein länger anhaltender Kummer wirkt bis in den Ätherleib. Wenn der Mensch in früheren Zeiten in großer Sorge war, einen tiefen Kummer hatte, gab es die Deva oder Engelwesen, die ihm halfen oder ihn trösteten. Der buddhische Christusimpuls schenkt der Seele die Möglichkeit, das Leid so zu durchleiden, dass das Ich sich selbst trösten kann.

3 Selig die Sanftmütigen, denn sie werden das Land erben

Diese Seligpreisung ist auf der Ebene des Astralleibes zu verstehen, in dem Licht und Dunkelheit wirken, wie Zarathustra es die Menschheit in der zweiten Kulturepoche, dem *Smyrna* der Apokalypse, gelehrt hatte. Im dritten Jahrsiebt der menschlichen Biografie wird vor allem der Astralleib angesprochen. Im Astralleib wirkt, so könnte man sagen, der kainitische Stachel des Bösen. Kain hat seinen Bruder getötet, er wollte nicht seines Bruders Hüter sein. Hier wirkt das Luziferische bis in die Seele hinein. Wenn man jedoch durch den innerlich wirkenden buddhischen Christusimpuls Sanftmütigkeit erlangt, kann der kainitische Stachel umgewandelt werden in ein echtes Interesse am anderen Menschen. Die Menschen, die Sanftmut entwickeln, verhalten sich dem anderen gegenüber so, dass ein ganz neues Zusammenleben entstehen kann. Wie es das beispielsweise von den Katharern und den Manichäern heißt, so können noch immer die Sanftmütigen das Land besitzen.

4 Selig, die nach der Gerechtigkeit hungern und dürsten, denn sie werden gesättigt werden

Diese Seligpreisung ist auf der Ebene der Empfindungsseele zu verstehen, des vom Ich umgewandelten Astralleibes. Hier kommt man zu individuellen Erfahrungen, individuellen Emotionen. Die Empfindungsseele konnte sich durch ihre Inkarnationen in der ägyptisch-chaldäischen Kulturepoche, dem *Pergamon* der Apokalypse, entwickeln. Die Hellsichtigkeit der persischen Kulturepoche hatte schon abgenommen und die Verbindung zur geistigen Welt wurde auf dem Wege der Kunst hergestellt. Durch die Kunst sprachen die Götter zu den Menschen, die diese Götter in einer sinnlich erlebbaren Form darstellten. Das Ideal der Empfindungsseele ist das Erleben der Schönheit. Im vierten Jahrsiebt der menschlichen Biografie (vom 21. bis zum 28. Lebensjahr) hat die Empfindungsseele die besten Möglichkeiten, sich zu entfalten.

Der Astralleib, so könnte man sagen, hat Verlangen, ihn dürstet und hungert. Es ist charakteristisch für den Astralleib, dass er begehren will. Die Empfindungsseele verwirklicht sich durch den im Innern wirkenden buddhischen Christusimpuls im Verlangen nach Gerechtigkeit. In der Empfindungsseele wirken besonders die auf das Ich gerichteten Emotionen. Was hat mir der andere angetan? – Irritationen, Wut und psychologische Ängste. Wenn sich die Empfindungsseele entwickelt, wird ein höheres Verlangen geweckt: nach der höheren Gerechtigkeit der Liebe, die in sich selbst Erfüllung oder Sättigung findet und die dabei sogar dem Bösen die andere Wange hinhält.[496]

5 Selig die Barmherzigen, denn ihnen wird Barmherzigkeit widerfahren

Diese Seligpreisung ist auf der Ebene der Verstandes- oder Gemütsseele zu verstehen, die einem die Möglichkeit gibt, sich über die eigenen Erfahrungen Gedanken zu machen. Hier ist die verwandelnde Kraft des Ich aus dem Astralleib so stark, dass es in einer verinnerlichten Bewegung bis in den Ätherleib hinein wirkt. Und das Denken gewinnt an Kraft, da man mit Hilfe des Verstandes zusammenhängende Vorstellungen entwickelt, um die Wirklichkeit zu begreifen. Dort, wo man die Wirklichkeit nicht begreifen kann, wohl aber deren Mysterium spürt, wirkt im Gemüt das Erstaunen oder die Gefühlsintuition. Die Verstandes- oder Gemütsseele ist Denken aus dem Erstaunen heraus, wie es in der Kultur Griechenlands initiiert wurde, und sie ist Denken aus dem Gefühlserleben heraus, wie es in der Kultur des Mittelalters wirkte. Das bedeutet, dass die Verstandes- oder Gemütsseele in den Inkarnationen der vierten Kulturepoche, dem *Tyatira* der Apokalypse, zur Entfaltung gekommen ist. Im fünften Jahrsiebt der menschlichen Biografie (vom 28. bis zum 35. Lebensjahr) entwickeln sich hier die stärksten Kräfte. Das Ideal der Verstandes- oder Gemütsseele ist das Wahre, die Wahrheit. In der Verstandes- oder Gemütsseele kann man zunächst einmal die eigene Individualität erleben. Denn man erlebt sich im erzeugenden Denken selbst als Denkwesen, als Ich. Erfahrungen kann man sich öffnen, aber zum Denken muss man selbst aktiv werden, dann erst erlebt man das schöpferische Ich.

So kann man aus dem Denken heraus begreifen, dass einem Barmherzigkeit zuteilwird, wenn man selbst Barmherzigkeit übt. Auf diese Weise versteht man die moralischen Gesetzmäßigkeiten zwischen dem Ich und dem anderen. Durch den von innen heraus wirkenden buddhischen Christusimpuls werde ich mir als denkendes Wesen meines Ich bewusst und kann, indem ich die Folgen meines Handelns in der

Welt verstehe, dies dem Verständnis meines Ich dienstbar machen. Im Zuge dieser Entwicklung des Denkens, die durch den buddhischen Christusimpuls zu einer ersten Form religiöser Selbsterkenntnis angeregt wird, ist es später möglich, den zoroastrischen Christusimpuls zu empfangen und zu durchdenken.

6 Selig, die reinen Herzens sind, denn sie werden Gott schauen

Diese Seligpreisung ist auf der Ebene der Bewusstseinsseele zu verstehen, die vor allem in unserer fünften Kulturepoche, dem *Sardes* der Apokalypse, zur Entfaltung gebracht wird. Biografisch gehört diese Entwicklung in das Lebensalter zwischen 35 und 42 Jahren. Die Bewusstseinsseele ist auch eine vom Ich geschaffene Umwandlung des Astralleibes, die bis in den physischen Leib hinein wirkt. Zur Bewusstseinsseele gelange ich durch die Frage: Wer ist es eigentlich, der zur Erfahrung und zum Denken gelangt? Wer bin ich, der ich mit der Verstandes- oder Gemütsseele über die Erfahrungen der Empfindungsseele nachdenke? Indem ich diese Fragen stelle, entwickelt sich die »Bewusstwerdungsseele«. Auch, dass ich die Methode offenlege, mit deren Hilfe ich zur Erkenntnis gelange, sie wissenschaftlich reflektiere, ist in unserer Zeit eine Äußerung der Bewusstseinsseele. Die Beschleunigung, die wir in der heutigen Kultur erleben, und der Termindruck fordern uns dauernd heraus, uns nicht von unserem Umfeld bestimmen zu lassen, sondern das Steuer in der Hand zu behalten und selbst antizipierend mit dem eigenen freien Willen oder sogar mit ungeteiltem Willen tätig zu werden.

Man kann aus der Bewusstseinsseele heraus fragen: Wie komme ich zu einer solchen Erkenntnis meiner selbst, zu einer solchen Wahrnehmung meiner selbst, dass ich meine Motive in vollem Bewusstsein kennenlerne? Dann kann ich eine Freiheitsphilosophie entwickeln, in der ich meinen Willen und mein Handeln aus meinen eigenen moralischen Intuitionen selbst bestimme. Dann kann ich das Gute verwirklichen.

Das Ideal der Bewusstseinsseele ist das Gute. Ich kann jedoch das Gute nur tun, wenn ich eine Intuition dessen habe, was in einer Situation notwendig ist: wenn ich, wie Parzival, wirkliche Geistesgegenwart habe. Ob und wie ich Gutes tun kann, das hängt von der Situation ab, in der ich mich befinde. Rudolf Steiners *Philosophie der Freiheit* ist der stärkste Ausdruck der Bewusstseinsseele, und sie beginnt denn auch mit dem Erkenntnisprozess, der einen durch Wahrnehmen und Denken zu dem gelangen lässt, was ich eine situative Begriffsintuition genannt habe. Um ein Beispiel zu geben: Ghandi gelangte durch Nachdenken zu der Erkenntnis, dass der indische Mensch von den Engländern unterdrückt wurde. An dieser situativen Begriffsintuition konnte sich dann die moralische Intuition für den Handlungsprozess entzünden, die ihn eine Möglichkeit finden ließ, in dieser spezifischen Situation so zu handeln, wie er es selbst gutheißen konnte. Gandhi erkannte die strategische Bedeutung der Gewaltlosigkeit und entwickelte aus diesem Ideal sein Modell, den indischen Menschen aus der Unterdrückung zu befreien. Diese moralische Intuition, dieses Ideal musste dann noch konkretisiert werden, indem die moralische Phantasie ihn kreative Vorstellungen entwickeln ließ, wie das moralische Prinzip in einer ganz bestimmten Situation jeweils in eine spezifische Handlung umzusetzen ist. So kam Ghandi zu dem originellen Plan, in einen Hungerstreik einzutreten und die internationale Presse über die Situation aufzuklären. Mit Hilfe der moralischen Phantasie fand er also zu einer ganz individuellen Form, die moralische Intuition »Gewaltlosigkeit« für den Kampf gegen das Unrecht zu nutzen. Dank dieser Präzisierung konnte er mit der erlangten »gewaltlosen Wehrhaftigkeit« gegen die Unterdrückung angehen. Der Erfolg war überwältigend. – Die *Philosophie der Freiheit* dient der Entwicklung der Bewusstseinsseele. Dann kann ich aus dem lebendigen Denken, in dem ich mein eigener Lehrer und mein eigener Schüler bin, zu moralischen Intuitionen kommen.

In der »Bewusstwerdungsseele« begegne ich mir selbst und stelle mir die Frage: Wer bin ich? Welches sind meine Lebensziele? Zugleich habe ich die Möglichkeit, dort, eine Oktave tiefer im Ich, meinem wahren Selbst oder höheren Ich zu begegnen. Im Zeitalter der Bewusstseinsseele ist es wichtig, durch eigene Aktivität zur Begegnung mit dem wahren Selbst zu kommen. Gelingt dies nicht, so »vermaterialisiert« die Bewusstseinsseele in der beständigen Beschleunigung der heutigen technokratischen Kultur. Das wahre Selbst will in der Reinheit des Herzens wohnen. Das wahre Selbst oder das Geistselbst ist das Göttliche im Menschen. »Selig die reinen Herzens, denn sie werden Gott schauen« ist der entscheidende Satz, wenn es um die geistige Entwicklung des Ich in der Bewusstseinsseele aus dem buddhischen Christusimpuls heraus geht, der hier, wie wir später sehen werden, in Verbindung mit dem wahren Selbst zur Vereinigung mit dem zoroastrischen Christusimpuls kommen kann. Denn das ist die Entfaltung der Bewusstseinsseele: sich des höheren Ich bewusst werden und es als die unsterbliche Wurzel des Ich begreifen.

Indem man das Ich wahrnimmt, indem man das Subjekt zum Objekt der Wahrnehmung macht, hebt man die Subjekt-Objekt-Spaltung auf und es kommt zu einem Erleben des *Ich-Bin*. Sobald sich das Ich rein als Ich-Bin erlebt, ist es sich bewusst, ein geistiges Wesen zu sein. Wenn das aktive Ich sich in allen Denk-, Gefühls-, Willens- und Wahrnehmungsbeziehungen als das Ich-Bin erlebt, kann der Mensch mit einem Ausdruck der Mysteriensprache als »Sohn des Menschen« bezeichnet werden. Die Entwicklung des Menschen bis in die Bewusstseinsseele hinauf wird, so Rudolf Steiner, als der »Menschensohn« bezeichnet.[497] Wenn Christus Jesus sich, den

Evangelien zufolge, selbst den »Menschensohn« nennt, spricht er aus der Vollmacht des menschlichen Eingeweihten, der kraft seiner Bewusstseinsseele innerlich zum Meister des Bewusstseins geworden ist und den Weg zum Erleben des Ich-Bin frei gemacht hat. So kann dann in einer folgenden Entwicklung das Erleben des Ich-Bin durch eigene Tätigkeit in Verbindung mit dem höheren Ich gebracht werden. Der Mensch erlebt das Ich-Bin als Ausdruck des buddhischen Christusimpulses, auch als das »Nicht ich, sondern der Christus in mir«.

Wenn der Christus Jesus sich »Menschensohn« nennt, dann bezieht er sich damit auf die gesamte Entwicklung des Menschen bis hin zur Phase der Bewusstseinsseele. Ich denke, man kann sagen, der »Menschensohn« ist bereits eine Antizipation des kommenden buddhischen Christusimpulses, der dionysisch bis in das Ich-Bin der menschlichen Bewusstseinsseele wirken kann.

Der Christus wird in den Evangelien der »Sohn Gottes« genannt. Rudolf Steiner zufolge bezieht Christus Jesus sich hier auf seine göttliche Natur,[498] die vom Menschen als Geist der Wahrheit aufgenommen werden kann. Ich denke, man kann sagen, der »Sohn des lebendigen Gottes«[499] ist bereits eine Antizipation des kommenden zoroastrischen Christusimpulses, der dem Menschen apollinisch den Geist der Wahrheit sendet.

Der zoroastrische Christusimpuls ist das Pfingstfeuer. Es ist der Augenblick der christlichen Erleuchtung, in der der Geist der Wahrheit göttliche Kräfte bringt, um den höheren Menschen im Menschen auferstehen zu lassen.

Überraschend wie ein Dieb in der Nacht wird der Christus kommen, wenn die innere Entwicklung des Menschen ausreichend zur Blüte gekommen ist und gleich einer Rose ihre Blätter entfaltet hat. Dann können – in Übereinstimmung mit dem Karma des Menschen – mit einem Mal die göttliche Welt, das göttliche Christuslicht und das Feuer seines Geistes diese Rose berühren, ein Akt unvorhersehbarer Gnade. Rudolf Steiner beschreibt diese Erleuchtung als den Augenblick, da der Mensch zur Auferstehung seines höheren Geistwesens die göttlichen Kräfte Geistselbst, Lebensgeist und Geistesmensch empfängt.

7 Selig die Friedensstifter, denn sie werden Söhne Gottes heißen

Diese Seligpreisung bezieht sich auf die Entwicklung des Geistselbst im Menschen. In unserer fünften Kulturepoche, dem *Sardis* der Apokalypse, wird der Impuls zu dieser Entwicklung gegeben, die in der sechsten, der russischen Kulturepoche, dem *Philadelphia* der Apokalypse, dann vollständig zur Blüte kommen kann. In der menschlichen Biografie entspricht dies der Zeit vom 42. bis zum 49. Lebensjahr. Die göttlichen Kräfte des Geistselbst senken sich im Pfingstfeuer auf den Menschen herab. Der Apostel Paulus etwa hat die ersten Christen darauf vorbereitet und ihnen durch Handauflegen und Sprechen eines Einweihungsrituals, den ersten beiden Versen aus dem Brief an die Epheser, das Siegel des Geistes geschenkt.[500]

Wir wissen, dass die Katharer eine drei Jahre andauernde Reinigung durchmachen mussten. In diesen drei Jahren wurde an der Fußwaschung, der Geißelung, der Dornenkrone, der Kreuzigung und dem mystischen Tod gearbeitet, wie oben im Kapitel über die Via Dolorosa ausgeführt. Rudolf Steiner beschreibt, wie der Katharer in einem bestimmten Augenblick zu (einem) Titurel kommt, dem Großmeister der Gralsritter, und von ihm eine erste Imagination empfängt: das Bild einer weißen Lilie, die jedoch einen üblen Geruch verströmt. Von der Geistgestalt *Blanchefleur* hört der Katharer inspirativ, dass er (oder sie) selbst es ist. Dadurch, dass er (oder sie) drei Jahre abgeschieden von der Welt gelebt hat, hat sich das Böse in ihm (oder ihr) an die Ränder der Aura verschoben. – Dann empfängt der Katharer eine zweite Imagination: das Bild einer roten Rose mit angenehmem Duft. Von der Geistgestalt *Floris* hört der Katharer, dass er (oder sie) zu dieser roten Rose werden kann, wenn er (oder sie) mit dem Blut des Christus das Böse in sich selbst umwandelt. Dann wird der Katharer ein *Parzival,* so der Mysterienname.[501] Verbindungen zwischen den Katharern und den Gralsrittern von Montréal de Sos bei Ussat les Bains und San Juan de la Peña sind historisch nachgewiesen. Ich vermute, dass auch eine Verbindung der Katharer zu den Templern von Castillo de Loarre in Nordspanien bestand. – Nun muss die manichäische Umwandlung aus dem buddhischen Christusimpuls heraus geschehen sein, bevor der Katharer eingeweiht werden kann, den zoroastrischen Christusimpuls zu empfangen. Dann erst kann sich der Katharer beim Anhören der ersten siebzehn Verse des Johannesevangeliums beispielsweise in das aus den Felsen herausgeschlagene Pentagramm der Höhle bei Ussat les Bains stellen. Dieses Pentagramm ist das Bild des während der Erleuchtung erneuerten Ätherleibes, wie es auch Steiner beschreibt: Die nach oben wirkende Kontemplation wird als göttliche Kühle erlebt, und die nach unten wirkenden Initiativkräfte der Liebe als eine göttliche Wärme.[502] An beiden Schultern spürt und hört man Engelskräfte. Beim Einströmen des Lichts empfindet der Mensch sich als »ein Sohn des Vaters«. Er bemerkt dann, dass ein kräftiges Christus-Geistesfeuer durch ihn hindurchfährt und als ein wirkliches Läuterungsfeuer alle Gliedmaßen durchdringt. Drei Jahre lang kommt und geht dieses Geistesfeuer bei Tage wie bei Nacht. Zugleich offenbart sich ein Raum inneren Lichts. Wie bereits gesagt, bedeutet dieser Augenblick der Erleuchtung, dass die höheren Geisteskräfte von Geistselbst (Manas), Lebensgeist (Buddhi) und Geistesmensch (Atma) in den Menschen einströmen.

Was die Seligpreisung betrifft, so soll hier nur die göttliche Kraft des Geistselbst behandelt werden, eigentlich der Heilige Geist, der hereinströmt: göttliches Weisheitslicht. Es geht also zunächst um die Gnade des nach innen strömenden Lichts, das ist die erste Bedeutung des Geistselbst. Es ist der Beginn einer Zusammenarbeit mit der göttlichen Welt, die noch weitergeführt und vollendet werden muss durch ein Handeln, das mit dieser Gnade übereinstimmt. Die Erleuchtung ist also nicht die vollendete Vollkommenheit, sondern der Anfang einer höheren Entwicklung.

Geistselbst ist in einer zweiten Bedeutung die Umwandlung des Astralleibes mit Hilfe des Ich. Daran ist schon vor der Erleuchtung gearbeitet worden. Durch das Erkennen seiner selbst, durch lebendige Selbsterkenntnis vergeistigt und verchristlicht man den Astralleib, sodass es zu einer wirklichen Katharsis kommt. Das Geistselbst ist dann die verwirklichte Seele.

Dadurch ist es möglich, aus dem höheren Ich oder dem Geistselbst – dies nun die dritte Bedeutung – moralische Intuitionen zu gewinnen, um zur Erleuchtung zu gelangen. Aus dem Ich-bin-Erleben der Bewusstseinsseele heraus kann man in direkte Verbindung zu dem höheren Ich oder Geistselbst treten, um im meditativen Denken intuitiv höhere Erkenntnis und moralische Ideen oder Intuitionen zu empfangen. Dieses Geistselbst ist eigentlich die Region des Ich, die sich in der geistigen Welt befindet. Deshalb ist das Ich – als das Ich-Bin – während der Entwicklung der Bewusstseinsseele mit diesem Geistselbst verbunden. In dieser dritten Bedeutung steht das Geistselbst mit unserem Engelwesen (und manchmal mit noch höheren Wesen), mit unseren geistigen Lehrern und Verstorbenen in Verbindung, die in der geistigen Welt als Führer wirken können.

Bei der Vergeistigung des Astralleibes zum Geistselbst (in seiner zweiten Bedeutung), wie sie in der Empfindungsseele durch die Überwindung der unfreien Begierdekräfte und Ängste vorbereitet wird – etwa durch die Selbstverwirklichung mit Hilfe des achtgliedrigen Pfads oder des christlich-gnostischen Einweihungsweges –, kommt auch der göttliche Keim des Geistselbst zur Blüte. Dies ist die vierte Bedeutung des Geistselbst. Dieser göttliche Keim, den die Seraphim während des Mondzeitalters als innersten Kern in den Astralleib gelegt haben, ist es meiner Meinung nach, der einen in der Meditation das noch formlose Ur-Wissen erleben lässt, mit dem göttlichen Universum verbunden zu sein. Der buddhische Christusimpuls wirkt innerlich so, dass er den göttlichen Keim zur Blüte bringen will: den des Geistselbst im Astralleib, den des Lebensgeistes im Ätherleib und den des Atma im physischen Leib. Um diese Entwicklung zu vollenden, fügt der zoroastrische Christusimpuls (als der Geist der Wahrheit) dann die heiligen Geistkräfte des Geistselbst (in seiner ersten Bedeutung) hinzu und schenkt dem Menschen die göttliche Substanz der Weisheit. Dann erst kann man von der Sophia sprechen, der Seele, die zur individuellen Weisheit geworden ist (das

Geistselbst in seiner zweiten Bedeutung). Diese lebendige Weisheit, die Überwindung der niederen Triebe kann auf den Menschen eine solche Wirkung ausüben, dass er als Kind Gottes schon allein durch seine Anwesenheit Frieden bringt.

Zusammengefasst ergeben sich also die vier Bedeutungen:

1. das Geistselbst als Gnade des Heiligen Geistes;
2. das Geistselbst als das höhere Ich, verbunden mit dem Engelwesen;
3. das Geistselbst als die geläuterte Seele;
4. der Keim des Geistselbst im Astralleib.

8 Selig die um Gerechtigkeit willen Verfolgten, denn ihrer ist das Reich der Himmel

Wenn der Astralleib durch die inspirierenden Kräfte, die in die gereinigte Seele strömen, zum Geistselbst vergeistigt wird, dann ist es der christlichen Umsetzung möglich, noch tiefer zu dringen: nämlich den Äther- oder Lebensleib zum Lebensgeist zu vergeistigen. In Ansätzen kann sich diese Entwicklung in der sechsten Kulturepoche in Russland, dem *Philadelphia* der Apokalypse, vollziehen und dann in der siebten Kulturepoche in Amerika, dem *Laodizea* der Apokalypse, zur Blüte gebracht werden. Biografisch entspricht dies der Zeit zwischen dem 49. und dem 56. Lebensjahr. Im ätherischen Element entwickelte sich die Verstandes- oder Gemütsseele zur Denkkraft, und nun wird der Ätherleib durch das intensive Erleben von Kunst und Schönheit in der Natur als Ausdruck des dort wirkenden Geistes vergeistigt. Auch die ungeteilte Achtsamkeit, die in der Bewusstseinsseele ihren Anfang nimmt, wirkt – vor allem, wenn sie zur zweiten Natur geworden ist – so aus dem Bewusstsein des ganzen Menschseins und dem fühlenden Erleben der ganzen Umgebung heraus, dass der ätherische Raum selbst wahrgenommen wird: als der Raum zwischen den Erscheinungen. Diese erste Form der ätherischen Wahrnehmung zeigt, dass die ungeteilte Achtsamkeit den Ätherleib vergeistigt. Als ein vollkommenes Gewahrsein geht die ungeteilte Achtsamkeit, die sich selbst intensiviert, über in ein Mitfühlen mit allem, was in der Umgebung vorhanden ist, und mit jedem, dem sie sich in der Bewegung der Fußwaschung nähert. Mitleiden – das buddhistische Mitleid, der christliche Zorn und das christlich-manichäische Mitfühlen – vergeistigt und verchristlicht den Äther- oder Lebensleib am stärksten. Der direkte Impuls der Nächstenliebe ist Lebensgeist. Auf eine eher unbewusste und dadurch impulsive Weise habe ich diese genuin impulsierende Liebeskraft des Lebensgeistes bei meinem Hund Mithras beobachtet, der in der Ferne einen Menschen laufen sieht und mit großer Schnelligkeit und Freude dorthin rennt, um den bekannten oder unbekannten Wanderer zu begrüßen.

Wenn man wie der Christus Jesus sein Leiden ohne Selbstmitleid durchleidet – etwa auf dem siebenstufigen christlich-gnostischen Einweihungsweg –, dann entsteht eine Kraft selbstlosen Mitfühlens, dann wird der Äther- oder Lebensleib durch das eigene Tun zum Lebensgeist (in seiner ersten Bedeutung) vergeistigt und verchristlicht.

Der buddhische Christusimpuls bringt dabei den göttlichen Keim des Lebensgeistes, den die Cherubim während des Sonnenzeitalters in den tiefsten Kern des Ätherleibes gelegt haben, zur Blüte. Das ist die zweite Bedeutung des Lebensgeistes. Die aus diesem Keim freigesetzten Ätherkräfte befähigen einen, so meine ich, die innere Harmonie mit allen Wesen zu erleben. In dem Maße, in dem der buddhische Christusimpuls diesen Keim zum Blühen bringt, entsteht ein unmittelbares Erleben, das sich in Worten ausdrückt wie: »Nicht ich, sondern der Christus in mir«.

Während der Erleuchtung werden einem nicht nur die göttlichen Kräfte des Geistselbst verliehen, sondern dank des zoroastrischen Christusimpulses auch die göttlichen Kräfte des Lebensgeistes in seiner dritten Bedeutung: das »Brot des Lebens«. Es sind dies die eigentlichen Sohneskräfte, denn Christus wird der »universelle Lebensgeist« genannt. Christus will vor allem als Lebensgeist im Lebensleib des Menschen wohnen. Die aus Gnade empfangenen göttlichen Sohneskräfte des Lebensgeistes erlauben es, den Lebensleib im Zusammenwirken mit der göttlichen Welt vollständig zu vergeistigen und so zur Selbstverwirklichung zu gelangen.

Zusammenfassend lassen sich diese drei Formen des Lebensgeistes ausmachen:
1. der Lebensgeist als Gnade des Christus;
2. der Lebensgeist als Vergeistigung des Ätherleibes;
3. der Keim des Lebensgeistes im Ätherleib.

Als göttliche Gnade kann der Lebensgeist meiner Meinung nach auch eine Christussonne, die man über dem eigenen Kopf imaginiert, mit tatsächlicher Christuskraft durchdringen, sodass sie – apollinisch – als ein Liebeslicht in den Lebensleib hinabsteigt und diesen gleich einer goldenen Mandorla in allumfassender Liebe für Menschheit und Welt erstrahlen lässt. Als göttliche Gnade ist der Lebensgeist die Liebeskraft des Christus, die einen innerlich erfüllt, um die ganze Erde und die ganze Menschheit ätherisch zu umfassen. Wer abends schlafen geht, ohne sich innerlich auf die gesamte Menschheit auszurichten, in dem ist der ätherische Christus noch nicht geboren.

Die ersten Christen haben Christus als Lebensgeist in sich selbst verwirklichen wollen. Deshalb wurden sie verfolgt. Aber nicht nur die Christen der ersten vier Jahrhunderte wurden verfolgt, auch die Paulikianer, die Bogomilen, die Katharer, die Templer und, wenn auch mit geringerer Heftigkeit, die Rosenkreuzer wurden verfolgt. Sie wurden verfolgt, weil sie durch ihre Entwicklung den Lebensgeist in die Welt gebracht hatten. Zu jener Zeit war die Weltentwicklung noch nicht reif dafür. Die genannten Strömungen sind dennoch als eine notwendige Vorbereitung für die sechste Kulturepoche zu betrachten, wenn für die ganze Menschheit die Zeit gekommen sein wird, den Lebensgeist in sich aufzunehmen. Die Liebe im Lebensleib zu entwickeln heißt, wahre Gerechtigkeit zu üben, nämlich das, was ich als »umgekehrte Gerechtigkeit der Liebe« bezeichne: Wenn man denjenigen, der einen schlägt, nicht zurückschlägt, sondern ihm die andere Wange hinhält. Diese Gerechtigkeit der Liebe, die einem erlaubt, auch die Verfolgung zu ertragen, die man durch seine Haltung vielleicht sogar selbst bei dem anderen provoziert hat, diese Gerechtigkeit der Liebe lässt einen das Himmelreich in sich selbst finden, weil dann der universelle Lebensgeist den Lebensleib durchdringt und der zur Blüte gebrachte Keim des Lebensgeistes von göttlichem Liebeslicht durchdrungen ist.

9 Selig seid ihr, wenn sie euch schmähen und verfolgen und alles Böse lügnerisch gegen euch reden werden um meinetwillen.
Freut euch und jubelt, denn euer Lohn groß ist in den Himmeln;
denn ebenso haben sie die Propheten verfolgt, die vor euch waren.

Hier geht es um die Entwicklung des Geistesmenschen. Wenn der Astralleib zum Geistselbst vergeistigt ist und der Lebensleib zum Lebensgeist, hat der Mensch das erreicht, was Parzival aus dem buddhischen Christusimpuls heraus umsetzte, als er die buddhische Gralsströmung des Ostens und die zoroastrische Gralsströmung des Westens in sich vereinigte. Später empfing er in der Erleuchtung den zoroastrischen Christusimpuls als Offenbarung der göttlichen Kräfte des Geistselbst, des Lebensgeistes und des Geistesmenschen. In der buddhischen Gralsströmung gelang ihm durch moralische Selbsterkenntnis, sibyllinische Sternenweisheit und seine persönliche, innige Liebe zu Kondwiramurs eine Katharsis des Astralleibs im Geistselbst. In der zoroastrischen Gralsströmung, in der westlichen Mysterienströmung von König Artus gelang es ihm, durch seinen Mut (als einen die ganze Umgebung einbeziehenden Liebeswillen), duch die gefühlsmäßige Verbindung mit der kosmischen Weisheit der Tafelrunde, durch das übersinnliche Schauen der Sternenwelt und durch die Liebe zu Christus und das Mitleid mit Amfortas (das ja eine Vertiefung seiner Liebe zu Kondwiramurs war) den Lebensleib im Lebensgeist zu vergeistigen.

Dadurch erlangt Parzival ein Bewusstsein des Bewusstseins. Wobei es sich meines Erachtens um eine Vereinigung handelt von mystischer Verinnerlichung und ekstatischer, liebevoller Hinwendung zum Anderen und zum Geist, wie er sich in der Sinnesoffenbarung darbietet. Diesen Bewusstseinszustand, in dem sich die Fähigkeit der Seele, innerlich wahrzunehmen, mit der umfassenden Aufmerksamkeit verbindet, die man seiner Umgebung schenkt, habe ich als *ungeteilte Achtsamkeit* bezeichnet. So ist Parzival ein Eingeweihter, der über Geistesgegenwart verfügt und aus dem Nichts schaffen kann. Das ist die eigentliche Kraft der Bewusstseinsseele. Das hilft uns, die Aussage Rudolf Steiners besser zu verstehen, Parzival habe die Bewusstseinsseele unserer Zeit vorbereitet.[503] Mani-Parzival ist der Lehrer unserer Zeit, der von Christus Jesus selbst für diese Aufgabe »auferweckt« wurde.

Die besondere Qualität der Bewusstseinsseele ist bei Parzival meines Erachtens dadurch entstanden, dass ihre Entwicklung von Anfang an begleitet war von der übereinstimmenden Herausbildung des Geistselbst und des Lebensgeistes. Da Parzival auf diese Weise die Bewusstseinsseele in die Menschheitsentwicklung gebracht hat, können wir heute, in umgekehrter Richtung, aus der Entwicklung der Bewusstseinsseele heraus zur Herausbildung des Geistselbst und des Lebensgeistes gelangen. Wir haben mit der Freiheit des Geistes zu beginnen, die Parzival erst in einem langwierigen Prozess freisetzen musste. In unserer Zeit würde eine Entwicklung des Geistselbst, die ohne das Bewusstsein der persönlichen Freiheit auskommt, wie es Parzival mühsam erworben hat, zu einer luziferischen Spiritualität führen. Diese Form der Spiritualität besagte, dass das eigentliche Menschsein nur in dem göttlichen Funken bestünde, der in der Seele zur Blüte gebracht wird. Und damit verabschiedete sie die Vorstellung einer freien Persönlichkeit und machte sich abhängig von Gurus oder dem kollektiven Normensystem spiritueller Gemeinschaften.

Parzival hat durch die Vereinigung der mystischen mit der ekstatischen Geistesströmung auf großartige Weise die Bewusstseinsseele entstehen lassen und er hat daran anknüpfend weiter an der Vergeistigung des physischen Leibes gearbeitet. Die Bewusstseinsseele ist die Umarbeitung des Astralleibes durch das Ich, bis in den physischen Körper hinein. Die Geistesgegenwart lässt uns physisch, in der Sinnlichkeit wie in der Tatkraft, vollkommen wach und präsent sein. Das Hineinwirken der nördlichen Mysterienströmung in die westliche Mysterienströmung von König Artus hat Parzivals Ich in seiner Bewusstseinsseelen-Entwicklung Tatkraft und Mut geschenkt. Auch den Mut, seinen Weg ganz alleine zu gehen. Das Hineinwirken der südlichen Mysterienströmung in die östliche Mysterienströmung hat Parzival die inneren Kräfte geschenkt, um von Christus ausgehend seinen Leib zu vergeistigen.

Wie aber hat Parzival seinen Leib vergeistigt? Auch was den Geistesmenschen betrifft, kann man drei Bedeutungsebenen unterscheiden.

Indem wir bei der Entwicklung der Bewusstseinsseele aus rechter Geistesgegenwart handeln und moralische Intuitionen aus dem geistigen Nichts schöpfen, können wir so kraftvoll und konsequent handeln, dass der Geist als Geisteskraft das Handeln und damit den *physischen Leib* vergeistigt. Dabei entsteht der Geistesmensch in seiner ersten Bedeutung: ein Verwirklichungszustand, in dem der physische Leib vergeistigt ist. Der Geistesmensch entsteht durch das, was Rudolf Steiner die intuitive moralische Triebfeder nennt, das heißt, die Bereitschaft und Freiheit des Ich, eine selbstgewählte moralische Intuition im Handeln tätig und konsequent umzusetzen. Diese vollständige persönliche Bereitschaft, in jedem Augenblick unmittelbar aus dem Geist heraus zu handeln, ist die Konkretisierung der *Philosophie der Freiheit*. Sie setzt allerdings beim Geistselbt die lebendige Selbsterkenntnis und beim Lebensgeist die vollkommene Kraft der Liebe voraus, um Hindernisse zu erkennen und auch im Lebensleib zu überwinden. Das Geistselbst als Vergeistigung des Astralleibes meint nichts anderes, als Meister des Denkens und der zur Blüte gebrachten Kraft der Imagination zu sein. Der Lebensgeist als Vergeistigung des Ätherleibes bedeutet, Meister des Fühlens und der zur Blüte gebrachten Kraft der Inspiration sein. Und der Geistesmensch als Vergeistigung des physischen Leibes ist die zur Blüte gebrachte Kraft der Intuition, durch die er sich mit den geistigen Wesen vereinigt.

Der Geistesmensch ist die Kraft des geistigen Willens, der bereits dadurch aus sich heraus handelt, dass er den Willen verstärkt und unmittelbar aus der Erkenntnis in eine äußere Handlung überführt. Der Geistesmensch ist das, was ich als den ungeteilten Willen des Geistes beschrieben habe, der das ganze Mensch-Sein umfasst. So kann der Mensch, wie Christus Jesus es getan hat, die Kraft des Willens entfalten, denn diese wird in Freiheit innerlich ermutigt durch das »Nicht mein Wille, sondern dein Wille geschehe«.[504] Der Wille des Vaters geschehe. Der freie Wille wünscht, übereinzustimmen mit dem Willen des Universums. Die Entwicklung des Geistesmenschen erlaubt meines Erachtens ein fortwährendes geistiges Gerichtetsein auf dieses »Nicht mein Wille, sondern dein Wille geschehe« oder auf den »Willen, aus dem Christus heraus allen Wesen zu dienen«. Es geht über in die wortlose Kraft des Willens als Spannkraft des Geistes, als großes, vitales Vertrauen, welches das ganze Menschsein durchzieht. Dann nämlich kann der Mensch, wie es in der Seligpreisung heißt, ein Prophet sein, dessen Antlitz eins wird mit dem Geist. Wie der Vater kraft seines Willens das Universum geschaffen hat, so tritt der handelnde Mensch in der Tat ein in das Vatergebiet. Deshalb ist die Entwicklung des Geistesmenschen, der aus dem Willen heraus wirkt, auf einer zweiten Bedeutungsebene mit dem Vater verbunden. Das ist es ja gerade, was man in einem Propheten sieht: die Vaterkraft.

Der buddhische Christusimpuls bringt den Keim des Geistesmenschen, den die Throne während des Saturnzeitalters in den Menschen hineingelegt haben, zur Blüte. In dieser dritten Bedeutung kann der Geistesmensch als geistige Wärme erlebt werden, die vom Herzen aus ins Blut hineinströmt. Indem der Wille sich auf die dienende Liebe konzentriert, kann der Geist diese Wärme, die bis in den Körper, vor allem bis ins Blut hinein zu spüren ist, intensivieren und so in den Nervenbahnen zu einer ruhig atmenden Kraft kommen.

Auf besondere Weise zeigt sich die Entwicklung des Geistesmenschen bei Parzival. Als er nach der Überwindung seines Versäumnisses geläutert vor Amfortas steht, betet er zur Trinität, ja er vereinigt sich intuitiv mit der Trinität und fragt dann mit seinem ganzen Wesen: »Oheim, was wirret dir?«[505] In der Wesensvereinigung mit der Trinität und der Liebe zu Amfortas (als Wesensvereinigung mit Amfortas), die Parzival aus seinem ganzen tatkräftigen Menschsein heraus zur Bereitschaft führt, alles für Amfortas zu tun, was in seiner Macht steht, und die somit zur Opferkraft wird, drückt sich der Geistesmensch in Parzival aus. Durch diesen höchsten Vater-Ausdruck kann Parzival Gralskönig werden. In dem Augenblick, in dem er sich an die Trinität wendet, wird ihm meiner Meinung nach die Erleuchtung zuteil. Dadurch können die göttlichen Kräfte mit seinen Lebenstaten zusammenwirken und vollenden, was er in sich selbst angelegt hat. Als eine Gnadenkraft ist der Geistesmensch ein göttliches Feuer, eine göttliche Stärke, die bis tief in den Blutstrom hinein aufgenommen wird und den Menschen wirklich vertikal – als eine Säule des Geistes – in den väterlichen Tempel stellt, aus dem die christlichen Liebeskräfte des Lebensgeistes horizontal in die Welt hinausströmen.

Zusammenfassend ergeben sich drei Bedeutungsebenen:
1. der Geistesmensch als Vergeistigung des physischen Leibes;
2. der Geistesmensch als Gnade des Vaters;
3. der Keim des Geistesmenschen im physischen Leib.

Rudolf Steiner sagt, dass die höheren Kräfte von Geistselbst, Lebensgeist und Geistesmensch auch mit den luziferischen Wesen zusammenhängen, die Christus bei seinem Abstieg erlöst hat. Voraussetzung dafür, dass der Christusimpuls eine dionysisch-buddhische wie auch eine apollinisch-zoroastrische Wirkung hat, ist – das wurde bereits ausgeführt – die kosmologische Wirkkraft der Menschwerdung Christi und nicht nur die Tatsache, dass im Menschen Jesus jene beiden Kräfte zu einer Synthese gebracht wurden. Es gibt also diese kosmologische Voraussetzung, dass der apollinisch präexistente Christus durch Menschwerdung, Tod und Auferstehung dionysisch oder mystisch im Menschen wirksam geworden ist und der dionysische Luzifer durch das Liebesopfer Christi der apollinische Heilige Geist. Letzteres ist hier von Bedeutung und soll daher weiter ausgeführt werden. Während des Mondzeitalters konnten luziferische Wesenheiten verschiedener Hierarchien ihre eigene Geistselbst-, Lebensgeist- und Geistesmensch-Entwicklung nicht vollenden. Sie erhalten jetzt die Gelegenheit, das auf der Stufe der höheren Menschheitsentwicklung im Nachhinein zu einem für die Menschheit wie für sie selbst guten Ende zu bringen.

Und so wirken sie in der Erleuchtung als Pfingstfeuer mit, um dem Menschen die göttlichen Kräfte des Geistselbst, des Lebensgeistes und des Geistesmenschen zu schenken. Es ist allerdings von größter Bedeutung, dass der Mensch sich bei seiner Selbstverwirklichung möglicher luziferischer Eitelkeit und anderer, subtiler Formen der Selbstsucht bewusst ist, um sie in manichäischer Liebe vergehen zu lassen, denn sonst können sich diese luziferischen Kräfte ins Negative verkehren, ja sogar zu den Kräften des Antichrist werden. Das innere Sterben in Christus ist also die Voraussetzung dafür, dass die durch den Christus erlösten luziferischen Kräfte in der höheren Geistesentwicklung positive Wirkung entfalten. Wer fortwährend im »Nicht ich, sondern der Christus in mir« lebt, dem wird die Möglichkeit zuteil, das Böse, das im Zuge der Menschheitsentwicklung notwendig war, manichäisch umzuwandeln, sodass es als Gutes wirksam werden kann. Die Intention der Seele bis ins Letzte selbstlos auf das Heil der Welt und der Menschheit zu richten, das ist der sicherste Weg, um die luziferischen Kräfte, die an der höheren Geistesentwicklung beteiligt sind, in ihrer christlichen Umformung wirken zu lassen.

In der siebten, der amerikanischen Kulturepoche – oder dem Laodizea der Apokalypse –, in der vor allem der Lebensgeist zur Blüte gebracht wird, wird erstmals auch der Geistesmensch angesprochen. Bezogen auf die Biografie des einzelnen Menschen ist die Möglichkeit, den Geistesmenschen zu entwickeln, in der Zeit zwischen dem 56. und dem 63. Lebensjahr am größten.

Im Fall von Parzival hat sich gezeigt, dass die Kraft der Liebe, die schon im Lebensgeist zum Blühen gebracht worden war, im Geistesmenschen die stärkste Wirkung entfaltete. Dazu möchte ich noch ein Beispiel aus dem Bereich der Engelhierarchien anführen. Die Throne sind die Geister des Willens. Wir haben bereits im Kapitel über Mani gesehen, dass unter den Geistern des Willens das kosmische Böse entstanden ist als eine in der Menschheitsentwicklung notwendige Gegenkraft, die erst die Herausbildung des freien Willens ermöglichte. Insofern ist das als ein Opfer zu verstehen. Charakteristisch für die göttliche Aktivität der Throne ist, dass sie in der Willensbewegung sich selbst, ihre eigene Wesenssubstanz opfern. So entsteht die geistige Urmaterie – die *materia prima* –, aus der die Cherubim die Weltenräume und das Sonnensystem bauen. Der sich opfernde Wille lässt göttliche Wärme entstehen. Aus dieser Wärmesubstanz wurde im Saturnzeitalter unser physischer Leib gebildet, in einer späteren Entwicklung dann das Geistselbst, die Keimkräfte des Atma. Nach meinem Dafürhalten kann die Entwicklung des Geistesmenschen angeregt und gefördert werden, wenn man als Mensch das tut, was auf einer viel höheren Stufe die Throne machen, die ja eigentlich die schaffenden Geister des physischen Leibes und des Geistesmenschen sind: sich aus einer Bewegung des Willens heraus in Liebe zu opfern. Hierbei ist es entscheidend, dass der Wille nicht eingesetzt wird, um ein Ziel zu erreichen, sondern dass der Wille intensiviert und dadurch zur Willenskraft wird. Man muss die Willenskraft der Liebe ausbilden, damit die Liebe zur Opferkraft werden kann. Wie kann das geschehen? Es gibt mehrere Möglichkeiten. Ein Mensch, der sich mit all seiner Tatkraft einsetzt, um einem anderen durch alles Schwere, durch alle Schwierigkeiten zu helfen, ohne ein anderes Motiv als die Liebe zu diesem anderen, entwickelt Opferkraft. Durch das tatkräftige Streben, ein kulturelles oder soziales Ideal zu verwirklichen, und zwar aus keinem anderen Motiv als der Liebe zu diesem Ideal, durch dieses tatkräftige Streben, das dann zur Willenskraft der Liebe oder zur Hingabe an diese Liebeskraft wird, entwickelt man Opferkraft. Auch geistiges Handeln kann Opferkräfte freisetzen.

Zu Beginn der achtziger Jahre hatte ich eines Nachts einen Traum, der mich aufschrecken ließ. In einer langen, kreisförmigen Flugbewegung reiste ich über eine Gebirgslandschaft hinweg, die von Eis bedeckt waren. Ich sah eine Meeresbucht, darüber die grell scheinende Sonne. Dann sah ich an der linken Seite eines Berges ein Wesen hängen, das augenscheinlich gekreuzigt war. Dieses Wesen war ganz und gar schwarz, es war männlich und zugleich weiblich und durchdrungen von einer gewissen Begierdeglut. Ein unerträgliches Leid ging von diesem Wesen aus. Ich konnte bei diesem Schauen nichts für das Wesen tun. Bei Tag versuchte ich, diese lebendige Imagination denkend zu verstehen. Ich hatte die Vorstellung, dass es sich um die intuitive Begegnung mit einem Wesen gehandelt hat, das eine Zusammenfassung von allem Leid der Welt war. Ein paar Jahre später fand ich während meines Philosophiestudiums in Platons *Timaios* genau dieses Bild wieder. Er beschrieb es als die leidende Weltenseele, und offenbar ist sie noch immer in der geistigen Welt zu schauen. Auch Rudolf Steiner sprach von diesem Bild.[506] – Ich habe damals in meinen Meditationen nach einer Möglichkeit gesucht, im Nachhinein geistige Aktivität freizusetzen, um dieses leidende Wesen zu trösten. Ich richtete mich – wie auch in den Jahren zuvor – auf die Christussonne, um aus diesem Wunsch heraus Kraft für die leidende Menschheit zu gewinnen. Ich glaube nämlich, dass man sich nur dann auf den Christus richten soll, wenn man es für die Menschheit tut, denn Christus ist das höhere Selbst der Menschheit. Ich konnte mich dann in der Form der Imagination, die ich habe schauen dürfen, auf die leidende Menschheit richten. In ungeteilter Achtsamkeit verband ich in meinem eigenen Menschsein intuitiv zwei Pole: Dienend richtete ich mich auf das Bild der leidenden Weltenseele und zugleich auf die Christussonne in der geistig-göttlichen Welt. Dieses dienende Gerichtetsein, das als eine Kraft der Seele durch die Augen hinausströmte zu dem Bild der leidenden Weltenseele, konnte sich so mit dem Liebeslicht der in das Menschsein hinabströmenden Christussonne durchdringen, um dieser Bewegung die Gnade göttlicher Kraft zu verleihen und sie zu intensivieren. Ich konnte fühlen, wie dieses dienende Gerichtetsein im Weltenäther aufgenommen wurde und sich eine durchchristete Geistesseelensubstanz löste, die dann von der leidenden Weltenseele aufgenommen wurde. Dieses Gerichtetsein habe ich später als »manichäische Christusmeditation« bezeichnet; sie wird in Kapitel 19 besprochen. Natürlich kann diese Meditation nicht das soziale und geistige Handeln in der Welt ersetzen, doch ist es meiner Meinung nach wichtig, dass die Menschheit die Christuskraft in den Weltenäther hinein wirken lässt, weil der Christus seine Liebeskräfte durch die Menschheit mit der Welt verbindet. Wenn man weiß, dass der Weltenäther durch luziferische und (vor allem) ahrimanische Kräfte vergiftet und verdunkelt wird und dass dadurch das Schicksal der Menschheit und der Erde bestimmt wird, dann ist klar, wie wichtig es ist, auch die Christuskräfte im Umkreis der Erde wirken zu lassen. Christus wartet auf die Priesterkönigschaft des individuellen Menschen, um innerlich und äußerlich mit der Christuskraft wirken zu können. Durch das, was ich das *dienend gerichtete Gewahrsein der leidenden Weltenseele, ausgehend von der Christussonne* genannt habe, wird Opferkraft frei. Man kann sie in der Seele als eine dionysische göttliche Wärme spüren, entstanden aus der ungeteilten Achtsamkeit und gerichtet auf die leidende Weltenseele, der sie sich gänzlich hingibt. Das Pfingstfeuer des Parakleten, das während drei Jahren als eine Gnade empfangen werden konnte, wirkt in der eigenständigen Ich-Aktivität des dienenden Gerichtetseins weiter. Diese Opferkraft, freigesetzt aus einem inneren Willensakt der Liebe, wie ihn Parzival gegenüber Amfortas aufbrachte, birgt meiner Meinung nach die Möglichkeit, sich als Geistesmensch zu entwickeln.

Aus der Opferkraft der Liebe ensteht der Geistesmensch oder die Vergeistigung des physischen Leibes. Was der Mensch aufbaut an Geistselbst oder Weisheit im Astralleib, an Lebensgeist oder Liebe im Ätherleib und an Geistesmensch oder Willenskraft des Geistes im physischen Leib, das bleibt nach dem Tode bestehen und verbindet sich in einer neuen Inkarnation wieder mit dem Menschen. Auf ihm gründet die geistige Kontinuität des Menschen von Inkarnation zu Inkarnation. Was nicht vergeistigt ist, wird in einer neuen Inkarnation durch das Karma Veränderungen und Umkehrungen unterworfen. Die Opferkraft der Liebe bringt den Geistesmenschen oder die Vergeistigung des physischen Leibes zustande.

Unbefangene, selbstlose Liebe überwindet die Todeskräfte des Sündenfalls und verleiht dem physischen Leib Unsterblichkeit. Ist man in selbstsüchtiger religiöser Weise darauf aus, so wird einem keine Unsterblichkeit geschenkt. Liebe ist in sich selbst unsterblich. Christus als der Geist der Liebe bringt durch die Liebe, die selbst keine Unsterblichkeit anstrebt, Unsterblichkeit. Die dienende Hinwendung zur leidenden Weltenseele ist nicht nur in der Meditation, sondern auch im täglichen Leben möglich. Sie kann sogar zu einer Lebenshaltung werden, die allem, was man tut, zugrunde liegt. Eigentlich handelt es sich um eine Intensivierung der Fußwaschung aus dem siebenstufigen christlich-gnostischen Einweihungsweg. Man kann sich aus der Christussonne heraus auch dienend dem Wesen eines anderen Menschen und eines Tieres zuwenden. So entsteht ein *universeller Sakramentalismus*, von dem schon der Manichäer Faustus zu Augustinus sprach.

Als ich begann, die Vorträge Rudolf Steiners zu lesen, und erfuhr, dass der Katharismus, dem ich mich innerlich verbunden fühlte, ein Ausdruck des Manichäismus als einer Strömung für die christliche Zukunft ist, habe ich den Manichäismus als Forschungsthema für meine Dissertation gewählt. Ich erlebte die Freude, dass sich durch wissenschaftliche Forschung zahllose Vorurteile über den Manichäismus widerlegen ließen. So konnte ich in meinem ersten Buch beschreiben, dass der Manichäismus durchaus eine christliche Strömung ist, dass er den extremen Dualismus von Gut und Böse gar nicht kennt, dass nach manichäischer Vorstellung der Mensch nicht von Satan geschaffen und Christus wirklich Mensch geworden ist, und zwar bei der Jordantaufe. Ich war außerordentlich verwundert, als ich im Manichäismus entdeckte, worauf ich in der eigenen inneren Entwicklung gestoßen war, nämlich das Gerichtetsein auf Jesus Patibilis oder die leidende Weltenseele in allen natürlichen Wesen. Ich hatte das Gefühl, eine Strömung gefunden zu haben, der ich mich verwandt fühlte, die ich jedoch erst einmal aus der Historie rekonstruieren musste. Die Vorstellung von der Liebe, die dem Bösen entgegentritt, um es zu verwandeln, hatte ich in meiner Jugend selbst aus der konkreten Lebenssituation heraus gelernt, um mit der Aggression umzugehen, die mir begegnete. Mir wurde klar, dass die ungeteilte Achtsamkeit eine angewandte Form des Manichäismus ist. Und ich verstand, weshalb die Manichäer sagten, der Christus Jesus am Kreuz sei ein Abbild des Jesus Patibilis in der Natur. Die manichäische Hinwendung zum Jesus Patibilis erlaubt es, das platonische Bild der leidenden Weltenseele zu erlösen. Dies ist durch die Christuskräfte möglich, die in der Welt wirken, weil der Christus Jesus selbst als leidende Weltenseele am Kreuz hing.

Tiefe Rührung ergreift uns, wenn wir verstehen, dass Christus nicht umsonst am Kreuz gestorben ist. Es ist das Bild der leidenden Weltenseele, das noch immer in der geistigen Welt zu schauen ist. Christus Jesus ist in seinem Liebesopfer gleichsam manichäisch eins geworden mit Jesus Patibilis, um so der ganzen Welten- und Menschheitsseele von innen heraus mit dem buddhischen Christusimpuls Erlösung zu bringen von den Kräften des Bösen, die einst für die Weltentwicklung notwendig waren, und dem damit verbundenen Leid.

Die Opferkraft der Liebe ist eine der stärksten Formen, den Geistesmenschen zu entwickeln, und sie ist nichts anderes als eine Form, den Willen zu intensivieren, der in den Gefühlskräften der Liebe im Lebensgeist am Werke ist. Insofern ist es interessant, dass Rudolf Steiner vom Geistesmenschen sagt, er sei die Grenze oder die Haut des Lebensgeistes.[507] Je mehr der Mensch sich geistig entwickelt, desto weiter reicht die Aura des Geistesmenschen, letztlich bis ins Unendliche. Die vollkommene Entfaltung der Liebe, die alles umfassen will, birgt die Möglichkeit, alle Grenzen zu verschieben. Mensch und Universum können wirklich eins werden, wenn sich der Geistesmensch entfaltet; doch verliert der Mensch dabei nicht seine Individualität, er kann vielmehr als eine Sonne der Liebe in Christus bis in ewige Fernen strahlen.

Bezüglich der Beschreibung des Geistesmenschen muss noch eine letzte Frage beantwortet werden: Ist die apollinische Gnade des Pfingstfeuers, in dem die göttlichen Kräfte des Geistesmenschen herabsteigen, dieselbe wie die Gnade, die Kräfte des Auferstehungsleibes des Christus Jesus empfangen zu dürfen? Meiner Meinung nach unterscheiden sie sich. Doch umfassen die hereinströmenden Kräfte der Erleuchtung sowohl die göttlichen Kräfte des Geistesmenschen als auch die Kräfte des Auferstehungsleibes, die der Mensch empfangen kann, um sie zu verwirklichen. Nach Rudolf Steiner ist der unverwesliche Leib, den Christus verwirklicht hat, ein geistiger Kräfteleib, den der Mensch vor dem sogenannten Sündenfall besaß. Durch den luziferischen Einfluss hat der geistige Leib die irdischen Mineralien zu sehr angezogen. Als die Seele von Begierdekräften durchzogen wurde – wodurch erst das Selbstbewusstsein als Voraussetzung für den freien Willen entstehen konnte –, band sie sich an den Körper, wie bereits Buddha festgestellt hat. Dadurch band sich auch der geistige Leib – als geistiges Gerüst des physischen Leibes – sehr stark an den physischen Leib. So fand der Tod Einzug, denn das reine Leben im geistigen Leib war ein Leben in der Unsterblichkeit. Durch die allzu tiefe Verstrickung des geistigen Kräfteleibes mit dem physischen Leib und seinen irdischen Substanzen wurde der geistige Kräfteleib eingeengt, beschädigt und ausgehöhlt. Das ist der Preis, der für die Entstehung des freien Willens bezahlt werden musste.[508] Da die Schlange oder Luzifer ja eingelassen wurde ins Paradies, um in der menschlichen Seele eigene Begierden entstehen zu lassen, ist die Vertreibung des Menschen aus dem Paradies nicht als ein Verschulden der Menschheit aufzufassen, wie es Augustinus der Christenheit vorhielt. Gerade weil das, was im Paradies geschah, nicht von der Menschheit verschuldet ist, schenkt Christus dem Menschen im Laufe seiner Inkarnationen die Gnade, den geistigen Kräfteleib zurückzuerhalten.[509] Nach Rudolf Steiner kann Christus dem Menschen ein Abbild seines unverweslichen Leibes schenken. In der göttlichen Welt erscheint der unverwesliche Leib Christi, der Auferstehungsleib – der ausdrücklich ein geistiger Leib ist –, wie ein großes, impulsierendes geistiges Licht, das, indem es ausstrahlt, stets ein neues Abbild gebiert. Ein solches Abbild darf der Mensch im

Laufe der christlichen Entwicklung empfangen. Das wird auch im Manichäismus beschrieben: Nach dem Tode empfängt der Electus oder manichäische Eingeweihte von Christus in der »Säule des Vollkommenen Menschen« wie einen Stempel einen Abdruck oder ein geistiges Kleid, das nicht sein Seelenkleid ist, sondern als ein neuer geistiger Leib oder Auferstehungsleib zu verstehen ist.

Zusammenfassend kann man sagen, dass der Christusgeist bzw. der zoroastrische Christusimpuls im Pfingstfeuer die göttliche Substanz schenkt, um den Geistesmenschen als den sich opfernden Willen der Liebe zu entwickeln, und dass der Mensch ein Abbild des Auferstehungsleibes des Christus Jesus empfangen kann. Dieser Auferstehungsleib muss jedoch noch eingegliedert und ausgebildet werden. Ich vermute, dass der Auferstehungsleib in einer nächsten Inkarnation als Keim eines neuen Kräfteleibes weiterentwickelt und zur Blüte gebracht werden wird. Als geistige Form des Leibes ist der Auferstehungsleib der neue Kräfteleib. Der Geistesmensch ist die geistige Aura des Menschen, die mit den vergeistigten Willenskräften den Umkreis des Menschen vergrößert und durchzieht. Gerade durch den Auferstehungsleib ist der Mensch auch nach dem Tode in Ewigkeit Individualität. Nach Thomas von Aquins Ausführungen in *De ente et essentia* (Das Seiende und das Wesen) entsteht die Individualität durch die Verbindung von Seele (Geist) und Leib, und Christus schenkt die Möglichkeit, nach dem Tod Individuum zu bleiben. Dem kann man hinzufügen: Durch den Auferstehungsleib gibt es nach dem Tod eine Verbindung zwischen Geist (Seele) und (geistigem) Leib, durch die der Mensch in der göttlichen Welt als Individualität erhalten bleibt und sich nicht auflöst wie ein Tropfen im Ozean. Wenn die Menschheit dereinst den Neuen Himmel und die Neue Erde bewohnt, ist sie durch die Unverwechselbarkeit der auf Erden selbst geschaffenen karmischen Erfahrungen und durch den Auferstehungsleib vollkommen individualisiert. Rudolf Steiner nennt dieses Neue Jerusalem die Jupiterinkarnation der Erde. In Manis Kosmologie ist es der Fünfte Tag.

Selig, die wie die Propheten um des Vaters willen verfolgt werden. – Wenn man in Situationen, die einem das Schicksal bereithält, aussprechen kann: »Nicht mein, sondern dein Wille geschehe« und in sich die Willenskraft der opfernden Liebe fühlt, dann wirkt der Geist bis in den Leib hinein und man bekommt die Überzeugungskraft eines Propheten. So ist die von Christus Jesus gehaltene Bergpredigt das erhabene Bild der Verwirklichung des buddhischen und zoroastrischen Christusimpulses im Menschen und in der Menschheitsentwicklung.

Kapitel 17

Der Christusimpuls in der Johannizeit und in den heiligen Nächten

Schenkt die Bergpredigt dem Menschen die Perspektive, den buddhischen und den zoroastrischen Christusimpuls im Inneren zu verwirklichen, so lässt sich diese zweifache Wirksamkeit auch im Äußeren, in der Erdatmosphäre wiederfinden. Durch seine Menschwerdung, durch Tod und Auferstehung hat Christus sich als Sonnengeist so vollkommen mit der Erde verbunden, dass die Erde zur Sonne werden kann. Wenn die physische Sonne sich in ihrem Sterbeprozess immer weiter ausdehnen und schließlich die Erde in sich aufnehmen wird, ist es wichtig, dass die Erde selbst eine Sonne geworden ist. Der von der Wissenschaft beschriebene Sterbemoment der Erde ist, geisteswissenschaftlich gesehen, der Augenblick, in dem die vergeistigte Menschheit in den Neuen Himmel und die Neue Erde oder in die geistige Sonne des Christus in der Erde übergeht. Wie wir sehen konnten, schenkt der buddhische Christusimpuls dem Menschen eine Verinnerlichung oder ein Einatmen, das wir als christliche Mystik bezeichnet haben. Der zoroastrische Christusimpuls im Menschen schenkt übersinnliche Wahrnehmung oder ein Ausatmen, das wir die schöpferische Weisheit des Christusgeistes genannt haben. Auch im Erdenleib kann man, Rudolf Steiner zufolge, das Ein- und Ausatmen der Erdenseele erleben.[510] Auch die Erdenseele ist mit Christus verbunden.

Sommersonnenwende und der Geburtstag des Johannes

Am 21. Juni, zur Zeit der Sommersonnenwende, hat die Erde in unserer Hemisphäre ihre Seele vollständig ausgeatmet. Am 21. Dezember, zur Wintersonnenwende, hat die Erde ihre Seele vollständig eingeatmet. Die Seelenatmung der Erde wird sichtbar am Wechsel der Jahreszeiten. So hat sich der Christusimpuls zur Zeit der Sommersonnenwende bis in die Weiten der Sternenwelt oder des Weltenkosmos ausgebreitet und zur Wintersonnenwende völlig in die Erde zurückgezogen. Die Atmung des Christusimpulses in der Erde ist ein Schlüssel zum Verständnis der christlichen Feste.

Das Weihnachtsfest, das um die Zeit der Wintersonnenwende gefeiert wird, erfordert Bedachtsamkeit und Behutsamkeit, um das zarte Christuslicht in der Seele vor dem Bösen zu beschützen, das jetzt, da die Erdenseele in den Erdenleib eingeatmet ist, (aus der Erde heraus) die stärkste Wirkung entfalten kann.

Um die Tagundnachtgleiche am 21. März hat sich die Erdenseele schon vom Erdenleib gelöst. Das Ausatmen hat (von innen heraus) zu einem Gleichgewicht zwischen innen und außen geführt. Dadurch ist sowohl eine Hinwendung zum Höheren als auch eine Einkehr möglich, eine Selbsterkenntnis, die zur Reue werden kann. Reue ist keine äußere Scham, Scham vor den Augen der Welt, sondern Scham aus dem Gewissen heraus. Man kann das Gewissen definieren als verinnerlichte normative Richtschnur dessen, was unsere Umgebung und wir selbst vorgeben. Das Gewissen ist die Frucht der karmischen Erkenntnis über das Leben, die wir mit Hilfe der geistigen Hierarchien zwischen Tod und neuer Geburt gewonnen haben. Das Gewissen bildet sich, wenn man die Philosophie der Freiheit anwendet; es ist der buddhische Christusimpuls im Herzen.

In dieser Jahreszeit, am ersten Sonntag, der auf den Frühlingsvollmond nach dem 21. März folgt, wird das Osterfest gefeiert – mit den paulinischen Worten: die Auferstehung des Neuen Menschen im Alten Menschen.

Zur Zeit der Sommersonnenwende am 21. Juni oder am Geburtstag Johannes des Täufers am 24. Juni hat die Erde ihre Seele vollständig in die geistige Welt, die die Erde umgibt, hinausgeatmet. Die Seele der Erde kann dann erleuchtet werden von den moralischen Intuitionen der Engelshierarchien, die mit den Planeten und den Tierkreiszeichen verbunden sind. Auch dem Menschen kann dann in einem höheren ekstatischen Bewusstsein Erleuchtung zuteilwerden. Zwischen Ostern und Johanni wird denn auch das Pfingstfest gefeiert. Dank der Auferstehungskraft des Christus ist es möglich, zu Pfingsten Seinen Geist als göttlichen Keim von Manas, Buddhi und Atma oder Geistselbst, Lebensgeist und Geistesmensch zu empfangen.

Zum Herbstäquinoktium am 21. September, wenn die Erdenseele wieder vom Erdenleib eingeatmet wird, kommt es in dieser Bewegung erneut zu einem Gleichgewicht zwischen außen und innen. Die Kräfte der Erleuchtung können nun mit der Erdenwirklichkeit verbunden werden; jetzt wird der Wille aufgefordert, den Geist der Natur zu erkennen und sich seiner bewusst zu werden, um die eigenen Ideale in Mut und Freiheit zu verwirklichen. In dieser Zeit, am 29. September, wird das Michaelsfest gefeiert. Nach den Worten der Apokalypse kämpft Michael mit dem Drachen und rettet die »Frau mit der Sonne bekleidet, den Mond unter ihren Füßen und über ihrem Haupt eine Krone von zwölf Sternen«, die das göttliche Kind zur Welt bringen wird, den Sohn, der später »als Hirte alle Völker mit eisernem Stabe« hüten soll.[511] Dies ist das freie, aus der Seele des Menschen geborene Ich-Wesen im

Menschen, das mit dem Eisen des Willens den Geist mit der Materie oder der Kultur verbinden kann. Im August bekämpft Michael mit dem Meteorregen den ahrimanischen Begierdeschwefel oder Drachen, der im Sommer auf der Erde hat wachsen können, als die Erdenseele sich in kosmische Weiten ausgebreitet hatte und dadurch auf der Erde ein Vakuum entstanden war.

Das ist keine einfache Aufgabe, denn Ahrimans Strategie ist es, das gesamte Sonnensystem von den Strahlungen der Sterne und vor allem der Tierkreiszeichen abzuschnüren. Die über tausend Satelliten, die Radio- und Fernsehstationen und die Sendemasten von GSM-Providern bauen ein elektromagnetisches Feld rund um die Erde auf, durch das die Strahlungen des Zodiaks zurückgehalten werden. Das hat tiefgreifende Folgen für die ganze Natur und die Menschheit. Da jedoch der Christus (oder der Führer der Feuerwesen bzw. Erzengel) im Sonnenzeitalter als der kosmische Dreizehnte die geistigen Kräfte der Zwölfheit aus der Sphäre der Seraphim und Cherubim in sich aufgenommen hat, bleibt dem Menschen immer noch die Möglichkeit, durch ihn, durch ein Leben in Christus die Kräfte des Zodiaks in sich aufzunehmen.[512] Christus selbst nimmt diese Strahlungen jedes Jahr in der ekstatischen Ausbreitung oder Ausatmung der Erdenseele während der Johannizeit auf und schenkt sie der Erde zur Weihnachtszeit in einer mystischen Einkehr oder eben mit dem Einatmen der Erdenseele in den Erdenleib.

Michael sorgt dafür, dass sich der ahrimanische Mantel, der um die Erde gelegt ist, in ausreichendem Maße öffnet, und ebnet so den Weg des Christus in die Erdenseele, aus den sphärischen Weiten bis in die Tiefe des Erdenleibs.[513] Deshalb ist Michael das Antlitz des Christus: Erst durch ihn kann das Weihnachtsfest oder die Geburt des Christuslichts in der Seele harmonisch vonstattengehen.

Und es ist etwas ganz Besonderes, zu sehen, wie durch die Atmung der Erdenseele der Christusimpuls zweifach im Erdenleib wirkt: Zu Weihnachten wirkt der dionysische oder buddhische Christusimpuls im Herzen der Erde und im Herzen des Menschen; zu Johanni wirkt der apollinische oder zoroastrische Christusimpuls als Geist der Erleuchtung aus den himmlischen Gefilden.

Zu Johanni erstreckt sich der Christusimpuls bis in die Sternenwelten oder in die Himmel der Engelshierarchien und wird dort befruchtet. Zu Weihnachten ist der Christusimpuls ganz in der Erde verinnerlicht und legt die himmlischen Inspirationen der Engelshierarchien als Keimkräfte in die Erde. So verbindet der Christus als Herr der Erde Himmel und Erde in einer lebendigen und sich in der Zeit bewegenden Lemniskate.

Das heißt, dass die christliche Entwicklung Mystik und Ekstase, die im buddhistischen Indien und im zoroastrischen Persien noch voneinander getrennt waren, im Wechsel der Jahreszeiten miteinander verbinden kann. Mystik meint eigentlich, dass die Seelentiefen, zu denen man im Leib vordringen kann, erlebt werden wie die Erdenseele im Erdenleib zur Wintersonnenwende. Ekstase als ein geistiges Schauen bedeutet, dass die Geistseele des Menschen gleichsam aus dem Leib herausgetreten ist wie die Erdenseele zur Sommersonnenwende. Zu Weihnachten gelingt es am ehesten, das zarte Liebeslicht des Christus in der eigenen Seele verinnerlicht zu erleben, und zu Johanni kommt man am besten zu einem vergeistigten Denken in Imagination, Inspiration und Intuition, wie wir es bei Christian Rosenkreuz sahen, und kann so die Erleuchtung oder das himmlische Feuer des Parakleten empfangen. Im Laufe des Jahres sollte man aufgrund des unterschiedlichen Christusimpulses auf verschiedene Weise meditieren: zu Weihnachten in die Tiefen der Seele gerichtet und zu Johanni in die Fernen des Geistes. Wenn wir auf diese Weise die Atmung des Christus in der Erdenseele während des Jahreslaufs betrachten, können wir also noch einmal sehen, dass der Christusimpuls zweifach wirkt, was ja das Ziel unserer Untersuchung war.

Dreizehn heilige Nächte

Was geschieht aus der Sicht des buddhischen Christentums in den sogenannten dreizehn heiligen Nächten? Während dieser dreizehn heiligen Nächte, vom 24. Dezember bis zum 6. Januar, erleben wir eine Weltenruhe, eine innere Stille, die die Erde selbst erfasst. Sie beruhen just auf der Differenz, die sich aus der unterschiedlichen Länge der Monate des Mond- und des Sonnenzyklus ergibt. Die Anzahl an Tagen, die man ergänzen müsste, um aus dem jährlichen Mondzyklus (354 Tage) einen Sonnenzyklus (365 Tage) zu machen, beträgt genau zwölf. Schon die Germanen kannten diese Weltenruhe. In dieser heiligen Zeit wurden, so auch Rudolf Steiner, ihre Kinder geboren.[514] Steiner weist zudem darauf hin, dass während der dreizehn heiligen Nächte alles, was an Samen in der Erde ruht, von den geistigen Kräften der Sterne befruchtet wird, sodass im Frühjahr die Pflanzen aus der Erde sprießen können.[515] Die eigentliche Befruchtung geschieht nicht bei der Verschmelzung der Pollen im Fruchtknoten des Stempels – das alles ist noch samenförmig –, es ist vielmehr die Befruchtung der Erde durch den Himmel in den dreizehn heiligen Nächten. Die geistigen Kräfte dafür hat die Erdenseele beim Ausatmen während der Sommersonnenwende in sich aufgenommen. Zur Zeit der Wintersonnenwende, wenn die Erde die Seele eingeatmet hat, befruchten diese geistigen Kräfte der Planeten die Keimlinge in der Erde. Alle Pflanzen und Bäume lassen sich auf Planetenkräfte zurückführen, was in folgendem Schema an einigen Beispielen dargestellt wird:

Saturn – Hain- oder Weißbuche
Jupiter – Ahorn
Mars – Eiche
Sonne – Esche
Venus – Birke
Merkur – Ulme
Mond – Kirsche

Wie lässt sich aus der Perspektive des Christusimpulses beschreiben, was seit dem Mysterium von Golgatha während dieser dreizehn heiligen Nächte geschieht? Sergej O. Prokofieff sieht in seinem Buch *Die zwölf heiligen Nächte und die geistigen Hierarchien*[516] eine Übereinstimmung der zwölf Nächte mit der Wirkung der neun Engelshierarchien und der Trinität und versucht, sie den Tierkreiszeichen zuzuordnen:

Fische – Christusgefühl
Wassermann – Engel
Steinbock – Erzengel
Schütze – Archai
Skorpion – Exusiai
Waage – Dynamis
Jungfrau – Kyriotetes
Löwe – Throne
Krebs – Cherubim
Zwilling – Seraphim
Stier – Heiliger Geist
Widder – Christus

Die dreizehnte Nacht ist dann eine Synthese aller zwölf Nächte. Nach der Lektüre dieses Buches hatte ich intuitiv das Gefühl, dass die Richtung dieser Suche stimmte, es aber doch noch anders sein könnte. Denn die Hierarchien wurden den Tierkreiszeichen hier etwas abstrakt und künstlich zugeordnet, wenn auch aus der richtigen Erkenntnis, dass die heiligen Nächte das ganze Jahr repräsentieren, worauf übrigens auch Rudolf Steiner hinwies. Es ist gar nicht notwendig, die zwölf heiligen Nächte in einer Umkehrung des astrologischen Weges vom Widder zu den Fischen mit den Fischen beginnen zu lassen und dann bis zum Widder zu führen. Das Jahr lässt sich in den zwölf heiligen Nächten des Dezembers und Januars auch dann vollständig repräsentieren, wenn die erste heilige Nacht für die Zeit vom 21. Dezember bis zum

21. Januar und im Zeichen des Steinbocks steht und die letzte Nacht für die Zeit vom 21. November bis zum 21. Dezember des folgenden Jahres im Zeichen des Schützen.

Ferner hatte ich das Gefühl, dass man noch stärker nach der Entwicklungsperspektive suchen müsste, die die heiligen Nächte für den Menschen haben, wie es auch Rudolf Steiner vorschlug. Auf meiner Suche nach einer befriedigenden Antwort las ich schließlich in dem Buch *Was die Naturgeister uns sagen* von Wolfgang Weirauch und Verena Staël von Holstein, was ein Wassergeist – Etschewit oder »der Nasse« – aus seiner konkreten geistigen Erkenntnis in wenigen Worten über die heiligen Nächte äußerte.[517] Dieser Geist meinte, die erste Nacht stünde im Zeichen des Mineralreiches, die zweite Nacht in dem des Pflanzenreiches, die dritte Nacht im Zeichen des Tierreiches, die vierte Nacht im Zeichen der Menschen und die fünfte bis einschließlich der dreizehnten Nacht im Zeichen der neun Engelshierarchien.

Dem kommt eine große Bedeutung zu, denn in diesem Bild verbergen sich die Keimkräfte als Entwicklungsmöglichkeiten, die der Christusimpuls dem Menschen verleiht. Die ersten vier Nächte können nämlich mit den vier Wesensgliedern des Menschen verbunden werden. Wenn wir diesem Aufbau der Wesensglieder weiter folgen, kommen wir zu Ich, Geistselbst, Lebensgeist und Geistesmenschen. Die auf die ersten vier heiligen Nächte folgenden Nächte bringt Etschewit mit den neun Engelshierarchien in Verbindung. Das berechtigt uns, wie ich meine, die neun Engelshierarchien wiederum mit den drei geistigen Wesensgliedern des Menschen in Verbindung zu bringen. Denn auf das Ich folgen nicht die Wesensglieder, in denen sich das Ich ausdrückt – die Empfindungsseele, die Verstandes- oder Gemütsseele und die Bewusstseinsseele –, sondern das Geistselbst, der Lebensgeist und der Geistesmensch.[518]

Wie können wir diese letzte Dreiheit in Beziehung setzen zu den neun Engelshierarchien? Rudolf Steiner gibt an, dass die Angeloi, die Archangeloi und die Archai (die dritte Hierarchie) aus dem göttlichen Denken heraus wirken. Dass die Exusiai (Elohim), die Dynamis und Kyriotetes als die zweite Hierarchie aus dem göttlichen Fühlen und die Throne, Cherubim und Seraphim als die erste Hierarchie aus dem göttlichen Willen heraus wirken. So lassen sich drei Hierarchien (jede wiederum mit drei Engelshierarchien) mit der Entwicklung des Geistselbst (Manas oder vergeistigtes Denken), des Lebensgeistes (Buddhi oder vergeistigtes Fühlen) und des Geistesmenschen (Atma oder vergeistigter Wille) verbinden. Bezogen auf die Nächte ergibt sich folgendes Schema:

Nacht vom 24. auf den 25. Dezember	physischer Leib
Nacht vom 25. auf den 26. Dezember	Ätherleib
Nacht vom 26. auf den 27. Dezember	Astralleib
Nacht vom 27. auf den 28. Dezember	Ich (Empfindungsseele, Verstandes- oder Gemütsseele und Bewusstseinsseele)
Nacht vom 28. auf den 29. Dezember	Angeloi in der Entwicklung des Geistselbst
Nacht vom 29. auf den 30. Dezember	Archangeloi in der Entwicklung des Geistselbst
Nacht vom 30. auf den 31. Dezember	Archai in der Entwicklung des Geistselbst
Nacht vom 31. Dezember auf den 1. Januar	Exusiai in der Entwicklung des Lebensgeistes
Nacht vom 1. auf den 2. Januar	Dynamis in der Entwicklung des Lebensgeistes
Nacht vom 2. auf den 3. Januar	Kyriotetes in der Entwicklung des Lebensgeistes
Nacht vom 3. auf den 4. Januar	Throne in der Entwicklung des Geistesmenschen
Nacht vom 4. auf den 5. Januar	Cherubim in der Entwicklung des Geistesmenschen
Nacht vom 5. auf den 6. Januar	Seraphim in der Entwicklung des Geistesmenschen

Die dritte, zweite und erste Hierarchie sind nach Dionysus Areopagita die Sphären jeweils des Heiligen Geistes, des Sohnes und des Vaters. Man könnte dem hinzufügen, dass jede der Sphären wieder der Trinität entsprechend aufgeteilt ist. Die Angeloi mit Aufgaben des Heiligen Geistes, die Archangeloi mit denen des Sohnes und die Archai mit denen des Vaters. Exusiai, Dynamis und Kyriotetes mit Aufgaben jeweils des Heiligen Geistes, des Sohnes und des Vaters. Weil das Geistselbst gleichsam der Heilige Geist im Menschen ist, der Lebensgeist der Sohn und der Geistesmensch der Vater, können die dritte, die zweite und die erste Hierarchie auch auf diese Weise im Menschen mit der Entfaltung der Trinität verbunden werden.

Die Wirkung der neun Engelshierarchien auf die drei höheren Wesensglieder des Menschen wird später beschrieben. An dieser Stelle geht es um die geistige Bedeutung der dreizehn heiligen Nächte, wie sie sich im Hinblick auf den Christusimpuls darstellen lässt: Durch den zoroastrischen Christusimpuls in der ausgeatmeten Erdenseele zu Johanni werden in den Himmelssphären der neun Hierarchien die geistigen Kräfte aufgenommen, die dann dank des buddhischen Christusimpulses, der in der eingeatmeten Erdenseele wirkt, während der dreizehn heiligen Nächte in den Tiefen der menschlichen Seele die Keimkräfte für eine höhere Entwicklung des Menschen im kommenden Jahr bilden. Hier kann man tatsächlich von einem lebendigen Christusimpuls sprechen, der auch sich selbst erneuert: Der zoroastrische Christusimpuls nimmt die himmlischen Kräfte auf, die im buddhischen Christusimpuls in der menschlichen Seele weiterwirken, um in der Zukunft wieder geistige Erleuchtung zu ermöglichen.

In früheren Zeiten haben die Eingeweihten erlebt, dass sich »die Sonne der mitternächtlichen Stunde« oder eben die geistige Sonne zur Sommersonnenwende wie eine Zusammenschau der Engelshierarchien am Himmel befand und zur Wintersonnenwende in der Erde. Die Druiden haben zur Sommersonnenwende ekstatische Tanzfeste gefeiert, um sich mit Lugh, dem Geist der Sonne, zu verbinden. Zur Wintersonnenwende kannten sie die chtonischen Mysterien. Dann war es möglich, geistig in die Erdentiefe hinabzusteigen, um dort die Weisheit der Natur aufzunehmen. Als Christus auf die Erde gekommen ist, wurde er zum Geist der Erde.[519] Christus als das eigentliche Wesen der »Sonne der mitternächtlichen Stunde«[520] wurde durch das Mysterium von Golgatha zum Licht der Welt. Das bedeutet, dass sich zu Johanni, wenn der Christusimpuls von der Erde aus in den Kosmos hinausströmt, das Wesen der »Sonne der mitternächtlichen Stunde« wieder mit den lebendigen Engelshierarchien der »Sonne der mitternächtlichen Stunde« verbindet. Zur Wintersonnenwende konzentriert die »Sonne der mitternächtlichen Stunde« nicht nur das Wirken der Engelshierarchien in der Erde, seit Golgatha ist auch das lebendige Wesen der »Sonne der mitternächtlichen Stunde« in der Erde anwesend. Das Wesen der Sonne durchdringt und umhüllt nun wirklich die ganze Erde, um mit Hilfe der Menschheit die Erde zur Sonne zu wandeln. Weil Christus zur Wintersonnenwende das Wesen der »Sonne der mitternächtlichen Stunde« in der Erde selbst ist, kann der buddhistische Christusimpuls, der in der Weltenseele (und dadurch in jeder menschlichen Seele) weiterwirkt, während der dreizehn heiligen Nächten die geistig-moralischen Kräfte der Engelshierarchien in der menschlichen Seele verankern.

Die dreizehn heiligen Nächte entsprechen in ihrem Verlauf der Entwicklung von der Geburt des nathanischen Jesus in der Nacht vom 24. auf den 25. Dezember bis zu dem Augenblick am 6. Januar, da sich der Christus aus den Sphären der Trinität im Menschen Jesus inkarniert. Der 6. Januar ist der Geburtstag des salomonischen Jesus, dem die Heiligen Drei Könige ihre Geschenke darbringen, und zugleich der Tag der Taufe im Jordan. Die dreizehn heiligen Nächte sind ein Aufstieg in die Himmelssphären der Engelshierarchien und darüber hinaus in die Sphäre der heiligen Dreifaltigkeit, aus der der Christus herabgestiegen ist. Der buddhische Christusimpuls wirkt in den heiligen Nächten so, dass die Keime der Engelshierarchien, die in die menschliche Seele gelegt werden, es dem Menschen ermöglichen, den Weg von Jesus zu Christus zu gehen. Anders gesagt: Der zoroastrische Christusimpuls, der bei der Ausatmung der Erdenseele die höheren Kräfte der Engelshierarchien aufgenommen und gebündelt hat, schenkt der menschlichen Seele bei der Einatmung der Erdenseele in den Erdenleib mittels des buddhischen Christusimpulses die Keimkräfte, um den Christus im Menschen zu verwirklichen.

Vielfach wurde darauf hingewiesen, dass die zwölf heiligen Nächte bis einschließlich dem 5. Januar für die zwölf Monate des Jahres stehen. Die erste heilige Nacht repräsentiert den Januar des kommenden Jahres, und die zwölfte heilige Nacht repräsentiert den Dezember des kommenden Jahres. Die letzte heilige Nacht ist als Synthese des ganzen Jahres zu verstehen. Manchmal wird jedoch vermutet, dass die erste Nacht gerade den letzten Monat und die zwölfte Nacht den ersten Monat vertritt. In Anbetracht der organischen Entwicklung in der Sphäre der neun Hierarchien, wie sie »der Nasse« (der Wassergeist) beschrieben hat, glaube ich eher an die erste Möglichkeit, nach der im Laufe des Jahres eine vom ersten bis zum letzten Monat sich aufbauende, immer höhere Entwicklung beschritten werden kann.

Die Träume, die man in den dreizehn heiligen Nächten hat, können einen voraussagenden Charakter haben, und zwar in der Reihenfolge bezogen auf die folgenden zwölf Monate. Die erste heilige Nacht entspricht meiner Meinung nach dem ersten Monat: vom 21. Dezember bis zum 20. Januar. Die vorletzte Nacht bezieht sich auf den letzten Monat, also die Zeit vom 21. November bis zum 20. Dezember des kommenden Jahres. Die letzte heilige Nacht ist dann wiederum eine Synthese aller vorangehenden heiligen Nächte. Wenn man die Träume jeweils am nächsten Tag aufschreibt und sie am Ende des Jahres mit den Ereignissen vergleicht, die das Jahr gebracht hat, hat man die Möglichkeit, diese Träume zu objektivieren und sie auch intensiver und bewusster zu erleben. Man kann an jedem der Morgen nach einer heiligen Nacht darüber meditieren, wie man (den noch zu beschreibenden) Keim in der eigenen Lebenshaltung zur Blüte bringt. Wir können diese heiligen Nächte auch als den buddhischen Christusimpuls sehen, der für das kommende Jahr die Keime zur Verwirklichung des Christus im Menschen sät. In den heiligen Nächten werden die Keime für die christliche Entwicklung von Geistselbst, Lebensgeist und Geistesmenschen gelegt.

Damit sind wir noch auf eine vierte Bedeutung dieser geistigen Begriffe gestoßen. Neben dem göttlichen Keim des Geistselbst als Verwirklichungszustand der Seele aus der zoroastrischen Erleuchtung durch den Heiligen Geist bemerken wir, wie die Engelhierarchien in den heiligen Nächten durch den buddhischen Christusimpuls den aktiven Keim des Geistselbst in die menschliche Seele legen. Dasselbe gilt für den Lebensgeist und den Geistesmenschen.

Schematisch kann man dies, hier in Bezug auf den Geistesmenschen, nun folgendermaßen darstellen:
4. der Geistesmensch als Gnade des Vaters;
3. der Geistesmensch als ein Vergeistigen des physischen Leibes;
2. der Geistesmensch als Keim im physischen Leib;
1. der Geistesmensch als Keim in den heiligen Nächten.

Wir können also sagen, dass der buddhische Christusimpuls, der während der heiligen Nächte, aber natürlich auch außerhalb dieser Weltenruhe, wirksam ist, durch das Aussäen solcher Keime in Geist, Seele und Leib einen besonderen Entwicklungsweg ermöglicht. Jetzt kann der Mensch sich erstmals – oder wieder verstärkt – im inspirierten Denken oder in der Erleuchtung, die der Heilige Geist schenkt, mit dem zoroastrischen Christusimpuls vereinen.

Im Anschluss an die konkreten geistigen Erkenntnisse des Wassergeistes sollen nun die dreizehn heiligen Nächte jede für sich untersucht und besprochen werden. Dabei wird noch einmal deutlich, dass man die heiligen Nächte vom 24./25. Dezember bis zum 5./6. Januar in Beziehung setzen kann zu den kommenden zwölf astrologischen Monaten des darauffolgenden Jahres. Der Meditationsspruch kann jeweils am Abend vor der heiligen Nacht beim Einschlafen gesprochen werden und am Morgen danach den Kernsatz der Meditation bilden, um so den in die Seele gelegten Keim ins Bewusstsein zu bringen. In der Meditation können dann auch Traumbilder, Inspirationen, Intuitionen oder die Atmosphäre der Nacht in Erinnerung und damit ins Bewusstsein gerufen werden. So entsteht ein prophetisches Bild von dem Verlauf, den der betreffende Monat aus Sicht der geistigen Entwicklung nehmen mag.

Die Nacht vom 24. auf den 25. Dezember: Physischer Leib
Durch den buddhischen Christusimpuls wird im Erdendunkel das Licht geboren. Die Seelenfinsternis entsteht dadurch, dass die Seele mit dem Leib vereint und damit an den Leib gebunden ist. Zur Wintersonnenwende ist diese Bindung am stärksten. Das nathanische Jesuskind, ein Wesen von paradiesischer Unschuld, wird als eine

Verheißung geboren, dass die Dunkelheit des Materialismus überwunden werden kann. Um die Dunkelheit zu erleuchten, wirkt es aus der Höhe bis in die Tiefe hinein. In dieser heiligen Nacht schenkt der buddhische Christusimpuls dem Menschen in den Tiefen seiner Seele, die ganz mit dem Leib vereint ist, die Geburt des Christuslichtes. Dieser Impuls kann das ganze Jahr über weiterwirken und vom Menschen zur Blüte gebracht werden, besonders aber wirkt er im astrologischen Monat Steinbock, vom 21. Dezember bis zum 20. Januar, der Zeitspanne also, in die die heiligen Nächte fallen.

Meditationsspruch:
»Das Licht scheint in die Finsternis.«

Die Nacht vom 25. auf den 26. Dezember: Ätherleib

In dieser heiligen Nacht wirkt der buddhische Christusimpuls bis in den Ätherleib hinein. Eine Erinnerung an das Weltenleid des vergangenen Jahres wird spürbar. Die Geburt des Christuslichts in der Seele wirkt in dieser Nacht bis in den Ätherleib hinein, wodurch eine milde Stimmung des Mitleidens entsteht, mit der sich das Weltenleid tragen lässt. Von diesem Einfluss geht auch eine großzügige, heilkräftige Wirkung aus. Dieser Impuls kann das ganze Jahr über, besonders aber im astrologischen Monat Wassermann (vom 21. Januar bis zum 20. Februar) weiterwirken und vom Menschen zum Blüte gebracht werden.

Meditationsspruch:
»In Christus trage ich das Weltenleid zu seiner Heilung.«

Die Nacht vom 26. auf den 27. Dezember: Astralleib

In dieser heiligen Nacht schenkt der buddhische Christusimpuls dem Astralleib die eigentliche Kraft des Friedens, sodass Licht und Dunkelheit in der Seele, und damit auch im ganzen Universum, versöhnt werden. Dieser Impuls kann das ganze Jahr über, besonders aber im astrologischen Monat Fische (vom 21. Februar bis zum 20. März) weiterwirken und vom Menschen zur Blüte gebracht werden.

Meditationsspruch:
»Christus ist die versöhnende Kraft des Weltenkosmos.«

Die Nacht vom 27. auf den 28. Dezember: Ich (Empfindungsseele, Verstandes- oder Gemütsseele und Bewusstseinsseele)
In dieser heiligen Nacht schenkt der buddhische Christusimpuls dem Ich des Menschen die Möglichkeit, geistig selbstständig zu werden und innerlich frei von den Ursachen des Leidens. (Das Leiden erlebt der Mensch in der Empfindungsseele, und es erwacht die Sehnsucht, davon befreit zu sein.) An die Wurzel des Ich wird die Möglichkeit gelegt, den achtgliedrigen Pfad des Buddha aus eigener Kraft zu finden, ihn zu durchdenken und zu beschreiten (Verstandes- oder Gemütsseele). Indem der Mensch vom makrokosmischen Ich-bin berührt wird, kann er in sich selbst dieses Ich-bin erleben (Bewusstseinsseele). Dieser Impuls kann das ganze Jahr über, besonders aber im astrologischen Monat Widder (vom 21. März bis zum 20. April) weiterwirken und vom Menschen zur Blüte gebracht werden, denn zu Ostern wird ihm eine aktuelle, erneuernde Berührung mit dem makrokosmischen Ich-bin-Wesen geschenkt, und der Neue Mensch kann im Alten Menschen auferstehen.

Meditationsspruch:
»Als Ich bin ich in Christus frei.«

Die Nacht vom 28. auf den 29. Dezember:
Angeloi in der Entwicklung des Geistselbst
In dieser Nacht schenkt der buddhisch-dionysische Christusimpuls dem Menschen den fruchtbaren Keim der Angeloi, die Christus zur Zeit der Sommersonnenwende zoroastrisch-apollinisch empfangen hat, um eine höhere Entwicklung des Manas oder des Geistselbst zu ermöglichen. Die Angeloi, Engel oder Söhne der Dämmerung, helfen dem Menschen bei seiner inneren Entwicklung und schenken Imaginationen, Inspirationen und Intuitionen, wenn der Mensch durch Gebet oder Meditation die Verbindung zu seinem höheren Selbst sucht. Auch verhelfen sie zu einem Bewusstsein für die Ursache des Karma, das den Menschen treffen kann.

An dieser Stelle möchte ich eine ausführlichere, grundsätzliche Betrachtung zum Karma einfügen.[521] Nach dem Tod wird der Mensch von den Angeloi, unter ihnen das eigene Engelwesen, begleitet, wenn er in der himmlischen Mondensphäre die Ereignisse des vergangenen Lebens in umgekehrter Reihenfolge noch einmal erlebt. Dann verleihen die Angeloi dem Gestorbenen – wenn er es noch nicht erworben hat – ein höheres Geistselbst-Bewusstsein, und er kann in der Seele die Folgen seiner Taten in verschiedenen Situationen erleben. Das ist ein wichtiges Charakteristikum des höheren Bewusstseins, des höheren Ich oder Geistselbst des Menschen, auch zu der Zeit, in der er noch verkörpert ist: Im individuellen Wesen wird bereits das Wesentliche des Weltenkosmos erlebt. In dem höheren Bewusstsein erlebe ich die Menschen um mich herum als Einheit. Ich kann erleben, welche Wirkung ich auf den anderen habe, weil ich jetzt den anderen in mir selbst erlebe. Da ich in mir selbst das Leid fühle, das ich, objektiv gesprochen, dem Anderen angetan habe, entsteht nach dem Tod aus dem höheren Bewusstsein heraus das Verlangen, den Schaden, den ich anderen angetan habe, auszugleichen. Daneben erlebe ich auch, wie durch diese selbstsüchtigen Taten der moralische Wert meines Wesens geringer geworden ist. So entsteht aus freiem Willen das Verlangen, in einem folgenden Leben anders zu handeln und Schuld auszugleichen. Das bedeutet, dass Karma und freier Wille auch nach dem Tod intrinsisch miteinander verbunden sind.

Erstens schaffen wir während unseres Lebens mit dem freien Willen – ohne noch innerlich frei zu sein – Karma. Zweitens entsteht in dem Augenblick, in dem dem Menschen vom Engelwesen das höhere Bewusstsein »ausgeliehen« wird – wenn er es noch nicht während des Lebens erworben hat –, der freie Wille, das Karma auszugleichen. Drittens ist es der freie Wille, während des folgenden Lebens mit dem Karma umzugehen.

Der persönliche freie Wille in diesem dritten Fall ist nicht mehr mit dem höheren Bewusstsein verbunden. Es handelt sich daher nun um den eigentlichen freien Willen des Menschen auf Erden. Die Cherubim lenken mit einer unvorstellbaren Intelligenz die Schicksalssituationen. Zugleich zieht jeder unbewusst, aus dem Ätherleib heraus, entsprechende Schicksalssituationen an, um zu einer Ausgleichung des Karma zu gelangen.

Wenn ich beispielsweise in einem vorigen Leben ein zu dominantes Ich hatte und dann in der Sphäre der Engel erlebt habe, wie ich andere dadurch ausgegrenzt habe, werde ich im folgenden Erdenleben möglicherweise das Verlangen haben, im Rahmen meines Berufs ins Ausland geschickt zu werden. Zugleich wird von den Cherubim auch eine Schicksalssituation herbeigeführt, durch die ich vielleicht auf völlig unlogische Weise eine bestimmte Stelle mit Auslandsmöglichkeiten erhalte. Und wenn ich in diesem Rahmen dann in die Tropen geschickt werde, erkranke ich zum Beispiel an Malaria. Ich leide an dieser Krankheit, da es sich um eine körperliche Krankheit handelt. Ich werde in meiner Bewegungsfreiheit eingeschränkt und daran gehindert, frei umherzureisen, einfach weil ich immer Fieber habe. Das, was in einem vorigen Leben meine Mentalität war, erlebe ich jetzt gleichsam veräußerlicht als ein Leid, das ich durch die Malaria an mir selbst erlebe. Dadurch erlebe ich selbst die Folgen dessen, was ich verursacht habe und was in einem vorigen Leben andere an mir erlebt haben. Ich erlebe jetzt als eine Krankheit, was ich vorher als normal empfunden habe. Ich erlebe als Zwang von außen her, was ich vorher von innen heraus selbst war, und bekomme es vom Schicksal gespiegelt, weil ich vorher nicht zur Selbstreflexion imstande war. Die Krankheit meines Körpers will ich heilen, weil ich daran leide, dass ich durch das Fieber nicht mit der Welt in Verbindung komme. Vorher, durch mein dominantes Ich, litt ich nicht an einer mangelnden Verbindung mit der Welt, weil es mir jederzeit möglich war, diese Verbindung einzugehen.

Sich nicht mit der Umgebung verbinden können, ist jetzt durch die Krankheit unvermeidlich geworden. An dieser Unvermeidlichkeit erlebe ich, dass meine Freiheit beschränkt ist. Dadurch kann aus meinem freien Willen der Wunsch entstehen, das, was unvermeidlich ist, was karmisch notwendig ist, zu überwinden. Die karmische Notwendigkeit ist die Folge der Taten meines freien Willens aus einem vorigen Leben. Durch das Karma kann ich die Verantwortung für meinen freien Willen aus einem vorigen Leben übernehmen. Das Karma gibt mir die Möglichkeit, mir der Taten bewusst zu werden, die ich in einem vorigen Leben unbewusst begangen habe. Ich werde mir der Gefangenschaft durch das Fieber bewusst und will deshalb die Krankheit heilen. Indem ich die körperliche Krankheit besiege, besiege ich zugleich die Krankheit der Seele jenes dominanten Ich, die als Impuls in der Tiefe des Ätherleibs wirkte – was Buddha Samskara nennt – und die möglicherweise auch schon in der Seele dieses Lebens zur Blüte gekommen ist.

Karma ist die Rückwirkung eines bestimmten Handlungsmusters von tätigem Subjekt und resultierendem Verhalten oder Ursache und Wirkung auf mich selbst und ein folgendes Leben. Es gibt kein direktes Fortwirken eines solchen Musters aus dem einen Leben in einem anderen; die karmischen Kräfte werden vielmehr auf einer niedrigeren Ebene wirksam. Die Mentalität des dominanten Ich, die in der Seele eines früheren Lebens bestimmend war, äußert sich im nächsten Leben als ein entsprechendes Krankheitsbild im Ätherleib und physischen Leib. So kann ich mir von außen her (und dazu gehört auch das körperliche Erleben) dessen bewusst werden, was von innen her gewirkt hat. Die Mentalität des dominanten Ich, die in einem früheren Leben seelisch bestimmend war, wirkt im nächsten Leben als eine Tendenz unbewusst bzw. im Ätherleib. Und das verleiht mir im nächsten Leben in einem gewissen Sinne die Freiheit, diesem mehr nach außen gerichteten Impuls des Inneren zu folgen oder eben nicht zu folgen. Dabei ist es auch möglich, die Krankheit selbst zu vermeiden, wenn nämlich durch lebendige Selbsterkenntnis diese Tendenz im Ätherleib und damit die Tendenz zur Krankheit geistig-psychologisch überwunden wird. Das Engelwesen hilft dem Menschen, sich des Karma bewusst zu werden und eine innere Entwicklung zu durchlaufen, um das Karma auszugleichen und gesund zu werden. Das Engelwesen will dem Menschen in karmischen Situationen seines Lebens Augenblicke jenes höheren Bewusstseins schenken, das er in seinem vorgeburtlichen Leben besaß. Aber der Mensch muss selbst nach diesen Augenblicken verlangen, der Mensch besitzt in der jetzigen Zeit die Willensenergie, zu einem höheren Bewusstsein zu kommen.

Rudolf Steiner hat uns eine Übung an die Hand gegeben, um einen intuitiven Sinn dafür zu entwickeln, was eine karmische Situation ist und was eine naturgesetzliche Kausalität ohne sinnvollen Zusammenhang (also Zufall): Erinnere dich an eine Situation, in der du einen starken persönlichen Willen hattest, deine Pläne aber vom Leben derart durchkreuzt wurden, dass du hinterher sagen konntest, dieses Durchkreuzen zeugte von einer höheren Weisheit und erwies sich als fruchtbar und sinnvoll. Dieser Wille des Lebens, der das vom persönlichen Willen Gewollte durchkreuzt, kann als der höhere Wille des karmischen Menschen in uns angesehen werden.[522] Jemand wollte beispielsweise in seiner Jugend auf die Kunstakademie, wurde aber mehr oder weniger dazu gezwungen, eine pädagogische Hochschule zu besuchen. Ohne dass er es unmittelbar persönlich gewollt hätte, arbeitet er danach mit Kindern. Erst später zeigt sich, dass die Erfahrung im Umgang mit Kindern ihm geholfen hat, um seinen eigenen, durch freien Willen aktualisierten Lebensauftrag auszuführen, nämlich Vorträge zu halten. So kann man lernen, sich des karmischen Menschen in sich selbst bewusst zu werden – er ist ja verbunden mit dem Geistselbst –, und neue karmische Situationen erkennen.

Meiner Meinung nach ergibt sich eine besondere Verbindung zu dem Geistselbst und dem damit verbundenen Engelwesen, wenn man in karmischen Situationen die Worte spricht: »Nicht wie ich will, sondern wie du willst«.[523] Denn das bedeutet: Aus dem freien Willen meiner Persönlichkeit bin ich jetzt bereit, in diesem irdischen Leben den höheren Willen des Karma zu tragen, wie ich es selbst aus dem höheren Bewusstsein im himmlischen vorgeburtlichen Leben gewollt habe. »Wie du willst« meint eigentlich den Willen des Vaters, der gewissermaßen eine Oktav tiefer der Wille des Geistselbst ist, wie ich ihn gemeinsam mit dem höheren Bewusstsein des Engelwesens entworfen habe, um Mängel auszugleichen. Auch da, wo nur die Ahnung aufkeimt, es könne sich um eine karmische Situation handeln, kann ihr gegenüber eine entsprechende innere Haltung ausgesprochen werden mit den Worten: »Nicht wie ich will, sondern wie du willst«, und so die nötige Offenheit geschaffen werden, um das Rätsel dieser Situation aus den Imaginationen, Inspirationen und Intuitionen des Geistselbst heraus zu verstehen.

Zur Zeit der astrologischen Mondknoten – wenn jeweils nach 18 ^{2}/$_3$ Jahren die Kreuzung von Mond- und Sonnenbahn wieder dort zu stehen kommt, wo sie sich bei der Geburt befand – schenkt das Engelwesen dem Ich des Menschen eine Bewusstseinserneuerung aus dem heraus, was im Vorgeburtlichen für dieses Leben geplant war, was also zu tun oder zu lernen sein könnte. Im 28. Lebensjahr (und der Wiederholung 18 2/3 Jahre später) geht es um den südlichen Mondknoten oder darum, etwas absterben zu lassen, was aus der karmischen Vergangenheit stammt. Mit 18 2/3 Jahren (und der späteren Wiederholung) geht es um den nördlichen Mondknoten oder um neue Entwicklungsimpulse für dieses Leben. Wenn der Impuls nicht unmittelbar erkannt wird, kann das zu einer Lebenskrise führen. Mit einer Nahtoderfahrung, aber auch in anderen Augenblicken tritt bei vielen Menschen in vergleichbarer Weise eine Bewusstseinserneuerung ein oder wird ein Entwicklungsimpuls gegeben.

Hier mag die Frage auftauchen, ob diese Entwicklungsimpulse nicht dem widersprechen, was Rudolf Steiner in *Die Philosophie der Freiheit* darlegt, dass nämlich der Mensch erst dann frei genannt werden könne, wenn er selbst dazu imstande sei, sein Lebensziel zu gestalten. Darauf ließe sich jedoch erwidern, dass der Mensch dieses Lebensziel ja selbst entwirft, sowohl im irdischen Leben als auch mit höherem Bewusstsein im vorgeburtlichen Leben. Zudem steht es mir als Mensch im irdischen Leben immer frei, ob ich dem aus dem höheren Bewusstsein des vorgeburtlichen Lebens entworfenen Lebensziel folge oder nicht, oder ob ich es aus meinem aktuellen Bewusstsein heraus korrigiere. Die Entwicklungsimpulse der nördlichen Mondknoten haben nichts damit zu tun, dass man das Karma sozusagen abwickelt, wie das bei den südlichen Mondknoten der Fall ist, sondern hier geht es um das im vorgeburtlichen Leben entworfene Lebensziel und darum, welchen Beitrag ich mit meinen Idealen in der Welt leisten will.

Vom Karma zu unterscheiden ist die Vorherbestimmung. Sie ist meiner Meinung nach eine Gnade der geistigen Welt, die einem entweder ermöglicht, den selbstgewählten inneren Entwicklungsweg zu gehen, oder neue Entwicklungschancen auftut. *Karma* ist letztlich etwas, das aus der Vergangenheit kommt, *Vorherbestimmung* der offene Ruf aus der Zukunft. Wie das Karma inhärent mit Freiheit verbunden ist, so geht auch die Vorherbestimmung zusammen mit der menschlichen Freiheit.

Doch gibt es noch einen dritten Faktor: den Zufall. Gäbe es in der Welt keinen Zufall, so wäre auch keine Freiheit möglich. Gäbe es keinen Zufall, sondern nur Karma und Vorherbestimmung, dann müsste man von einem metaphysischen Determinismus sprechen. Es gibt Bücher wie *Die Prophezeiungen von Celestine* von James Redfield, die davon ausgehen, dass alles, was geschieht, eine Bedeutung habe, weil alles Karma oder Vorherbestimmung sei. Dafür ist einige metaphysische Phantasie nötig. Sicher ist es so, dass dort, wo kein individuelles Karma wirkt, das Weltenkarma zum Tragen kommt: Lebensgemeinsamkeiten in einer Zeit kollektiv erfahrener Weltereignisse, die ein karmischer Rückschlag der Vergangenheit der Menschheit sind. So kann man etwa den Zweiten Weltkrieg als karmische Folge des Materialismus in der Menschheitskultur ansehen.

Wenn kein individuelles Karma, kein Weltenkarma und keine Vorherbestimmung wirken, bleibt nur der Zufall. Zufall bietet dem freien Willen Raum. Gäbe es keinen Raum für den freien Willen, dann wären Karma und Vorherbestimmung philosophisch unmöglich, weil beide den freien Willen voraussetzen. Doch steht der Zufall nicht außerhalb der naturgesetzlichen Kausalität. Wenn ein Mensch aus freiem Willen einen Spaziergang macht und einem anderen Menschen im Park begegnet, der ebenfalls aus freiem Willen einen Spaziergang macht, dann ist die Begegnung der beiden *zufällig*. Nach naturgesetzlicher Kausalität mussten sie sich begegnen, aber es braucht sich dabei nicht um eine karmische Notwendigkeit zu handeln, die von den Cherubim gelenkt ist. Meistens macht eine karmische Begegnung durch ein vages Erkennen oder dadurch, dass ein karmisches Thema angerührt wird, einen tiefen Eindruck auf die Seele, doch ist es ebenso gut möglich, dass es sich um eine erste Begegnung mit einem Seelenverwandten handelt. Dann kann aus dem Willen, mit dem Anderen zusammenzuarbeiten oder zusammenzuleben, zum ersten Mal Karma entstehen.

Man könnte das bildlich so ausdrücken: Mein Körper ist der Ausdruck meiner Seele aus einem vorigen Leben oder der Ausdruck des Karma – denn über den Lebensbogen hinweg bin ich selbst der Schöpfer meines Körpers –, aber mein freies Ich erlaubt mir, mich mit diesem Körper in jeder Hinsicht frei auszudrücken und im Bewegungsraum des Zufalls zu tanzen. Zufall ist der Bereich des Möglichen, das ich innerhalb der physikalischen Gesetzmäßigkeiten aus dem freien Denken heraus verwirklichen kann. Das Karma und die naturgesetzliche Kausalität sind die Ufer, die den Fluss der Freiheit befestigen.

Wir können also sagen, dass die Angeloi den Menschen darin unterstützen, sich seines Karmas bewusst zu werden und die Kraft zu finden, dieses Karma auszugleichen. Auch helfen sie dem Menschen, individuelle Entwicklungsimpulse für dieses irdische Leben umzusetzen. In dieser fünften heiligen Nacht schenkt der buddhische Christusimpuls dem Menschen den aktiven Keim der Angeloi, der es ihm ermöglichen soll, einen geistigen Bewusstwerdungsprozess in Gang zu setzen, sein Karma zu verstehen, es auszugleichen und die Kraft zu finden, die damit verbundenen Schwierigkeiten zu überwinden und sich seiner vorgeburtlichen Entwicklungsimpulse zu erinnern. Dadurch kann der Astralleib zum Geistselbst vergeistigt werden, und es wird ein Zusammenwirken der wortlosen Intuitionen der Angeloi mit dem wortfähigen, erörternden oder rationalen Denken des Menschen möglich.

Dieser Impuls kann das ganze Jahr über, besonders aber im astrologischen Monat Stier (vom 21. April bis zum 20. Mai) weiterwirken und vom Menschen zur Blüte gebracht werden.

Meditationsspruch:
»Durch die Engel kann mein Karma Früchte tragen,
dadurch, dass meine Seele zur Weisheit wird.«

Die Nacht vom 29. auf den 30. Dezember:
Archangeloi in der Entwicklung des Geistselbst

In dieser heiligen Nacht schenkt der buddhische Christusimpuls dem Menschen den aktiven Keim der Archangeloi, um eine weitere Entwicklung des Manas oder Geistselbst zu ermöglichen, sozusagen eine Oktav höher. Manas ist die Vergeistigung des Astralleibs zur individuellen, lebendigen Weisheit. Die Archangeloi, die Erzengel oder Feuergeister, wirken in der geistigen Verbindung, die jene Menschen eingehen, die sich mit der geistig-göttlichen Welt verbinden wollen. Archangeloi sind die göttlichen Inspiratoren eines Volks oder einer geistigen Gemeinschaft. Christus als das makrokosmische Ich-bin-Wesen wirkt nicht in der Gemeinschaft, sondern in jedem einzelnen Individuum, um aus ihm heraus Liebe möglich zu machen. Deshalb ist es nicht richtig zu sagen, dass man den Christus erst dann finden könne, wenn man sich einer kirchlichen Gemeinschaft anschließe. Ein Erzengelwesen dagegen vermag mit der richtigen geistig-moralischen Intention in einer geistigen Gemeinschaft zu wirken und die einzelnen Mitglieder zu inspirieren, sodass eine gemeinschaftliche Atmosphäre der Weisheit entsteht und erblüht.

Wir haben gesehen, wie zwölf Erzengel als Geister der Weisheit oder als der makrokosmische Heilige Geist den Christus umgeben und dass sieben von ihnen die Eingeweihten zu Bodhisattvas machen, um so einen höheren Geistesimpuls zu schenken bzw. eine bestimmte Religion oder geistige Kultur auf Erden zu inaugurieren.[524] Auf diese Weise entstehen geistige Gemeinschaften, in denen die Erzengel dann unmittelbar als geistige Speisung und Inspiration wirksam sein können.

Auch als »Geister im Kreislauf der Jahreszeiten« wirken die Erzengel:[525]

Gabriel	zur Wintersonnenwende / zu Weihnachten
Raphael	zur Frühlingssonnenwende / zu Ostern
Uriel	zur Sommersonnenwende / zu Johanni
Michael	zur Herbstsonnenwende / zu Michaeli

Außerdem sind die Erzengel »Planetarische Geister im Kreislauf der Geschichte«:

550 v. Chr. – 200 v. Chr.	Michael	
	(Apollo oder Mithras)	Sonne
200 v. Chr. – 150 n. Chr.	Oriphiel	Saturn
150 n. Chr. – 500 n. Chr.	Anael	Venus
500 n. Chr. – 850 n. Chr.	Zachariel	Jupiter
850 n. Chr. – 1190 n. Chr.	Raphael	Merkur
1190 n. Chr. – 1510 n. Chr.	Samael	Mars
1510 n. Chr. – 1879 n. Chr.	Gabriel	Mond
1879 n. Chr. – 2280 n. Chr.	Michael	Sonne

Nach dem Tod begleiten die Erzengel den Menschen zu ihrer Wohnstätte: der himmlischen Merkursphäre. Hier werden dem Menschen die geistig-moralischen Verbindungen bewusst, die er im vergangenen Leben zu den Mitmenschen hatte, und auf einer noch tieferen Bewusstseinsebene kann er zwischen Licht und Dunkel, Gut und Böse unterscheiden. In dieser Sphäre kann man die Einsamkeit oder Erfülltheit der Beziehungen erleben. Schon auf der Erde stimulieren die Archangeloi die Entwicklung des Manas oder Geistselbst des Menschen, indem sie als das höhere Selbst der Gemeinschaft eine höhere Weisheit schenken. Der buddhische Christusimpuls schenkt dem Menschen während dieser heiligen Nacht den Manas-Keim der Archangeloi, wodurch sich ihm die Möglichkeit auftut, aus einer höheren Weisheit heraus Gespräche mit anderen Menschen zu führen, geistig mit ihnen zusammenzuarbeiten im Hinblick auf den jeweils herrschenden Zeitgeist – jetzt ist es der Erzengel Michael – und zudem ein Gefühl für die verschiedenen Qualitäten der Jahreszeiten und ihrer Feste zu entwickeln, in denen die Zusammenarbeit immer wieder anders erlebt werden kann. Das ganze Jahr hindurch, aber besonders im Monat der Zwillinge (vom 21. Mai bis zum 20. Juni), kann dieser Impuls weiterwirken und vom Menschen zur Blüte gebracht werden. In dem astrologischen Monat Zwillinge wird meistens das Pfingstfest gefeiert. An Pfingsten ist die Empfänglichkeit für den zoroastrischen Christusimpuls am stärksten ausgeprägt; hier wirkt der göttliche Geist in das freie Individuum hinein, um Gemeinschaftsbildung zu ermöglichen und zu verstärken.

Meditationsspruch:
»Die Erzengel lehren mich, durch Weisheit Gemeinschaft herzustellen.«

Die Nacht vom 30. auf den 31. Dezember:
Archai in der Entwicklung des Geistselbst

In dieser Nacht schenkt der buddhische Christusimpuls dem Menschen den aktiven Keim der Archai, um die Entwicklung des Geistselbst oder Manas nun nochmals eine Oktave höher zu ermöglichen. Die Archai oder Geister der Persönlichkeit sind die Inauguratoren der großen Kulturen auf der Erde: der bereits genannten sieben Kulturepochen. Da der Mensch für gewöhnlich in jeder dieser Epochen mindestens eine weibliche und eine männliche Inkarnation durchgemacht hat, kann er die hohen kulturell-geistigen Weisheitskräfte der Archai in sich aufnehmen und verarbeiten. Es ist doch von unendlicher Bedeutung für die allgemeine Entwicklung der menschlichen Individualität, wenn ein Mensch in einer griechischen oder ägyptischen Inkarnation die Philosophie oder Mythologie in sich aufnehmen konnte. Nach dem Tod begleiten die Archai den Menschen zu ihrer Wohnstätte: der himmlischen Venussphäre, und gemeinsam arbeiten sie heraus, was der Mensch auf der Erde aus den verschiedenen Kulturen an Geisteskräften und an Religiosität hat aufnehmen können.

Der buddhische Christusimpuls schenkt dem Menschen während dieser heiligen Nacht den Manas-Keim der Archai, sodass er aus der geistigen Welt den religiösen Impuls unserer Kulturepoche empfangen kann, der ihm dann einen Entwicklungssprung ermöglicht. Michael ist als Erzengel unserer Zeit auf einer höheren Entwicklungsstufe angelangt und zum Zeitgeist oder Archè in der fünften nachatlantischen Kulturepoche der Bewusstseinsseele geworden. Er begleitet den Menschen, damit er aus eigener Initiative und Denkkraft den Zugang zur geistigen Welt findet. Das ist der religiöse Impuls unserer Zeit, und die Geisteswissenschaft ist ebenfalls Ausdruck dieses Impulses. Auch die Möglichkeit, durch innere Entwicklung und durch Vermittlung Michaels den in der Ätherwelt sich offenbarenden Christus zu schauen – wir werden im nächsten Kapitel näher darauf eingehen –, gehört zum religiösen Impuls unserer Kultur. Es ist der Keim der Archai oder der Zeitgeister, den der buddhische Christusimpuls der Seele in dieser heiligen Nacht schenkt. Die Nacht geht über in den letzten Tag des alten Jahres, an dem wir zurückschauen auf den qualitativen Wert des vergangenen Jahres. Das ganze Jahr hindurch, aber besonders im Monat des Krebses (vom 21. Juni bis zum 20. Juli), kann dieser Impuls weiterwirken und vom Menschen zur Blüte gebracht werden. Im astrologischen Monat Krebs wird auch das Johannifest gefeiert, um die religiösen Anregungen des zoroastrischen Christusimpulses aus der Höhe zu empfangen und zu erleben.

Meditationsspruch:
»Mit Hilfe der Archai ist meine Seele durch die Geschichte der Kulturen bereichert und vergeistigt.«

Die Nacht vom 31. Dezember auf den 1. Januar:
Exusiai in der Entwicklung des Lebensgeistes

Der buddhische Christusimpuls schenkt dem Menschen in dieser Nacht den aktiven Keim der Exusiai, den Christus zur Sommersonnenwende zoroastrisch-apollinisch empfangen hat, um die Entwicklung des Lebensgeistes oder des Buddhi zu ermöglichen. Die Entwicklung des Buddhi, das ist die Vergeistigung des Ätherleibes im Erleben der Kunst, der Liebe und der schöpferischen Weisheit. Die Exusiai, die Elohim, die Mächte oder Geister der Form, haben Welt und Menschheit erschaffen. Sie sind die wahrhaft schöpferischen Geister, stehen mitten in ihrer schöpferischen Kraft und sehen erst hinterher, ob es gut war. Was sie erschaffen, erschaffen sie mit den Urbildern und der Urmaterie aus dem Nichts (jenseits von allem Bekannten): »Der Geist Gottes schwebte über den Wassern.«[526] Erst dadurch, dass sie sich mit dem Logos vereinten, waren die sieben Elohim in der Lage, Welt und Menschheit zu erschaffen. Die Elohim haben dem Menschen sein Ich-Wesen geschenkt.[527] Alle Himmelskörper im Universum haben ihre Form von den Exusiai erhalten. Rudolf Steiner beschrieb die Exusiai einmal als makrokosmischen Menschen[528] und verwies dabei auf die Trinität unseres Sonnensystems.

Nach dem Tod begleiten die Elohim den Menschen an ihre Wohnstätte: die himmlische Sonnensphäre. Hier wird man Christi nur als Bild ansichtig, denn sein Thron steht leer, weil er der Herr der Erde geworden ist. Die Elohim überprüfen zusammen mit dem Menschen, ob er während seines Lebens über die religiösen Impulse hinausgekommen ist, die er in den einzelnen Gemeinschaften erleben konnte. Sie überprüfen, ob er in der Lage war, ein Bewusstsein für die ganze Menschheit und die ganze Erde zu entwickeln. Denn wenn nicht auch wirkliche Liebe zur ganzen Menschheit und zur ganzen Erde aufkommt, kann es sein, dass in religiösen Gemeinschaften noch immer eine Form von Gruppenegoismus wirkt. Auch die Unterscheidung nach Volk und Rasse, die durch die gefallenen Dynamis oder zurückgebliebenen Exusiai entstanden ist, muss durch die Liebe zur ganzen Menschheit erst noch überwunden werden. Deshalb gehört Christus im Innersten auch nicht dem Christentum als einer Ansammlung religiöser Gemeinschaften, sondern der ganzen Menschheit. Das Christentum gibt dem Menschen die Gelegenheit, den Christusimpuls in sich aufzunehmen, indem er Menschwerdung, Tod und Auferstehung des Christus Jesus begreift. Aber der Christusimpuls will nicht nur in den kulturellen Formen des Christentums wirksam sein, sondern für alle Menschen und auf der ganzen Erde. Das ist es auch, was Mani, der »hohe Gesandte des Christus«, im Manichäismus – als einer Synthese der Religionen durch Christus – zum Ausdruck gebracht hat.

Der buddhische Christusimpuls schenkt dem Menschen während dieser heiligen Nacht den Buddhi-Keim der Elohim, damit er mit einer Liebe, die die ganze Menschheit umfasst, und mit einer schöpferischen Kraft, die ihn Kunst erleben und selbst schaffen lässt, den Ätherleib vergeistigen kann. Kunst wirkt als Bildersprache, in der sich das eigentlich Verborgene eine Form gewinnend offenbart, tiefer ein auf den Menschen: Es sind aufweckende, aufrüttelnde Kräfte, die da auf den Ätherleib oder das Unbewusste des Menschen einwirken. Dort, wo der Mensch selbst formend tätig ist, experimentierend das Bildmaterial untersucht und Neues entstehen lässt, um seinem Wesen Ausdruck zu verleihen, kann er in dem selbst hervorgebrachten Schaffensstrom die innere Freiheit gefühlsmäßig erleben: Das ist Vergeistigung auf dem Gebiet der Lebenskräfte des Menschen. Auch wenn der Mensch seine Vorstellungen selbst hervorbringt, aus dem Geist, aus dem Nichts, fern von allem bisher Bekannten, und aus ihnen heraus lebt, wandelt sich der Ätherleib zum Lebensgeist.

Es spricht für die Richtigkeit der Aussagen des Wassergeistes (»des Nassen«), dass der Keim der Elohim gerade in der Nacht vom alten Jahr zum neuen Jahr geschenkt wird. Zu Silvester können wir im *Geisterinnern* die Qualität und Wesensart des vergangenen Jahres prüfen. Für das neue Jahr können wir im *Geistbesinnen* erwägen, welche Werte wir aufstellen und welche Ideale wir verwirklichen wollen. Das erfordert ein von den Sinnen abgekoppeltes, ein lebendiges Denken, das aus dem Nichts heraus schöpft, frei von allem Bekannten, allen Gewohnheiten und allen Traditionen. Sich seine eigenen Werte zu setzen, das nennt Friedrich Nietzsche in seinem Buch *Also sprach Zarathustra* das Löwen-Stadium in der Entwicklung des Menschen, der sich selbst überwunden hat, der im Kamel-Stadium noch den Werten anderer gefolgt war und später, im letzten Stadium, zum Kinde wird, das auf so natürliche Weise einsgeworden ist mit den selbstgewählten Werten, dass es bei einem Wert wie »Verzeihen« nicht mehr verzeiht, weil es das, was verziehen werden sollte, schon vergessen hat. Dies Letzte fällt besonders auf: Wenn man nicht mehr verzeiht, weil man bereits vergessen hat, so ist das eine höhere Form des Verzeihens – man verzeiht unmittelbar, ohne Zeitverzug. Hier wird deutlich, dass bei Nietzsche, in seiner Widerlegung des äußeren Christentums, tiefste christliche Wurzeln fortbestanden. Die Möglichkeit, durch den Christus, der als Löwe von Juda aus der Sonnensphäre kam, die Liebe zur ganzen Menschheit zu erleben und sich in einem Löwen-Stadium seine eigenen Wertvorstellungen zu schaffen, macht es verständlich, dass der Buddhi-Keim zwar während des ganzen Jahres, besonders aber im astrologischen Monat Löwe (vom 21. Juli bis zum 20. August) weiterwirken und vom Menschen zur Blüte gebracht werden kann.

Meditationsspruch:
»Durch die Elohim bin ich in meiner Liebe zur Menschheit fähig, aus dem Nichts heraus zu schaffen.«

Die Nacht vom 1. auf den 2. Januar:
Dynamis in der Entwicklung des Lebensgeistes

In dieser heiligen Nacht schenkt der buddhische Christusimpuls dem Menschen den aktiven Keim der Dynamis, um auf einer höheren Ebene die Entwicklung des Lebensgeistes oder des Buddhi möglich zu machen. Die Dynamis, Kräfte oder Geister der Bewegung, haben den Astralleib der Tiere und Menschen geschaffen. Was ist charakteristisch für die Seele? Was ist das Wesen der Seele? Es ist die Bewegung. Wir werden in der Seele innerlich bewegt durch die Ereignisse in der Außenwelt oder durch Gedanken, die wir selbst entwickeln. Nichts ist so beweglich wie die Seele; Gedanken, Gefühle und Wünsche wechseln einander in hohem Tempo ab.

Meiner Meinung nach geht von den Dynamis eine noch höhere Inspiration aus: Sie sind auch die Geister des Mitleidens. Mitleiden bedeutet, dass wir in Freiheit dafür offen sind, uns von dem anderen in unserer Seele bewegen zu lassen. Von Mitleid bewegt zu werden, bedeutet, dass man das Leid des anderen als eigenes Leid erlebt. Es ist insofern bezeichnend, dass laut Steiner eines der Wesen aus der Hierarchie der Dynamis als inspirierendes Wesen über die Verbreitung des Buddhismus wachte.[529]

Der Buddhismus kennt das Mitleid in hohem Maße. Im manichäischen Christentum als einer buddhischen Strömung wird das Mitleiden mit der leidenden Weltenseele prägnant zum Ausdruck gebracht. Nichts formt den Ätherleib so stark wie die Kraft des Mitfühlens, Mitleidens, des inneren, passionierten Miterlebens, wenn wir das Leid des anderen mit ihm durchleiden. Deshalb kann man die Dynamis auch als die Wesen ansehen, die dem Menschen dabei helfen, den Lebensgeist in sich selbst zu entwickeln. Wenn die Seele durch Mitleid persönlich bewegt wird – was Mani die Menschen lehrt –, dann erlebt die Seele eine größtmögliche Läuterung, die bis in den Ätherleib weiterwirkt. Buddha ist der Lehrer, der die Menschen lehrte, die paradiesische Unschuld des Linga Sharira oder des Ätherleibs wiederzugewinnen. In der Regungslosigkeit innerer Stille kann der Mensch in der Seele das Leiden aufheben, indem er die Begierden überwindet und so Mitleid mit allen lebenden Wesen zu fühlen vermag. Und es ist durchaus von Bedeutung, dass Buddha sein Liebesopfer heute in der Marssphäre der Dynamis darbringt. Die Seele wird dann – in ihrer Verbundenheit mit dem Ätherleib – nicht nur durch die Entwicklung der Weisheit, sondern auch durch die Entwicklung der Liebe selber zur Sophia oder zur Jungfrau Maria, die das Jesuskind zur Welt gebracht hat.

Alle Bewegung wird von den Dynamis veranlasst und ermöglicht. Auch die Bewegungen, die die Himmelskörper als Energiebahnen am Firmament beschreiben, sind von den Dynamis verursacht. Dergestalt bilden sie das, was man den »Ätherleib der Trinität als makrokosmischer Mensch« bezeichnen kann.

Nach dem Tod gelangt der Mensch später einmal ins Devachan. Das Devachan ist die Mars-, Jupiter- und Saturnsphäre als geistiger Kontinent, geistiger Ozean und geistiger Himmel. In der himmlischen Marssphäre, der Himmelssphäre der Dynamis, in der wir auch die Urbilder der Tierarten finden, vernimmt der mitschaffend gewordene Mensch das schaffende Weltenwort, das alles auf der Erde zum Dasein gebracht hat.

Der buddhische Christusimpuls schenkt dem Menschen in dieser heiligen Nacht den Buddha-Keim der Dynamis, durch den die Reinheit des unbewegten Mitleids und die Bewegtheit des wirklichen Mitleidens entstehen und der Ätherleib vergeistigt werden kann. Das ganze Jahr hindurch, besonders aber im astrologischen Monat Jungfrau (vom 21. August bis zum 20. September), kann dieser Impuls weiterwirken und vom Menschen zur Blüte gebracht werden.

Meditationsspruch:
»Durch die Dynamis kann ich aus der Regungslosigkeit der inneren Stille zur richtigen Regung des Mitleids gelangen.«

Die Nacht vom 2. auf den 3. Januar:
Kyriotetes in der Entwicklung des Lebensgeistes

In dieser Nacht schenkt der buddhische Christusimpuls dem Menschen den aktiven Keim der Kyriotetes, um nun nochmals eine Oktav höher die Entwicklung des Lebensgeistes oder des Buddhi zu ermöglichen. Die Kyriotetes oder Geister der Weisheit haben den Ätherleib der Pflanzen, Tiere und Menschen gebildet. Sie werden auch die »Geister der schaffenden Tugend« genannt. Sie sind Weisheit als ausströmendes Licht. In der Vergeistigung des Ätherleibs zum Lebensgeist schenken sie dem Menschen meiner Meinung nach die Möglichkeit, die Manas-Kräfte der individualisierten Weisheit weiterwirken zu lassen bis hinein in den Ätherleib. Dadurch können natürlich schaffende Weisheit und Tugend als Buddhi-Kräfte im Menschen entstehen.

Die Erkenntnisse der michaelischen Geisteswissenschaft – die die schaffende Weisheit in der Natur sucht – wirken nicht nur in der Seele, sondern weiter bis in den Ätherleib. Man kann sehen, dass ein Mensch sich bis in seine leibliche Ausstrahlung hinein verändert, wenn geisteswissenschaftliche Erkenntnisse mit denkerischer Kraft aufgenommen werden. Aus des Menschen Seelentiefe heraus kommt es dann zu einer vollständigen Bewusstseinsveränderung. Wenn man das Leben aus der Tiefe heraus versteht, dann erweckt das auf ganz natürliche Weise ein gütiges Handeln, wie Nietzsche es schon in Bezug auf die zur Natur gewordene Vergebung beschrieb. Das ist das Bild der Weisheit als einer Waage im Menschen: in Geistesgegenwart aus der Substanz des – in diesem Fall – vergeistigten Ätherleibes heraus das Richtige zu tun, dem richtigen Menschen gegenüber, im richtigen Augenblick und zur rechten Zeit. Man spürt intuitiv, dass die Geisteswissenschaft im Menschen die Kraft der Tugend weckt, dass die Geisteswissenschaft aber auch zurückgewiesen wird, wenn kein Wille vorhanden ist, sich als Mensch zu verändern. Das innere Wissen um die Geheimnisse des Kosmos, das aus den Tiefen des vergeistigen Ätherleibes kommt, ist eine weitere Form des Wirkens der Kyriotetes. Auch das Schauen kann mit Hilfe der Kyriotetes zur höchsten Blüte gebracht werden. Ich vermute, dass sie zudem nach dem Tode dafür verantwortlich sind, die bewusste Entwicklung des Manas und die karmischen Erkenntnisse über das Leben im zu vergeistigenden Ätherleib in schöpferische Tugend für das nächste Leben zu verwandeln. Aus einem weiteren Blickwinkel betrachtet, übertragen sie das spirituelle Bewusstsein des Menschen vom einen Leben in das andere: Das schafft die »Kontinuität des spirituellen Bewusstseins« von Leben zu Leben.

Nach dem Tod erlebt der Mensch in der Wohnstätte der Kyriotetes, der himmlischen Jupitersphäre, in der auch die Urbilder der Planeten zu finden sind, die kosmische Weisheit und wirkt von dort aus in schöpferischer Tätigkeit mit an der Weisheit für die Erdenentwicklung. Die Lebenden sind auf den Himmel gerichtet, aber die Toten sind auf die Erde gerichtet.

Die Kyriotetes bilden das Unterbewusstsein oder die Weisheitsseele der Himmelskörper. Wenn wir der Erde als Gäa ein Weisheitsbewusstsein zuerkennen, beziehen wir uns damit eigentlich auf den Kyrios der Erde. Christus, der als höchstes hierarchisches Wesen (oder als zweite Person der Trinität unseres Sonnensystems) der Sohnessphäre der Exusiai, Dynamis und Kyriotetes ein Kyrios ist, ist der Kyrios der Erde geworden. Die Weisheit der Erde ist zur Weisheit des Christus für die Zukunftsentwicklung von Welt und Menschheit geworden. Insofern die Kyriotetes die Seele der Planeten sind, bilden sie das, was man den »Astralleib der Trinität als makrokosmischer Mensch« nennen kann.

Aufgrund einer Bemerkung Rudolf Steiners kann man sagen, dass der Regent des Mondes, Jahve, eine michaelische Signatur trägt und mit dem luziferischen Drachen des Kosmos kämpft.[530] Auf der Erde lebt sich dieser Drache im materialistischen »Gold-Element« aus. Das Silber in der menschlichen Seele – und als Element auf der Erde – stammt dagegen von dem Kyrios und ist da, um das luziferische »Gold« zu kompensieren und zu läutern. So entsteht das Bild des Grals: der silberfarbene Mond, der das wahre Gold der Christussonne trägt.

Der buddhische Christusimpuls schenkt dem Menschen in dieser heiligen Nacht den Buddhi-Keim der Kyriotetes, durch den der Lebensgeist im Menschen zur »Weisheit als schöpferischer Tugend« werden kann. Das ganze Jahr hindurch, besonders aber im astrologischen Monat Waage (vom 21. September bis zum 20. Oktober), in dem das Michaelsfest gefeiert wird, kann dieser Impuls weiterwirken und vom Menschen zur Blüte gebracht werden.

Meditationsspruch:
»Durch die Kyriotetes kann die Weisheit, getragen von Geistesgegenwart, als Gral in mir zur schöpferischen Tugend werden.«

Die Nacht vom 3. auf den 4. Januar:
Throne in der Entwicklung des Geistesmenschen

In dieser heiligen Nacht schenkt der buddhische Christusimpuls dem Menschen den aktiven Keim der Throne, um die Entwicklung des Geistesmenschen oder des Atma möglich zu machen. Der physische Leib wird durch den vom Geiste getragenen und befeuerten Willen zum Geistesmenschen vergeistigt. Die Throne oder Geister des Willens opfern den Cherubim ihre Willenssubstanz, die damit, wie bereits beschrieben, Weltensysteme aufbauen. Felsen, Gestein, Sand, ja auch Wasser, Luft und Feuer sind die in die Schwere gefallenen Opfersubstanzen der Throne. Die Throne sind den Menschen ein Vorbild dafür, dass der Wille der Liebe zur Opferkraft werden kann, wie wir im Fall der Bergpredigt gesehen haben. Diesen Willen des Geistes im Willen der Liebe drückt das Bild des Adlers aus, das Bild Johannes des Evangelisten.[531] Und im Bild des gefallenen Adlers sehen wir, wie in der Himmelssphäre der Throne eine Anzahl von ihnen zu Wesen des Bösen wurden, weil ihr Opfer nicht angenommen worden ist; es ist auch das Bild des Skorpions. Auf der Erde hat dieses Bild seine Entspechung in Kain, der, als sein Opfer nicht angenommen wurde, seinen Bruder Abel tötete.

Die Throne beeinflussen auch den Willen der Himmelskörper, sodass diese sich in den Bahnen bewegen, die von den Dynamis geschaffen wurden. Und sie beleben die erbauende Willensaktivität als eine Wahrnehmung von sich selbst im Raum. Das ist eine andere Wahrnehmung, als sie das Fühlen ermöglicht, das einen den Seelenraum um sich herum seelisch erleben lässt. In der erbauenden Willensentfaltung erlebt man sich – gerade umgekehrt – selbst am und im Raum. Diese Fähigkeit, einerseits den Raum in sich selbst zu fühlen und andererseits sich selbst durch seinen Willen im äußerlichen Raum zu erleben, ist etwas, das zur Empfindungsseele gehört. Meiner Meinung lassen sich die Throne oder Geister des Willens deshalb auch als die »Empfindungsseele der Trinität als makrokosmischer Mensch« bezeichnen.

Nach dem Tod erlebt der Mensch in der himmlischen Saturnsphäre, der Wohnstätte der Throne, das Weltengedächtnis der kosmischen Weltgeschichte.

Der Christusimpuls legt den Keim des opferbereiten Liebeswillens der Throne in die menschliche Seele. Dort kann er im Einklang mit dem menschlichen Handeln den göttlichen Funken des Atma entzünden, den die Throne im Saturnzeitalter im menschlichen Körper verankert haben. Opfernde Liebe, wie sie Mani als der menschliche Manu die Menschen lehrt, vermag den vergänglichen Leib in hohem Maße zu einem unvergänglichen Leib zu vergeistigen.

Der buddhische Christusimpuls schenkt dem Menschen in dieser heiligen Nacht den Atma-Keim der Throne, durch den der Geistesmensch als Willenskraft opfernder Liebe im Menschen entfaltet werden kann. Das ganze Jahr hindurch, besonders aber im astrologischen Monat Skorpion (vom 21. Oktober bis zum 20. November), kann dieser Impuls weiterwirken und vom Menschen zur Blüte gebracht werden.

Meditationsspruch:
»Durch die Throne finde ich die Willenskraft zur opfernden Liebe.«

Die Nacht vom 4. auf den 5. Januar: Cherubim in der Entwicklung des Geistesmenschen

Der buddhische Christusimpuls schenkt dem Menschen in dieser heiligen Nacht den aktiven Keim der Cherubim, um auf einer höheren Ebene die Entwicklung des Geistesmenschen – oder des Atma – möglich zu machen. Die Cherubim oder Geister der Harmonie verleihen dem Menschen durch das Karma die Möglichkeit, das eigene Leben mit dem Kosmos in Einklang zu bringen. Bevor sich der Mensch inkarniert, zeigen sie ihm als dramatische Akteure, wie es ihm in den kommenden Schicksalsereignissen gelingen kann, die Harmonie mit dem Kosmos wiederherzustellen. Sie sind auch die Inspiratoren dessen, was man als höchste Kunst bezeichnen kann: die Kunst des sozialen Handelns. Gemeint ist die Fähigkeit, durch die Kunst des Handelns aus der Geistesgegenwart heraus – im Zusammenhang mit den Kyriotetes war davon bereits die Rede – in einer bestimmten Situation das Richtige zu tun, Konflikte moralisch-künstlerisch zu lösen und das Böse auf manichäische Weise in die Ordnung des Guten einzufügen oder sogar ins Gute zu verwandeln. Es handelt sich um eine flexible Fähigkeit des Geistes, der auf einer höheren Ebene zu einer Synthese der Gegensätze gelangen will und mit moralischen Intuitionen oder Vorstellungen wie mit den Pfeilen eines Bogens unmittelbar trifft oder auf längere Sicht und mit Kunstverstand zu Werke geht. Dieser Wille zu einem Handeln, das aus geistigen Intuitionen einen harmonischen Ausgleich schafft, vergeistigt den physischen Leib zur Gestalt des Propheten, wie wir es am Beispiel der Bergpredigt gesehen haben.

Die Cherubim sorgen dafür, dass die Himmelskörper eines Sonnensystems harmonisch angeordnet sind. Nach dem Tod erreicht der Mensch am Ende in der göttlichen Welt das Gebiet der Fixsterne. Aus dieser Sphäre der Tierkreiszeichen wirken die Cherubim und Seraphim. Hier, in dem kristallenen Himmel der Ewigkeit, kehrt der Mensch zurück zu »seinem eigenen Stern«. Die Cherubim sind Ausdruck der göttlichen Ordnung, der kosmischen Gesetzmäßigkeiten, die getragen sind vom Erleben der Seele: in einem harmonischen Fühlen die Harmonie des Kosmos tragend. Deshalb kann man die Cherubim auch als die »Verstandes- oder Gemütsseele der Trinität als makrokosmischer Mensch« bezeichnen.

Der Keim dieser sozialen Kunst der Cherubim, den der Christusimpuls in dieser Nacht in die menschliche Seele legt, entzündet im Einklang mit dem menschlichen Handeln den Funken des Buddhi oder Lebensgeistes, den die Cherubim im Sonnenzeitalter im Ätherleib verankert haben. Hier wirkt der Atma-Keim der Cherubim zusammen mit dem schon im Menschen vorhandenen Buddha-Keim. Gerade dieses Zusammenwirken macht es möglich, im Handeln aus der Gefühlskraft der Liebe eine Umformung des Bösen zu erreichen.

Der buddhische Christusimpuls schenkt dem Menschen in dieser heiligen Nacht den Atma-Keim der Cherubim, durch den der Geistesmensch im Menschen entfaltet werden kann in der Kunst des sozialen Handelns und der manichäischen Liebe, das Böse umzuformen.

Das ganze Jahr hindurch, besonders aber im astrologischen Monat Schütze (vom 21. November bis zum 20. Dezember), kann dieser Impuls im Menschen weiterwirken und zur Blüte gebracht werden.

Meditationsspruch:
»Durch die Cherubim entwickele ich mein Handeln zu einer sozialen Kunst, die das Böse in das Gute eingliedern und es zum Guten formen will, um so die Harmonie im Weltenkosmos herzustellen.«

Die Nacht vom 5. auf den 6. Januar:
Seraphim in der Entwicklung des Geistesmenschen

Der buddhische Christusimpuls schenkt dem Menschen in dieser heiligen Nacht den aktiven Keim der Seraphim, um nun nochmals eine Oktav höher die Entwicklung des Geistesmenschen oder des Atma zu ermöglichen. Die Seraphim oder Geister der Liebe schenken dem Menschen das Erlebnis allumfassender Liebe, sodass er danach selbst diese allumfassende Liebe sein kann. In dem Willen, mit allen Wesen und allen individuellen Willensrichtungen im Einklang zu sein, indem man begreift, dass jeder in seiner Entwicklung seinen Willen auf eine ganz bestimmte Weise äußert, kann man die vollkommene Liebe im Sein des Universums erleben. Dies ist der höchste religiöse Impuls der alles durchdringenden und alles umfassenden göttlichen Liebe. Diese Liebe zu sein heißt Geistesmensch zu sein. Die Seraphim schauen die Trinität und sie verbinden die Sonnensysteme miteinander. Sie sind die Meere der Liebe. Nichts auf der Erde könnte existieren – nicht einmal das Böse in der Welt könnte bestehen –, wenn uns nicht die Meere der Seraphim'schen Liebe durchdrängen.

Nach dem Tod wird der Mensch, die unteren Himmelssphären durchlaufend, ganz in die göttliche Welt aufgenommen und erlebt im kristallenen Himmel der Cherubim und der Seraphim die mitternächtliche Stunde, bevor er dann wieder hinabsteigt in die Himmelssphären und bis in die irdische Inkarnation. Genau in diesem Augenblick erscheint Luzifer als Versucher in der geistigen Welt und will den Menschen überreden, in dieser Seligkeit zu bleiben. Daraufhin erscheint der Christus und zeigt dem Menschen, welche moralischen Werte er in nächsten Inkarnationen wird erwerben können. Und dass er dadurch zu einem Wesen der vergeistigten und verchristlichten Menschheit werden kann, als eine zehnte Hierarchie der Freiheit und der Liebe. Wenn der Mensch durch die Himmelssphären zur irdischen Inkarnation hinabsteigt, nimmt er in den einzelnen Sphären jeweils die Kräfte und Eigenschaften auf, die zu ihm passen oder die das Karma verlangt. All die Erlebnisse, die der Menschen nach dem Tod mit den neun Engelshierarchien hat, bilden einen Kosmos, der beim Abstieg zur Erde zu einem geistigen Keim verkleinert wird und der den physischen embryonalen Keim befruchtet und den Leib nach diesen Erlebnissen des vorgeburtlichen Lebens gestaltet. Unser Leib ist in seiner Gänze Ausdruck der geistigen Verarbeitung der vorangegangenen Leben durch die neun Engelshierarchien.

Nur aus einem vollständig entwickelten Ich kann die Fülle der Liebe entstehen, die die Verbindung herstellt zu allen anderen Ich-Wesen. Deshalb kann man die Seraphim auch bezeichnen als die »Bewusstseinsseele der Trinität als makrokosmischer Mensch«. Die geistigen Wesensglieder der Trinität als makrokosmischer Mensch sind dann: der Heilige Geist als Geistselbst, der Sohn als Lebensgeist und der Vater als Geistesmensch. So wie der Mensch neun Wesensglieder hat, so hat Rudolf Steiner zufolge – wir haben das bereits gesehen – auch unser Sonnensystem als makrokosmischer Mensch (verbunden mit dem Tierkreis) neun Wesensglieder, und die Trinität unseres Sonnensystems wohnt noch über den Engelshierarchien.

Elohim	Körper unseres Sonnensystems
Dynamis	Ätherleib unseres Sonnensystems
Kyriotetes	Astralleib unseres Sonnensystems
Throne	Empfindungsseele unseres Sonnensystems

Cherubim	Verstandes- oder Gemütsseele unseres Sonnensystems und des Tierkreises
Seraphim	Bewusstseinsseele unseres Sonnensystems und des Tierkreises
Heiliger Geist	Geistselbst unseres Sonnensystems und des Tierkreises
Sohn	Lebensgeist unseres Sonnensystems und des Tierkreises
Vater	Geistesmensch unseres Sonnensystems und des Tierkreises

Der Keim des Liebe-Seins der Seraphim, den der Christusimpuls während dieser heiligen Nacht in die menschliche Seele legt, befeuert im Einklang mit dem menschlichen Handeln den göttlichen Funken des Manas oder Geistselbst, den die Seraphim im Mondenzeitalter in der menschlichen Seele verankert haben. Hier wirkt der Atma-Keim der Seraphim zusammen mit dem im Menschen bereits vorhandenen Manas-Keim. Gerade dieses Zusammenwirken ermöglicht es, aus dem kosmischen Wissen heraus, dass alles mit allem verbunden ist, zur allumfassenden Liebe zu kommen.

Der buddhische Christusimpuls schenkt dem Menschen in dieser letzten heiligen Nacht den Atma-Keim der Seraphim, durch den der Geistesmensch als ein In-der-Liebe-Sein im Menschen zur Auferstehung gebracht werden kann. Diesen durch den Christus-Impuls vermittelten Impuls der Seraphim kann man als Zusammenfassung aller heiligen Nächte ansehen. Dieser Impuls kann während des ganzen Jahres hindurch weiterwirken und vom Menschen zur Blüte gebracht werden, wenn jeder seiner Gedanken und all sein Handeln von Liebe durchzogen sind.

Meditationsspruch:
»Durch die Seraphim kann ich allumfassende Liebe sein.«

Am 6. Januar wird der Christus während der Taufe im Jordan Mensch. Christus ist aus der Sphäre der Trinität oberhalb der Engelshierarchien gekommen. Als Kyrios oder die zweite Person der Trinität unseres Sonnensystems und Tierkreises war er die Schale für den Logos als zweite Person der Ur-Trinität. Der Eloah der Sonne war wiederum die Schale für den Kyrios, und das Geistselbst dieses Eloah hat sich bei der Jordantaufe in dem Menschen Jesus inkarniert. Nach Tod und Auferstehung ermöglicht es Christus dem Menschen – jeden Augenblick aufs Neue, besonders aber während der dreizehn heiligen Nächte –, die göttlichen Keime der Engelshierarchien in sich zu entfalten. Dadurch vermag er den Christus als Summe dieser Engelshierarchien in sich aufzunehmen und so das Pfingstfeuer zu empfangen und zu verwirklichen. Und dadurch wiederum kann er einem Menschen der zehnten Hierarchie der Freiheit und Liebe werden.

Wenn wir am Abend einer heiligen Nacht über den geistigen Keim meditieren, den der Christusimpuls während dieser Nacht in die menschliche Seele legen kann, erhöhen wir die Chance, diesen Keim zu empfangen. Schon durch das innere Sprechen des Meditationsspruches vor dem Schlafen geschieht das. Wenn wir am Morgen nach einer heiligen Nacht meditieren, ist es uns möglich, die unbewussten nächtlichen Bilder und Eindrücke ins Bewusstsein zu heben und dadurch wirksam werden zu lassen. In dieser morgendlichen Meditation kann aus uneingeschränkter Andacht heraus auch der Meditationsspruch als Grundhaltung noch weiter durchdacht werden.

Kapitel 18

Das Schauen des ätherischen Christus

Der zoroastrische oder apollinische Christusimpuls wirkt gerade in unserer Zeit auf eine ganz besondere Weise, nämlich als die ätherische Wiederkunft des Christus selbst. Nicht nur sind die Gnade und die Erleuchtung, die uns durch den Heiligen Geist zuteilwerden, als zoroastrischer Christusimpuls zu begreifen, auch die Tatsache, dass Christus selbst auf den Wolken wiederkehrt, ist als apollinische Wirkung – von der kosmischen Umgebung ins Innere des Menschen – zu betrachten. In der Apostelgeschichte wird von zwei Männern in weißen Kleidern berichtet, Engeln, die zu den Jüngern sagen: »Dieser Jesus, der von euch weg in den Himmel aufgenommen worden ist, wird so kommen, wie ihr ihn habt hingehen sehen in den Himmel.«[532] – Es wurde schon darauf hingewiesen, dass der Auferstehungsleib des Christus Jesus bei der Himmelfahrt ein vergeistigter physischer Leib und nicht ein für ewig konservierter Leib aus Fleisch und Blut war. Daher ist auch nicht von einer physischen Wiederkunft oder einer Reinkarnation die Rede. Christus hat das größte Liebesopfer gebracht, das es je gegeben hat, und ist der Geist der Erde geworden; das ist nicht ein zweites Mal notwendig. Das Bild der Himmelfahrt – Christus Jesus, der sich auf den Wolken gen Himmel erhebt – ist das Bild des Auferstehungsleibes, der sich im Ätherischen offenbart. Die Wiederkunft des Christus wird auf dieselbe Weise stattfinden und daher eine ätherische Wiederkunft sein.

Diese Wiederkunft hat bekanntlich schon einmal stattgefunden, und zwar als Saulus nach Damaskus ging, um die Christen zu verfolgen, und dort durch das erhabene Licht des sich offenbarenden Christus berührt wurde. Laut Rudolf Steiner war dieses Licht in Wahrheit das Licht Krishnas, in dem der Christus sich offenbarte.[533] Dies wird durch die bereits erwähnte Erkenntnis verständlich, dass das Erzengelwesen in dem von Lukas beschriebenen nathanischen Jesus sich schon in früherer Zeit als ein göttlicher Manu in Krishna inkorporiert hatte; es inkarnierte sich nicht in ihm, sondern es umgab ihn. Für die interreligiöse Verständigung ist es wichtig, eine solche geisteswissenschaftliche Erkenntnis bekannt zu machen: Christus offenbart sich dem künftigen Paulus im Lichte Krishnas.

Die Apostelgeschichte beschreibt, dass Saulus drei Tage lang blind war und dass ihn Ananias – von Christus gerufen – heilte, indem er Saulus die Offenbarung, die ihm zuteilwurde, aus seiner Kenntnis der Worte des Christus Jesus erklärte. Man müsste eigentlich sagen: Ananias half dem Saulus, die hohe Offenbarung in sein normales Bewusstsein zu integrieren; andernfalls hätte diese Offenbarung niemals Früchte tragen können in dem Menschen Saulus, der danach zum Paulus wurde. Eine der Aufgaben, die die Geisteswissenschaft erfüllen kann, sah Rudolf Steiner darin, gegenüber Menschen, die eine Christuserfahrung hatten, eine solche *Ananias-Funktion* auszuüben. Die Geisteswissenschaft erlaubt es, sich geistig einen Begriff davon zu machen, wer Christus ist, wie er sich in unserer Zeit offenbart und was das für die individuelle und die Menschheitsentwicklung bedeutet.

Welche Christuserfahrungen sind möglich?

Beispiele für den buddhischen Christusimpuls:

1. Die Glaubensintuition oder die intuitive Berührung des Christus im Herzen, die in der Seelenstimmung des »Nicht ich, sondern der Christus in mir« entstehen kann.
2. Das inspirative Gefühlserlebnis, das einen das Liebeslicht Christi in den Tiefen der Seele spüren lässt, etwa in der Selbstverlorenheit der Mystik und Kontemplation beispielsweise eines Johannes Tauler oder Meister Eckhart.
3. Die geistige Wärme des Christus in der Seele, die durch intuitive Vereinigung entsteht, wenn die Seelengebärde der Fußwaschung lange durchgehalten wird, wie es im siebenstufigen christlich-gnostischen Einweihungsweg beschrieben wird. Bei den einzelnen Stationen dieses Weges können Imaginationen des Christus Jesus in der Seele auftreten. Es kann auch zu körperlichen Erscheinungen kommen, die mit dem Geschehen übereinstimmen. So hatte Franziskus von Assisi in der *Imitatio Christi* tatsächlich die blutenden Stigmata.
4. Die intuitive Berührung Christi im Herzen, die in inspirativer Liebe entsteht wie bei Parzival auf dem zwölffachen Weg der höfischen Minne zu Kondwiramurs. In anderer Weise ist diese Liebe auch in der *Philosophie der Liebe* des russischen Philosophen Wladimir Solowjew beschrieben. Zu dieser Berührung kann es bei allen kommen, die in selbstloser Liebe im Verborgenen für ihre Mitmenschen arbeiten oder am Bösen leiden müssen.

Beispiele für den zoroastrischen Christusimpuls:

5. Die Erleuchtung durch den Geist des Parakleten oder die intuitive Vereinigung mit dem Heiligen Geist. Die Ausgießung des Christusfeuers beispielsweise bei den Jün-

gern zu Pfingsten. Es handelt sich hier um den höchsten Impuls, der die Weisheit, die Heilung, die Liebe und die Auferstehungskraft des Christus bringen kann.

6. Visionen, lebendige Imaginationen und Inspirationen, die Christi Geist schenken kann und wie sie etwa Jakob Böhme zuteilwurden, der dadurch in seiner *Aurora* und seiner *Christosophia* die Entstehung unseres Weltenkosmos hat beschreiben können. Fünfzehn Jahre nachdem Böhme die geistigen Bilder empfangen hatte, bekam er die Inspiration des Heiligen Geistes, durch die er die Bilder begreifen konnte. Auch Mani schaute die geistigen Bilder der ganzen Weltentwicklung, weil der Paraklet ihn auf eine Reise durch die Himmel mitnahm. Dem Kölner Mani-Kodex zufolge hörte er damals Christus sagen, dass er ihm seinen Geist gesandt habe. Die Evangelisten haben ebenfalls aus einem hellsehenden Bewusstsein geschaut. Bei Lukas waren es »Ohrenzeugen« oder hellsehende Wahrnehmungen, und er nennt sich ein »Diener des Wortes«.[534] Johannes kennt neben dem imaginativen auch das inspirative und intuitive Bewusstsein. Er ist nicht nur ein Hellseher, sondern auch ein Eingeweihter oder »Besitzer des Wortes«, was noch mehr ist als ein »Diener des Wortes«.[535]

7. Das Schauen des ätherischen Christus, wie es Paulus und Rudolf Steiner zuteilwurde. Man kann auch an die intuitive Begegnung vieler anderer Menschen des 20. Jahrhunderts mit dem Christus Jesus in der Ätherwelt denken.

Rudolf Steiner zufolge kann der ätherische Christus im 20. Jahrhundert geschaut werden. Aber war denn Christus nicht schon längst ätherisch zu schauen, wie bei Paulus oder bei den Kelten, die ihn in der Natur erlebten? Der Christus Jesus hat sich bei der Himmelfahrt auf den ätherischen Wolken der hellsehenden Wahrnehmung der Jünger entzogen: »Er schied von ihnen und wurde hinaufgetragen in den Himmel«.[536] Paulus offenbarte er sich noch persönlich im ätherischen Element, aber eigentlich schon als Vorbote seiner zukünftigen Wiederkehr in der ätherischen Sphäre. Im keltischen Christentum hat sich Christus als der »König der Elemente« meines Erachtens nicht in dieser Weise persönlich offenbart. Dadurch, dass sich Christus im 9. Jahrhundert in der geistigen Atmosphäre über Irland, England und Schottland mit seinem Lebensgeist verband, den er bei seinem Abstieg zurückgelassen hatte, konnten ihn die hellsehenden Christen des keltischen Christentums zwar nicht persönlich, aber in seiner kosmischen Wirksamkeit doch noch ätherisch schauen. Vom 9. Jahrhundert an breitet der Lebensgeist sich dann als ein Mantel der Liebe über die ganze Erde aus.[537] Das ist der Neue Himmel, der vom zoroastrischen Christusimpuls gebildet wird wie die Neue Erde vom buddhischen Christusimpuls. Das Christus-Ich selbst ist aber außer in seiner ätherischen Wirksamkeit auch noch in der geistig-göttlichen Sphäre unserer Erde zu finden.

Ich habe den Eindruck, dass Mani in Anbetracht seiner komplexen Christologie die Wesensaspekte Christi und letztlich Christus selbst nicht in der ätherischen Welt, sondern in der geistigen Welt unserer Erde schaute. Ich denke, dass das Christus-Ich bei der Aszendenz oder der Himmelfahrt in die geistig-göttliche Sphäre der Erde übergegangen ist. Rudolf Steiner sagte, der Christus werde sich von 1933 an wieder in der ätherischen Welt offenbaren – was bedeutet, dass er davor nicht dort war –, und von da an werde es möglich sein, den ätherischen Christus zu schauen und ihm dadurch zu begegnen. Man muss sich hier fragen, weshalb das so ist und wodurch das möglich geworden ist.

Dazu müssen wir zurück ins 19. Jahrhundert, in die Zeit, als der Materialismus seinen euphorischen Aufstieg erlebte. Rudolf Steiner äußerte mehrfach, dass von Mitte des 19. Jahrhunderts an bis ins Jahr 1879 Michael den Drachen bekämpft hat,[538] wie es auch in der Apokalypse des Johannes prophezeit ist. Dort wird die himmlische Frau beschrieben, angetan mit der Sonne, den Mond unter ihren Füßen und einen Kranz von zwölf Sternen. Sie ist im Begriff, einen Sohn zu gebären, der »alle Nationen hüten soll mit eisernem Stabe«, doch sie wird vom Drachen im Himmel bedroht. Das Kind wird zu Gott und seinem Thron gebracht, und Michael und seine Scharen bekämpfen den Drachen, der dadurch auf die Erde geworfen wird: die alte Schlange, die Teufel und Satan genannt wird.[539] Die Frau ist die göttliche Weisheit, die hier auf der Erde die Seele des Menschen ist. Sie hat das höhere Ich geboren, das in der geistigen Welt ruht. Wenn dieses geistige Ich im Menschen geboren wird, die Seele durchzieht und das Ich inspiriert, ist dies die eiserne michaelische Kraft: der Wille, der vom Geist befeuert wird. Der Drache will das verhindern und belagert sowohl das geistige Ich, das dadurch in den Himmel aufgenommen wird, als auch die Seele. Bevor Michael zum Führer des michaelischen Zeitalters werden kann, das 1879 beginnt, muss er den Drachen bekämpfen, der die Geburt des geistigen Ich im Menschen verhindern will, die Michael in seinem Zeitalter ja gerade aus der Bewusstseinsseele heraus möglich machen soll.

Rudolf Steiner beschreibt, wie dies im 19. Jahrhundert vor sich ging. Michael bekämpft den Drachen im Himmel und wirft ihn auf die Erde. Dieser Drache besteht aus den Geistern der Finsternis oder den gefallenen Engelwesen. Diese Wesen sollen auf der Erde eine starke ahrimanische Wirkung ausüben, sie sind aber meiner Meinung nach auch von einer luziferischen Natur. Denn die Apokalypse spricht hier von *Diabolos* (oft übersetzt mit Teufel) und *Satanas*.[540] Steiner setzte den Satan gleich mit Ahriman;[541] den Diabolos kann man mit Luzifer gleichsetzen. Auch in Bezug auf das Tier, das aus dem Meer kommt, und das Tier, das aus der Erde kommt,[542] könnte man die Apokalypse so verstehen, als handelte es sich um Luzifer und Ahriman, aber Rudolf Steiner meinte einmal, wo der Apokalyptiker von Tieren spräche, ginge es um die Kraft und Wirksamkeit von Kometen.[543] Und des Öfteren setzte er das Tier, das aus der Erde kommt, dieses zweihörnige Tier, mit dem Sonnendämon Sorat gleich.[544]

Die beiden Zeugen, die in der Apokalypse genannt werden,[545] kann man gleichsetzen mit Elias und Moses, die bei der Transfiguration des Christus Jesus erscheinen. Rudolf Steiner verstand Elias und Moses als die Kraft und die Weisheit,[546] die mit der Liebe oder mit Christus verbunden sind und die dadurch die Verchristlichung der ahrimanischen Kraft (ohne Liebe und Weisheit) und der luziferischen Weisheit (ohne Liebe und Kraft) sind. Im Himmel waren diese gefallenen Engelwesen luziferischer Art, aber dadurch, dass sie auf die Erde hinabgeworfen wurden, bekamen sie eine deutlich ahrimanische Signatur. Es ist charakteristisch für das Michaelszeitalter, dass Michael die Menschen lehren will, zwischen Luzifer und Ahriman zu unterscheiden. Im Mittelalter hat man Gott dem Satan gegenübergestellt, war sich dadurch aber nicht bewusst, dass in dieser einseitigen Ausrichtung Gott auf eine Linie mit Luzifer gestellt wurde und deshalb Luzifer Ahriman gegenüberstand. Indem Michael den Himmel vom luziferischen Drachen befreit hat, hat er es uns ermöglicht, Christus in der Trinität und die guten Engelwesen rein zu erleben. Hier auf der Erde erleben wir dafür die Polarität luziferisch – ahrimanisch in unserem eigenen Menschsein. Denn so wirken die Geister der Finsternis, die von Michael auf die Erde geworfen wurden, im Menschen: Sie wirken aus dem Begierdepol des Stoffwechsels, um – ohne das fühlende Herz einzubeziehen – nach dem Denkpol des Intellekts zu greifen. Ich denke, dass man hier sagen kann: Die Geister der Finsternis wirken primär ahrimanisch, um den egozentrischen Begierdepol der Selbsterhaltung anzuheizen. Erst sekundär wirken sie luziferisch im Intellekt, der dadurch befähigt wird, an den ahrimanischen unteren Pol zu gelangen, was sich dann in der wissenschaftlichen Weltanschauung und dem Fortschrittsglauben äußert. Die Geister der Finsternis stellen den Menschen vor die große Herausforderung, die luziferisch-ahrimanische Polarität zu verchristlichen, und zwar im Herzen, aus dem Christus heraus, wie wir es mit dem Modell der Kernquadrate beschrieben haben. Michael konfrontiert den Menschen mit dem Widerstand des Bösen, um desto stärker die überwindende Kraft des Guten hervorzurufen und mit ihr das Eisen für das Schwert des geistigen Ich zu schmieden.

Diesen Geistern der Finsternis, die die Begierden anfeuern und nach dem Intellekt greifen, können wir überall im 19. und 20. Jahrhundert und zu Beginn des 21. Jahrhunderts begegnen:

– im Willen zur Macht, eine soziale Ordnung von Starken und Schwachen zu konstituieren, wie Nietzsche es beschrieben hat;
– in der Libido, die, sublimiert im Denken, eine Kultur der Unterdrückung von Sexualität schafft, wie Freud es auseinandersetzt;

- im Recht des Stärksten, dem Willen zur Selbsterhaltung und der Abstammungslehre, die den Menschen aus dem Menschenaffen erklärt, bei Darwin, Heckel oder im Sozialdarwinismus;
- im Pragmatismus, für den nur wahr ist, was nützlich ist, wie es William James (1842–1910) vom Denken her ausgeführt hat;
- im Kapitalismus, der vom Willen zur Gewinnvermehrung aus denkt;
- im Kommunismus, der den Willen zur Arbeit und die Arbeiter als Eigentümer der Produktionsmittel als den wichtigsten Unterbau ansieht und das Denken als einen sekundären Überbau;
- in der Globalisierung, in der sich der Pazifismus manipulieren lässt vom Willen zur größeren Macht;
- in der Technologie, in der die Möglichkeiten des wissenschaftlichen Wissens von dessen Anwendungsmöglichkeiten bestimmt werden, oder, stärker noch: in der amoralischen Haltung der wissenschaftlichen Erforschung von Mensch und Natur, wie sie in Vivisektion, Genmanipulation, in Kauf genommener Umweltverschmutzung oder künstlicher Lebensverlängerung zum Ausdruck kommt. Der Mensch wird hier eindimensional reduziert auf ein modernes Konsum- und Mobilitätswesen – im übertrieben willentlichen Strukturieren, Organisieren und Kontrollieren der lebendigen Gefühlsverhältnisse zwischen den Menschen, etwa: Netzwerke zum eigenen Vorteil, geschlossene Organisationssysteme oder modernes Leben in Form von *Big brother is watching you*;
- in der Informationstechnologie und in manipulierbaren Statistiken, die die Anwendung von Daten über die reale Erkenntnis der Wirklichkeit stellt, oder, stärker noch, im Irreführen der Medien durch Lügenpropaganda, um sich die Hände nicht schmutzig zu machen;
- in der chaotisierenden Uneinigkeit und in der Macht, zur Einheit zu kommen;
- in materialistisch verstandenen Religionen und Einweihungswegen und in paranormalen Ratschlägen, die das Ziel haben, die Macht des Einzelnen (oder die Macht) in der Welt zu vergrößern.

Und doch ist der Materialismus, der durch die Geister der Finsternis im Menschen entstanden ist, notwendig für die Menschheitsentwicklung. Durch den Materialismus wird der Mensch frei von der Bestimmung, die ihn durch den Schutz der geistigen Welt abhängig macht, und kann sich ganz auf sich selbst stellen. Er ist dann frei, selbst darüber zu entscheiden, ob er sich in Freiheit wieder mit der geistigen Welt verbinden will oder nicht. Zudem kann durch das starke Wirken Ahrimans, der bis in die Zukunft hinein aktiv sein wird, das Wirken Luzifers, der in der Vergangenheit aktiv war, abgeschwächt werden, sodass ein Gleichgewicht entsteht. Dadurch können Ideenflug und Nüchternheit, Idealismus und Realismus, Freiheit und Verantwortung, Selbstverwirklichung und Kulturarbeit miteinander verbunden werden. Indem die Menschheit im 19. Jahrhundert die ihr aus dem Weltenkarma heraus gestellte Aufgabe übernahm, die Kräfte der auf die Erde geworfenen Geister der Finsternis aufzunehmen, und dadurch Materialismus, Säkularisierung und Nihilismus entstanden, veränderte sich auch die ätherische Welt. Die materialistische Einstellung der Menschheit hatte ihre Auswirkung auf die Ätherwelt, die sich dadurch verdunkelte. Das verstärkte sich noch durch die menschlichen Seelen, die durch die Pforte des Todes gingen. Wenn man auf der Erde keine geistigen Begriffe oder höhere Seelenempfindungen erwirbt, hat man nach dem Tod kein Licht, das einem helfen würde, die geistige Welt zu schauen. Man erlebt dann die geistige Welt als Finsternis; denn die geistige Welt ist ein Zuviel an Licht, als dass man es erkennen und ertragen könnte. Das erlebt man beispielsweise auch, wenn man in die Sonne schaut: Man wird geblendet. Vor allem die menschlichen Seelen, die das materialistische Denken zu ihrem Inhalt gemacht haben und materialistisch lebten, machten diese Erfahrung. Alle diese Seelen erlebten Dunkelheit, und als erdgebundene Seelen schufen sie durch den ahrimanischen Einfluss noch Dunkelheit in der ätherischen Welt.

Rudolf Steiner zufolge ist am Ende des 19. Jahrhunderts Christus aufgrund seiner unendlichen Liebe aus den höheren Sphären der Erde hinabgestiegen zum Ätherleib der Erde, um das Leid der Menschheit, die durch dieses Weltenkarma gehen musste, zu trösten. Wie Christus nur dadurch zur Erde hinabsteigen konnte, dass er sich in den Menschen Jesus inkarnierte, so konnte er zur Ätherwelt nur mit Hilfe eines Engelwesens hinabsteigen. Ich vermute, dass dieses Engelwesen kein anderes war als das Erzengelwesen, das im nathanischen Jesus inkarniert war. Anders gesagt: Christus hat sich wieder mit der Jesusseele verbunden, die, wie wir sahen, in gewisser Hinsicht mit Michael in Verbindung zu bringen ist. Wir können jetzt also von *Christus Jesus* sprechen. In der Äthersphäre begegnete Christus Jesus dem großen Hass, der ihm von den verfinsterten Seelen entgegenschlug. Aufgrund von Äußerungen Rudolf Steiners kann man sagen, dass Christus ein manichäisches Liebesopfer brachte und das Böse aufnahm, um es umzuwandeln. [547] Die Kräfte des Bösen oder der Atem des Drachen in den Seelen der Menschen waren jedoch so stark, dass das Engelwesen, das in der geistigen Welt nicht sterben kann, zusammenbrach und – gekreuzigt von dem Leid, das durch das Böse entstand – vorübergehend in einen Zustand der Bewusstlosigkeit geriet. Rudolf Steiner meinte, das Mysterium von Golgatha habe sich ein zweites Mal vollzogen.[548] Mit dem ersten Mysterium von Golgatha wird durch Christus Jesus der Tod überwunden. Mit dem zweiten Mysterium von Golgatha wird durch Christus Jesus das Böse mit Liebe überwunden und verwandelt.

Jetzt können wir auch die Aussage Rudolf Steiners verstehen, dass es vor allem denjenigen, die am Bösen leiden, möglich ist, den ätherischen Christus zu schauen. Christus Jesus hat in der ätherischen Welt das Böse durch die Liebe metamorphosiert und dadurch ermöglicht, dass wir das Böse auf neue Weise und mit einer viel größeren Intensität metamorphosieren können. Wenn man hindurchgeht durch das Leid, das man angesichts des Bösen empfindet, und nicht weiß, wie man weiter damit umgehen soll, dann ist es möglich, dass sich der ätherische Christus offenbart und man ihn, der das Böse in der Ätherwelt in Liebe verwandelt hat, schauen kann. Und damit wird einem die Möglichkeit zuteil, das Leid, das durch das empfundene Böse entsteht, und sogar das Böse selbst in seiner Liebe zu transsubstantiieren.

Ich denke, dass das Schauen des ätherischen Christus nicht anders zu verstehen ist denn als eine Folge des zweiten Mysteriums von Golgatha. Steiner sagte, dass dies von 1933 an geschehen und die kommenden 3000 Jahre anhalten werde (wonach wieder eine höhere Offenbarung möglich sei, nämlich eine des Christus Jesus in der astralischen Welt). Immer mehr Menschen werden also den ätherischen Christus schauen können.

Dass 1933 Hitlers Partei an die Macht kam, muss ein Angriff der anfangs luziferischen Gegenmächte gewesen sein, die so zusammen mit den Azuras den Holocaust möglich machten. Steiner nannte noch zwei weitere Strategien der dann vor allem ahrimanischen Gegenmächte. Erstens, indem durch eine gewisse Form des Ahnenkultes verhindert wird, dass der ätherische Christus geschaut werden kann.[549] Zweitens gibt es ein ahrimanisches Wesen, das sich im Zeichen der altatlantischen Tao-Mysterien[550] in der ätherischen Welt als der Christus ausgibt.[551] Es verbindet über den Pazifischen Ozean hinweg Ost und West – und eben nicht, wie ursprünglich beabsichtigt, von Europa aus, wo das freie Ich in der Kultur und in der Christusmitte zwischen dem eher luziferisch orientierten Osten und dem eher ahrimanisch orientierten Westen gestaltet werden sollte. Dieses Wesen lässt sich daran erkennen, dass es gerade nicht an die freie Individualitätsentwicklung und die daraus entstehende selbstlose Liebe anknüpft.

Es ist bemerkenswert, dass es just im 20. Jahrhundert, als die Entkirchlichung ihren Anfang nimmt, möglich wird, den ätherischen Christus zu schauen. Denn dadurch, dass Christus Jesus geschaut wird, kann das Christentum in den Seelen der Menschen wieder seinen wirklichen Inhalt bekommen. Friedrich Wilhelm Schelling (1775–1854) sagte zu Recht, dass der Inhalt des Christentums keine Lehre sei, sondern Christus selbst. Christus hat vor allem eine Tat vollbracht: Das Wort konnte Fleisch werden, und dadurch konnte der zweifache Christusimpuls in der Welt und in der Menschheit wirksam werden. Und eine der Wirkungen des zoroastrischen oder apollinischen Christusimpulses ist, dass der ätherische Christus als wirkliche

Erneuerung des Christentums in Geist, Seele und Leib des individuellen Menschen geschaut werden kann.

Wladimir Solowjew, der die Sophia schauen konnte, hat aus dieser Inspiration über die Entwicklung des Christentums gesprochen. Er sagte, die erste Phase des Christentums sei die Theokratie: das Individuum werde im Dienste einer hierarchischen Gemeinschaft unterdrückt. Die zweite Phase des Christentums sei der Materialismus; in ihm könne die freie Persönlichkeit geboren werden. Die dritte Phase sei dann die freie Theokratie im Russland der Zukunft: eine Gemeinschaft, welche die freie Individualität trägt.[552]

Indem man den ätherischen Christus schaut, kann man in seiner Individualität eine Entwicklung durchmachen, die einen in Freiheit zu geistiger Erkenntnis, Nächstenliebe, Gemeinschaftssinn und Opferkraft kommen lässt.

Rudolf Steiner spricht davon, dass der ätherische Christus sich dem Menschen in einem bestimmten Schicksalsaugenblick offenbart, er sagt aber auch, dass es aufgrund von innerer Entwicklung möglich ist, den ätherischen Christus durch eigene Aktivität zu schauen. Da stellt sich zuerst einmal die Frage: Haben die Menschen den ätherischen Christus in der letzten Zeit durch Offenbarung – und nicht durch innere Entwicklung – geschaut? In einer aussichtslosen Situation oder angesichts allgemeiner Verwirrung kann es geschehen, so Steiner auch, dass der Christus in physischer Gestalt erscheint, einige Worte spricht und dann wieder verschwindet. Das könnte bedeuten, dass Christus sich dem Menschen nicht nur in seiner Jesus-Seele, sondern auch in seinem Auferstehungsleib zu nähern vermag.

Wir haben dafür einige Beispiele: Simone Weil (1909–1943) beschreibt in ihrem Prolog zu *La connaissance surnaturelle*, dass ein unbekannter Mann mit ihr spricht, mit ihr das Brot isst, sie beten lehrt und sie plötzlich wieder verlässt. Dann gibt es Berichte von Menschen aus der islamischen Kultur, die dem Christus ätherisch begegnet sind. Etwa die Geschichte einer Palästinenserin, die das Alte Testament übersetzt hatte, aber beim Übersetzen des Neuen Testaments dann innerlich große Mühe hatte. Als sie an einer Bushaltestelle stand, kam auf einmal die Gestalt des Christus Jesus auf sie zu. Ein Bekannter von mir, der in der niederländischen Botschaft in Kairo tätig war, erzählte mir, dass regelmäßig Menschen zu ihm gekommen seien, die von einer Christuserfahrung berichteten. So etwas ist auch Nahed widerfahren, die derzeit in Leiden lebt und im Fernsehen von ihren Erfahrungen berichtet hat, sie aber auch in einer Publikation beschreibt.[553] Sie erzählt, wie sie als Direktorin eines Mädchenlyzeums vom Hass gegen die Christen erfüllt war. Dieser Hass verstärkte sich noch, als eine Christin im Schulbüro arbeitete, die außerordentlich freundlich war und sich untadelig verhielt. Nahed gab ihr manchmal bewusst zu viel Geld mit zur Bank, um sie auf die Probe zu stellen und zu kontrollieren, ob sie den Rest nicht für sich behielte. Eines Nachts wachte sie auf und sah, wie in einem Raum voller Gestalten in weißen Kleidern eine von ihnen, eine männliche Gestalt, zum Thron geht und sich dort niederlässt. Eine große Traurigkeit geht von dieser Gestalt aus, und als sie die Augen öffnet, sieht Nahed Sonnenstrahlen von fast unerträglicher Liebe. Die Gestalt fragt: »Ist es vorbei, Nahed?« Das wiederholte sich noch zweimal.

Nahed spricht mit ihrer christlichen Mitarbeiterin darüber, die ihr sagt, dass sie den Christus geschaut habe. In ihrer sozialen Umgebung kann Nahed nicht zum Christentum übertreten, ohne getötet zu werden, sodass sie in die Niederlande flüchtet. Hier lebt sie noch immer versteckt. Eine solche Christuserfahrung kann zu einer Umkehr der geistigen Ausrichtung, der Mentalität und Seelenempfindungen eines Menschen führen. Doch im Fall von Nahed hatte das Erlebnis noch eine andere, besondere Folge: In den Niederlanden organisiert sie Zusammenkünfte mit ihren früheren Glaubensschwestern und -brüdern, um ihnen zu erklären, wer Christus Jesus ist und dass es im Koran Passagen gibt, in denen auffällig positiv über Jesus gesprochen wird. Hierdurch trägt sie zum gegenseitigen friedlichen Verständnis der Religionen bei. Sie zitiert beispielsweise die Sure Al-Nisa, Vers 171, in der es heißt: »... der Messias, Jesus, Sohn der Maria, war ein Gesandter Allahs und Sein Wort, das Er Maria entboten hat, und von Seinem Geist«. Nach dem, was Nahed berichtet, sagt der Koran von keinem anderen Propheten, er sei das Wort Allahs. Es ist durchaus bemerkenswert, dass im Koran geschrieben steht, Jesus sei das Wort Allahs oder, wie Johannes sagt, der Logos.

In den Niederlanden sind wir mit einigen Menschen zusammengekommen, die Christuserlebnisse hatten. Es waren sehr intime Zusammenkünfte. Oft hatten die Betreffenden ihre Erlebnisse geheim gehalten, weil ihre Umgebung kein Verständnis dafür gehabt hätte. Indem wir uns gegenseitig davon berichteten, konnten wir füreinander wie Ananias für Paulus sein. Dadurch, dass wir uns vertrauensvoll von unseren übersinnlichen Erfahrungen erzählten, konnten diese Erlebnisse besser ins normale Bewusstsein integriert werden und als soziale Impulse in der Umgebung Früchte tragen. Auffällig vielen Teilnehmern wurden während der Begegnungen mit Christus Bilder zuteil, die Probleme im Karma lösten, ihm eine neue Wendung gaben oder eine Entwicklung ermöglichten, die sie als *milites Christi*, als Ritter des Christus, in die Welt gehen und ein selbstgewähltes Ideal verwirklichen ließ. Es ist daher sehr bezeichnend, dass Christus am Ende des 20. Jahrhunderts Herr des Karma geworden ist. Zugleich tritt Christus in seinen Begegnungen mit den Menschen als »der Erstgeborene unter vielen Brüdern«[554] auf.

Wie man den ätherischen Christus aufgrund einer inneren Entwicklung schauen kann, hat Rudolf Steiner nicht näher ausgeführt. Aber er hat davon gesprochen, wie wichtig es ist, ein Gefühl der Ohnmacht wirklich zu durchleiden, weil Christus darin dem Menschen helfen kann, einen Schritt vorwärts zu gehen.[555] Auch hat er über das Schauen selbst gesprochen, die Bildung von Imaginationen. Im nächsten Kapitel will ich daher versuchen, einen aktiven inneren Weg zum Schauen des ätherischen Christus zu beschreiben, und zwar aus meinem eigenen inneren Erlebnis heraus, in dem ich eines Nachts die leidende Weltenseele geschaut habe, und der anschließenden Meditation, um sie aus der Christussonne zu trösten, wie ich es bereits anhand der Entwicklung des Geistesmenschen in der Bergpredigt formuliert habe.

Kapitel 19

Manichäische Christusmeditation

Sicherlich kann man sein Engelwesen um Hilfe für die eigene Entwicklung bitten. Aber in dem Augenblick, da man sich an den Christus wendet, ist es wichtig, dienend auf den Mitmenschen oder auf die Welt und die Menschheit als Ganze ausgerichtet zu sein. Christus ist das höhere Ich der Menschheit; wenn man auf Christus ausgerichtet ist, hat man tatsächlich die ganze Menschheit im Blick. Nachdem ich in jener Nacht das Bild der leidenden Weltenseele schauen durfte, ein schwarzes hermaphroditisches Wesen, das an die Felswand gekreuzigt war und unendlich litt, habe ich bei Tage immer wieder nach einer Möglichkeit gesucht, mich auf den Christus auszurichten. Denn der Christus hat, um die leidende Weltenseele zu retten, als Jesus selbst am Kreuz gehangen. Und von da heraus habe ich versucht, all meine Seelenkräfte dem Bild der leidenden Weltenseele zu schenken. So kann man mit Christus zusammenwirken, um die Liebeskraft in der Welt zu verstärken. Christus, der den Menschen vollkommene Freiheit lässt, ist bei seiner Aktivität in der Welt abhängig von Menschen, welche die Christuskraft weiter in Menschheit und Welt strömen lassen wollen. Bei dem Bemühen, der leidenden Weltenseele intensiv Seelenkräfte zu schenken, kann man spüren, wie diese Kräfte angenommen und von der mitströmenden Christuskraft intensiviert werden.

Da es mir wichtig schien, diese meditative Haltung, die leidende Weltenseele aus der Christussonne heraus zu trösten, auch andere zu lehren, habe ich vor einigen Jahren in Den Haag einen Vortrag über das Schauen des ätherischen Christus gehalten. Danach waren Interessierte eingeladen, diese Meditation gemeinsam weiter auszuarbeiten und zu praktizieren. Ich habe diese Meditation *die manichäische Christusmeditation* genannt, weil ich bei meinen Forschungen zum Manichäismus herausgefunden habe, dass auch die Manichäer in ihrer christlichen Mystik darauf ausgerichtet waren, den Jesus Patibilis, den leidenden Jesus im Mitmenschen und in der Natur zu trösten. Ich habe in den Meditationsgruppen, die sich an verschiedenen Orten in den Niederlanden und in Deutschland zu der manichäischen Christusmeditation gebildet haben, die Meditationsformen der Imagination, Inspiration und Intuition verwendet, wie Rudolf Steiner sie beschrieben hat, um aus ihnen die Meditation als Ganzes aufzubauen. Die manichäische Christusmeditation kann dazu führen, den ätherischen Christus durch innerliche Entwicklung zu schauen.

Die manichäische Christusmeditation besteht aus neun verschiedenen Schritten.

Zuerst wird die ganze Meditation in einer kurzen Übersicht wiedergegeben, danach werden dann die einzelnen Schritte ausführlich beschrieben. Die Meditation kann insgesamt etwa 25 Minuten dauern.

1. Die einzunehmende meditative Grundhaltung ist die ungeteilte Achtsamkeit.
2. In der ungeteilten Achtsamkeit wird jetzt aktiv eine feinsinnige Imagination des Christus gebildet, in der besonders seine Liebe sichtbar wird. Danach ungeteilte Achtsamkeit ohne Meditationsinhalt.
3. In ungeteilter Achtsamkeit geht man über zu einem inspirativen Denken, um die innere Bedeutung der Imagination des Christus Jesus selbst zu ergründen und innerlich eigenständig zu formulieren. Danach ungeteilte Achtsamkeit ohne Meditationsinhalt.
4. Jetzt geht man über zu einer selbst hervorgebrachten Intuition oder Wesensvereinigung, um innerlich mit Christus eins sein zu können, und spricht: »Nicht ich, sondern der Christus in mir.«
5. Man bildet nun eine Imagination der leidenden Weltenseele, der man sich in meditativer Versenkung in Mitleid zuwendet.
6. Man imaginiert über dem Kopf die Christussonne, den Auferstandenen, als ein Schauen des Christus.
7a. Abschließend imaginiert man stehend, wie das Liebeslicht der Christussonne (aus der soeben selbst hervorgebrachten Imagination) etwas vor der Wirbelsäule durch einen hindurch nach unten und von dort der Wirbelsäule entlang wieder nach oben fließt und dann durch die geöffneten Augen nach außen strömt, um (in der ebenfalls selbst hervorgebrachten Imagination) die leidende Weltenseele zu trösten.
7b. In einer lebendigen Imagination lässt man nun noch, weiterhin stehend, das Liebeslicht der über dem Kopf imaginierten Christussonne vertikal durch sich hindurch nach unten strömen bis zu den Füßen, um die leidende Weltenseele in der Erde zu trösten.
8. Das Vaterunser wird gesprochen.
9. Ausklang der Meditation.

Die einzelnen Schritte der manichäischen Christusmeditation sollen nun noch ausführlich dargestellt werden.

1. Ungeteilte Achtsamkeit als meditative Grundhaltung

Man findet in die meditative Grundhaltung, indem man sich selbst wahrnimmt, als sei man ein anderer, wie Rudolf Steiner sagte und wie ich es früher schon als »ungeteilte Achtsamkeit« beschrieben habe: ein vollständiges innerliches Gewahrsein aus dem Ich heraus. Vollständiges Gewahrsein ohne Gedankeninhalt ist lebendige Stille. Hierdurch schafft man innerlich Raum für »das andere« in der Meditation und lässt keine subjektiven Einflüsse oder selbstsüchtig-persönlichen Motive in die Meditation kommen. Besonders wichtig bei der Meditation ist die integre Absicht. Das bedeutet, dass man nicht auf übersinnliche Erfahrungen aus ist, sondern nur die wirkliche Liebe zum »anderen« hat, sodass »das andere« sich in Freiheit wird offenbaren können. In der ungeteilten Achtsamkeit hört man die Geräusche aus dem ganzen Hörraum, erlebt das Fühlen von Körper und Seele, sieht den gesamten Sinnenraum und auch die innerlich möglichen Gedankenbilder, auf die man aber nicht eingeht. Diese Achtsamkeitskraft, die den ganzen Sinnesorganismus des Körpers erfüllt, hat eine inkarnierende Wirkung, sodass man das klare Ichbewusstsein – das jedoch ohne Denkinhalt und ohne Selbstbild bleibt – und damit die menschliche Freiheit in der Meditation nicht verliert.

2. In der ungeteilten Achtsamkeit wird aktiv eine künstlerische Imagination des Christus gestaltet, in der gerade seine Liebe sichtbar wird.

Ich halte das Bild der Fußwaschung hier für sehr angemessen: Christus Jesus in einer Aura von Liebeslicht, der den Jüngern die Füße wäscht. Dieses Bild kann man so intensiv werden lassen, dass man selbst als ehrfürchtiger Zuschauer in diesem Raum der Fußwaschung anwesend ist. Indem man diese Imagination selbst hervorruft, kann man sich in Liebe auf den Christus ausrichten und sich so auf die richtige Weise auf ihn einstellen. Zugleich erschafft man damit ein Bild, das in der geistigen Welt sichtbar ist, und kann dadurch mit der geistigen Welt in Verbindung treten. So schafft man eine Möglichkeit, der geistigen Welt zu begegnen, oder, anders gesagt: Das Wesen in der geistigen Welt, das mit dem Bild und den damit verbundenen Seelenempfindungen übereinstimmt, kann dieses Bild in einem bestimmten Augenblick gleichsam durchleuchten und ihm Wesenskraft verleihen. In einem bestimmten Augenblick ist es also möglich, dass Christus dieses Bild durchdringt und dadurch auch von seiner Seite aus der Weg zu einer Begegnung frei wird. Imaginationen zu erschaffen bedeutet, eine Bildsprache zu schaffen, die in der geistigen Welt gesehen werden kann. Jedoch ist es wichtig, dass man eine derartige Durchdringung nicht erzwingen will, sondern die geistige Welt völlig frei lässt. Jede wirkliche Begegnung basiert auf gegenseitiger Freiheit. Das gilt auch für die Verbindung des Menschen zur geistigen Welt. Wenn man mit offenen oder mit geschlossenen Augen das Bild – in diesem Falle der Fußwaschung – geschaffen hat, ist es wichtig, in meditativer Versenkung die Seelenkräfte der Ehrfurcht und Liebe zu Christus Jesus in dieses Bild strömen zu lassen.

Man kann Imaginationen oder Sinnbilder, die auf einen geistigen Inhalt hinweisen, selbst bilden oder empfangen. Es ist für die meditative Forschung wichtig zu wissen, dass in der manichäischen Christusmeditation Imaginationen *nicht empfangen*, sondern *selbst geschaffen* werden. Auch in der Strömung des Christian Rosenkreuz wird, wie wir sahen, ein Sinnbild der Selbstlosigkeit geschaffen, indem sieben rote Rosen, die für das begierdelose Blut stehen (und durch die sich die Seelenorgane oder Chakren öffnen lassen), imaginativ an ein schwarzes Holzkreuz geheftet werden – als Symbol des »Stirb und werde«.

Wenn man aus der seelischen Empfindung der Ehrfurcht vor der Rose eine solche Imagination aufgebaut und sich in meditativer Achtsamkeit in dieses Bilde versenkt hat, kann man sich auch während des Tages immer auf dieses geistige Bild ausrichten und sich dadurch mit der geistigen Welt verbinden. So arbeitet man an seinem imaginativen Bewusstsein und behält dabei das freie Ichbewusstsein, denn man weiß, dass man selbst der Schöpfer dieses Bildes ist. Das ist eine Vorbereitung, um unter Beibehaltung des freien Ichbewusstseins Imaginationen aus der Seelenwelt zu empfangen.

Die Stufe des imaginativen Bewusstseins ist die erste Form der Vergeistigung des Denkens. Eine Imagination kann eine Bewegung haben oder eine Entwicklung in einem Bild zusammenfassen. Da das Denken dazu in der Lage ist, sich Entwicklung in Phasen vorzustellen und zu denken, lässt sich im Anschluss an den von Rudolf Steiner inspirierten Künstler Joseph Beuys das imaginative Denken bezeichnen als: »denkend Denken«. Goethe spricht in seinem *Märchen von der grünen Schlange und der schönen Lilie* von dem »goldenen König«, der von der grünen Schlange mit dem vergeistigenden und vertiefenden Denken beleuchtet wird. Indem man eine eigene Imagination von Christus Jesus schafft, sei sie künstlerisch abstrakt oder – wie im Bild der Fußwaschung – konkret, schafft man eine vergeistigte Vorstellung des Denkens, um sich Christus Jesus nähern zu können. Dieser Vorgang ist vergleichbar mit dem, was die Jünger taten, die nach Emmaus gingen und im Gespräch Imaginationen des Christus Jesus schufen. Es ist eine Art »Geisterinnern«, wie Rudolf Steiner es im Grundsteinspruch nennt. Durch diese Form des Geisterinnerns im imaginativen Bewusstsein, beispielsweise im Bild der Fußwaschung, kann das geschehen, was die Jünger auf dem Wege nach Emmaus erlebten: Christus Jesus begleitete sie, und ihre Herzen brannten.

Die in diesem Buch besprochene Christologie der Geisteswissenschaft will das Geisterinnern an Christus Jesus wecken, sodass der ätherische Christus geschaut werden kann. Wenn man die Imagination eines Ereignisses hervorruft – beispielsweise wie Christus Jesus auf den barmherzigen Samariter hinweist –, dann kommt es sehr auf die Seelenstimmung an, die beim Schaffen und Erleben der Imagination entsteht. Es geht um eine Seelenstimmung der Liebe zu Christus, eine Seelenstimmung, die mit dem Wesen des Christus verwandt ist. Bei der manichäischen Christusmeditation lässt man in einem bestimmten Augenblick das ganze aufgebaute Bild mit einem Mal sterben, doch bleibt, indem man die ungeteilte Achtsamkeit fortsetzt, das geistige Gerichtetsein auf den Christus – und die damit zusammenhängende Seelenstimmung – bestehen.

3. In ungeteilter Achtsamkeit geht man über zu einem inspirativen Denken, um die innere Bedeutung der Imagination des Christus Jesus selbst zu ergründen und innerlich eigenständig in Worte zu fassen

Das inspirative Denken ist Denken aus dem Herzen. Beuys nennt es »fühlend Denken«, Goethe spricht von dem »silbernen König« und Rudolf Steiner von »Geistbesinnen«. Inspirativ denken ist schaffendes Denken oder »Vordenken«, um im philosophischen Denken eine neue Antwort auf eine selbst gestellte Frage zu finden. In dieser Kontemplation oder Meditation des Denkens kann es geschehen, dass man sich gefühlsmäßig so in das Objekt seiner Untersuchung hineinlebt, dass verborgene Zusammenhänge inspirativ aus dem Fühlen heranströmen und dann vom schaffenden Denken verdeutlicht werden können, um mit ihnen die Begriffe zu verbinden. Das Denken wird »musikalisch«; es macht die Komposition, die verborgenen Verhältnisse oder auch die Schrift des Geistes in der Wirklichkeit aus. Das inspirative Denken selbst zu gestalten bedeutet, dass man mit dem philosophischen Denken nach dem Wesen oder der inneren Bedeutung eines bestimmten Themas fragt und eine Antwort auf diese Frage sucht. Wenn man sich mit dem schaffenden Denken, das sich fühlend in das Thema einlebt, auf den Weg macht und zum eigenen inspirativen Denken gelangt, ist es möglich, dass übersinnliche Inspirationen ins Fühlen einströmen, die im Denken dann in Worte gefasst werden können.

Bei der manichäischen Christusmeditation sucht man im selbst geschaffenen inspirativen Denken nach der inneren Bedeutung des Bildes der Fußwaschung oder des Bildes des barmherzigen Samariters. Indem man sich hineinlebt in die sakramentale Handlung des Christus Jesus, der die Füße der Jünger wäscht, sucht man nach dem Wesen dieser Handlung. So kann man etwa herausfinden, dass die Bewegung von Christi Fußwaschung die Fortsetzung seiner abwärts strömenden Liebe ist, die bei seinem Abstieg aus dem höchsten Himmel zur Erde begann und die am Karfreitag ihre Vollendung in der Höllenfahrt findet, wenn Christus Jesus sein Licht in die dunkle Tiefe der Erde trägt. Das Wesen des Christus Jesus ist herabströmende Liebe, und dadurch ist sogar Liebe für die Feinde oder für das Böse in der Erde vorhanden.

Des Weiteren ist die Fußwaschung ein Zeichen der Dankbarkeit des Christus Jesus gegenüber den Jüngern, da sie sein Liebesopfer annehmen wollen. Das hierarchisch Höhere, der Logos, beugt sich vor dem hierarchisch Niederen: dem Menschen. Es ist das Bild der wahren Liebe, die die hierarchischen Verhältnisse umkehrt: Der wahre Führer ist der Diener der Gruppe. Christus Jesus fordert auch uns auf, obwohl wir einander gleich sind, das Nämliche füreinander zu tun: In der inneren Seelengebärde der Fußwaschung (und dadurch auf seine Weise doch hierarchisch) den anderen auf einen Altar zu stellen, ihn gleichsam für hervorragender anzusehen als uns selbst, indem wir in diesem Augenblick nicht auf uns gerichtet sind, sondern auf das göttliche Andere im anderen. Das selbst geschaffene inspirative Denken kommt zu der Aussage, dass das Bild der Fußwaschung das Bild der wahren Liebe ist. Christus Jesus zeigt mit der Fußwaschung, dass er das Wesen der Liebe ist.

Bei der manichäischen Christusmeditation lässt man in einem bestimmten Augenblick auch dieses selbst geschaffene inspirative Denken sterben, das Denken, das es möglich gemacht hat, Christus Jesus noch inniger und auch gefühlsmäßig stärker verinnerlicht zu begegnen. Man geht dann ohne besondere kontemplative Aktivität zur ungeteilten Achtsamkeit über. Aus der Seelenstimmung der Liebe und aus den inneren Seelenkräften, die sich bis jetzt in der Meditation aufgebaut haben, richtet man sich ohne Worte oder Begriffe auf das Wesen des Christus.

4. Jetzt geht man über zu einer selbst hervorgebrachten Intuition oder Wesensvereinigung, um innerlich eins zu sein mit Christus, und spricht: »Nicht ich, sondern der Christus in mir.«

Das intuitive Bewusstsein ist hier das höchste Bewusstsein. In der Imagination kann sich das andere dem Bewusstsein in einem Bild offenbaren. In der Inspiration kann die Wirksamkeit des anderen gefühlt und verstanden werden. In der Intuition ist man vereinigt mit dem Wesen des anderen. Im Anschluss an Beuys ist dies das »wollende Denken«, bei dem man sich so stark in das andere hineingelebt hat, dass das Erlebnis entsteht, das andere *geworden zu sein*. Dadurch lernt man die Wesens-Willens-Intention des anderen als den eigenen Willen kennen. Das intuitive Bewusstsein verlangt unter Beibehaltung des klaren und wachen Bewusstseins die völlige Hingabe und Liebe zum anderen. Die Liebe, die das andere sein will. Rudolf Steiner sagt, dass dies eine bewusste Leere verlangt; gerade das ist die ungeteilte Achtsamkeit in ihrer reinsten Wesensqualität. Die ungeteilte Achtsamkeit, die aus dem Ich stammt, erlaubt einem ein freies Ichbewusstsein, das jedoch keinen Bewusstseinsinhalt hat. Das Bewusstsein des Nichts ist die vollkommene Wahrnehmung, eine Wahrnehmung, die kein Objekt hat, wie etwa das Denkobjekt, das emotionale Objekt oder das Willensobjekt. Man kann nur dann von einem Wahrnehmungsobjekt sprechen, wenn das Denken Gebrauch macht von der Wahrnehmung und somit ein Wahrnehmungsobjekt aus dem Raum der ungeteilten Sinneswahrnehmungen absondert. Die objektlose Wahrnehmung wird von dem Ich in Freiheit hervorgebracht. Menschliche Freiheit in bewusster Leere. Hierdurch wird ein unbegrenzter Raum geschaffen, in dem das Wesen des anderen erlebt werden kann. Goethe bezeichnet das wollende Denken mit dem »ehernen König«, aber eigentlich müsste der goldene König der eherne und der eherne König der goldene sein. Das stimmt überein mit dem »Geistesschauen«, von dem im Grundsteinspruch die Rede ist. Das Geistesschauen kommt hier bei der manichäischen Christusmeditation in Schritt sechs zu seiner stärksten Aktivität, es kann zugleich die intuitive Begegnung sein.

Man könnte aber auch sagen, dass das Geistesschauen das imaginative Bewusstsein ist; denn die Imagination ist »denkendes Denken« und stimmt am stärksten mit der dritten Hierarchie der Engelwesen überein, die im Grundsteinspruch dort genannt werden, wo vom Geistesschauen die Rede ist. Das Geisterinnern ist das intuitive Bewusstsein, wo man eine Wesens-Willens-Vereinigung mit dem anderen oder wahre Religion erleben kann. Das stimmt mit der ersten Hierarchie überein, die dort genannt wird, wo im Grundsteinspruch vom Geisterinnern die Rede ist. Da es bei der manichäischen Christusmeditation selbstverständlich so ist, dass das imaginative Erinnern von Bildern aus dem Leben des Christus Jesus mit Geisterinnern verbunden ist und die intuitive Vereinigung mit Christus mit dem Geistesschauen oder Schauen des ätherischen Christus – dass also Schritt sechs aus Schritt vier entsteht –, habe ich mich für diesen Vergleich entschieden.

Bei der manichäischen Christusmeditation kommt man in diesem Augenblick aus der bewussten Leere zur selbst geschaffenen Intuition oder zur Wesensvereinigung und spricht innerlich das paulinische Wort: »Nicht ich, sondern der Christus in mir.« Man erlebt den Inhalt dieser Worte dann im Sein, und wenn man dies ein paar Mal wiederholt, wird man es immer tiefer erleben. Die geistige Hinwendung auf Christus, die aus der Liebe zu ihm stammt, ist jetzt ganz ins Herz verlegt und verinnerlicht. Indem ich selbst die Intuition der Wesensvereinigung von Christi Wesen in meiner Wesensschale schaffe, schaffe ich auch und ganz besonders die Voraussetzung dafür, dass Christus sich – durch eine geistige Berührung im Herzen – in dieser intuitiven Handlung begegnen lassen will. Indem ich mich vollständig in Christus hineingelebt habe, erlebe ich den Christus in mir selbst. Ich bin in meiner Liebe zu Christus in Demut vollständig mit ihm vereint, habe mich aber nicht mit ihm identifiziert. »Nicht ich, sondern der Christus in mir.«

So sagte auch Krishna den Menschen, sie sollten intuitiv ganz Liebe sein – in Liebe leben, als wäre man schon erleuchtet, und überall auf der Welt das eigene Ich erleben, indem man sich in Bezug auf alles und jeden sagt: »Das bist du.« Wenn man das Ich in sich erlebt, wird man egoistisch; wenn man es überall in der Welt findet, in jedem Menschen, in jeder Pflanze oder jeder Naturerscheinung, kommt man zu einer »universellen Egoität« oder zur wahren Liebe. Krishna forderte die Menschen auf, unmittelbar aus dem eigenen Wesen heraus intuitiv zu leben: Dann würde die Erleuchtung von selbst kommen. Krishna starb in dem Augenblick, als das Kaliyuga, das vierte Zeitalter begann: 3001 vor Christus. In dieser Zeit der Verfinsterung sollte der Mensch sein Selbstbewusstsein erwerben und dabei schließlich im Materialismus unserer Zeit ankommen. Es scheint, als wollte Krishna den Menschen – noch bevor sich dieses Selbstbewusstsein überhaupt bildete – zeigen, wie sie das egoistische Selbstbewusstsein zu einem wahren Selbstbewusstsein der universellen Egoität oder Liebe entwickeln könnten. Wenn der Mensch den Christusimpuls in seine Freiheitsentwicklung aufnehmen kann – und Krishna ist als der nathanische Jesus der Träger des Christus –, dann kann das Selbstbewusstsein des Ich zur strahlenden Sonne der Liebe werden, in der man die ganze Menschheit als sein eigenes Ich erlebt.

Das Jahr 1899 bezeichnet das Ende des Kaliyuga und den Beginn der hellen Zeit. Es handelt sich, wenn man den gegenwärtigen Sternenstand berücksichtigt, noch nicht um das Aquarius-Zeitalter. Dieses entspricht erst dem *Philadelphia*, der sechsten, russischen Kulturepoche. Die helle Zeit beginnt mit dem Zeitalter Michaels innerhalb der Entwicklungsphasen der Bewusstseinsseele. Das bedeutet, dass wir jetzt aus dem Christusimpuls heraus fähig sind, die Liebe mit dem Selbstbewusstsein der Bewusstseinsseele zu verbinden, indem wir den Mitmenschen als das eigene Ich ansehen: »Wie kann ich ihm oder ihr etwas Böses antun, wenn ich damit doch mir selbst Böses antue?« Das drückt sich aus im »Liebe deinen Nächsten wie dich selbst« – keine passiv gefühlte göttliche Liebe, sondern eine aktive Liebe, die aus der Ich-Entwicklung des Menschen stammt und durch die ich mich für den anderen einsetze, der so mein eigenes Ich wird.

Was bereits Krishna die Menschheit lehrte, kann dann gerade in der christlichen Entwicklung der Intuition gelernt werden. Christus hat die Haltung der universellen Egoität Krishnas verchristlicht und sie im buddhischen Christusimpuls, der noch stärker auf das freie Ich des Menschen rechnet, für die ganze Menschheit möglich gemacht. Wenn man aus der selbst geschaffenen Intuition – »Nicht ich, sondern der Christus im anderen« – lebt, dann ist dies die Metamorphose der Liebe: die Bereitschaft, die Liebe in das »Nicht ich, sondern der Christus in mir« aufzunehmen und sie im »Nicht ich, sondern der Christus im andern« zu verwandeln in eine aktive Liebe zum Mitmenschen, zur Menschheit als Ganzer. So sollte man in unserer Zeit leben: durch die Straßen der Stadt laufen und in der Christus-Haltung aus ungeteilter Achtsamkeit innerlich auf jeden zugehen im »Nicht ich, sondern der Christus im anderen«. In dieser von einem selbst ausgehenden Vereinigung mit Christus im anderen, in dieser im Leben der Liebe selbst geschaffenen Intuition entsteht die stärkste Verwandtschaft mit Christus. So kann sich dann das Wesen des Christus in einer geschenkten Intuition mit dem Wesen des Menschen verbinden. Die Metamorphose vom »Nicht ich, sondern der Christus in mir« zum »Nicht ich, sondern der Christus im anderen« ist dann der nächste Schritt in der manichäischen Christusmeditation, in der man aus dem Christus im Herzen heraus auf die ganze Menschheit zugeht.

5. Man bildet nun eine Imagination der leidenden Weltenseele, auf die man in meditativer Versenkung zugeht

Aus der Erkenntnis heraus, dass Christus selbst, wie Mani sagt, »der Vater des Mitleids« ist, der mit all seiner Liebe auf den Jesus Patibilis oder die leidende Weltenseele zugeht, ist es möglich, in der selbst geschaffenen intuitiven Vereinigung mit Christus in der Seele zu erleben, dass mit Christus zugleich die leidende Weltenseele gegeben ist. Wer sich auf Christus richtet, richtet sich damit de facto auch auf die leidende Weltenseele, weil Christus intrinsisch mit ihr verbunden ist. In der manichäischen Christusmeditation erschafft man aus dem Christuserleben im Herzen eine Imagination der leidenden Weltenseele. Man kann dazu das Bild nehmen, das ich schaute: eine schwarze hermaphroditische Gestalt, die an eine Felswand gekreuzigt ist. Aber auch eine eigene künstlerisch geschaffene Imagination kann diesem Ziel dienen. Als Bild fasst die leidende Weltenseele all das Leid zusammen, das in der Menschheit und in der Natur gelitten wird.

Das Böse wurde in der Weltentwicklung zugelassen, damit der freie Wille entstehen konnte und sich so ein jeder selbst zwischen den Handlungsalternativen von Gut und Böse entscheiden kann. Wenn man sich in Freiheit auf das Gute richtet, so lehrte Mani, dann wird Liebe frei, die wiederum fähig ist, das Böse zu überwinden und zu verwandeln. Aus diesem freien Willen ist aber auch viel Böses in die Welt gekommen. Die Freiheitsentwicklung, die zur Liebe führen kann, hat einen hohen Preis: Wir leiden an dem Bösen in der Welt. Man kann an all die Menschen denken, die vom Schicksal geschlagen sind und den Sinn darin nicht begreifen. Oder an die bösen Absichten von anderen und an das Leid, das die Täter verursacht haben und mit dem sie auch ihrem eigenen Wesen geschadet haben. Man kann auch an die luziferischen und ahrimanischen Kräfte denken, die den Menschen quälen, der nicht zur Liebe und Erkenntnis kommt, und die den Sündenfall zu einem Drama gemacht haben. Auch diese gefallenen Engelwesen erleben das Leid, auf ihre Weise Gegenkräfte für die Menschheitsentwicklung schaffen zu müssen.

Wenn es um die Freiheitsentwicklung geht, kann man auch die Frage stellen, ob die Menschheit nicht tiefer gefallen ist, als es vorgesehen war. Wie dankbar kann man sein, wenn man den richtigen Menschen begegnet und in die richtigen Situationen geraten ist, um eine Entwicklung zum Guten möglich zu machen, und wenn einem das Böse, das einem begegnet ist, eine Lehre sein konnte und man ausreichend Eigenschaften entwickelt hat, um das Böse ertragen zu können. Man darf dann wirklich Dankbarkeit empfinden für die günstigen Voraussetzungen der eigenen Entwicklung. Doch wie viele Menschen befinden sich in einer Situation, in der es so gut wie unmöglich ist, als Voraussetzung für eine harmonische Entwicklung ein gesundes Selbstvertrauen aufzubauen! Wäre meine eigene Situation weniger günstig gewesen, wäre ich dann dazu in der Lage gewesen, den Kopf oben zu behalten und meine Entwicklungskräfte an der Situation zu stärken, oder wäre ich in ein unbewusst reaktives Verhalten verfallen? Ist es möglich, sich wirklich hineinzuleben in das Leid eines anderen und letztlich auch in das Weltenleid?

Mit dem Sündenfall, den die Menschheit durchleiden musste, wurde auch die Natur belastet. Wir konnten erst Mensch werden, indem wir in der Urseele – oder, nach Mani, im Urmenschen – die Tiere aus uns heraus stellten. In Lemurien, der Epoche vor Atlantis, als der Mond noch mit der Erde verbunden war, konnten es die Menschen, die sich gerade inkarniert hatten, aufgrund der stark herabsetzenden Kräfte des Mondes auf dieser Erde nicht aushalten. Sie haben sich dann nicht inkarniert und die Zeit abgewartet, dass der Mond sich von der Erde löste.

In der Zwischenzeit sind die Gruppenseelen der Tiere auf der Erde inkarniert geblieben, haben sich jedoch durch die verzögernden Kräfte des Mondes auf der Erde stark differenziert in bestimmte Funktionen: im Fliegen, Schwimmen oder Klettern und so weiter. Die Tiere haben damit ein großes Opfer gebracht, weil sie für die körperliche Kontinuität auf der Erde gesorgt haben und sich die Menschheit dadurch später wieder inkarnieren und ihre Körperlichkeit vermenschlichen konnte. Der Mensch brauchte dann nicht unter einer solchen einseitigen Ausdifferenzierung zu leiden: Er besitzt die Intelligenz und die offenen, lenkenden Hände, um mit Hilfe von Geräten jede Funktion auszuführen. Die Tiere sind durch ihr Opfer für die Menschheit in ihrer Entwicklung verzögert. Wir haben den Tieren gegenüber eine karmische Schuld auszugleichen, und was tun wir? Wir tun das Gegenteil und bringen die Tiere durch Vivisektion und das Vorgehen der Bioindustrie in elende Umstände. Daneben absorbieren die Tiere in ihrer Seele auch die egoistischen Seelenkräfte der Menschheit, sodass die Wutanfälle und Angstzustände, die wir haben entstehen lassen, nicht dauerhaft in unsere Seelenatmung aufgenommen werden und wir eine relative Freiheit behalten. Man kann an einem Haustier sehr genau sehen, wie es die Seelenkräfte seines Herrn aufnimmt, sich dem Erscheinungsbild seines Herrn angleicht und dessen Seelenkräfte durchleidet.

Die ganze Erde, die Natur und der Weltenkosmos haben diese absorbierende Liebeskraft. Die Naturreiche und die ätherischen Naturwesen – die Gnome der Erde, die Nymphen des Wassers, die Elfen der Luft, die Salamander des Feuers und auch die Engelhierarchien, die in dem natürlichen Kosmos wirken – leiden am Menschen und durchleiden dies, wie Christus es vorgelebt hat. Bereits Paulus beschreibt, dass die Natur, die ganze Schöpfung nach Erlösung seufzt,[556] und Mani sagt, es sei wichtig, aus dem Christus in sich den Jesus Patibilis in der Natur zu trösten. Dies können wir tun, indem wir durch die Landschaft gehen und den Bäumen und den Tieren wirkliche Aufmerksamkeit schenken: indem wir in einer dienenden Hinwendung die Liebeskraft des Christus durch unsere Augen nach außen strömen lassen.

Auch das Leid der Natur ist Teil des Weltenleids oder der leidenden Weltenseele. Die leidende Weltenseele ist wesensmäßig in dem charakterisiert, was wir das »umgekehrte Vaterunser« genannt haben und in dem das Leid angesprochen wird, das aus dem Bösen des sich lösenden Ich entsteht. Natürlich gibt es auch eine sich entwickelnde Weltenseele, durch die man Freude empfinden kann. Die manichäische Christusmeditation will jedoch Liebeskräfte schenken, will der leidenden Weltenseele notwendige Liebeskräfte schenken.

In der manichäischen Christusmeditation erschafft man eine Imagination der leidenden Weltenseele, beispielsweise eine Weltkugel, von der man weiß, ohne dass es der Worte oder eines weiteren Wortdenkens bedürfte, dass sie für all das Weltenleid in Menschheit, Natur und geistiger Welt steht. Aus dem »Nicht ich, sondern der Christus in mir«, das im Herzen erlebt wird, versucht man, mit tatsächlich empfundenem Mitleiden auf das selbst geschaffene Bild der leidenden Weltenseele zuzugehen. Eine Zeit lang schenkt man all sein Mitgefühl dem Bild der leidenden Weltenseele, dem man in meditativer Versunkenheit zugewandt ist. Dann bewegt man sich auf dem Strom des buddhischen Christusimpulses, der im Herzen des Menschen wirkt und von dort aus als einer nicht versiegenden Quelle nach außen strömt.

6. Man imaginiert die Christussonne, den Auferstandenen, über dem Kopf als ein Schauen des Christus

Alles Vorhergehende war Vorbereitung, um aus eigener innerer Entwicklung heraus zum eigentlichen Schauen des ätherischen Christus zu gelangen. Auch hier geht es um ein selbst geschaffenes Schauen, das erst in einer weiteren Entwicklung in ein Schauen des ätherischen Christus in der geistig-göttlichen Welt übergehen kann. Doch gerade, indem man mit Ersterem beginnt, wird das Zweite desto eher möglich. In der manichäischen Christusmeditation versucht man jetzt, den ätherischen Christus in der übersinnlichen Welt zu finden, weil nur aus einer wirklichen Verbindung mit dem gegenwärtigen Christus *Manna* für die intensiv gefühlten Nöte der leidenden Weltenseele geschenkt werden kann. Aus dem im Herzen entstandenen intuitiven Erleben des »Christus in mir«, das in der vorangegangenen Meditation aufgebaut wurde, um mein Verhältnis zum Christus zu finden, bildet man über seinem Kopf eine Imagination der »goldenen Christussonne der ewigen Liebe«. Mit Hilfe dieser selbst geschaffenen Imagination sucht man den in der übersinnlichen Welt gegenwärtigen Christus. Die Seelenstimmung, die diese Aktivität begleitet, ist bestimmt von tiefer Ehrfurcht und Demut sowie einer Sehnsucht, dem Christus wirklich zu begegnen in seinem Bestreben zum Heil der Menschheit. In ungeteilter Achtsamkeit als der vollkommenen Haltung des Schauens schaut man jetzt in der selbst geschaffenen Imagination den ätherischen Christus über dem Kopf. Es ist möglich, dass der zoroastrische Christusimpuls diese Imagination mit dem Liebeslicht des Christus durchdringt. Man darf aber nicht darauf bedacht sein, denn dann würde die Meditation selbstsüchtig, und gerade dadurch verschlösse sich diese Möglichkeit der Offenbarung des Liebeslichtes Christi.

7a. Abschließend imaginiert man stehend, wie das Liebeslicht der Christussonne (aus der soeben selbst hervorgebrachten Imagination) etwas vor der Wirbelsäule durch einen hindurch nach unten und von dort der Wirbelsäule entlang wieder nach oben fließt und dann durch die geöffneten Augen nach außen strömt, um (in der ebenfalls selbst hervorgebrachten Imagination) die leidende Weltenseele zu trösten.

Man geht nun zu einer lebendigen Imagination über, die den Kern der manichäischen Christusmeditation darstellt. Der nördliche Pol, das Christusbild, wird mit dem südlichen Pol, dem Bild der leidenden Weltenseele, verbunden. Man imaginiert, wie das Liebeslicht ausgehend von der Christussonne über dem Kopf etwas vor der Wirbelsäule vertikal durch einen hindurch nach unten fließt und unten an der Wirbelsäule von dieser »Höllenfahrt« zur »Auferstehung« kommt, nach oben und dann durch die Augen nach außen strömt, um das selbst geschaffene Bild der leidenden Weltenseele oder Jesus Patibilis zu trösten. Man tut dies in der bewussten Absicht, der leidenden Weltenseele durch die Augen heraus opfernd all seine Seelenkräfte zu schenken. Dies geschieht jeden Augenblick aufs Neue und in einer sich intensivierenden Bewegung der Liebeskraft. Bei dieser starken Intentionalität strömt das selbst imaginierte Liebeslicht der Christussonne mit. Diese Intention und diese Imagination können vom wirklichen Liebeslicht des Christus beantwortet werden. Obwohl man als Mensch auch mit zur Weltenseele gehört, macht man sich in diesen Augenblicken frei, um für die ganze Menschheit tätig zu sein. Man fasst hier als Mensch den freien Entschluss, zur opfernden Liebe zu gelangen, die der leidenden Weltenseele oder Jesus Patibilis gilt. Diese dem Christus gemäße Intention und die geistige Willenskraft können dann von der Kraft des Christus durchdrungen werden. So kann Christus durch den Menschen zum Wohle der ganzen Menschheit wirken. Christus als das höchste Wesen der Freiheit und der Liebe will mit Hilfe der Menschheit an der Menschheit wirken. Diese lebendige Imagination wird ungefähr fünf Minuten lang durchgeführt.

Wenn die dienende Absicht der manichäischen Christusmeditation auch ganz sicher redlich umgesetzt wird, kann sie im täglichen Leben weiterwirken. Am reinsten kann diese Intention in der ungeteilten Achtsamkeit oder dem vollkommenen inneren und äußeren Gewahrsein wirken. Sie äußert sich dann während aller Tätigkeiten und aller Gespräche des täglichen Lebens als ein *dienendes Sich-Richten auf Jesus Patibilis oder den Christus im Anderen.* Der Seelenstrom, der sich dem anderen oder der ganzen Umgebung hingibt, wird dann durch das innere Gewahrsein im Gleichgewicht gehalten, um rein zu bleiben in der Seele. Zugleich kann man über sich die Christussonne schauen, wenn man sich selbst aktiv schauend dorthin richtet. Ich nenne das als die manichäisch-priesterliche Haltung in der ungeteilten Achtsamkeit ein *dienend auf Jesus Patibilis gerichtetes Gewahrsein aus der Christussonne heraus.* Bei diesem *dienend gerichteten Gewahrsein* der sich schenkenden Achtsamkeit fließt ein ätherischer Strom durch die Augen nach außen und möglicherweise auch ein ätherischer Strom, verbunden mit einer Bewegung der Selbstwahrnehmung, durch das Stirnchakra nach innen. Über diesen zweiten Strom kann das Licht der geistig-göttlichen Welt das Stirnchakra des Menschen intuitiv berühren. Die über das Stirnchakra empfangene Lichtberührung wirkt – neben der möglichen Liebeslichtströmung aus der Christussonne im Kronenchakra – entlang der Wirbelsäule nach unten.

Die sieben Chakren, über die im nächsten Kapitel ausführlicher gesprochen wird, sind die Seelenorgane oder Seelensinne an der Grenze zwischen Astral- und Ätherleib. Sie sind »Wirbelzentren der Seele« mit jeweils einer nach außen und einer nach innen strömenden Bewegung. Sie sind auch Erkenntnisorgane der Seele, mit denen man sich selbst und seine Seelenumgebung erlebt und sich zum Bewusstsein bringt. Wenn die Chakren durch innere Entwicklung und durch moralische Eigenschaften in der richtigen Weise geöffnet werden, sind sie Erkenntnisorgane des Geistes.

So kann das selbst geschaffene Schauen des ätherischen Christus das Blut mit dem goldenen Christuslicht ätherisieren, und der Mensch kann in einer solchen Seelenhaltung – in ungeteilter Achtsamkeit aus der Christussonne auf die leidende Weltenseele gerichtet – ein moderner Gralsritter sein. Auch bei Rudolf Steiner findet sich beschrieben, wie die beiden Ströme im innerlichen Erleben des Christus wirken: als ein *JAO*. Die erste Strömung führt zwischen den Augenbrauen hindurch bis in den Nacken (J) und dann die Wirbelsäule hinunter (A). Die zweite Strömung führt unten von der Wirbelsäule zurück zu dem Punkt zwischen den Augenbrauen und nach außen (O).[557] In seinem Buch *Wie erlangt man Erkenntnisse der höheren Welten* spricht Steiner nur von fünf Chakren. In der manichäischen Christusmeditation werden auch das Kronenchakra und das Wurzelchakra zum Leben erweckt. Die manichäische Christusmeditation und die entsprechende meditative Haltung im täglichen Leben beziehen sich auf alle Chakren.

7b. In einer lebendigen Imagination lässt man nun noch, weiterhin stehend, das Liebeslicht der über dem Kopf imaginierten Christussonne vertikal durch sich hindurch strömen bis zu den Füßen, um so die imaginierte leidende Weltenseele in der Erde zu trösten.

In der manichäischen Christusmeditation kann der Seelenstrom noch in einer zweiten Form Einbettung finden. Wenn man die Meditation gemeinsam macht, stellt man sich im Kreis auf, und jeder schaut den ätherischen Christus als selbst geschaffenes Bild der Christussonne über dem Kopf. Das bedeutet ein Sich-Richten auf den zoroastrischen Christusimpuls. Man erlebt nun im Mitleiden, dass das Bild der leidenden Weltenseele unter den Füßen in der Erde ist. In diesem Augenblick kann man als Mensch eine Säule im Tempel des Christus sein.

8. Das Vaterunser wird gesprochen.

Nach etwa fünf Minuten dieser lebendigen Imagination spricht man das Vaterunser, entweder im Stillen zu sich selbst oder es spricht derjenige, der alle Schritte der manichäischen Christusmeditation angekündigt hat. Aus Dankbarkeit gegenüber der geistig-göttlichen Welt und auch, weil man auf die leidende Weltenseele gerichtet ist, liegt der Nachdruck auf der Bitte: »Vergib uns unsere Schulden« und »Erlöse uns von dem Bösen«.

Ich habe eine manichäische Variation entwickelt:

Vater unser, der du bist in den Himmeln,
geheiligt werde dein Name in uns,
dein Reich komme,
dein Wille geschehe, wie im Himmel also auch auf Erden,
auch unser geistiges Brot gib uns heute,
vergib uns unsere Schulden, wie auch wir vergeben unseren Schuldigern,
führe uns aus der Versuchung,
und wo wir nicht imstande sind, es zu verwandeln, erlöse uns von dem Bösen.

Amen.

9. Ausklang der Meditation

Zum Abschluss sagt der Sprecher: »Liebe Freunde, herzlichen Dank für diese Kommunion im Geiste. Möge diese manichäische Christusmeditation in unserem Handeln weiterwirken.«

Dann kann man, in einem Kreis stehend, einander die Hände reichen und noch sprechen:

Ex Deo Nascimur
In Christo Morimur
Per Spiritum Sanctum Reviviscimus

Wenn bei dieser Christusmeditation die rechte Absicht und die unbescholtene Ausführung gewährleistet sind, kann sie auch im täglichen Leben weiterwirken. Zu bestimmten Augenblicken und im richtigen Moment kann man als Individuum sogar längerfristig eine Säule sein und aus dem Christus heraus für die Erde wirken.

Die manichäische Christusmeditation kann auf der Grundlage der Freiheit des Individuums auch das Herz einer neuen manichäischen Gemeinschaft bilden; sie ist letztlich auf das »Alle Menschen werden Brüder« gerichtet, als Ziel des Christusimpulses in der Menschheitsentwicklung. Im Rahmen dieser neuen Gemeinschaftsbildung ist es möglich, dass auf der ganzen Welt viele Gemeinschaften zusammenkommen und im Dienste der leidenden Weltenseele die manichäische Christusmeditation ausführen.

Kapitel 20

Das Vaterunser

Das Vaterunser, das am Schluss der manichäischen Christusmeditation gesprochen wird, hat eine tiefe geisteswissenschaftliche Bedeutung. Rudolf Steiner hat darauf hingewiesen, dass die ersten sieben Sätze, die Christus Jesus selbst als Gebet schenkte, wie es in Matthäus 6 geschrieben steht, mit dem siebengliedrigen Menschen in Verbindung gebracht werden können. Diesen siebengliedrigen Menschen haben wir in dem Kapitel über die dreizehn heiligen Nächte beschrieben. Hier wird nun jedem Satz aus dem Gebet das entsprechende Wesensglied zugeordnet und erklärt.

1. »Vater unser, der du bist in den Himmeln, geheiligt werde dein Name«

– *Geistselbst*

Die werdende Weisheit in der Seele ist darauf gerichtet, das Wesen und die Weite des Vaters zu verstehen, und kann dadurch den Vater in seiner Erhabenheit würdigen.

2. »dein Reich komme«

– *Lebensgeist*

Die Liebe des Christus im Ätherleib strömt aus in die Ätherumgebung, die sich dadurch erneuert. So entsteht durch die Menschheit, die den Ätherleib verchristlicht, ein Neuer Himmel und eine Neue Erde.

3. »dein Wille geschehe, wie im Himmel also auch auf Erden«

– *Geistesmensch*

Der geistgetragene Wille bringt den Himmel in die Erdensphäre, wodurch der Himmel schöpferisch ist und die Erde vergeistigt wird.

4. »unser tägliches Brot gib uns heute«
   – physischer Leib

Auch wenn Ahriman Herr des Physischen ist, wie Christus Jesus in der Versuchung erleben musste, so kommt letztlich doch vom Vater das Brot, das mit der Christuskraft durchlebt ist.

5. »und vergib uns unsere Schulden,
   ### wie auch wir vergeben unseren Schuldigern«
   – Ätherleib

Die karmischen Schulden sind im Ätherleib bewahrt. Durch Luzifer wollen wir das nicht einsehen und durch Ahriman können wir es nicht begreifen. Indem wir vergeben, wird die Fixierung auf die Schuld des anderen aufgehoben. Der Mensch kommt dann zu sich, kann sich des Karmas der eigenen Schuld im Ätherleib bewusst werden und sie durch sein Tun ausgleichen. Das ist der Augenblick, in dem sich der Mensch des Balkens im eigenen Auge bewusst wird – während er den Splitter aus dem Auge des anderen holen will.[558] Christus kann in uns wirken, wenn unsere Absicht der seinen gleicht: Er kann vergeben, wenn wir vergeben. Das Karma, das der Menschheit als Gnadengesetz gegeben ist, damit sich jeder der Formen seines unfreien Handelns bewusst wird, bietet dabei auch die christliche Option, grundsätzlich nicht über den anderen zu richten: Richter ist das Karma. Das juristische Leben hat eine andere gesellschaftliche Bedeutung. Hier aber braucht man das Böse im anderen nicht zu fixieren, sondern Vergeben ist eine verantwortliche Tat in Hinblick auf das noch auszugleichende Unrecht.

Vergeben bedeutet nicht – das stellte schon Rudolf Steiner fest –, dass man dann kein Karma mehr auszugleichen habe, denn wo bliebe dann die Verantwortung für das eigene Handeln? Vergebung oder Versöhnung bedeuten, geisteswissenschaftlich gesehen, dass Christus die schädliche Wirkung unseres Tuns in der sozialen Umgebung und in der Welt ausgleicht. Als Mensch hat jeder Einzelne von uns weiterhin die Aufgabe, bei dem, was er tut, vom Karma zu lernen und es auszugleichen.

Vergebung hat noch eine weitere, ganz besondere Bedeutung. Wie schon festgestellt, ist Christus am Ende des 20. Jahrhunderts der »Herr des Karma« geworden. Das heißt, dass Christus das individuelle Karma mit der Liebe zur Welt und zur Menschheit verknüpft. Wenn wir jemandem vergeben, bedeutet das, geisteswissenschaftlich gesehen, dass wir zu Christus sagen: »Dieser Mensch braucht das von ihm geschaffene Karma nicht an mir auszugleichen. Du kannst diesen Akt der Wiedergutmachung einem anderen schenken, der ihn braucht.« Christus ist das höhere

Selbst der Menschheit. Christus fügt das individuelle Karma in das Menschheits-karma ein. (siehe Anhang 6: Die sieben Phasen des Vergebens, die bezogen sind auf Christus als den Herrn des Karma.)

6. »und führe uns nicht in Versuchung«
– *Astralleib*

Die luziferische Versuchung hat den Astralleib befallen und ihn selbstsüchtig ge-macht. Dies ist das Gebet, nicht weiter in Versuchung geführt zu werden, als die Fähigkeiten reichen, dieser zu widerstehen.

7. »sondern erlöse uns von dem Bösen«
– *das Ich*

Das Ich des Menschen ist zum wirklich Bösen fähig, weil das Ich mit Hilfe des raf-finierten Denkens die tierische Selbstsucht des Astralleibes zu bestialischem Tun einsetzen kann. Die Azuras wollen dann die Position des Ich einnehmen und an seiner Stelle tätig werden. Das ist also das Gebet, um uns von dem eigentlich Bösen, das von uns Besitz ergreifen will, zu erlösen.

Von einem manichäischen Standpunkt aus betrachtet, könnte dieses Gebet auch mal modifiziert werden: »Gib uns aus dem Ich heraus die Kraft, das Böse zu verwan-deln.« Die Wirkungen von Luzifer und Ahriman können beim Menschen, der sich in der christlichen Mitte befindet, zu guten Eigenschaften werden. Während Luzifer wie Ahriman in ihrer extremen Einseitigkeit der Antichrist sein wollen, ist das Ge-bet: »Erlöse uns von dem Bösen« darauf aus, Entscheidungsvermögen zu erlangen und die Kraft, dem Bösen zu widerstehen, und es ist die Bitte, dass der Einfluss des Bösen von uns genommen werde, wenn es uns beherrschen will. Mani und seine Freunde suchen ja ebenfalls nach Möglichkeiten, um in der Zukunft die antichrist-lichen Geisteskräfte zu verwandeln.

Die sieben Chakren oder Seelenorgane und das Vaterunser

Das Vaterunser bezieht sich auf die Entwicklung des ganzen Menschen. Man kann daher das Vaterunser auch als ein Gebet verstehen, das den sieben Chakren oder übersinnlichen Organen des Menschen Keime für ihre weitere Entwicklung schenkt. Ich habe in Seminaren zu den Chakren versucht, diese Entwicklung in Worte zu fas-sen und zu erklären, wie sie auf dem christlichen Einweihungsweg dazu führen kann,

Christus in der Seele zu erleben. Die besondere Wirkung und Bedeutung der Chakren, die wir hier nicht behandeln können, kommt bei dieser Betrachtungsweise durch den Christusimpuls zur Blüte. Vor allem ist es wichtig, die Chakren kennenzulernen und in moralischen Eigenschaften zur Blüte zu bringen, ehe man sie reinigen will.

Es gibt verschiedene Möglichkeiten, zu meditieren. Man kann diese Meditationen einmal am Tag machen, doch nur, wenn man bereit ist, Christus in der Seele zu verwirklichen.

1. Zunächst einmal ist es möglich, während dem inneren Sprechen des Vaterunsers an die sieben Wesensglieder des Menschen zu denken, bei jedem Satz an eines. Eventuell kann man sich bei jedem Satz kontemplativ in die Beziehung zu diesem Wesensglied versenken, und zwar aus der Frage nach der inneren Bedeutung dieser Beziehung heraus.

2. Man kann auch beim inneren Sprechen des Vaterunsers die Christussonne in den einzelnen Chakren imaginieren, und zwar so, dass man beim ersten Satz des Vaterunsers die Christussonne im Kronenchakra imaginiert, und so weiter, bis man beim inneren Sprechen des letzten Satzes des Vaterunsers die Christussonne im Wurzelchakra imaginiert.

3. Des Weiteren gibt es die Möglichkeit, bei jedem Chakra die darin angelegte Entwicklung zu empfinden. Man kann also fühlend im Kronenchakra anwesend sein und den damit übereinstimmenden Entwicklungskeim (von dem noch genauer die Rede sein wird) ansprechen: »Durch Christus kann ich eins werden mit dem Vater.« Und so auch weiter bei den anderen Chakren mit dem jeweiligen Spruch – von oben nach unten, bis hin zum Wurzelchakra. Auch hier kann man eventuell eine Kontemplation zu den einzelnen Entwicklungskeimen anschließen.

4. Und schließlich ist es möglich, die Christussonne auf besondere Weise über dem Kopf zu imaginieren: Goldweiß in der Mitte und drumherum die Regenbogenfarben Rot, Orange, Gelb, Grün, Hellblau, Indigo und Violett. Das weißgoldene Licht des Untergrundes durchzieht die anderen Farben. Nun beginnt man beim obersten Chakra: Man nimmt beim Einatmen das Violett der Christussonne in sich auf und lässt es beim Ausatmen in das Kronenchakra strömen. In der Atempause danach (hier gilt: eine Zeiteinheit für das Einatmen, zwei Zeiteinheiten für das Ausatmen und vier Zeiteinheiten Pause) spricht man innerlich, um seine Entwicklung anzuregen: »Durch Christus kann ich eins werden mit dem Vater.« Das wiederholt man drei Mal und geht dann zum nächsten Chakra über. Auf diese Art imaginiert man beim Stirnchakra Indigo, beim Kehlchakra Hellblau, beim Herzchakra Smaragdgrün, beim Nabelchakra Gelb, beim Sakralchakra Orange und zum Schluss beim Wurzelchakra Hellrot. Jede Farbe ist immer in das Goldweiß aufgenommen.

1. »Vater unser, der du bist in den Himmeln«
 – *Kronenchakra* (tausendblättrig)

»Durch Christus kann ich eins werden mit dem Vater.«

Die Intuition oder Wesensvereinigung ist die Wirkung des Kronenchakra. Durch das Kronenchakra kann der Mensch im Bewusstsein inneren Wissens in der geistig-göttlichen Welt des Vaters stehen, in der Christus lebt und in die Christus weist.

2. »Geheiligt werde dein Name«
 – *Stirnchakra*

»In Christus komme ich dazu, die Weisheit des Geistes zu schauen.«

Das Geistselbst steht in Beziehung zum inneren Schauen des Stirnchakra. Es wird von der lebendigen Intelligenz der Selbsterkenntnis und vom höheren Selbst geschenkt.

Die Intelligenz, die verbunden ist mit dem Stirnchakra, wirkt zusammen mit dem zeiträumlichen Denken des Kehlchakra. Und das Ich-Bin-Erleben der ungeteilten Achtsamkeit entsteht aus einer Verbindung von (dem Stirnchakra mit) der Hypophyse und (dem Kronenchakra mit) der Epiphyse. Das Schauen aus dem Ich-Bin-Erleben erlaubt es, über das Kronenchakra mit dem einströmenden Geist verbunden zu sein. Das äußere Schauen der Aura und der geistigen Wesen entsteht dagegen mit Hilfe des Stirnchakra.

3. »dein Reich komme«
 – *Kehlchakra* (16-blättrig)

»In Christus bringe ich durch das Sprechen den schaffenden Logos in die Welt.«

Im Kehlchakra entstehen die Inspirationen oder das Denken aus dem Herzen, dem Herzen, in dem Christus wirkt. Das Aussprechen des von Christus inspirierten Denkens ist letztlich das *Kriyashakti* oder die schaffende Kraft des Wortes, das der Maitreya Buddha der Menschheit schenken will.[559] Die schaffende Kraft des Wortes ist die ätherische Liebeskraft des Lebensgeistes, der aus dem Herzchakra und auch aus dem Sakralchakra wirkt. Diese schaffende Kraft kann nur entstehen, wenn der

Mensch wirklich innerlich frei ist. Geht man den achtgliedrigen Pfad des Buddha, so öffnet dies auch das Kehlchakra, wodurch der Mensch die Gabe erhält, intuitiv die Denkungsart des anderen zu erkennen.

4. »dein Wille geschehe, wie im Himmel also auch auf Erden«
– *Herzchakra* (12-blättrig)

»In Christus liebe ich Gott über alles und meinen Nächsten wie mich selbst.«

Die Entwicklung des Geistesmenschen findet ihre Vollendung in der Harmonie des Herzens, wo alle Chakrenbewegungen zusammenkommen. So ist das Erleben des Ich-Bin als der ätherische Brennpunkt im Kopf vertikal verbunden mit dem höheren Selbst, das im Herzen wiedergeboren wird. Daneben sind das Nabelchakra und das Wurzelchakra in die Geistesmensch-Entwicklung einbezogen. Das Herzchakra kann Rudolf Steiner zufolge aufblühen, wenn man in Unbefangenheit, Positivität und Harmonie sein Denken, Fühlen und Wollen beherrscht. Dies sind genau die Eigenschaften der ungeteilten Achtsamkeit. Ich denke, dass man diese Harmonie auch als ein Gleichgewicht verstehen kann, das vertikal zwischen Himmel und Erde besteht und horizontal zwischen dem anderen und mir. Die Liebe zu Gott ist dazu da, dass der menschliche Wille zur Schale des göttlichen Willens werden kann: »Nicht mein Wille, sondern dein Wille geschehe«, und zwar dort, wo man die Situation nicht verändern kann. Das ist die vertikale Harmonie. Die horizontale Harmonie ist das Gleichgewicht zwischen dem anderen und mir oder das »Liebe deinen Nächsten wie dich selbst«. Sowohl im Kronen- als auch im Herzchakra ist es möglich, zu einer intuitiven Wesensvereinigung zu kommen. Wenn man sich im wollenden Denken oder in der Intuition mit dem anderen verbindet, erlebt man das Wesen des anderen in seinem eigenen Wesen. Die Geistesmensch-Entwicklung baut auf die Willenskraft des Geistes, die am stärksten in dieser Schalenform wirken kann als eine vertikale Harmonie, wenn der Wille in Übereinstimmung mit dem Willen des Vaters ist. Die sich opfernde Willenskraft als die Blüte der Geistesmensch-Entwicklung wirkt aus der vertikalen Harmonie heraus in die horizontale Harmonie zwischen dem anderen und mir. Daher ist der Satz im Vaterunser, der Rudolf Steiner zufolge mit dem Geistesmenschen zusammenhängt, mit dem Herzchakra in Verbindung zu bringen. Mit dem geöffneten Herzchakra kann der Mensch die Seelenwärme und -kälte seiner Umgebung wahrnehmen.

5. »Unser tägliches Brot gib uns heute«
– *Nabelchakra* (10-blättrig)

**»In Christus bin ich die Willenskraft des Geistes und
empfinde Liebe zum Schicksal.«**

Das Nabelchakra hängt mit der menschlichen Willenskraft zusammen und mit der
Fähigkeit, mit den Willenswirkungen aus der Umgebung umzugehen. In der christlichen Entwicklung haben sich das freie Willensvermögen und die Entschlussfähig-
keit durch die moralische Intuition des menschlichen Geistes gebildet. Dort, wo der
Wille bestimmte Vorstellungen in der Welt verwirklichen kann, ist die moralische
Intuition äußerlich aktiv, und dort, wo der Wille durch das Schicksal daran gehindert wird, wird sie innerlich aktiv, da sie das Schicksal im *Amor Fati* akzeptieren
muss. Zudem laufen im Nabelchakra, das mit dem Sonnengeflecht verbunden ist,
alle ätherischen Energiebahnen des Körpers zusammen. Deshalb kann man auch
von energischer Willensfähigkeit sprechen. Physisches Brot zu uns zu nehmen verstärkt unser Willensvermögen. Wenn man das Brot in christlichem Sinne in die
Hand nimmt, tut man es im Wissen darum, dass jedes Getreidekorn dieses Brotes
von der Christuskraft durchdrungen ist und uns ein christliches Handeln aus unserem freien menschlichen Willen möglich macht. Mit dem geöffneten Nabelchakra
kann der Mensch die verborgenen Talente des anderen kennenlernen.

6. »und vergib uns unsere Schulden, wie auch wir vergeben unseren Schuldigern«
– *Sakralchakra* (6-blättrig)

**»In Christus sind die Gefühle in meinem beseelten Körper
eine kreative Quelle für den Geist.«**

Rudolf Steiner zufolge wird das Sakralchakra durch die Harmonie zwischen Geist,
Seele und Körper geöffnet. Es ist wichtig, den leiblichen Genüssen und den seelischen
Emotionen nicht nach Art der Essener abzuschwören, sondern sie zu verchristlichen.
Genuss, aber auch Freude und Kummer können als Ausdruck des schöpferischen
Geistes erlebt werden. Dadurch können sinnliche Wahrnehmungen, Gefühle und
veredelte Emotionen zu einem kreativen Quell für den Geist werden. Im Sakral-
chakra hat das Selbstbild seinen Sitz, das zum Persönlichkeitsgefühl geworden ist.
Gerade hier kann der Mensch sich benachteiligt oder auch schuldig fühlen und sich

selbst als Schuldner erleben. Deshalb lässt sich dieser Satz aus dem Vaterunser gut in Beziehung zum Sakralchakra bringen. In diesem Bereich der Seele fordert der Christusimpuls uns auf, denen, die uns Böses getan haben, zu vergeben. Dadurch können wir auch von der in uns gefühlten Schuldenlast befreit werden. So lässt sich ein neues persönliches Gefühlsverhältnis zur Welt entwickeln und damit ein neues Handeln, durch das noch nicht ausgeglichenes Karma in unserem Ätherleib ausgeglichen werden kann.

Das geöffnete Sakralchakra schenkt Gefühlseinheit mit dem Sein des anderen und mit dem Sein im Allgemeinen. Mit diesem Chakra ist es möglich, die beseelenden Wesen der Natur in Erde, Wasser, Luft und Feuer zu spüren. Das alles ist ätherische Verbundenheit, ein Erleben aus dem Wasserelement. Man kann dann das Leid des anderen als sein eigenes Leid fühlen. Dadurch entsteht wirkliches Mitleid und dann auch die Gefühlskraft des Vergebens. Das hängt mit dem Ätherleib zusammen. Die Liebe des Vergebens vergeistigt den Ätherleib, in dem auch das Karma oder die Schuld bewahrt ist und dadurch in Bewegung gebracht wird, um im Handeln erlöst zu werden. Das Mitleid Buddhas ist das geöffnete Herzchakra. Und das noch stärkere Mitleid Manis ist die Verbindung des geöffneten Herzchakra mit dem geöffneten Sakralchakra, denn dadurch wird die Liebe auch persönlich.

7. »und führe uns nicht in Versuchung, sondern erlöse uns von dem Bösen«
– *Wurzelchakra* (4-blättrig)

**»In Christus habe ich Vertrauen zur Erdenentwicklung,
deren Wärmekraft mich gestaltet.«**

Das Wurzelchakra hängt mit dem Vertrauen zum Leben und dem Stehvermögen auf der Erde zusammen. Die irdischen Schwierigkeiten und Widerstände können uns in Versuchung führen, luziferisch zu flüchten oder ahrimanische Macht auszuüben, um Daseinssicherheit zu erzwingen. Auch kann eine azurisch anarchische Mentalität des Bösen entstehen, die reines Chaos in die Welt bringen will. In Christus dürfen wir hoffen, die Kraft des Kreuzes zu empfangen und durch seine Anwesenheit das Leiden am Schicksal und am Bösen ganz durchleiden zu können. »Und siehe, ich bin mit euch alle Tage bis an der Welt Ende.«[560] Durch Christus als den Geist der Welt können wir das Vertrauen und den Mut entwickeln, die weiteren irdischen Inkarnationen für die eigene Entwicklung und damit auch für die Entwicklung der Welt und der Menschheit als Ganzer zu akzeptieren.

Wie bereits gesagt, ist es meiner Meinung nach wichtig, die Chakren als Spiegel der Selbsterkenntnis der sieben Seelenbereiche kennenzulernen, bevor man sie reinigt – was ohne eine neue Lebenseinstellung nicht wirklich möglich ist – oder bevor man die erwähnten Entwicklungskeime dort aussät. Um die sieben Chakren als lebendige Organe der Selbsterkenntnis oder Selbstdiagnose nutzen zu können, sollten die folgenden beiden einander ergänzenden Erkenntniswege eingeschlagen werden.

Bei dem ersten Weg der Selbsterforschung beginnt man mit der Grundhaltung ungeteilter Achtsamkeit und erspürt von da heraus (beispielsweise) das Herzchakra, um dann das uns begleitende Geistesselbst oder Engelwesen zu bitten, beim empfangenden Schaffen einer Imagination (oder Inspiration) des Herzchakra schützend anwesend zu sein. Die ungeteilte Achtsamkeit oder lebendige Gabe der Aufmerksamkeit ist wichtig, um dann als eine Resonanz in der eigenen Seele ganz direkt wahrzunehmen, welches Bild, welcher Keim, welche Form, welches Zeichen oder Wort in einem entstehen will. Man schreibt auf, was entstanden ist, ohne es schon für die Wahrheit zu nehmen, weil gerade im Erforschen des Übersinnlichen ein kritischer wissenschaftlicher Geist wichtig ist. Das Resultat dieser imaginativen Untersuchung wird dann mit der Untersuchung verglichen, die auf dem zweiten Weg erfolgt.

Bei der zweiten Form der Selbsterforschung beantwortet man die Fragen, die mit den spezifischen Merkmalen der Chakren als solchen zu tun haben und die im Anhang 12 aufgelistet sind. Man vergleicht dann die Resultate dieser zweiten Untersuchung mit denen der ersten. Wenn eine Diskrepanz zwischen beiden besteht, ist es wichtig, eine der beiden Untersuchungen zu wiederholen. Denn dadurch ist eine kritische Reflexion möglich.

Die sieben Chakren können auch mit den sieben Ich-Bin-Worten des Christus Jesus[561] in Verbindung gebracht werden.[562]

1. »Ich bin die Auferstehung und das Leben«	– *Kronenchakra*;
2. »Ich bin das Licht der Welt«	– *Stirnchakra*;
3. »Ich bin der Weg, die Wahrheit und das Leben«	– *Kehlchakra*;
4. »Ich bin der gute Hirte«	– *Herzchakra*;
5. »Ich bin das Brot des Lebens«	– *Nabelchakra*;
6. »Ich bin die Tür«	– *Sakralchakra*;
7. »Ich bin der wahre Weinstock«	– *Wurzelchakra*.

Rudolf Steiner hat darauf hingewiesen, wie wichtig die durch die entsprechende Lebenshaltung gereinigten Chakren in der christlichen Entwicklung sind. Wenn der Mensch die Katharsis seiner Seele, seines Astralleibes erlangt hat, können die harmonisch geöffneten Chakren gleichsam wie Siegel in den Siegellack des Ätherleibes gedrückt werden. Dadurch kommt es zur Erleuchtung. Dadurch kann der Welten-geist den Ätherleib des Menschen durchströmen. Wenn Christus Jesus vom Kreuz herab zu Johannes sagt: »Siehe, deine Mutter«[563] und damit Maria meint, dann be-deutet das, dass Johannes unser Repräsentant als Mensch ist und wir aufgefordert sind, den Astralleib in Gestalt der Maria oder Sophia so zur Katharsis zu führen, dass ein Hereinströmen des Weltengeistes – als das Pfingstfest für jeden Einzelnen von uns als Mensch – möglich wird.

Ob in der Bergpredigt, im Vorleben der Via Dolorosa durch Christus Jesus, in den dreizehn heiligen Nächten oder im Vaterunser, immer ist es so, dass der Chris-tusimpuls dem Menschen einen göttlichen Anstoß zur Entwicklung des wahren Menschseins gibt.

Epilog

Seit dem 9. Jahrhundert erstreckt sich der Lebensgeist des Christus wie ein Mantel der Liebe über die Erde. Dies ist der Neue Himmel des zoroastrischen Christusimpulses, so wie die Neue Erde vom buddhischen Christusimpuls geschaffen wird. Wie Mani sagte, ist Christus »der neue Gott«, der – nach Rudolf Steiner – dem Vater des sterbenden Universums der Vergangenheit nachfolgt. Alles, was die Menschheit aus dem zweifachen Christusimpuls heraus tut, wird zu einem Baustein für das Neue Jerusalem, sodass der Neue Himmel und die Neue Erde Wirklichkeit werden können. Alle moralischen Kräfte, welche die Menschheit durch den Christusimpuls freisetzt, werden die vegetativen Formen der neuen Inkarnation der Erde schaffen: das große Jupiterzeitalter – oder, nach Mani, der Fünfte Tag –, das dem Erdenzeitalter folgen wird.

Im Jupiterzeitalter, das die zukünftige metamorphosierte Form des alten Mondzeitalters ist, wird das Geistesselbst vom Menschen im Zusammenwirken mit dem Heiligen Geist vollständig zur Blüte gebracht worden sein, der dann, wenn der Mensch keinen physischen Körper mehr hat, das höchste Wesensglied des immer siebenfachen Menschen sein wird. Das siebte Wesensglied des Menschen, noch oberhalb des Geistesmenschen, heißt dann »heiliger Geist«.

Im darauffolgenden Venuszeitalter – oder, nach Mani, dem Sechsten Tag – wird der Mensch in Zusammenarbeit mit dem Sohn den Lebensgeist vollständig zur Blüte gebracht haben. Der Sohn wird dann, wenn der Mensch auch keinen Ätherleib mehr hat, das höchste Wesensglied des Menschen sein. Erst in der sechsten Kulturepoche des sechsten Zeitraums dieses sechsten Venuszeitalters kann man vom Ende der Zeiten sprechen, von dem die Apokalypse berichtet. Das Prinzip des Manichäismus oder die Mani-Intention wird bis in diese Zeit wirksam sein, um alle, die dem Bösen verfallen sind, zum Guten bekehren zu können.

Im letzten Zeitalter, dem Vulkanzeitalter – oder, nach Mani, dem Siebten Tag – wird der Geistesmensch vollständig zur Blüte gebracht worden sein vom Vater, der dann das höchste Wesensglied des Menschen bilden wird, wenn der Mensch auch keinen Astralleib mehr hat. Die Früchte der Entwicklung im physischen, Äther- und

Astralleib werden dann jeweils in den Geistesmenschen, den Lebensgeist und das Geistselbst aufgenommen sein. Und der Mensch wird ganz mit der Trinität verbunden sein und nach dem Vulkanzeitalter in ihr fortdauern, bis ein »anderer Tag Brahmas« eine neue kosmische Offenbarung schenken wird, in der die Menschheit in ihrem dann schöpferischen Tätigsein einen höheren Platz in der Hierarchie vergeistigter Wesen einnehmen wird.

Jupiterzeitalter	Venuszeitalter	Vulkanzeitalter
Heiliger Geist	Sohn	Vater
Geistesmensch	Heiliger Geist	Sohn
Lebensgeist	Geistesmensch	Heiliger Geist
Geistselbst	Lebensgeist	Geistesmensch
Ich	Geistesselbst	Lebensgeist
Astralleib	Ich	Geistselbst
Ätherleib	Astralleib	Ich

Wenn wir noch einmal zusammenfassen, was wir untersucht haben, können wir Folgendes sagen: Christus hat die dionysische, mystische Buddha-Natur des nathanischen Jesus und die in diese hineinwirkende apollinische, ekstatische Zarathustra-Natur in sich aufgenommen und ist dadurch die höhere Synthese dieser beiden Naturen. Der Christusimpuls gibt dem Menschen diese Synthese jedoch nicht einfach in Form einer Offenbarung weiter, denn dann würde der Mensch Christus passiv nachfolgen und seine Freiheit verlieren. Der Christusimpuls ist ebenfalls zweifach in seiner dionysischen und apollinischen Wirkung, sodass dieser zweifache Christusimpuls durch die eigene freie Aktivität des Menschen im Menschen selbst zur Synthese gebracht werden muss. Das bedeutet, dass der Christusimpuls wirklich an den Menschen in seiner eigenen Freiheit und Entwicklung appelliert.

Der dionysische Christus hat schon immer aus der Weltenseele heraus innerlich das Herz des Menschen berührt. In unserer Zeit ist der ätherische Christus wirksam geworden, der den Menschen apollinisch in der ungeteilten Achtsamkeit – als einem modernen Einweihungsweg zu Christus – mit Liebeskraft zu erfüllen vermag, damit er ganz mit der Welt und der Menschheit in Verbindung kommt. Aus einem *dienend auf Jesus Patibilis gerichteten Gewahrsein aus der Christussonne heraus* kann es in einer verstärkten Bewegung ungeteilter Achtsamkeit dazu kommen, dass man den ätherischen Christus in der Opferkraft oder der Willenskraft der Liebe schaut, um auf die Menschheit und die Natur zuzugehen und so auch das Böse manichäisch umwandeln zu können. Zudem kann der Geist des Christus das Denken des Menschen inspirieren, um zur Geisteswissenschaft zu finden.

Wir haben hier dazu auffordern wollen, sich wieder an das Leben des Christus Jesus zu erinnern, um dadurch eine Möglichkeit zu schaffen, dass der Christus – der *neue Gott der ganzen zukünftigen Menschheits- und Weltentwicklung* – den Menschen mit seinem Liebeslicht berührt, und zwar durch den dionysischen Christusimpuls im Herzen und durch den apollinischen Christusimpuls im Haupte:

Göttliches Licht,
Christus-Sonne,
Erwärme
Unsere Herzen;
Erleuchte unsere Häupter;

Dass gut werde,
Was wir
Aus Herzen gründen,
Was wir
Aus Häuptern
Zielvoll führen wollen.[564]

Anhang

1 Wie sich die neue Inkarnation Manis unterstützen lässt

Mani als der hohe Gesandte des Christus oder der menschliche Manu wird sich Rudolf Steiner zufolge zu Beginn des 21. Jahrhunderts inkarnieren. Er wird dann aus den Gralsmysterien heraus handeln, wird Kunst und Religion verbinden und jeden Menschen auffordern, selbst zwischen Gut und Böse zu unterscheiden.

Es folgt nun eine Beschreibung individueller und gesellschaftlicher Verhaltensweisen, mit denen wir meiner Meinung nach unterstützend daran mitwirken können, diese Inkarnation Manis zu Beginn des 21. Jahrhunderts vorzubereiten.

Individuelle Vorbereitung:
1. Danach streben, das Böse nicht zu unterdrücken, sondern umzuwandeln.
2. Danach streben, den Gralsmenschen in sich aus eigener Kraft zur Auferstehung zu bringen und so den zweifachen Christusimpuls zu verwirklichen.
3. Aus Geistesgegenwart handeln wie Parzival, wobei immer moralische Intuitionen in die Tat umgesetzt werden: ein Schaffen aus dem Nichts. Aus dem Individualisierungsprozess heraus nach Androgynität streben, sodass geistige Heilkraft für andere möglich wird.
4. In der Nächstenliebe die Seelenkräfte Empathie, Opferkraft und Mut freisetzen. Die Kunst des sozialen Handelns aus einem ungeteilten, beweglichen Willen heraus.
5. Die Fähigkeit, mit Unbefangenheit und Erstaunen das, was anfangs fremd ist, in die eigene Erkenntnis aufzunehmen: geistige Welterkenntnis aus einer intelligenten geisteswissenschaftlichen Haltung. Die Wahrheit ist die Harmonie aller Wahrheiten.
6. Die Bereitschaft, die Menschheit als Ganze innerlich aufzunehmen, mitzufühlen mit der leidenden Weltenseele und Interesse an einem künstlerischen Erleben der Welt zu entwickeln.
7. Sich innerlich dem ätherischen Christus zuwenden.

Gesellschaftliche Vorbereitung:

1. Eine Entwicklung fördern, die das Böse nicht fixiert, sondern es mit michaelischer Urteilskraft bewusst macht, kanalisiert, umlenkt und metamorphosiert. Sich mit dem Bösen verbinden, ohne das Böse zu sein. Hier hat in allem Tun die Kunst des Handelns eine eminent wichtige Aufgabe. Die Kunst des sozialen Handelns initiieren. Eine manichäische Kunst des Hell und Dunkel als Avantgarde nach dem Postmodernismus entwickeln.

2. Die Geisteswissenschaft als *Gralswissenschaft* weiter aufblühen lassen, um so die luziferischen und ahrimanischen Tendenzen in der Kultur verchristlichen und vergeistigen zu können. Eine Spiritualisierung der ökonomischen Verhältnisse.

3. Syzygische Beziehungen aufbauen. Das heißt, Beziehungen, die sich auf einen Wesenskontakt gründen, darauf, dass man innerlich spürt, dass der andere ein geistiges Wesen ist, das sich nicht auf ein Bild reduzieren lässt. Voraussetzung dazu ist die Fußwaschung, was auch einseitig möglich ist. Die Kraft der anfangs einseitigen Willensinitiative, das Vertrauen wiederherzustellen, oder die soziale Kraft der Vergebung von Mensch zu Mensch dann als Grundlage für die sich immer wieder erneuernde Zwischenmenschlichkeit in der Gesellschaft.

4. Gemeinschaftsbildung und Zusammenarbeit auf Grundlage des ethischen Individualismus und eines daraus entstehenden gemeinschaftlichen Ideals, wobei die Gemeinschaft dem Individuum in seiner Entwicklung beisteht. Der soziale Wille, das Karma des anderen zu tragen, falls es notwendig ist. Auch der Entschluss von Gemeinschaften zu einer gemeinsamen Meditation für die leidende Weltenseele, wie sie die manichäische Christusmeditation eine ist.

5. Den Nachdruck auf die Religion selbst oder die innere Religion legen anstatt auf den Gottesdienst. Danach streben, multikulturell zu denken und in der Begegnung, im Dialog nach einer flexiblen Integration (unter Beibehaltung der kulturellen Identität) zu suchen. Bruderschaft unabhängig von Weltanschauungen. Aus Christus als dem Wesen der Liebe denken und handeln.

6. Das Ziel vor Augen haben, die Weltproblematik bis ins praktische Handeln aus dem Geist heraus zu lösen.

7. Den Christus, der auferstanden ist und im Individuum wirkt, in der Gemeinschaft erleben. Christuskräfte oder die weiße Magie des Christus freisetzen, um so das Böse, selbst das der Azuras, in der Weltenseele und im Weltenäther substanziell umzuwandeln.

2 Die drei Kreuze auf Golgatha:
Christus zwischen Luzifer und Ahriman

LUZIFER	**CHRISTUS**	**AHRIMAN**
ausufernde innerweltliche Tendenz	selbstlose Geistesgegenwart	verhärtende Tendenz in der Außenwelt
Weltflucht, Loslösung von der Welt	harmonischer Ausgleich konträrer Gegensätze (in Form des Kernquadrats)	Weltflucht, Loslösung von der Welt

Denken

dogmatisch	Überzeugungskraft	relativierend	Skeptizismus
mystifizierend	Globalität	Genauigkeit	Gründlichkeit
provozierend	selbstständig denkend	zu Rate ziehend	keine Urteilskraft
assoziativ	intuitiv	Rationalität	schematisch

Fühlen

überempfindlich	Offenheit	Gelassenheit	abgestumpft
arrogant	Selbstsicherheit	Bescheidenheit	unterwürfig
sentimental	selbstständiges Denken	Diskretion	gleichgültig
opportunistisch	Flexibilität	zielbewusst	Starrheit

Wollen

Verschwendungssucht	Freigebigkeit	Sparsamkeit	Gier
Übermut	Mut	Vorsicht	Trägheit
Impulsivität	Initiativkraft	Kontinuität	Konservativismus
Machtgier	Führung übernehmen	einsetzbar sein	Kleinmütigkeit

3 Denken, Fühlen, Wollen, Wahrnehmung und Intuition gemäß der Positionen von Luzifer und Ahriman

LUZIFER	AHRIMAN

(apollinisch) Denken

Denken aus einem kosmischen Gefühl heraus	systematisch Denken

Fühlen

Wechsel der subjektiven Gefühle	Fühlen als sinnliches Wahrnehmen
naives Vertrauen	dispositionelle Verbitterung
Hass	Furcht

(dionysisch) Wollen

idealistischer Wille	realistische Anpassung
revolutionärer Geist	Loyalität
sich erhebender Wille	Macht und Manipulation

Wahrnehmung

global, gefärbt	ins Detail gehend, verzeichnend

Intuition

... für neue Bereiche	... für fehlende Bindeglieder
assoziativ	sprunghafte Argumentation

4 Luzifer und Ahriman in ihren polaren Gegensätzlichkeiten

	LUZIFER	**AHRIMAN**
1	himmlisches Licht	Finsternis, irdische Schwere
2	apollinisch (oben)	dionysisch (unten)
3	Weisheit	Lebenswille
4	obere Chakren	untere Chakren
5	Geist	Begierde
6	Eitelkeit	Macht – Ohnmacht
7	bereits vollendete Form	zielbewusstes Leben
8	weiblich	männlich
9	das Junge	das Alte
10	Idealismus	Realismus
11	revolutionärer Geist	Konservativismus
12	Libertinismus	Bürgerlichkeit
13	eigene Freiheit	Pflichterfüllung
14	höhere Notwendigkeit	Alles ist Zufall.
15	Das Selbst schafft die Welt.	Die Welt schafft das Selbst.
16	Zentrum im Umkreis	Umkreis im Zentrum
17	absolute Freiheit	absoluter Determinismus
18	Mystik	Wissenschaft
19	ekstatisch	auf den Grund gehend
20	Intuition	Verstand
21	Gefühl	Instinkt im Intellekt
22	Aufgelöstheit	Struktur
23	subjektiver Wille	objektiver Wille
24	Emotionen im Willen	Wille in den Emotionen
25	Gedanken im Willen	Wille in den Gedanken
26	Spontaneität	Gehemmtheit
27	runde Bewegung	gerade Bewegung
28	Flexibilität	Erstarrung
29	Kunst	Organisation
30	willkürliches Verhalten	feste Gewohnheiten
31	Qualität	Quantität

32	Intention	Resultat
33	gekränkte Wut	beherrschte Aggression
34	unterdrückte Angst	eingestandene Ohnmacht
35	unangepasst	angepasst
36	Das Selbst will dazugehören.	Das Selbst konkurriert.
37	Selbstverherrlichung	Ambition
38	Ärger, Irritation	Nervosität
39	Sympathie in Selbstliebe	Antipathie
40	Atem-Blutkreislauf	Nerven-Sinnes-System
41	einseitig Seele	einseitig Geist
42	Gott	Welt
43	Einheit	Verschiedenartigkeit
44	Absolutismus	Relativismus
45	Ursprung	Ursache
46	vertikal	horizontal
47	figurativ-persönlich	abstrahiert-unpersönlich
48	Fantasie	Naturalismus
49	Expressionismus	Impressionismus
50	Maß	Zahl
51	kreativ	rezeptiv
52	Innerlichkeit	Äußerlichkeit
53	informell	formell
54	erotisches Erleben	Pornografie
55	Dogmatismus	Zynismus
56	humorlos	Spott
57	emotional	intellektuell
58	Formlosigkeit	Formstreben
59	der öffentlichen Meinung folgend	festen Abläufen folgend
60	Spiritualismus	Materialismus
61	Libertinismus	Askese
62	Ästhetik	Funktionalität
63	Metaphysisches	Pragmatismus
64	Schwatzhaftigkeit	Verschwiegenheit
65	Das Denken ist höher als die Sprache.	Die Sprache ist Denken.
66	dominant	untertänig
67	Schläfrigkeit	Überwachheit
68	Identifizierung	Distanziertheit
69	Ruhm	Anonymität

70	Das Ich löst sich im höheren Ich auf.	Höheres Ich löst sich im Ich auf.
71	pneumatisches Ich	empirisches Ich
72	dionysische Kunst: Musik	apollinische Kunst: Bildhauerei
73	Selbstverwirklichung	Entwicklung
74	Sensitivität	Verschlossenheit
75	Hass	Furcht
76	Impulsivität	schrittweise Entwicklung
78	Wärme	Kälte

5 Das Wirken von Luzifer und Ahriman in den sieben Seelenorganen

Die negativen Wirkungen in den sieben Chakren rechts und links; das Vaterunser als die richtige Mitte in diesen sieben Chakren.

LUZIFER	AHRIMAN
Kronenchakra	
Ekstase, Ich-Auflösung	Verschlossenheit, Depressivität
Stirnchakra	
visionäre Selbstverherrlichung, Psychose	Intuition für Macht und Besitz, Schizophrenie (tiefere Wirkung der Psychose), Hypochondrie
Kehlchakra	
Machtwollust	Mechanisierung des Ich
Herzchakra	
Selbstverlust im anderen, Feindseligkeit	Konkurrenzkampf mit dem anderen, Gleichgültigkeit
Nabelchakra	
Dominanz, fehlende Selbststeuerung	Machtmanipulation, Angst, Anpassung, Nervosität
Sakralchakra	
negative Abhängigkeit	unterdrückte Sexualität, die ins Denken wandert
Gekränktheit, unverhältnismäßiges Schuldgefühl, Gebundenheit an den anderen	Gefühlsdumpfheit
Wurzelchakra	
Angst vor dem Dasein	lebenserhaltende Aggression

Luzifer in den oberen Chakren: Ungewollt werden der ahrimanische Wille und Begierde im luziferischen Denken geweckt.

Ahriman in den unteren Chakren: Das luziferische Denken wird vom ahrimanischen Willen gefangen genommen und durch die Begierden angestachelt.

6 Sieben Phasen des Vergebens

Diese Meditation, um in sieben Phasen Vergebung zu üben, ist eine Modifizierung der alchemistischen Umwandlung des Bösen, wie sie in Kapitel 15 beschrieben wurde, wo die entsprechenden Begriffe und Sprüche erläutert sind. Es ist auch möglich, diese Meditation in einem Dialog mit jemandem durchzuführen, der mit einem mitdenken will.

1 Während der ganzen Meditation ist ungeteilte Achtsamkeit die meditative Grundhaltung. Im imaginativen Erinnern fühlt man das Böse, das einem angetan wurde.

Ex Deo nascimur.

2 Forschen, aus dem zeit-räumlichen Wortdenken Fragen stellen.
   a) Welches Unrecht hat der andere einem angetan? War es wirklich Unrecht? Objektivierung des Unrechts. Den objektiven Schaden untersuchen, der einem zugefügt wurde (unabhängig von der Frage, wie man damit umgegangen ist).
   b) Was hat diese Tat des anderen mir gebracht? Was habe ich daraus lernen können? Wie habe ich damit umgehen können?

3 Mit Hilfe der Intelligenz (in Beziehung zum Geistselbst) eine Antwort suchen:
   a) Die Wesensintuition dessen finden, was der andere einem angetan hat.
   b) Die Wesensintuition dessen finden, was man daraus lernen konnte.

4 Verständnis für Sein und Entwicklung des anderen aufbringen, wozu notwendigerweise das Schattenbild gehört. Sich dem Engelwesen des anderen zuwenden. Erleben, wie auch dieses Wesen am Schattenbild desjenigen leidet, der unter seinem Schutz steht.
   Bereitschaft, das eigene Gekränktsein sterben zu lassen, und Bereitschaft, dem anderen zu vergeben.

In Christo morimur.

5 Sich Christus als dem Herrn des Karma zuwenden und innerlich tatsächlich aussprechen, dass man dem anderen diese Tat vergibt.

6 In ungeteilter Achtsamkeit die Substanz des Gekränktseins sterben lassen. »Die transmutierende Kraft der Sophia des Christus in mir.«

7 Möglichkeiten ausloten, wie man den Akt des Vergebens im Gespräch mit dem anderen formulieren könnte. Ist eine Erneuerung des Kontakts mit dem anderen möglich und wünschenswert?

Per Spiritum Sanctum reviviscimus.

7 Die Kosmologie Manis

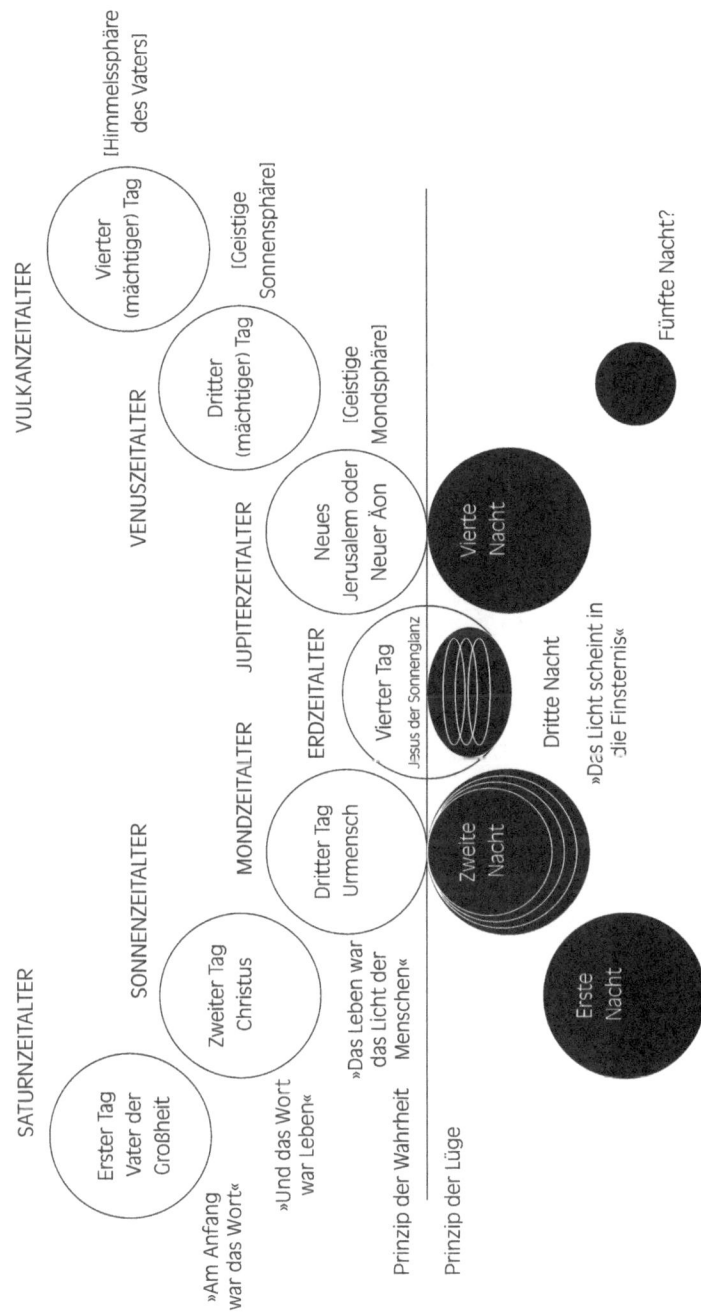

SATURNZEITALTER

SONNENZEITALTER

MONDZEITALTER

ERDZEITALTER

JUPITERZEITALTER

VENUSZEITALTER

VULKANZEITALTER

Erster Tag
Vater der
Großheit

»Am Anfang
war das Wort«

Zweiter Tag
Christus

»Und das Wort
war Leben«

Dritter Tag
Urmensch

»Das Leben war
das Licht der
Menschen«

Prinzip der Wahrheit

Prinzip der Lüge

Vierter Tag
Jesus der Sonnenglanz

Erste
Nacht

Zweite
Nacht

Dritte Nacht

»Das Licht scheint in
die Finsternis«

Vierte
Nacht

Neues
Jerusalem oder
Neuer Äon

Dritter
(mächtiger) Tag

[Geistige
Mondsphäre]

Vierter
(mächtiger) Tag

[Geistige
Sonnensphäre]

[Himmelssphäre
des Vaters]

Fünfte Nacht?

Die sieben äonischen Tage und vier bzw. fünf äonischen Nächte in der Kosmologie Manis, ergänzt um
Sätze aus dem Prolog des Johannesevangeliums und Begriffe aus der Geisteswissenschaft.

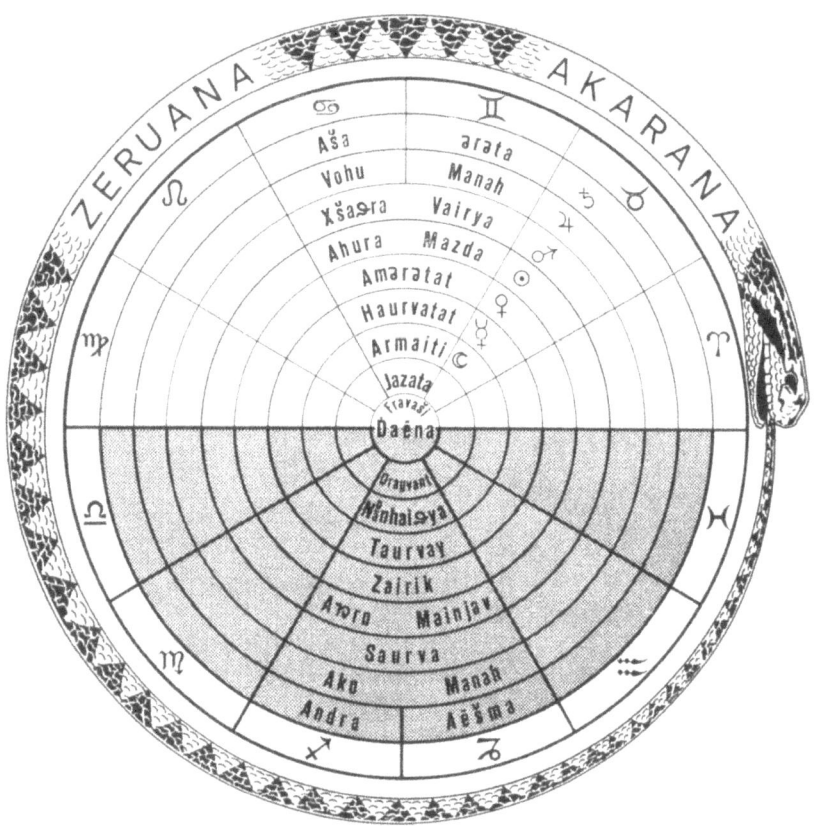

Die sechs hellen Amshaspans und Ahura Mazda und die sechs dunklen Amshaspans und Ahriman, umgeben von Zeruana Akarana oder der Ungeteilten Zeit

9 Der Grundsteinspruch Rudolf Steiners

Menschenseele!
Du lebest in den Gliedern,
Die dich durch die Raumeswelt
Im Geistesmeereswesen tragen:
Übe Geist-Erinnern
In Seelentiefen,
Wo in waltendem
Weltschöpfer-Sein
Das eigne Ich
Im Gottes-Ich
Erweset;
Und du wirst wahrhaft leben
Im Menschen-Welten-Wesen.

Denn es waltet der Vater-Geist der Höhen
In den Weltentiefen Sein-erzeugend.
Seraphim, Cherubim, Throne,
Lasset aus den Höhen erklingen,
Was in den Tiefen das Echo findet
Und was im Echo der Tiefen
Das Geheimnis der Höhen
Wiederklingen lässt;
Das spricht:
Ex Deo nascimur. Das hören die Elementargeister
Im Osten, im Westen, im Norden, im Süden:
Menschen mögen es hören.

Menschenseele!
Du lebest in dem Herzens-Lungen-Schlage,
Der dich durch den Zeitenrhythmus
Ins eigne Seelenwesensfühlen leitet:
Übe Geist-Besinnen
Im Seelengleichgewichte,
Wo die wogenden
Welten-Werde-Taten
Das eigne Ich
Dem Welten-Ich
Vereinen;
Und du wirst wahrhaft fühlen
Im Menschen-Seelen-Wirken.

Denn es waltet der Christus-Wille im Umkreis
In den Weltenrhythmen Seelen-begnadend.
Durch die Geister Kyriotetes, Dynamis, Exusiai,
Lasset, ihr Geister, vom Osten befeuern,
Was durch den Westen sich gestaltet,
Und das Feuer des Ostens,
Das aus dem Westen seine Gestaltung empfängt,
Es spricht:
In Christo morimur.
Das hören die Elemtargeister
Im Osten, Westen, Norden, Süden:
Menschen mögen es hören.

Menschenseele!
Du lebest im ruhenden Haupte,
Das dir aus Ewigkeitsgründen
Die Weltengedanken erschließet:
Übe Geist-Erschauen
In Gedanken-Ruhe,
Wo die ew'gen Götterziele
Welten-Wesens-Licht
Dem eignen Ich
Zu freiem Wollen
Schenken;
Und du wirst wahrhaft denken
In Menschen-Geistes-Gründen.

Denn es walten des Geistes Weltgedanken
Im Weltenwesen Licht-erflehend.
Archai, Archangeloi, Angeloi,
Lasset aus den Tiefen erbitten,
Was in den Höhen erhöret wird,
Und wenn es recht verstanden wird,
Wie es von Archai, Archangeloi, Angeli ertönt,
Wenn aus den Tiefen erbeten wird,
Was in den Höhen erhöret werden kann,
Dann spricht es durch die Welt:
Per Spiritum Sanctum reviviscimus.
Das hören die Elemtargeister
im Osten, Westen, Norden, Süden;
Menschen mögen es hören.

In der Zeiten Wende
Trat das Welten-Geistes-Licht
In den irdischen Wesensstrom;
Nacht-Dunkel
Hatte ausgewaltet;
Taghelles Licht
Erstrahlte in Menschenseelen;
Licht,
Das erwärmet
Die armen Hirtenherzen;
Licht,
Das erleuchtet
Die weisen Königshäupter.

Göttliches Licht,
Christus-Sonne,
Erwärme
Unsere Herzen;
Erleuchte
Unsere Häupter;
Dass gut werde,
Was wir
Aus Herzen Gründen,
Aus Häuptern
Zielvoll führen wollen.[565]

Dieser Grundsteinspruch ist wie ein Kompendium des Kosmos, verbunden mit dem Christusimpuls (im Kapitel 14 als »zweifacher Christusimpuls« benannt und besprochen). Rudolf Steiner ruft mit dem ersten Teil dieses Spruchs die Erste Hierarchie an, die Throne, Cherubim und Seraphim, im zweiten Teil die Zweite Hierarchie, die Exusiai, Dynamis und Kyriotetes, im dritten Teil die Dritte Hierarchie, die Angeloi, Archangeloi und Archai. Diese neun Engelhierarchien haben wir beschrieben im Kapitel 17: »Der Christusimpuls in der Johannizeit und in den dreizehn heiligen Nächten«.

10 Erkenntnisstufen anhand der Pflanzenbetrachtung

(Schematische Darstellung)[566]

4. Erkenntnisstufe	Bestäubung Verstäubung Blühen	sozialer Prozess Bild des Sozialen	wollend Denken; Intuieren	Geistiges	Mensch
3. Erkenntnisstufe	Gestalt	Gestus	fühlend Denken; sinnlich-sittliches Erfahren	Seelisches	Tier
2. Erkenntnisstufe	Blattfolge	Metamorphose	denkend Denken; Denken	Lebendiges	Pflanze
1. Erkenntnisstufe	Blatt	Form	wahrnehmend Denken; Vorstellen	Totes	Mineral

11 24 Möglichkeiten, das Böse manichäisch umzuwandeln

Aus dem Wesen des Manichäismus selbst:

1 Sich in wirklicher Liebe mit dem Bösen vermischen oder verbinden, ohne dabei das Wesen des Guten zu verlieren, sodass das Böse umgewandelt werden kann.

Die Wahrheit nutzen, um das Böse zu erkennen und ihm Grenzen zu setzen:

2 Die reine Urteilskraft, die als Spiegel für das Böse fungiert.

3a Wenn man in Wahrheit michaelische Urteilskraft erlangt – unter Umständen sogar im Zorn –, kann es zu einer Polarisation kommen, die das Böse bewegt und es sich seiner selbst bewusst werden lässt.

3b Auf diese Weise kann man dem Bösen unter Umständen auch juristisch eine Grenze setzen oder indem man das Vaterunser betet: »Erlöse uns von dem Bösen«, wenn das Böse zu stark zu werden droht und dadurch nicht umgewandelt werden kann.

Das Böse nicht fixieren:

4 Das Böse in spielerischer Form auffordern, sich an einem freien experimentellen Diskurs des Nachforschens zu beteiligen.

5 Ehrlicher Humor, der das Böse ganz unbefangen charakterisiert.

6 Schlecht sein mit den schlechten Menschen (Nietzsche) in dem Wissen, dass nichts Menschliches mir fremd ist (Goethe).

7 Der Vorstellung folgen, dass alles ein Lernprozess ist, und das Böse nicht verurteilen.

8 Die Erschöpfung der Kraft des Bösen herbeiführen, indem man es ignoriert. Das Böse bekämpft sich selbst und verliert dadurch den Kampf. Dieses Ignorieren kann in bestimmten Augenblicken eingesetzt werden, doch kann dabei die manichäische Absicht verloren gehen, wenn es zur Gleichgültigkeit gegenüber dem Bösen kommt.

Die Kraft des Bösen in Richtung des Guten abändern:

9 Eine verabsolutierte Wahrheit in ein ausgewogenes Ganzes, in eine Harmonie des Wahren integrieren.

10 Das Böse funktional in ein richtiges und gutes Gefüge einbauen, sodass seine

Einseitigkeit ihre Berechtigung hat durch seine Funktion für das Ganze: In bestimmten Fällen ist zur rechten Zeit und am rechten Platz die Kraft des Löwen notwendig.

11 Das Böse in die gute Richtung kanalisieren.

12 Das Böse in die gute Richtung umlenken.

Die Ichkraft stärken, um das Böse ertragen zu können:

13 Je stärker die Bewusstseinskraft oder die Ichkraft ist, desto größer ist die Fähigkeit, das Böse zu ertragen, und desto wahrscheinlicher ist es auch, in Freiheit (im ethischen Individualismus) die moralisch-künstlerischen Intuitionen zu finden, wie das Böse gelenkt und geformt werden kann.

Die Metamorphose des Bösen in Gutes:

14 Wenn das Schattenbild überwunden wird, ist es eine Kraft, die zum Guten führt. Darin drückt sich auch die Funktion des Bösen in der Welt aus. Es ist der Grundgedanke des Manichäismus, dass das Gute den höchsten Grad der Heiligkeit erlangt, wenn es in der Lage ist, das Böse (durch Liebe) zu überwinden und es sogar ins Gute zu metamorphosieren. Die überwundene Kraft des Bösen wird die Kraft des Guten. Das bedeutet, dass alles Gute in seiner Entwicklung nur dann weiterkommt, wenn es bereit ist, das Böse zu absorbieren und zu verwandeln.

15 Es gibt drei Stadien der Metamorphose. Transformation: Das Böse wird begriffen und in einer Verwandlung zum Guten gemacht. Transmutation: Das Böse wird substanziell ins Gute metamorphosiert, wodurch die Kraft des Guten entsteht. Transfiguration: Der Mensch unterzieht sich selbst einem Gestaltwandel vom Alten zum Neuen Menschen (Paulus).

16 Die wahre Kunst ist die Metamorphose des Bösen ins Gute.

Die alchemistische Umwandlung des Bösen:

Siehe Kapitel 15.

Die Heilung des Bösen:

17 Dem Bösen von außen Licht schenken.

18 Dem Bösen von innen heraus Licht schenken.

19 Wenn das Gift des Bösen homöopathisch, in verdünnter Form, aufgenommen wird, können innerlich Heilkräfte frei werden, das Böse so gesunden zu lassen, dass Gutes daraus wird. Das geschieht auch im sozialen Leben, wenn eine fremde Kraft innerlich absorbiert wird. Es besteht eine Möglichkeit, das Böse

manichäisch umzuwandeln, indem man nämlich das Böse oder die Aggression des anderen bis zu einem bestimmten Grade bewusst und mit Empathie aufnimmt oder durch sich hindurchströmen lässt. Dann kann dieses Gift so in der Seele wirken, dass die Seele selbst die Heilkräfte für eine Entgiftung bildet, und diese Seelenkraft kann dann durch die Achtsamkeit dem anderen als Heilkraft geschenkt werden.

Das Böse verteilen:

20 Die Kraft des Bösen über verschiedene Zeiträume verteilen, dazwischen Ruhepausen einlegen, um das Böse in wirksamer Weise umgestalten zu können.

21 Eine manichäische Gemeinschaft bilden, um das einzelne Böse gemeinsam zu tragen und mitzuhelfen, es zu verwandeln.

Das Böse umwandeln, indem man es unter dem Eindruck des Guten handeln lässt:

22 Belibaste, ein Verbrecher, wurde von den Katharern aufgefordert, als ein Parfait zu leben, um dadurch das Böse aus der Vergangenheit umzuwandeln und dem im Schuldgefühl vorhandenen negativen Selbstbild nicht die Gelegenheit zu geben, erneut dem Bösen zu verfallen.

Das manichäische Opfer für den anderen:

23 Die Schuld oder das Karma des anderen auf sich nehmen.

24 Dem immer wieder rückfälligen Verbrecher im Zuge der spirituellen Ökonomie eigene Substanz oder eigene verchristlichte Wesensglieder (Astral- oder Ätherleib) für seine Neugeburt schenken, der dadurch innerlich wieder die Kraft des Guten erleben kann.

12 Fragen, um ein Bewusstsein für den Zustand der Chakren zu entwickeln

Muladhara oder Wurzelchakra (steht in Verbindung mit dem Dickdarm, den Beinen und Füßen, dem Knochengerüst und dem Blut)

1 Wie sicher stehe ich im Leben?
2 Wie stark ist mein Zukunftslebenswille?
3 Kann ich tatkräftig mit Widerständen umgehen?
4 Habe ich Vertrauen in das, was mir das Leben bringen wird?
5 Verfüge ich in schwierigen Situationen über genug sinngebende Kräfte, um es auf der Erde auszuhalten? In welchem Maße habe ich Lebens- oder Todesangst?
6 Wie stark sind mein Durchsetzungsvermögen und meine Tatkraft?
7 Empfinde ich es als angenehm, in meinem Körper, in der Natur und auf der Erde zu sein?
8 Kann ich einschneidende Erlebnisse vollständig verarbeiten?

Svadhisthana oder Sakralchakra (steht in Verbindung mit den Geschlechtsorganen, den Nieren und der Blase)

1 Bin ich fähig, wirklich zu genießen? Habe ich Lebensfreude?
2 Beherrsche ich meine Begierden?
3 Bin ich im menschlichen Kontakt fähig zu Intimität?
4 Kann ich mich persönlich in einen anderen hineinversetzen?
5 Welches Bild habe ich von meiner Persönlichkeit? Kann ich sie als umhüllte Seelenstimmung empfinden oder fordere ich andere auf, es für mich zu tun?
6 Kann ich mein eigenes inneres Kind versorgen?
7 Behalte ich meine persönliche Lebensfreude, wenn ich mich dienend dem anderen zuwende? Tue ich alles für jemanden, weil ich Bestätigung will, oder tue ich es aus innerer Freiheit?
8 Bin ich fähig, zu empfangen?
9 Kann ich den anderen gefühlsmäßig zulassen?
10 Kann ich gefühlsmäßig mit dem Sein vereint sein?
11 Habe ich kreative Schöpferkraft?

12 Kann ich die Seelenwesen in der Natur spüren? Kann ich mich in eine Farbe einleben? Kann ich die psychische Beseelung der Umgebung in Farbe erleben?

13 Ist mein ganzes Leben ein harmonisches Miteinander von Geist, Seele und Leib?

Manipura oder Nabelchakra (steht in Verbindung mit Magen, Leber, Milz, Dünndarm und Nervensystem)

1 Wie viel Raum nehme ich in meiner Umgebung ein?

2 Kann ich angemessen schnell Erfahrungen verarbeiten?

3 Kann ich mit meinem persönlichen Willen den Willen anderer ertragen?

4 In welchem Maße durchdringe ich mit meinem persönlichen Willen die moralischen Intuitionen meines Geistes?

5 Bemerke ich, wenn ich manipuliert werde?

6 Wie beschlussfähig bin ich?

7 Wie standfest bin ich, wenn ich einen Entschluss gefasst habe?

8 Wie stark ist mein Wille, wenn äußere Willenskräfte Einfluss ausüben?

9 Wie abhängig ist mein Wille?

10 Wie viele Frustrationen habe ich in meinem Leben? Wie gebunden ist der Wille? Hat der Wille die Flexibilität, wieder neu zu beginnen?

11 Wie stark pendele ich zwischen Macht und Ohnmacht, Angst und Wut?

12 Wie gut kann ich mich sammeln, um keine Sinneseindrücke zu haben, da ich über ein starkes inneres Leben oder gerade über ungeteilte Aufmerksamkeit verfüge?

13 Wie sieht es mit meinem Durchsetzungsvermögen aus?

14 Beherrsche ich mein Unbewusstes? Bin ich Meister meiner Gedanken?

15 In welchem Maße bin ich durch ein aktives Einfühlungsvermögen dazu in der Lage, die verborgenen Talente des anderen zu erkennen?

16 Habe ich den kainitischen Stachel umwandeln können, der durch Negativität, Macht und Desinteresse am anderen wirkt?

17 Beherrsche ich meine Emotionen?

Anahata oder Herzchakra (steht in Verbindung mit dem Herzen, dem Blutkreislauf, der Haut, den Armen und Händen, dem Brustkasten und den Lungen)

1 Wo auf dem Schwebebalken zwischen dem anderen und mir selbst stehe ich? (»Liebe deinen Nächsten wie dich selbst.«)

2 Wie viel Feindseligkeit oder Gleichgültigkeit auf der einen Seite stehen dem entgegen, dass ich mich an den anderen verliere? (Ungleichgewicht)

3 Wie ist meine Balance zwischen Himmel und Erde?

4 Habe ich eine menschliche Beziehung in der Ich-Du-Beziehung zur göttlichen Welt?

5 In welchem Maße bin ich dazu in der Lage, in Veränderung und Unbefangenheit zu leben? Kann ich jede Situation wieder als neu erleben?

6 Kann ich zu einem Wesenskontakt mit dem anderen kommen?

7 Wie viel Seinsraum nehme ich ein und wie viel Raum habe ich um mich herum, um den anderen empfangen oder ihm begegnen zu können?

8 Bin ich fähig zum gemeinsamen Erleben oder gehe ich immer nur meinen eigenen Weg?

9 In welchem Maße fühle ich selbstlose Liebe zum Menschen, der Natur und der Menschheit?

10 In welchem Maße bin ich dazu in der Lage, Schönheit zu empfinden, von Gutem gerührt zu sein und die Erhabenheit des Geistes oder Ehrfurcht vor ihm zu empfinden?

11 Bin ich wirklich tolerant?

12 Wie viel Verantwortungsgefühl habe ich?

13 Wie viel Fürsorge kann ich geben?

14 Bin ich Meister meines Denkens, Fühlens und Wollens?

15 Kann ich das Unvollkommene lieben und das Positive im Negativen finden?

16 Kann ich die psychische Wärme und Kälte meiner Umgebung spüren?

17 Kann ich die allumfassende Liebe und Dankbarkeit spüren?

18 Habe ich den Mut der Liebe im Handeln?

Vishudda oder Kehlchakra (steht in Verbindung mit der Kehle, der Luftröhre, der Speiseröhre, der Atmung, der Stimme, dem Nacken, den Schultern und dem Hören)

1 Bin ich frei? Kann ich hören, ob ich in meinem eigenen Sprechen frei bin?

2 Wie funktioniert mein argumentierendes Denken? Kann ich Fragen stellen und Antworten geben? Folge ich dabei der Logik?

3 Kann ich mich gut auf ein Thema konzentrieren? Kann ich gut lernen?

4 Wie stimmt das, was ich denke, mit dem überein, was ich sage? Wie wahrhaftig und mutig bin ich in meinem Sprechen?

5 Stimmt das, was ich sage, mit dem überein, was ich tue? Tue ich auch das, was ich beschlossen oder mir vorgenommen habe?

6 Wie poetisch und schöpferisch bin ich in der Kraft meines Sprechens?

7 Wie ist das Gleichgewicht zwischen meiner Seelenströmung und der Formkraft meines Denkens in meinem Sprechen?

8 Bin ich wirklich achtsam in meinem Sprechen, und erreicht mein Sprechen den anderen überhaupt?

9 Wie frei ist der emotionale Strom meiner Rede? Spreche ich aus der Vollkommenheit meines Menschseins?

10 Wo ist mein Sprechen Träger der geistigen Wahrheit und Intuition? Kann ich implizite Intuitionen bei meinem inneren oder äußeren Sprechen entfalten oder deutlich machen? Das ist die Inspiration des Sprechens und auch die Haltung der Kontemplation.

11 Kann ich die Art, wie ein anderer denkt, sofort erkennen?

12 Kann ich den Raum mit meinem Sprechen füllen?

Ajna oder Stirnchakra (steht in Verbindung mit der Hypophyse, dem Kleinhirn, dem Gesicht, den Augen, Ohren, Nebenhöhlen sowie dem Hormon- und dem Nervensystem)

1 Wie viel Mühe kostet es mich, etwas zu verstehen?

2 Kann ich mich von den Beschränkungen meines Denkens und meiner Erkenntnis frei machen, um unbefangen und aktiv zu denken?

3 Wie unabhängig bin ich in meinem Denken?

4 Habe ich ein kreatives Denken?

5 Kann ich mir gut Vorstellungen von den Seelenerlebnissen anderer machen?

6 Kann ich mir meine eigenen Ideale auch mit Nachdruck setzen? Kann ich selbst über das nachdenken, was wichtig ist in meinem eigenen Leben? Kann ich zu moralischen Intuitionen kommen?

7 Habe ich Geistesgegenwart? Kann ich Situationen intuitiv einschätzen und intuitiv handeln?

8 Kann ich moralische Intuitionen gut zu konkreten Vorstellungen präzisieren?

9 Kann ich mich gut konzentrieren? Kann ich mich im Zusammenwirken mit dem dritten Chakra von allem anderen lösen?

10 Habe ich eine Vorstellung davon, wie es in der Zukunft weitergehen soll? Kann ich mir auch verschiedene Möglichkeiten genau vorstellen, oder bin ich darauf fixiert, dass alles auf eine bestimmte Art und Weise geschehen muss? (Starrheit)

11 Kann ich mein Selbstbild immer von der Wirklichkeit korrigieren lassen?

12 Wie ist mein imaginatives Bewusstsein? Kann ich schauen? Kann ich Imaginationen bilden oder empfangen?

13 Kann ich das Ich-Bin erleben, wenn ich mich in der ungeteilten Achtsamkeit selbst wahrnehme?

14 Kann ich durch die Augen hindurch die Aura oder das geistige Wesen schauen?

Sahasrara oder Kronenchakra (steht in Verbindung mit der Epiphyse, der Hirnrinde, den Augen, dem gesamten Organismus)

1 Habe ich Vertrauen in die geistig-göttliche Welt? Kann ich dieses Vertrauen im ganzen Weltenraum erleben?

2 Wie groß ist mein aurischer Raum? Fühle ich mich von dorther mit dem ganzen Weltenkosmos verbunden? Kann ich mich bis in die Endlosigkeit des Universums mit dem Göttlichen verbunden fühlen?

3 Wie sieht es mit Depressivität aus? In welchem Maße leide ich darunter? Bin ich mit den sinngebenden Kräften des Geistes verbunden?

4 Kann ich bei allem Tun kraft des Geistes in meinem aurischen Raum bleiben?

5 Kann ich meine geistige Haut spüren und diesem inneren Raum immer bis an die geistige Haut Substanz geben – in Liebe oder in ungeteilter Achtsamkeit?

6 Kann ich mit ungeteiltem Willen voller Bewusstseinskraft aus dem Geist heraus handeln?

7 Kann ich mich – ohne mich selbst in einer negativen Ekstase zu verlieren – durch Gebet und Meditation mit geistigen Wesen verbinden?

8 Gelingt es mir, in Geistesgegenwart die richtigen Intuitionen zu bekommen?

9 Kann ich erleben, wie ein vertikaler Stab in mir die Verbindung zwischen Himmel und Erde herstellt?

10 Wie stark ist mein Nervensystem? Gerate ich schnell aus dem Gleichgewicht? Lasse ich mich zu stark durch die Umstände bestimmen? Kann ich in Situationen, in denen an meinen Grundlagen gerüttelt wird, weiterhin den Geist erleben?

11 Wie oft habe ich Erfahrungen mit einem höheren Wesen oder das Erlebnis, frei und selbstständig ganz im göttlichen Universum aufgenommen zu sein?

12 Erlebe ich, wie in einem höheren Bewusstsein inneres Wissen hereinströmt?

13 Kann ich in der reinen Intuition zu einer Wesensvereinigung mit einem geistigen Wesen wie Christus kommen?

Literatur

Allgemeine herangezogene und weiterführende Literatur

Aharon, Jesaiah Ben, *Das spirituelle Ereignis des 20. Jahrhunderts. Eine Imagination. Die okkulte Bedeutung der zwölf Jahre von 1933 bis 1945 im Lichte der Geisteswissenschaft.* Dornach 1994.

Andreae, Johann Valentin, *Die chymische Hochzeit des Christian Rosencreutz.* Gedeutet und kommentiert von Bastiaan Baan. Stuttgart 2001.

Arenson, Adolf, *Ergebnisse aus dem Studium der Geisteswissenschaft Rudolf Steiners.* Heft 2: Rudolf Steiner und der Bodhisattva des 20. Jahrhunderts. Freiburg 1980.

Arenson, Adolf, *Leitfaden durch 50 Vortragszyklen Rudolf Steiners.* Stuttgart 1984.

Aquin, Thomas von, *Über Seiendes und Wesenheit. De ente et essentia.* Hamburg 1988.

Berger, Klaus, *Qumran und Jesus. Wahrheit unter Verschluss?* Stuttgart 1993.

Blavatsky, Helena Petrowna, *Geheimlehre.* Den Haag 1968.

Bock, Emil, *Beiträge zur Geistesgeschichte der Menschheit. Studienausgabe in 7 Bänden.* Stuttgart 2009.

Bock, Emil, *Cäsaren und Apostel.* Stuttgart 1983.

Bock, Emil, *Die drei Jahre.* Stuttgart 2008.

Bock, Emil, *Kindheit und Jugend Jesu.* Stuttgart 1994.

Bracker, Klaus J., *Grals-Initiaton. Antroposophische Esoterik und die künftige Jesus-Offenbarung.* Stuttgart 2009.

Buber, Martin, *Ich und Du.* Stuttgart 1995.

Buddha, Gautama, *Die Reden Gautama Buddhas.* München 1992.

Edwards, Ormond, *Chronologie des Lebens Jesu und das Zeitgeheimnis der drei Jahre. Neue Gesichtspunkte zur Datierung seiner Geburt.* Stuttgart 1987.

Ehrman, Bart D., *The Orthodox Corruption of Scripture.* New York 1993.

Eschenbach, Wolfram von, *Parzival.* In Prosa übertragen von Wilhelm Stapel. München 1984.

Ewertowski, Ruth. *Judas, Verräter und Märtyrer. Seine Gestalt im Spiegel der Bewusstseinsgeschichte.* Stuttgart 2000.

Gadal, Antonin, *Op weg naar de heilige Graal.* Haarlem 1960.

Gadal, Antonin, *Het erfgoed der Katharen.* Haarlem 1960.

Goethe, Johann Wolfgang von, *Das Märchen von der grünen Schlange und der schönen Lilie.* Stuttgart 2006.

Gräffer, Franz, *Kleine Wiener Memoiren.* Wien 1845.

Grondijs, L. H., *Icones byzantino-russes.* Utrecht 1952.

Harlan, Volker, *Was ist Kunst? Werkstattgespräch mit Joseph Beuys.* Stuttgart [6]2001.

Hesemann, Michael, *Die Entdeckung des Heiligen Grals. Das Ende einer Suche.* München 2003.

Kandinsky, Wassily, *Über das Geistige in der Kunst.* Bern [10]1952.

Kirchner-Bockholt, Margarete und Erich, *Die Menschheitsaufgabe Rudolf Steiners und Ita Wegmans.* Dornach 1976.

Koepke, Ewald, *Rudolf Steiner und das Gralsmysterium. Der Prüfungsweg des Parzival.* Stuttgart 2005.

Krishnamurti, Jiddu, *Einbruch in die Freiheit.* München 2002.

Krishnamurti, Jiddu, *Het Ik als geweld.* Deventer 1978.

Langeveld, L. A., *Alchemisten en Rozekruisers.* Epe 1926.

Langeveld, L. A., *Der Graf von Saint Germain.* Höhr-Grenzhausen 1993.

Langeveld, L. A., *Du bist die Welt.* Frankfurt/M. 1999.

Lessing, Gotthold Ephraim, Eine Duplik. In: *Werke,* Bd 8: *Theologiekritische Schriften III.* München 1979, S. 30–101.

Lievegoed, Bernard, *Alte Mysterien und soziale Evolution.* Stuttgart 1993.

Lievegoed, Bernard, *Über die Rettung der Seele.* Stuttgart 1995.

Lubiensky, Stefan, *Inwijding.* Diever 1988.

Manen, Hans Peter van. *Kaspar Hauser.* Zeist 1985.

Meyer, Johannes. *Philip Henry Lord Stanhope – Der Gegenspieler Kaspar Hausers.* Stuttgart 1988.

Meyer, Thomas, *D. N. Dunlop: Ein Zeit- und Lebensbild.* Dornach 1987.

Meyer, Rudolf, *Der Gral und seine Hüter.* Stuttgart ⁶2003.

Neider, Andreas, Ausdauer wird zu Treue. In: Jean-Claude Lin (Hrsg.), *Die Tugenden im Jahreslauf. Wandlungskräfte der Seele.* Stuttgart 2005, S. 115–150.

Nietzsche, Friedrich, *Also sprach Zarathustra.* München 2000.

Nietzsche, Friedrich, *Die Geburt der Tragödie.* München 2007.

Osterrieder, Markus, *Die Johannes-Ritter von San Juan de la Peña. Zur Gralstradition in den spanischen Pyrenäen.* In: Die Drei 66, 1996, S. 565–575; 707–717.

Prokofieff, Sergej O., *Die okkulte Bedeutung des Verzeihens.* Stuttgart 1995.

Prokofieff, Sergej O., *Die zwölf heiligen Nächte und die geistigen Hierarchien.* Dornach 1986.

Rau, Christoph, *Die beiden Jesus-Knaben und die dreifache Messiaserwartung der Essener.* Stuttgart 2011.

Rittelmeyer, Friedrich, *Meine Lebensbegegnung mit Rudolf Steiner.* Stuttgart 2015.

Roll, Eugen, *Die Katharer.* Stuttgart ²1987.

Saint Germain, Leopold-Georg Graf von, *The most holy Trinosophia of the Comte de St.-Germain.* Introduction and Commentary by Manly P. Hall. Los Angeles 1962.

Salib, Fibi Abd El-Mesih (vorher: Nahed Mahmoud Metwali), *Mijn ontmoeting met Christus.* Amsterdam o. J.

Schaeder, Hans Heinrich, Urform und Fortbildungen des manichäischen Systems (1927). In: Geo Widengren (Hrsg.), *Der Manichäismus.* Darmstadt 1977, S. 37–55.

Schmidt-Brabant, Manfred, *Compostela, Sternwege alter und neuer Mysterienstätten.* Dornach 2004.

Schopenhauer, Arthur, Aphorismen zur Lebensweisheit. Stuttgart 1991.

Schraud, Peter, *Graf Saint-Germain: Sein und Schein! Von den Meisterstücken eines außergewöhnlichen Bruders.* Eckenförde 2008.

Schroeder, Hans-Werner, *Der Mensch und das Böse. Ursprung, Wesen und Sinn der Widersachermächte.* Stuttgart ³2001.

Schubert, Ilona, *Selbsterlebtes im Zusammenhang mit Rudolf Steiner und Marie Steiner.* Basel 1985.

Schuré, Edouard, *Die göttliche Entwicklung von der Sphinx bis zum Christus.* Leipzig 1922.

Schuré, Edouard, Einleitung zu der französischen Übersetzung von Rudolf Steiner, *Das Christentum als mystische Tatsache.* In: *Beiträge zur Rudolf Steiner Gesamtausgabe,* Heft Nr. 42, 1973, S. 3–27.

Simonis, Werner-Christian, *Im Schutze der Meister*. Freiburg i. Br. 1977.

Solowjew, Wladimir, Der Sinn der Geschlechtsliebe. In: *Deutsche Gesamtausgabe der Werke von Wladimir Solowjew. Band 7: Erkenntnislehre, Ästhetik, Philosophie der Liebe*. Hrsg. von Wladimir Szylkarski. Freiburg i. Br. 1953, S. 191–272.

Solowjew, Wladimir, Eine kurze Erzählung vom Antichrist. Eingeleitet und kommentiert von Ingo Hoppe. Stuttgart 2013.

Stein, Walter Johannes, *Weltgeschichte im Lichte des Heiligen Grals. Das neunte Jahrhundert*. Stuttgart 1986.

Stein, Walter Johannes, Im Dienste der Liebe die Weltentwicklung vorantreiben. In: *Der Europäer*, Heft Nr. 4, Febr. 2007, S. 3–5.

Steiner, Rudolf, Über die Wanderungen der Rassen. In: *Gäa-Sophia. Jahrbuch der naturwissenschaftlichen Sektion der Freien Hochschule für Geisteswissenschaft am Goetheanum Dornach. Bd. III: Völkerkunde*. Stuttgart et al. 1929, S. 19–27.

Störig, Hans Joachim, *Kleine Weltgeschichte der Philosophie*. Stuttgart 1999.

Tradowsky, Peter, *Kaspar Hauser oder das Ringen um den Geist. Ein Beitrag zum Verständnis des 19. und 20. Jahrhunderts*. Dornach 1980.

Tetzlaff, Irene, *Der Graf von Saint Germain*. Stuttgart [2]1996.

Veltman, Willem F., *Tempel en Graal*. Rotterdam 1992.

Vliet, Roland van, *Der Manichäismus. Geschichte und Zukunft einer frühchristlichen Kirche*. Stuttgart 2007.

Vliet, Roland van, und Alois van Tongerloo, Le temple manichéen nouvellement découvert en Espagne du Nord. In: *Manichaen Studies Newsletter* 24, 2009–10, S. 19–25.

Waage, Norman Peter, *Der unsichtbare Kontinent. Wladimir Solowjew – der Denker Europas*. Stuttgart 1988.

Waldschmidt, Ernst, *Die Stellung Jesu im Manichäismus*. Berlin 1926.

Welburn, Andrew, *Am Ursprung des Christentums*. Stuttgart 1992.

Widengren, Geo, *Die Religionen Irans*. Stuttgart 1965.

Widengren, Geo (Hrsg.), *Der Manichäismus*. Darmstadt 1977.

Wiesberger, Hella, Zur Hiram-Johannes Forschung Rudolf Steiners. Vorbemerkungen der Herausgeberin. In: Rudolf Steiner, Zur Geschichte und aus den Inhalten der erkenntniskultischen Abteilung der Esoterischen Schule 1904–1914 (GA 265). Dornach 1987.

Wimbauer, Herbert, *Thematischer Leitfaden für das Studium der Anthroposophie. Luzifer und zur Bodhisattva-Frage*. St. Ulrich 1982.

Wimbauer, Herbert, *Die Individualität Rudolf Steiners, das offenbare Geheimnis der Anthroposophie*. St. Ulrich 1984.

Verzeichnis der erwähnten und zitierten Bände der Rudolf Steiner Gesamtausgabe (GA)

Die Philosophie der Freiheit (GA 4). Dornach [16]1995.

Das Christentum als mystische Tatsache (GA 8). Dornach [9]1989.

Theosophie. Einführung in übersinnliche Welterkenntnis und Menschenbestimmung (GA 9). Basel [33]2013.

Aus der Akasha-Chronik (GA 11). Dornach [6]1986.

Die Geheimwissenschaft im Umriss (GA 13). Basel [31]2013.

Die geistige Führung des Menschen und der Menschheit (GA 15). Dornach [10]1987.

Goethes Geistesart in ihrer Offenbarung durch seinen «Faust» und durch das Märchen von der Schlange und der Lilie (GA 22). Dornach [6]1979.

Mein Lebensgang (28). Dornach [9]2000.

Briefe Band II: 1890–1925 (GA 39). Dornach 1953.

Wahrspruchworte (GA 40). Dornach [9]2005.

Über Philosophie, Geschichte und Literatur. Darstellungen an der «Arbeiterbildungsschule» und der «Freien Hochschule Berlin» (GA 51) Dornach 1983.

Ursprung und Ziel des Menschen (GA 53). Dornach 1981.

Die Welträtsel und die Anthroposophie (GA 54). Dornach [2]1983.

Wo und wie findet man den Geist? (GA 57). Dornach [2]1984.

Antworten der Geisteswissenschaft auf die großen Fragen des Daseins (GA 60). Dornach [2]1983.

Aus dem mitteleuropäischen Geistesleben (GA 65). Dornach [2]2000.

Bewusstsein, Leben, Form (GA 89). Dornach [2]2010.

Die okkulten Wahrheiten alter Mythen und Sagen (GA 92). Basel [2]2013.

Die Tempellegende und die goldene Legende (GA 93). Basel [4]2014.

Grundelemente der Esoterik (GA 93a). Basel [4]2014.

Kosmogonie (GA 94). Dornach [2]2001.

Vor dem Tore der Theosophie (GA 95). Dornach [4]1990.

Ursprungsimpulse der Geisteswissenschaft. Christliche Esoterik im Lichte neuer Geist-Erkenntnis (GA 96). Dornach [2]1989.

Das christliche Mysterium (GA 97). Dornach [3]1998.

Natur- und Geistwesen – ihr Wirken in unserer sichtbaren Welt (GA 98). Dornach [2]1996.

Die Theosophie des Rosenkreuzers (GA 99). Dornach [7]1985.

Menschheitsentwicklung und Christus-Erkenntnis. Theosophie und Rosenkreuzertum – Das Johannes-Evangelium (GA 100). Dornach [3]2006.

Mythen und Sagen. Okkulte Zeichen und Symbole (GA 101). Dornach [2]1992.

Das Hereinwirken geistiger Wesenheiten in den Menschen (GA 102). Dornach [4]2001.

Das Johannes-Evangelium (GA 103). Dornach [11]1995.

Die Apokalypse des Johannes (GA 104). Dornach [8]2006.

Aus der Bilderschrift der Apokalypse des Johannes (GA 104a). Dornach 1991.

Welt, Erde und Mensch (GA 105). Dornach [5]1983.

Ägyptische Mythen und Mysterien im Verhältnis zu den wirkenden Geisteskräften der Gegenwart (GA 106). Dornach [5]1992.

Geisteswissenschaftliche Menschenkunde (GA 107). Dornach [6]2011.

Die Beantwortung von Welt- und Lebensfragen durch Anthroposophie (GA 108). Dornach [2]1986.

Das Prinzip der spirituellen Ökonomie im Zusammenhang mit Wiederverkörperungsfragen (GA 109). Dornach [3]2000.

Geistige Hierarchien und ihre Widerspiegelungen in der physischen Welt (GA 110). Dornach [7]1991.

Das Johannes-Evangelium im Verhältnis zu den drei anderen Evangelien, besonders zu dem Lukas-Evangelium (GA 112). Dornach [7]2007.

Der Orient im Lichte des Okzidents. Die Kinder des Luzifer und die Brüder Christi (GA 113). Dornach [5]1982.

Das Lukas-Evangelium (GA 114). Dornach [9]2001.

Anthroposophie – Psychosophie – Pneumatosophie (GA 115). Basel [5]2012.

Der Christusimpuls und die Entwicklung des Ich-Bewusstsein (GA 116). Dornach [5]2006.

Die tieferen Geheimnisse des Menschheitswerdens im Lichte der Evangelien (GA 117). Dornach ²1986.

Das Ereignis der Christus-Erscheinung in der ätherischen Welt (GA 118). Dornach ⁴2011.

Makrokosmos und Mikrokosmos (GA119). Dornach ³1988.

Die Offenbarungen des Karma (GA 120). Dornach ⁸1992.

Die Mission einzelner Volksseelen im Zusammenhange mit der germanisch-nordischen Mythologie (GA 121). Dornach ⁵1982.

Die Geheimnisse der biblischen Schöpfungsgeschichte (GA 122). Dornach ⁶1984.

Das Matthäus-Evangelium (GA 123). Dornach ⁷1988.

Exkurse in das Gebiet des Markus-Evangeliums (GA 124). Dornach ⁴1995.

Okkulte Geschichte. Esoterische Betrachtungen karmischer Zusammenhänge von Persönlichkeiten und Ereignissen der Weltgeschichte (GA 126). Dornach ⁵1992.

Die Mission der neuen Geistesoffenbarung (GA 127). Dornach ²1989.

Weltenwunder, Seelenprüfungen und Geistesoffenbarungen (GA 129). Dornach ⁶1995.

Das ätherische Christentum und die geistige Führung der Menschheit (GA 130). Dornach ⁴1995.

Von Jesus zu Christus (GA 131). Dornach ⁷1988.

Die Evolution vom Gesichtspunkt des Wahrhaftigen (GA 132). Dornach ⁷1999.

Der irdische und der kosmische Mensch (GA 133). Dornach ⁴1989.

Wiederverkörperung und Karma und ihre Bedeutung für die Kultur der Gegenwart (GA 135). Dornach ⁴1989.

Die geistigen Wesenheiten in den Himmelskörpern und Naturreichen (GA 136). Dornach ⁷2009.

Der Mensch im Lichte von Okkultismus, Theosophie und Philosophie (GA 137). Dornach ⁵1993.

Von der Initiation. Von Ewigkeit und Augenblick. Von Geisteslicht und Lebensdunkel (GA 138). Dornach ⁴1986.

Das Markus-Evangelium (GA 139). Dornach ⁶1985.

Das Leben zwischen dem Tode und der neuen Geburt im Verhältnis zu den kosmischen Tatsachen (GA 141). Basel ⁶2012.

Die Bhagavad Gita und die Paulusbriefe (GA 142). Dornach ⁴1982.

Erfahrungen des Übersinnlichen (GA 143). Dornach ⁴1994.

Die Mysterien des Morgenlandes und des Christentums (GA 144). Dornach ⁴1985.

Welche Bedeutung hat die okkulte Entwicklung des Menschen für seine Hüllen, physischer Leib, Ätherleib, Astralleib und sein Selbst? (GA 145). Dornach ⁶2005.

Die okkulten Grundlagen der Bhagavad Gita (GA 146). Dornach ⁴1992.

Aus der Akasha-Forschung. Das fünfte Evangelium (GA 148). Basel ⁶2014.

Christus und die geistige Welt. Von der Suche nach dem heiligen Gral (GA 149). Dornach ⁷2004.

Die Welt des Geistes und ihr Hereinragen in das physische Dasein (GA 150). Dornach ²1980.

Vorstufen zum Mysterium von Golgatha (GA 152). Dornach ³1990.

Christus und die menschliche Seele (GA 155). Dornach ³1994.

Schicksalsbildung und Leben nach dem Tode (GA 157a). Dornach ³1981.

Der Zusammenhang des Menschen mit der elementarischen Welt (GA 158). Dornach ⁴1993.

Die geistige Vereinigung der Menschheit durch den Christus-Impuls (GA 165). Dornach ³2006.

Die Verbindung zwischen Lebenden und Toten (GA 168). Dornach ⁴1995.

Innere Entwicklungsimpulse der Menschheit. Goethe und die Krisis des neunzehnten Jahrhunderts (GA 171). Dornach ²1984.

Zeitgeschichtliche Betrachtungen. Das Karma der Unwahrhaftigkeit – Erster Teil (GA 173). Dornach 1978.

Zeitgeschichtliche Betrachtungen. Das Karma der Unwahrhaftigkeit – Zweiter Teil (GA 174). Dornach 1983.

Mitteleuropa zwischen Ost und West (GA 174a). Dornach ²1982.

Bausteine zu einer Erkenntnis des Mysteriums von Golgatha (GA 175). Dornach ³1996.

Individuelle Geistwesen und ihr Wirken in der Seele des Menschen (GA 178). Dornach ⁴1992.

Mysterienwahrheiten und Weihnachtsimpulse (GA 180). Dornach ²1980.

Der Tod als Lebenswandlung (GA 182). Dornach ⁴1996.

Die Wissenschaft vom Werden des Menschen (GA 183). Dornach ²1990.

Wie kann die Menschheit den Christus wiederfinden? Das dreifache Schattendasein unserer Zeit und das neue Christus-Licht (GA 187). Dornach ⁴1995.

Soziales Verständnis aus geisteswissenschaftlicher Erkenntnis (GA 191). Dornach ³1989.

Der innere Aspekt des sozialen Rätsels (GA 193). Dornach ⁵2007.

Weltsilvester und Neujahrsgedanken (GA 195). Dornach ⁴2006.

Geistige und soziale Wandlungen in der Menschheitsentwicklung (GA 196). Dornach ²1992.

Perspektiven der Menschheitsentwickelung (GA 204). Dornach 1979.

Anthroposophie als Kosmosophie – Zweiter Teil (GA 208). Dornach ³1992.

Nordische und mitteleuropäische Geistimpulse (GA 209). Dornach ²1982.

Alte und neue Einweihungsmethoden (GA 210). Dornach ²2001.

Menschliches Seelenleben und Geistesstreben im Zusammenhange mit Welt- und Erdentwickelung (GA 212). Dornach ²1998.

Das Geheimnis der Trinität. Der Mensch und sein Verhältnis zur Geistwelt im Wandel der Zeiten (GA 214). Dornach ³1999.

Geistige Zusammenhänge in der Gestaltung des menschlichen Organismus (GA 218) Basel ⁵2011.

Der Jahreskreislauf als Atmungsvorgang der Erde und die vier großen Festeszeiten. Die Anthroposophie und das menschliche Gemüt (GA 223). Dornach ⁷1990.

Die menschliche Seele in ihrem Zusammenhang mit göttlich-geistigen Individualitäten (GA 224). Dornach ³1992.

Initiations-Erkenntnis (GA 227). Dornach ⁴2000.

Initiationswissenschaft und Sternenerkenntnis (GA 228). Dornach ³2002.

Das Miterleben des Jahreslaufes in vier kosmischen Imaginationen (GA 229). Dornach ⁸1999.

Mysteriengestaltungen (GA 232). Dornach ⁵1998.

Die Weltgeschichte in anthroposophischer Betrachtung (GA 233). Dornach ⁵1991.

Esoterische Betrachtungen karmischer Zusammenhänge (GA 235–240). 6 Bände mit Vorträgen aus dem Jahr 1924. Dornach/Basel 1988–2014.

Die okkulte Bewegung im neunzehnten Jahrhundert und ihre Beziehung zur Weltkultur (GA 254). Dornach ⁴1986.

Die Weihnachtstagung zur Begründung der Allgemeinen Anthroposophischen Gesellschaft 1923/24 (GA 260). Dornach ⁵1994.

Rudolf Steiner – Marie Steiner-von Sivers: Briefwechsel und Dokumente 1901–1925 (GA 262). Dornach ²2002.

Rudolf Steiner – Edith Maryon. Briefwechsel 1912–1924 (GA 263). Dornach 1990.

Zur Geschichte und aus den Inhalten der ersten Abteilung der Esoterischen Schule 1904 bis 1914 (GA 264). Dornach ²1996.

Zur Geschichte und aus den Inhalten der erkenntniskultischen Abteilung der Esoterischen Schule von 1904 bis 1914 (GA 265). Dornach 1987.

Aus den Inhalten der esoterischen Stunden. Band I: 1904–1909 (GA 266/1). Dornach ²2007.

Aus den Inhalten der esoterischen Stunden. Gedächtnisaufzeichnungen von Teilnehmern. Band II: *1910–1912* (GA 266/2). Dornach 1996.

Aus den Inhalten der esoterischen Stunden. Gedächtnisaufzeichnungen von Teilnehmern. Band III: *1913 und 1914; 1920–1923* (GA 266/3). Dornach 1998.

Mantrische Sprüche. Seelenübungen Band II, 1903–1925 (GA 268). Dornach 1999.

Kunstgeschichte als Abbild innerer geistiger Impulse (GA 292). Dornach ³2000.

Allgemeine Menschenkunde als Grundlage der Pädagogik (I) (GA 293). Dornach ⁹1992.

Vorträge und Kurse über christlich-religiöses Wirken, II (GA 343). Dornach 1993.

Vorträge und Kurse über christlich-religiöses Wirken. V. Apokalypse und Priesterwirken (GA 346). Dornach ²2001.

Über Gesundheit und Krankheit. Grundlagen einer geisteswissenschaftlichen Sinneslehre (GA 348). Dornach ⁴1997.

Die Schöpfung der Welt und des Menschen. Erdenleben und Sternenwirken (GA 354). Dornach ³1999.

Anmerkungen

1 Beilage zu einem Brief an Wilhelm Hübbe-Schleiden vom 19. August 1902, in: GA 39, S. 277.

2 Wim Schuwirth, *Eerst zien. Christelijk geloof en inzichten van Rudolf Steiner.* Kampen ²1999.

3 www.manisola.eu

4 1 Kön 18,20–40.

5 Offb 16,16.

6 Mt 17,1–13; Mk 9,2–13; Lk 9,28–36.

7 3 Mos 18.

8 Lk 10,25–37.

9 Mt 5,46–47; vgl. Lk 6,32.

10 Mt 11,14.

11 Mt 14,22–33; Mk 6,45–52; Joh 6,16–21.

12 GA 112, S. 163 f., 179 f., 199 f.; GA 123, S. 194, 196; GA 139, S. 149 f.

13 Lk 24,13–35.

14 Lk 3,23–38.

15 Mt 1,1–17.

16 Nach Emil Bock, *Kindheit und Jugend Jesu.* Stuttgart 1994, II.

17 Zum Thema der beiden Jesusknaben siehe: GA 114, 4., 5., 6., 7. Vortrag; GA 123, 5., 6., 12. Vortrag; GA 131, 8. Vortrag.

18 Edouard Schuré, *Die göttliche Entwickelung von der Sphinx bis zum Christus.* Leipzig 1922, IV, 1,2.

19 Roland van Vliet, *Der Manichäismus. Geschichte und Zukunft einer frühchristlichen Kirche.* Stuttgart 2007, S. 295, Anm. 88.

20 Offb 1,4; 3,1; 4,5; 5,6. – Siehe auch Roland van Vliet, a.a.O., S. 177.

21 So in den Yašts des Avesta: Yt 19, 89.

22 GA 104a, S. 74; GA 109, S. 136 f., 152; GA 114, S. 87, 102 f.; GA 123, S. 48 f.; GA 264, S. 222; GA 266/1, S. 439, 478.

23 Esra 1,1–4.

24 GA 123, S. 47 f., 65, 114 f.

25 Siehe hierzu Geo Widengren, *Die Religionen Irans.* Stuttgart 1965, S. 207, 210 ff.

26 Mt 2,1–12.

27 GA 114, S. 102 f.

28 Emil Bock, *Kindheit und Jugend Jesu*, a.a.O., III, Allerlei Weissagungen.

29 Siehe hierzu Andrew Welburn, *Am Ursprung des Christentums.* Stuttgart 1992, Esoterische Geschichte: Licht aus dem Osten. Die Essener und Zarathustra.

30 GA 126, S. 86 ff.; GA 129, S. 80; GA 113, S. 182 ff., 190 ff. und besonders GA 116, S. 32 ff.; GA 130, S. 54, S. 159, S. 225.

31 GA 92, S. 148; GA 105, S. 173, 199.

32 GA 113, 9. Vortrag; GA 114, 2. und 3. Vortrag, S. 143 f., 9. Vortrag; GA 118, S. 218 ff.; GA 123, S. 88 f.; GA 130, Vorträge Wien, 9. Februar 1912, Hamburg, 17. Juni 1912 und Notizen aus dem Vortrag Köln, 29. Januar 1911..

33 GA 110, S. 121.

34 Edouard Schuré, a.a.O., III, 2.

35 GA 114, S. 189 ff.; GA 130, S. 48.

36 GA 114, S. 143, 188 ff.

37 GA 93a, S. 48 f., 184 f.; GA 130, S. 53.

38 GA 114, S. 190; GA 123, S. 217 f.

39 GA 152, S. 41, 106, 121; GA 180, S. 123.

40 Lk 21,1–4.

41 GA 114, 4. und 5. Vortrag; GA 131, 7. Vortrag Karlsruhe, 11. Oktober 1911; GA 142, S. 116 ff.; GA 146, S. 118 ff.; GA 150, S. 107 ff.

42 GA 152, S. 41, 106, 121; GA 180, S. 123.

43 GA 121, S. 142 ff.; GA 152, S. 154.

44 Origenes. De Principiis, II, 6.

45 GA 149, 3. Vortrag; GA 152, Vorträge Stuttgart, 5. März 1914, Pforzheim, 7. März 1914, München, 30. März 1914, Paris, 27. Mai 1914.

46 GA 148, S. 195 f.; GA 149, S. 57 f., 64 ff.; GA 152, S. 95 f., 137 f., 154 f.

47 Roland van Vliet, a.a.O., Kap. 2: Mani als Begründer der christlichen Synthese; Hans Heinrich Schaeder, Urform und Fortbildungen des manichäischen Systems (1927). In: Geo Widengren (Hrsg.), *Der Manichäismus*. Darmstadt 1977, S. 37–55, hier S. 39, 54.

48 GA 142, S. 122; GA 152, S. 121.

49 GA 142, S. 116 f., 121 f.; GA 146, S. 118.

50 1 Kor 15,20–22, 45–47; siehe hierzu GA 114, S. 89.

51 GA 114, S. 72, 123 ff., 158 f.; GA 117, S. 13 f., 18 f., 123 f.

52 GA 142, S. 122.

53 Siehe hierzu z. B. Klaus Berger, *Qumran und Jesus. Wahrheit unter Verschluss?* Stuttgart 1993, VII: Der Messias.

54 Siehe Christoph Rau, *Die beiden Jesus-Knaben und die dreifache Messiaserwartung der Essener.* Stuttgart 2010, Anhang.

55 Mt 2,1–18.

56 Emil Bock, *Kindheit und Jugend Jesu,* a.a.O., IV: Der Kindermord; Emil Bock, *Cäsaren und Apostel.* Stuttgart 1983, I 3: Der Kindermord.

57 GA 149, S. 73.

58 Lk 1,26–38.

59 Emil Bock, *Kindheit und Jugend Jesu,* a.a.O., IV, Heliopolis.

60 GA 109, S.15 f., 48 ff., 119, 136 f., 148 f.; GA 114, S. 86 f., 93, 101, 103 f., 121; GA 123, S. 37 f., 66, 138.

61 GA 123, 3. und 5. Vortrag; Emil Bock, *Kindheit und Jugend Jesu,* a.a.O., IV, Nazareth und nazarenisches Leben.

62 GA 123, S. 90, 94, 156, 201, 204; GA 130, S. 24.

63 Zum Charakter der beiden Jesusknaben siehe GA 114, 5. Vortrag; GA 123, 6. und 12. Vortrag; GA 131, 8. Vortrag, 12. Oktober 1911; GA 148, Vorträge Kristiania, 6. Oktober 1913, München, 8. Dezember 1913, Köln, 17. Dezember 1913.

64 GA 114, S. 54 f., 72 ff., 75 f., 85 ff.

65 GA 117, S. 18 f., 54, 170; GA 118, S. 86, 179 ff., 221; GA 124, S. 179 ff.

66 GA 113, S. 316 f.

67 Lk 2,40–52.

68 GA 112, S. 44 f.; GA 114, S. 72 ff., 109 ff., 131 ff.; GA 123, S. 120 f.; GA 130, S. 181 f.

69 GA 130, S. 204 ff.

70 Mt 13,55; Mk 6,3; siehe hierzu GA 114, S. 111.

71 GA 148.

72 GA 148, S. 64, 137, 231, 251, 292.

73 Mk 14,13; Lk 22,10.

74 Emil Bock, *Cäsaren und Apostel,* a.a.O., II 3, Das Haus des Abendmahls.

75 GA 13, S. 98 ff.; GA 94, S. 75 ff.; GA 96, S. 178 ff.; GA 168, S. 41 ff.; GA 183, S. 153 ff.; GA 208, S. 28; GA 227, S. 211 ff.; GA 293, S. 64, 72.

76 GA 114, S. 137.

77 GA 109, S. 288.

78 GA 118, S. 117 f.; GA 264, S. 215 ff., 218, 238, 328, 330, 333; GA 266/1, S. 164.

79 GA 264, S. 238 f.

80 GA 130, S. 288.

81 GA 264, S. 238.

82 2 Kön 2,1–14.

83 Mt 3,13–15.

84 Mt 3,13–15.

85 GA 112, S. 117 ff.; GA 117, S. 63 ff.; GA 124, S. 128, 221; GA 175, S. 209 f.

86 Deut 32,49–52; 34, 1–5.

87 GA 114, S. 111 f.; GA 148, S. 50 f.; GA 214, S. 70.

88 Roland van Vliet, a.a.O., Kap. 4, S. 120 f.

89 Roland van Vliet, a.a.O., Kap. 4, S. 121–123.

90 Joh 1,14.

91 Luk 3,22; so aufgenommen in die Übersetzung von Heinrich Ogilvie.

92 Siehe Bart D. Ehrman, *The Orthodox Corruption of Scripture.* New York 1993, Kap. 2, Luke 3:22.

93 GA 148, S. 41, 50 f., 147.

94 Mt 22,45. Vgl. Mk 12,37; Lk 20,44.

95 Mt 17,1–13; Mk 9,2–13; Lk 9,28–36.

96 GA 94, S. 52, 219 f.; GA 97, S. 20 f.; GA 104, S. 184 f.; GA 114, S. 205 f.; GA 137, S. 157; GA 139, S. 148, 152 ff., 201 f.

97 GA 118, S. 218.

98 Zu den Engelhierarchien siehe GA 11, GA 110, GA 132, GA 136; zu der Trinität GA 214.

99 GA 129, S. 83 f.; GA 136, S. 175 ff..

100 GA 103, S. 78 f.

101 Gen 1,2.

102 GA 103, S. 53 ff.; GA 104, S. 122.

103 GA 99, S. 100 f., 122, 154.

104 GA 11; GA 13: Die Weltentwickelung und der Mensch; GA 102.

105 Joh 1,1.

106 Joh 1,4.

107 Joh 1,4.

108 Joh 1,5.

109 Joh 1,14.

110 GA 152, S. 60, 73.

111 Offb 3,12; 21,2.

112 GA 103, S. 123 f.; GA 121, S. 106 ff., GA 122, S. 73, 124.

113 Roland van Vliet, a.a.O., S. 295, Anm. 88.

114 GA 240, S. 291 ff.

115 GA 126, S. 90 ff.

116 Siehe hierzu auch Roland van Vliet, a.a.O., S. 117 f.

117 GA 89, S. 255; GA 228, S. 71; GA 346, S. 266 f.

118 GA 104, S. 232; GA 152, S. 42 f., 47; GA 195, S. 37; GA 218, S. 175 f.; GA 346, S. 96.

119 GA 224, S. 182 f.

120 GA 224, S. 183.

121 Friedrich Nietzsche. *Also sprach Zarathustra*. München 2000, II. Teil: Von den Tugendhaften.

122 Gen 1,2.

123 Mt 1,16; Mk 1,10; Lk 3,22.

124 GA 124, S. 80 f., 218 f.

125 Offb 21,1.

126 GA 224, S. 182 f.

127 GA 114, S. 149; GA 123, S. 234.

128 G. Widengren, *Die Religionen Irans*, a.a.O., S. 82 f.

129 Roland van Vliet, a.a.O., Kap. 2 und 4.

130 Mk 8,27.

131 GA 133, 6. Vortrag.

132 Röm 12,5; 1 Kor 10,16–17; Eph 4,12.

133 GA 133, S. 114.

134 Mt 4,1–11; Mk 1,12–13; Lk 4,1–13.

135 Emil Bock, *Die drei Jahre*. Stuttgart 2008, 2. Die Versuchung.

136 GA 148, S. 86 ff.

137 Mt 27,11; Mk 15,2; Lk 23,3.

138 Mt 14,13–21; Mk 6,30–44; Lk 9,10–17; Joh 6,1–15.

139 GA 94, S. 296; GA 100, S. 279; GA 112, S. 178 f.; GA 123, S. 193 ff.

140 Joh 2,1–11.

141 GA 94, S. 50 ff., 274 f.; GA 103, S. 81 f., 97 f., 180 ff.; GA 112, S. 167 f., 197 f., 202 f., 218 f., 222.

142 Mt 14,22–33; Mk 6,45–52; Joh 6,16–21.

143 GA 112, S. 163 f., 179 f., 199 f.; GA 123, S. 194, 196; GA 139, S. 149 f.

144 Joh 3,1–21.

145 GA 94, S. 212 f.; GA 103, S. 98, 104; GA 112, S. 199 f.

146 Lk 7,11–17.

147 Joh 11,1–44.

148 Mt 9,18–26; Mk 5,21–43; Lk 8,40–56.

149 GA 114, S. 196 f.; GA 264, S. 227 ff.

150 Lk 10,1.

151 GA 119, S. 132 ff. ; GA 123, S. 135; GA 143, S. 127 f.

152 GA 8: Das Lazarus-Wunder; GA 57, S. 135 ff.; GA 94, S. 199 ff., 245, 291; GA 103, S. 63 ff.; GA 112, S. 137 ff., 163.

153 GA 8, S. 115–118, 143–145, 151–152.

154 GA 114, S. 169 ff.; GA 175, S. 207 f. ; GA 264, S. 233 f.

155 GA 130, S. 165 f.; GA 131, S. 78, 215, 222.

156 GA 15, 3. Vortrag; GA 103, 8., 9. und 10. Vortrag; GA 104, 3. Vortrag, 20. Juni 1908; GA 106, 9. Vortrag.

157 Mt 25,40.

158 GA 114, S. 196 f.; GA 264, S. 227 ff.

159 Joh 16,5–15.

160 Apg 2,1–13.

161 Roland van Vliet, a.a.O., Kap. 3: Manis Christosophie.

162 GA 113, S. 191.

163 GA 99, S. 57; GA 174, S. 250 ff.; GA 175, S. 44 f.; GA 354, S. 169, 238 ff.

164 GA 103, S. 162; GA 121, S. 31.

165 GA 105, S. 194 f.; GA 106, 1. Vortrag und S. 141, 146; GA 126, S. 72.

166 GA 264, S. 240. – In der Hoffnung, diesen Weg in gewissem Grade vorzubereiten, widme ich meine Manichäismus-Forschungen der Ankunft Manis in unserer Kultur. Im Anhang finden sich einige Übungen ausgeführt, die meiner Ansicht nach zur Vorbereitung der Inkarnation Manis beitragen können.

167 GA 264, S. 228.

168 GA 93, S. 72, 75 ff.

169 GA 149, 3. Vortrag; GA 152, Vorträge Stuttgart, 5. März 1914, Pforzheim, 7. März 1914, München, 30. März 1914, Paris, 27. Mai 1914.

170 GA 148, S. 195 f.; GA 149, S. 57 f., 64 ff.; GA 152, S. 95 f., 137 f., 154 f.

171 GA 142, S. 61, 122.

172 GA 264, S. 242.

173 GA 93, S. 50 f.; GA 94, S. 168; GA 95, S. 102, 104; GA 107, S. 285 ff. ; GA 109, S. 143 ff.; GA 110, S. 119; GA 114, S. 84 f.; GA 123, S. 77 ff.

174 Roland van Vliet, a.a.O., Kap. 2: Mani als Begründer der christlichen Synthese.

175 GA 13, S. 275.

176 GA 13, S. 407.

177 a.a.O., Der sechste Tag, S. 92.

178 Roland van Vliet, a.a.O., Kap. 2: Mani als Begründer der christlichen Synthese.

179 GA 132, 1., 2. und 3. Vortrag.

180 GA 110, S. 162 ff.

181 Offb 5,1–14.

182 GA 93, S. 68 f.

183 Roland van Vliet, a.a.O., S. 301, Anm. 166.

184 GA 89, S. 169.

185 GA 89, S. 181.

186 Friedrich Nietzsche. *Also sprach Zarathustra*, a.a.O., I. Teil: Vom bleichen Verbrecher.

187 GA 262, S. 24.

188 GA 109, S. 65 f.

189 GA 264, S. 230.

190 GA 95, S. 145 ff. in der Zusammenfassung von Adolf Arenson, *Leitfaden durch 50 Vortrags-zyklen Rudolf Steiners*. Stuttgart 1984, S. 208.

191 GA 94, S. 181; GA 95, S. 149.

192 Jesaiah Ben Aharon, *Das spirituelle Ereignis des 20. Jahrhunderts. Die okkulte Bedeutung der zwölf Jahre von 1933 bis 1945 im Lichte der Geisteswissenschaft.* Dornach 1994.

193 GA 175, S. 302.

194 GA 104, S. 162 ff.

195 GA 104, S. 143 f., 162.

196 Londoner chinesische Hymnenrolle S. 77, 110, in: Ernst Waldschmidt, *Die Stellung Jesu im Manichäismus.* Berlin 1926.

197 GA 95, S. 74 f.

198 GA 116, S. 28 f.

199 GA 116, S. 128 f.; GA 124, S. 123 ff.

200 GA 107, S. 314; GA 131, S. 96, 228.

201 GA 54, S. 326; GA 120, S. 216 ff.; GA 155, S. 142 f.

202 GA 155, Christus und die menschliche Seele, 3. Vortrag Norrköping, 15. Juli 1914.

203 GA 130, S. 165 f.; GA 131, S. 78, 215, 222.

204 Sergej O. Prokofieff, *Die okkulte Bedeutung des Verzeihens.* Stuttgart 1995.

205 Anonym.

206 GA 264, S. 230.

207 GA 113, S. 191, 194.

208 GA 93, S. 69 ff.

209 GA 144, S. 75 ff.; siehe ferner: Ewald Koepke, *Rudolf Steiner und das Gralsmysterium. Der Prüfungsweg des Parzival.* Stuttgart 2005.

210 Rudolf Meyer, *Der Gral und seine Hüter.* Stuttgart 2003, S. 139, 362.

211 Nach Andreas Neider, Ausdauer wird zu Treue. In: Jean-Claude Lin (Hrsg.), *Die Tugenden im Jahreslauf. Wandlungskräfte der Seele.* Stuttgart 2005, S. 115–150, hier S. 127.

212 GA 240, S. 245.

213 GA 93, S. 42 ff.

214 GA 158, S. 44 ff.

215 GA 11: Die hyperboräische und die polarische Epoche; GA 149, S. 57, 64 f.

216 GA 57, S. 430 ff.

217 GA 114, S. 158.

218 GA 232, S. 103 ff.; GA 233, S. 62 ff.

219 Mt 27,57–61; Mk 15,42–47; Lk 23,50–56; Joh 19,38–42.

220 GA 240, S. 291 ff.

221 GA 101, S. 40.

222 GA 238, S. 49 f.; GA 240, S. 241 ff, 288 ff.

223 GA 240, S. 243, 290 f.

224 GA 51, S. 119 f.

225 GA 145, S. 121 ff.

226 GA 145, S. 122.

227 GA 145, S. 123.

228 GA 204, S. 81.

229 Ilona Schubert, *Selbsterlebtes im Zusammensein mit Rudolf Steiner und Marie Steiner.* Basel 1970, S. 74.

230 Manfred Schmidt-Brabant, *Compostela. Sternwege alter und neuer Mysterienstätten.* Dornach 2004, S. 71 f.

231 GA 266/1, S. 502 f.

232 Meine Entdeckung ist beschrieben in Roland van Vliet, Alois van Tongerloo, Le temple manichéen nouvellement découvert en Espagne du Nord. In: *Manichaen Studies Newsletter* 24,
2009–10, S. 19–25.

233 L. H. Grondijs, *Icones byzantino-russes.* Utrecht 1952, sprach von »une église manichéenne en
Espagne«.

234 GA 97, S. 261 ff.

235 Ilona Schubert, *Selbsterlebtes im Zusammenhang mit Rudolf Steiner und Marie Steiner.* Basel
1985, S. 74.

236 Walter Johannes Stein, *Weltgeschichte im Lichte des Heiligen Grals. Das neunte Jahrhundert.*
Stuttgart 1986

237 Michael Hesemann, *Die Entdeckung des Heiligen Grals. Das Ende einer Suche.* München 2003.

238 Markus Osterrieder, *Die Johannes-Ritter von San Juan de la Peña. Zur Gralstradition in den
spanischen Pyrenäen.* In: Die Drei 66, 1996, S. 565–575; 707–717.

239 Antonin Gadal, *Op weg naar de heilige Graal.* Haarlem 1960, S. 49; Ders., *Het erfgoed der
Katharen,* Haarlem 1960, S. 70.

240 Rudolf Steiner: Über die Wanderungen der Rassen. In: *Gäa-Sophia. Jahrbuch der naturwissenschaftlichen Sektion der Freien Hochschule für Geisteswissenschaft am Goetheanum Dornach.
Bd. III: Völkerkunde.* Stuttgart et al. 1929, S. 19–27, hier S. 27.

241 GA 171, S. 119, 179, 196 ff.

242 Willem F. Veltman, *Tempel en Graal.* Rotterdam 1992.

243 GA 96, S. 315 f.; GA 346, S. 118 ff.

244 GA 346, S. 120 ff.

245 Eugen Roll, *Die Katharer.* Stuttgart ²1987, S. 22–24.

246 GA 292, S. 34.

247 GA 149, S. 89 ff.

248 GA 240, S. 294 f.

249 Helena Petrowna Blavatsky, *Geheimlehre.* Den Haag 1968, S. 153.

250 GA 237, S. 114.

251 GA 237, S. 170.

252 Mt 19,16–26; Mk 10,17–27; Lk 18,18–27.

253 GA 264, S. 231; GA 265, S. 406, 409, 419. Siehe in GA 265 auch die Bemerkungen Hella Wies-
bergers zur *Hiram-Johannes-Forschung Rudolf Steiners.*

254 1 Kön 7,13–51.

255 GA 93.

256 1 Kön 10,1–13; 2 Chr 9,1–12.

257 GA 94, S. 200; GA 97, S. 94; GA 103, S. 67, 83; GA 112, S. 138, 142 f.; GA 238, S. 170, 176;
GA 264, S. 239; GA 265, S. 419.

258 GA 94, S. 161; GA 131, S. 135.

259 GA 93, 5. Vortrag; GA 130, Vortrag: Das rosenkreuzerische Christentum.

260 GA 265, S. 419 f.

261 GA 182, S. 174 f.; GA 184, S. 283 f., 300, 308 ff.

262 GA 184, S. 288.

263 GA 182, S. 174 ff.

264 Daniel Ofman nennt sich Spezialist für Organisationsentwicklung und Persönlichkeitstraining.
Das Modell des Kernquadrats, mit dem Kompetenzen und positive Kerneigenschaften ermittelt
werden können, entwickelte er in diesem Zusammenhang.

265 GA 108, S. 171 ff., 190 ff.

266 Der Glaube an die Wiederkehr des »verborgenen 12. Imams« ist ein zentraler Bestandteil der schiitischen Lehre.

267 GA 98, Vortrag Düsseldorf, 15.12.1907; GA 100, 13. und 14. Vortrag.

268 Offb 5; 6; 8.

269 Offb 8; 9; 11,15–19.

270 Wassily Kandinsky, Über das Geistige in der Kunst. Bern [10]1952, S. 93.

271 Vgl. GA 22, III: Goethes Geistesart in ihrer Offenbarung durch sein »Märchen von der grünen Schlange und der Lilie«.

272 Offb 16.

273 GA 28 S. 60, 483; Edouard Schuré in seiner Einleitung zu der französischen Übersetzung von Rudolf Steiner, *Das Christentum als mystische Tatsache.* – Steiner hat hierzu keinen Einwand erhoben.

274 Friedrich Rittelmeyer, *Meine Lebensbegegnung mit Rudolf Steiner.* Stuttgart 1998 (urspr. 1928), S. 8.

275 Walter Johannes Stein. In: Thomas Meyer, *D. N. Dunlop: Ein Zeit- und Lebensbild.* Dornach 1987, S. 492.

276 GA 93, S. 66; GA 130, S. 67, 232 f.; GA 141, S. 107.

277 GA 130, S. 165 f.; GA 131, S. 78, 215, 222.

278 GA 237, S. 112 ff.; GA 238, S. 79; GA 240, S. 188 ff., 249, 302 ff.

279 GA 240, S. 203.

280 GA 212, S. 93 f.; GA 346, S. 17 f.

281 GA 121, S. 127 f., 130, 132, 168 f.

282 Margarete und Erich Kirchner-Bockholt, *Die Menschheitsaufgabe Rudolf Steiners und Ita Wegmans,* Dornach 1976, S. 94.

283 GA 93, S. 61 f., 66; GA 265, S. 196, 401, 405, 458 f.

284 GA 93, S. 64 ff.

285 GA 240, S. 303 f.

286 Adolf Arenson, Rudolf Steiner und der Bodhisattva des 20. Jahrhunderts, in: *Ergebnisse aus dem Studium der Geisteswissenschaft Rudolf Steiners,* Heft 2, Freiburg i. Br. 1980, S. 59–78.

287 GA 114, S. 143, 189 f.; GA 123, S. 127; GA 129, S. 50; GA 130, S. 54 f.

288 GA 123, S. 90, 92 ff., 156, 201, 204.

289 GA 129, S. 50.

290 So Werner-Christian Simonis, *Im Schutze der Meister.* Freiburg i. Br. 1977, S. 42.

291 Zit. nach Herbert Wimbauer, *Die Individualität Rudolf Steiners,* a.a.O., S. 46.

292 So Herbert Wimbauer, *Die Individualität Rudolf Steiners,* a.a.O., S. 172, Anm. 92.

293 GA 264, S. 238.

294 GA 264, S. 238.

295 Kirchner-Bockholt, *Die Menschheitsaufgabe Rudolf Steiners und Ita Wegmans,* a.a.O., S. 98.

296 Kirchner-Bockholt, *Die Menschheitsaufgabe Rudolf Steiners und Ita Wegmans,* a.a.O., S. 98.

297 Vgl. GA 130, S. 66.

298 So Herbert Wimbauer, S. 83.

299 J. v. Keyserlinck, unveröffentliches Manuskript. Zitiert nach Klaus J. Bracker, *Grals-Initiaton. Antroposophische Esoterik und die künftige Jesus-Offenbarung.* Stuttgart 2009, S. 191 f., 337.

300 Von Werner-Christian Simonis, *Im Schutze der Meister,* a.a.O., S. 43.

301 GA 115, S. 19 f.; GA 118, S. 116 ff., 184 ff.; GA 130, Vortrag Nürnberg, 2.12.1911.

302 Zur Chronologie des Lebens Jesu siehe Ormond Edwards, *Chronologie des Lebens Jesu und das Zeitgeheimnis der drei Jahre*. Stuttgart 1987.

303 GA 114, S. 123 ff., GA 123, S. 197, 209; GA 124, S. 217, 234, 247; GA 133, 5. Vortrag; GA 139, 3. und 6. Vortrag; GA 143, S. 177, 179, 195, 197, 234; GA 155, S. 23, 26, 30.

304 GA 124, S. 217 f., 234, 247 ff.; GA 127, S. 98; GA 149, S. 74.

305 GA 114, S. 122 f.; siehe auch GA 130, S. 136 f.

306 GA 126, S. 86 ff.; GA 129, S. 80; GA 113, S. 182 ff., 190 ff. und besonders GA 116, S. 32 ff.; GA 130, S. 54, S. 159, S. 225.

307 GA 110, S. 121.

308 GA 113, S. 182 ff.

309 GA 152, S. 60, 73.

310 Lk 1,39–45.

311 GA 114, S. 107.

312 Mt 14,1–12; Mk 6,14–29.

313 Gal 1,11–24.

314 Apg 9,1–19.

315 Eph 1,3–14.

316 Andrew Welburn, a.a.O., Ein unbekannter Paulus, Der »Brief an die Epheser«.

317 GA 139, S. 120 ff., 126, 130, 152.

318 GA 126, S. 110 f.; GA 133, S. 93 f., 127, 155; GA 138, S. 147; GA 143, S. 179 f., 234 ff.; GA 150, S. 49; GA 155, S. 30 f.; GA 265, S. 425 ff.

319 Diese Äußerung konnte noch nicht überprüft werden.

320 GA 113, S. 191 f., 194 ff.; GA 121, S. 116.

321 GA 126, S. 94 ff.

322 GA 57, S. 437 ff.; GA 266/1, S. 512, 520.

323 GA 130, S. 61 ff.

324 GA 130, S. 69 f.

325 GA 94, S. 200; GA 97, S. 94; GA 103, S. 67, 83; GA 112, S. 138, 142 f.; GA 130, S. 61 ff.; GA 238, S. 170, 176; GA 264, S. 231, 239; GA 265, S. 406, 409, 419; GA 265, S. 419 f.

326 GA 93, S. 64; GA 130, S. 67.

327 Irene Tetzlaff, *Der Graf von Saint Germain*. Stuttgart [2]1996; siehe auch Peter Schraud, *Graf Saint-Germain: Sein und Schein! Von den Meisterstücken eines außergewöhnlichen Bruders*. Eckernförde 2008.

328 L. A. Langeveld, *Alchemisten en Rozekruisers*. Epe 1926.

329 Zu Kaspar Hauser siehe: Hans Peter van Manen, *Kaspar Hauser*. Zeist 1985; Johannes Meyer, *Philip Henry Lord Stanhope – der Gegenspieler Kaspar Hausers*. Stuttgart 1988; Peter Tradowsky, *Kaspar Hauser oder das Ringen um den Geist. Ein Beitrag zum Verständnis des 19. und 20. Jahrhunderts*. Dornach 1980.

330 Franz Gräffer, *Kleine Wiener Memoiren*. Wien 1845, S. 148.

331 Walter Johannes Stein sagte hierzu, es sei kein Zufall, dass 85 Jahre nach 1790 die Theosophische Gesellschaft gegründet wurde. Siehe seinen Aufsatz »Im Dienste der Liebe die Weltentwicklung vorantreiben«. In: *Der Europäer*, Heft Nr. 4, Febr. 2007, S. 3–5. Siehe hierzu auch GA 130, S. 347.

332 GA 93, S. 107.

333 *The most holy Trinosophia of the Comte de St.-Germain. Introduction and Commentary by Manly P. Hall*, Los Angeles 1962. (Enthält das vollständige Faksimile der originalen Handschrift der Bibliothek von Troyes.)

334 GA 53, S. 24; GA 93, S. 64 f., 123; GA 93a, S. 235; GA 112, S. 213 f.; GA 196, S. 76; GA 343, S. 610.

335 GA 107, S. 248; GA 142, S. 97; GA 266/1, S. 169 f.

336 Mt 9,23.

337 GA 264, S. 234.

338 Siehe GA 346, S. 120 ff.

339 Mt 11,1–15. Vgl. Mt 16,14; Mk 6,15; 8,28; Lk 1,17; 4,25–26; 9,8; 9,19; Joh 1,21; 1,25.

340 Joh 9, 2.

341 Apg 9,1–19; 21,40–20, 22; 20,26.

342 GA 93, Vortrag Berlin, 11.11.1904: »Der Manichäismus«.

343 GA 264, S. 240.

344 Emil Bock, Die drei Jahre, a.a.O., 10: Die Stille Woche.

345 »Wenn Gott in seiner Rechten alle Wahrheit, und in seiner Linken den einzigen immer regen Trieb nach Wahrheit, obschon mit dem Zusatze, mich immer und ewig zu irren, verschlossen hielte und spräche zu mir: wähle! Ich fiele ihm mit Demut in seine Linke und sagte: Vater gib! die reine Wahrheit ist ja nur für dich allein!« Gotthold Ephraim Lessing, Eine Duplik. In: *Werke.* Bd. 8: *Theologiekritische Schriften III*, München 1979, S. 33.

346 Mt 21,1–11; Mk 11,1–10; Lk 19,28–38; Joh 12,12–19.

347 Mt 21,18–22; Mk 11,12–14; 20–24.

348 Num 22,22–35.

349 Ex 3,14.

350 Mt 27,22; Mk 15,14; Lk 23,21; Joh 19,6.

351 Joh 2,13–25.

352 Mt 21,12–17; Mk 11,15–19; Lk 19,45–48.

353 GA 103, S. 53 ff., 79; GA 106, S. 29, 72, 79 ff.; GA 137, S. 56, 141 f., 167 ff.; GA 149, S. 66 ff., 97 f.; GA 254, S. 73, 78, 90, 96, 119.

354 Mt 22,15–22; Mk 12,13–17; Lk 20,20–26.

355 Mt 22,23–33; Mk 12,18–27; Lk 20,27–40.

356 Mt 21,33–46; Mk 12,1–12; Lk 20,9–19.

357 Mt 23; Lk 11,37–54. Siehe auch Mk 12,38–40; Lk 20,45–47.

358 Lk 6,20–26.

359 Mt 5,1–12.

360 Deut 19,21.

361 Mt 24; Mk 13; Lk 21,5–38.

362 Mt 26,1–16. Siehe auch Mk 14,1–11; Lk 22,1–6; Joh 11,47–48; 12,1–11.

363 GA 139, S. 32, 39, 44 f.

364 GA 139, S. 45.

365 GA 104a, S. 102; GA 109, S. 66, 85, 112, 121.

366 Zu »Judas« siehe auch Ruth Ewertowski, *Judas, Verräter und Märtyrer. Seine Gestalt im Spiegel der Bewusstseinsgeschichte.* Stuttgart 2000.

367 Joh 6,35; siehe auch 6,41; 6,48; 6,51.

368 Joh 8,12.

369 Joh 10,7; siehe auch 10,9.

370 Joh 10,11; 10,14.

371 Joh 11,25.

372 Joh 14,6.

373 Joh 15,1; siehe auch 15,5.

374 Mt 26,26; Mk 14,22; Lk 22,19; 1 Kor 11,24.

375 GA 99, S. 101 f., 157; GA 100, S. 173 f., 267 f.; GA 101, S. 272; GA 103, S. 123 ff.

376 Lk 22,42; vgl. Mt 26,39; 26,42; Mk 14,36.

377 Gal 2,20.

378 Joh 13,1–20.

379 Wladimir Solowjew, Der Sinn der Geschlechtsliebe. In: *Deutsche Gesamtausgabe der Werke von Wladimir Solowjew. Band 7: Erkenntnislehre, Ästhetik, Philosophie der Liebe.* Hrsg. von Wladimir Szylkarski. Freiburg i. Br. 1953, S. 191–272, hier S. 269.

380 Joh 17,1–26.

381 Joh 13,27.

382 Mt 26,36–46; Mk 14,32–42; Lk 22,39–46; Joh 18,1–2.

383 Kol 4,14.

384 Lk 22,44.

385 Mt 26,41; Mk 14,38; Lk 22,40; 22,46.

386 GA 148, Vortrag Kristiania, 3.10.1913.

387 GA 106, S. 134 ff.; GA 112, S. 187 ff.

388 Mt 26,41; Mk 14,34; vgl. Lk 22,46.

389 Mt 26,39; Mk 14,36; Lk 22,42.

390 Joh 12,31.

391 Mk 14,51–52.

392 Mt 26,47–56; Mk 14,43–50; Lk 22,47–52; Joh 18,1–11.

393 Mt 27,1–2; 11–32; Mk 15,1–21; Lk 23,1–7; 13–25; Joh 18,39–19,16.

394 GA 240, 1. Vortrag.

395 GA 94, 8. Vortrag; GA 97, Erster Vortrag Köln, 12. Februar 1912: »Das Johannes-Evangelium als Einweihungsurkunde«; GA 99, 14. Vortrag; GA 103, 11. und 12. Vortrag; GA 131, 10. Vortrag Karlsruhe, 14. Oktober 1911.

396 Joh 13,1–20.

397 Mt 27,30; Mk 15,19; Joh 19,1 Vgl. Lk 18,33; 23,16; 23,22.

398 Lk 22,42 Vgl. Mt 26,39; 26,42; Mk 14,36.

399 Mt 27,29; Mk 15,17; Joh 19,2; 19,5.

400 Mt 27,33–44; Mk 15,22–32; Lk 23,33–43; Joh 19,17–24.

401 Anm. 355, und hierzu: GA 104, S. 134, 252; GA 107, S. 250 f.; GA 112, S. 253 ff., 247 f.; GA 123, S. 235, 252; GA 148, S. 204; GA 223, S. 33.

402 GA 112, S. 253 f.; GA 114, S. 211; GA 130, S. 89 ff; GA 265, S. 263 f.

403 Mt 27,33–44; Mk 15,22–32; Lk 23,33–43; Joh 19,17–24.

404 GA 155, Christus und die menschliche Seele, 3. Vortrag Nörrköping, 15. Juli 1914 über Christus im Verhältnis zu Luzifer und Ahriman; siehe ferner: GA 107, 16. Vortrag; GA 112, 5. Vortrag; GA 116, 3. Vortrag.

405 GA 143, S. 208 f.

406 GA 191, 11. Vortrag; GA 193, 9. und 10. Vortrag.

407 GA 191, S. 198 f., 272 f.; GA 195, S. 38 ff., 53, 56 f.

408 Wladimir Solowjew, Eine kurze Erzählung vom Antichrist. Eingeleitet und kommentiert von Ingo Hoppe. Stuttgart 2013.

409 GA 148, S. 87 ff., 90, 96; 148 f., 160, 242, 275 f., 319.

410 GA 195, S. 40.

411 Lk 23,34.
412 Mt 27,46; Mk 15,34.
413 GA 94, S. 291; GA 96, S. 289, 294 ff.; GA 97, S. 74; GA 100, S. 166; GA 104a, S. 26 f.; GA 123, S. 243 f.
414 GA 123, S. 243 f.
415 Mt 27,45; Mk 15,33; Lk 23,44.
416 Apg 17,15–34.
417 Mt 27,45–56; Mk 15,33–41; Lk 23,44–49; Joh 19,28–30.
418 Joh 19,25–27.
419 GA 94, S. 290 f.; GA 97, S. 58 f., 75; GA 100, S. 227 f., 266; GA 103, S. 201 f., 209 f.
420 Mt 27,57–61; Mk 15,42–47; Lk 23,50–56; Joh 19,38–42.
421 GA 130, S. 222 f.; GA 131, S. 186 f.; GA 148, S. 30, 204 f., 322 f.
422 GA 157a, S. 124; GA 165, S. 16 f.
423 1 Kor 15,20–22,45–47; siehe hierzu GA 114, S. 118.
424 Joh 13,18.
425 1 Kor 12,12; 12,27.
426 1 Kor 12,27.
427 Offb. 21,1.
428 Mt 28,1–10; Mk 16,1–8; Lk 24,1–12; Joh 20,1–18.
429 Joh 20,15.
430 GA 103, S. 210 f.; GA 112, S. 278 ff.; GA 130, S. 223; GA 123, S. 251; GA 131, S. 140 f., 188 f.
431 1 Kor 15,35–49.
432 GA 131, S. 142 ff., 169 ff., 212 f.
433 Lk 24,37–53.
434 Joh 20,19–23.
435 Rom 5,12.
436 GA 131, S. 150 ff., 163 ff., 171, 185 ff.
437 Gen 14,18–24; vgl. Hebr 7,1.
438 Hebr 7,1; 7,17.
439 Mt 28,16–20; Mk 16,9–20; Lk 24,36–53; Joh 20,19–23; Apg 1,1–11.
440 Apg 1,1–11.
441 Lk 24,50.
442 Joh 1,28.
443 Joh 14,16.
444 Apg 2,1–13.
445 Apg 1,9–11; Offb 1,7.
446 Zur »Wiederkunft Christi« oder der Christus-Erscheinung in der ätherischen Welt siehe GA 118.
447 Babylonischer Talmud b. Sanhedrin 43a–b (Ms. Flor.)
448 GA 123, S. 90, 92 ff., 156, 201, 204.
449 GA 123, S. 204.
450 GA 130, S. 152; GA 131, S. 157 f.
451 GA 232, S. 89.
452 1 Mo 1,2.
453 GA 60, S. 262 f.
454 Friedrich Nietzsche, *Die Geburt der Tragödie*. München 2007, Kap. 21.
455 GA 113, S. 114 ff.

456 GA 114, S. 54 f., 72 ff., 75 f., 85 ff.
457 GA 126, S. 94 ff.
458 GA 130, Vortrag Neuchâtel, 18. Dezember 1912: Die Mission des Christian Rosenkreutz, deren Charakter und Aufgabe. Die Mission des Gautama Buddha auf dem Mars; GA 140, S. 201 f.; GA 141, S. 101 ff.
459 GA 130, S. 317 f.
460 Mittlerweile ist dieses Buch erschienen. Nach mehreren Überarbeitungen trägt es in der niederländischen Originalausgabe den Titel *Filosofie van het ik. Het drievoudige Ik als filosofie van de vrijheid. Preliminaire beschouwingen voor een filosofie van de liefde* (Brüssel 2015).
461 Mt 17,1–13; Mk 9,2–13; Lk 9,28–36.
462 GA 104, S. 184 f.
463 GA 114, S. 204 ff.; GA 224, 8. Vortrag Dornach, 7. Mai 1923: Die Himmelfahrtsoffenbarung und das Pfingstgeheimnis.
464 GA 103, S. 59 ff.
465 Mt 18,20.
466 GA 104, S. 251.
467 Mt 28,20.
468 GA 130, S. 316 ff.
469 »Kein verkehrterer Weg zum Glück als das Leben in der großen Welt, in Saus und Braus (high life): denn es bezweckt, unser elendes Daseyn in eine Succession von Freude, Genuß, Vergnügen zu verwandeln, wobei die Enttäuschung nicht ausbleiben kann; so wenig wie bei der obligaten Begleitung dazu, dem gegenseitigen einander Belügen.« (Arthur Schopenhauer, *Aphorismen zur Lebensweisheit, Kap. V, § 9.*)
470 Martin Buber, *Ich und Du*. Stuttgart 1995.
471 GA 54, S. 443; GA 92, S. 152 f.; GA 265, S. 147 f.; GA 266/1, S. 527.
472 GA 148, S. 198 f.; GA 149, S. 31 ff., 69 f., 78 ff., 96; GA 152, S. 96 f., 107 f., 125 f., 138 f., 162.
473 GA 149, S. 104 f.
474 GA 65, S. 341; GA 113, S. 155; GA 120, S. 27 f., 166 f.
475 GA 238, S. 89, 93.
476 GA 238, S. 88.
477 GA 238, S. 96 ff.
478 Siehe auch Kap. 19.
479 GA 118, S. 201 ff.; GA 214, S. 60 ff.
480 Jiddu Krishnamurti, *Vom Werden zum Sein*. München 1987.
481 Zum »Rosenkreuzerspruch« siehe GA 214, S. 293 ff., und weiter GA 236, S. 249 ff.; GA 266/2; GA 266/3.
482 GA 4, IX.
483 GA 268, S. 365 (Anm. zu S. 241).
484 Ef 4,22–24; Kol 3,9–11.
485 Martin Buber, *Ich und Du*.
486 Mt 22,34–40; Mk 12,28–34.
487 Mt 22,39.
488 Mt 5,44; Lk 6,27; 6,35.
489 GA 266/3, S. 188.
490 GA 240, 1. Vortrag.
491 Mt 5,1–12.

492 GA 116, S. 72 ff., 86 ff.; GA 118, S. 145 ff.; GA 123, S. 175 ff.

493 GA 103, S. 57 ff., 71 ff.

494 GA 15 I.

495 GA 104, S. 78; GA 104a, S. 31, 39, 45, 68 f.; GA 346, S. 58.

496 Lk 6,29.

497 GA 123, S. 211 ff.; GA 127, S. 65 ff., 89 ff.

498 GA 123, S. 211 ff.; GA 127, S. 65 ff., 89 ff.

499 Mt 16,16.

500 Andrew Welburn, a.a.O., Ein unbekannter Paulus, Der »Brief an die Epheser«.

501 GA 57, S. 437 ff.; GA 266/1, S. 506 f., 518 ff.

502 GA 266/1, S. 509 f.

503 GA 144, S. 74 f., 78 ff.; GA 210, S. 195.

504 Siehe Anm. 356 (=Lk 22,42 Vgl. Mt 26,39; 26,42; Mk 14,36)

505 Wolfram von Eschenbach, *Parzival*. In Prosa übertragen von Wilhelm Stapel, München 1984, S. 403.

506 GA 113, S. 68 ff.

507 GA 9, S. 56 f.

508 Siehe Anm. 404 (=GA 131, S. 142 ff., 169 ff., 212 f.)

509 GA 127, Vortrag München, 3. Mai 1911: Erbsünde und Gnade.

510 GA 223, S. 12 ff., 15 ff.

511 Offb 12,1–6.

512 GA 124, S. 217 f., 234, 247 ff.; GA 127, S. 98; GA 149, S. 74.

513 GA 223, S. 20 ff.

514 GA 173, S. 230 ff., 243 ff.

515 GA 127, S. 223 f.

516 Sergej O. Prokofieff, *Die zwölf heiligen Nächte und die geistigen Hierarchien*. Dornach 1987.

517 Wolfgang Weirauch und Verena Staël von Holstein, *Was die Naturgeister uns sagen. Im Interview direkt befragt*. Flensburger Hefte Nr. 79, 2003, S. 111–113.

518 Deshalb können wir nicht dem Schema Rudolf Steiners (in GA 266/1, S. 411 f.) folgen, in dem in entsprechender Zuordnung dargestellt wird, wie die neun Engelhierarchien auf die neun menschlichen Wesensglieder wirken.

519 GA 103, S. 125 ff.

520 GA 96, S. 195 f.; GA 97, S. 82 f., 195 f.; GA 209, S. 176 f.

521 Zu »Karma« siehe GA 9, Wiederverkörperung des Geistes und Schicksal; GA 120; GA 135.

522 GA 135, S. 38 f.

523 Mt 26,39.

524 GA 124, S. 217 f., 234, 247 ff.; GA 127, S. 98; GA 149, S. 74.

525 GA 229, S. 59 ff. und der 5. Vortrag: Das Miteinanderwirken der vier Erzengelwesen während des Jahreslaufs.

526 Gen 1,2.

527 GA 103, S. 53 f.

528 GA 136, S. 87 f.

529 GA 136, S. 169 ff.

530 GA 106, S. 72 f.

531 GA 8, S. 136 ff.; GA 104, S. 210; GA 348, S. 67 ff.

532 Apg 1,10–11.

533 GA 142, S. 120 ff.
534 Lk 1,2.
535 GA 114, S. 17 ff.
536 Lk 24,51.
537 GA 240, S. 291 ff.
538 GA 174a, S. 285; GA 177, S. 159 ff., 169, 229 f.; GA 178, S. 91 f., 104 ff; GA 223, S. 20 f., 102 ff., 118 f.; GA 229, S. 98 f.; GA 240, S. 183.
539 Offb 12.
540 Offb 12,9.
541 GA 109, S. 64; GA 112, S. 227 f.; GA 121, S. 154 f.; GA 123, S. 215 f.; GA 124, S. 242; GA 346, S. 257.
542 Offb 13.
543 Vgl. GA 346, S. 238.
544 Offb 13,11–18; vgl. GA 104, S. 234; GA 346, S. 118.
545 Offb 11,3.
546 GA 104, S. 188 f.
547 GA 152, S. 46.
548 GA 175, S. 314 ff.; siehe hierzu auch GA 152, S. 46 ff.
549 GA 178, S. 186; GA 232, S. 30.
550 GA 94, S. 163.
551 GA 171, S. 62 ff.
552 Norman Peter Waage, *Der unsichtbare Kontinent. Wladimir Solowjew – der Denker Europas*. Stuttgart 1988, S. 119.
553 Fiby Abd El-Mesih Saleb, vorher: Nahed Mahmoud Metwali, *Mijn ontmoeting met Christus*, Amsterdam o. J.
554 Röm 8,29.
555 GA 131, S. 72 f., 91 f.
556 Röm 8,22.
557 GA 264, S. 173.
558 Mt 7,3–5; Lk 6,41–42.
559 GA 93a, S. 48 f., 184 f.; GA 130, S. 53.
560 Mt 28,20.
561 Joh 6,35; 8,12; 10,7; 10,11; 11,25; 14,6; 15,1.
562 Die Idee, die Chakren in Verbindung zu bringen mit den Ich-Bin-Worten, verdanke ich Stefan Lubiensky, *Inwijding*. Diever 1988, S. 137–150.
563 Joh 19,27.
564 GA 40, S. 109.
565 GA 260, S. 67–69; 65 f.
566 Nach Volker Harlan, *Was ist Kunst? Werkstattgespräch mit Joseph Beuys*. Stuttgart ⁶2001, S. 101.